문화유산학 개론

문화유산학 개론

신희권 지음

사회평론아카데미

한강문화재연구원 학술총서 6

문화유산학 개론

2018년 7월 10일 초판 1쇄 발행
2022년 5월 20일 초판 2쇄 발행

지은이 신희권
펴낸이 윤철호·고하영
편집 고인욱
디자인 김진운
본문조판 민들레
마케팅 최민규

펴낸곳 (주)사회평론아카데미
등록번호 2013-000247(2013년 8월 23일)
전화 02-326-1545
팩스 02-326-1626
주소 03993 서울특별시 마포구 월드컵북로6길 56
이메일 academy@sapyoung.com
홈페이지 www.sapyoung.com

ISBN 979-11-88108-66-4 93900

머리말

2014년, 문화재청에서 대학으로 자리를 옮기며 '문화유산'과 관련된 강의 개설을 마음먹었다. 20년 동안 문화유산에 대한 실무와 관리 책임을 맡았던 사람으로서 가진 당연하고 야심찬 다짐이었다. 강의를 개설할 당시만 해도 이런저런 자료를 잘만 찾으면 한 학기 수업 정도는 충분히 해낼 수 있을 것이라 생각했다. 그래서 나름 학생들에게 도움이 될 만한 주제로 강의 계획을 세우고, 한 주에 한 분야 정도 가르치면 되겠지라는 소박한 생각에 마땅한 교재가 있는지를 탐색하였다. 문화재 업무에 종사할 때에 봐 두었던 책이 한두 권 정도 눈에 들어왔지만, 목차와 대강의 내용을 살펴보니 내가 강의하고자 하는 내용과는 약간의 거리가 느껴졌다. 하는 수 없이 여러 책을 이리저리 뒤적여 가며 필요한 내용을 찾아 구색을 맞추어 강의 교안을 만드는 방법 밖에는 없었다. 매주 강의 자료를 만들어 가는 쉽지 않은 준비 기간을 거치는 동안 절실하게 들었던 생각이 바로 학생들을 위한 번듯한 '문화유산학' 교재를 한 번 만들어 보고 싶단 것이었다. 초임 교수의 치기 어린 욕심이 결국 오늘의 책을 내놓게 된 결정적 계기가 되었다고 할 수 있다. 본인의 능력을 따지기에 앞서 답답함과 열망이 빚어낸 작은 성과물이다.

'문화유산'이란 말은 최근 들어 '문화재'의 대체 개념으로 통용되고 있는 용어이다. 이전에는 문화재란 용어가 일반적으로 사용되었지만 세계적으로 문화재보다는 문화유산이란 용어를 보편적으로 사용하는 추세로 변하고 있고, 개념적으로도 문화유산이 더 적합한 용어라는 생각이 든다. 문화재가 특정 민족이나 국가 등에 속한 사회적 자산이라면, 상대적으로 문화유산은 민족과 국가를 초월한 인류 공동의 유산으로 볼 수 있기 때문이다. 그래서 이 책의 제목 또한 문화재학이 아닌 '문화유산학 개론'으로 정하였다. 현재 문화유산을 다루는 수준이 과연 독립된 학문의 범주에 도달하였는지를 묻는다면 단호하게 그렇다고 답변할 자신이 없다. 그렇지만 이 책에서는 문화유산과 관련된 개념에서부터 종류별 문화유산의 특징과 제도 등 이론적 측면을 기본으로 하여 각각의 현황과 문제점 등을 정리하고 분야별로 개선 방안까지 다루고자 하였다는 점에서 감히 학문의 한 분야로서의 '문화유산학'이라 칭한 것이다. 이에 대한 동료 연구자들의 양해와 협력을 구하는 바이다.

필자가 대학에서 고고학이라는 학문을 공부하고 문화재 조사·연구와 보존·관리 등의 업무를 담당할 때만 해도 문화유산이란 대상은 어느 것을 막론하고 쉽게 다가가기 어려웠고, 어떻게든 손상되지 않도록 고이 모셔 두어야 되는 것인 줄로만 알았다. 그러나 언제부터인가 그러한 인식이 달라지기 시작하였는데, 이러한 변화는 행정 당국 내부에서가 아니라 일반 국민들의 인식 전환에 따른 요구에서 비롯된 것이 아닌가 생각된다. 여하튼 지금은 그 누구도 문화유산을 더 이상 범접할 수 없는 신성물이라거나 가치를 환산할 수 없는 보물 같은 존재로만 생각하지는 않는다. 문화유산은 그만큼 우리 곁에 가까이 있고 낯설지 않은 친근한 존재가 되었다.

문화유산이 이렇게 우리 삶과 동떨어진 대상은 아니지만 문화유산이란 것을 하나로 묶어 체계적으로 설명한다는 것은 결코 쉬운 일이 아니다. 이유는 굳이 설명하지 않아도 잘 알 것이다. 어딜 가든 가장 먼저 눈에 띄는 다양한 건축물에서부터 박물관에 가면 전시되어 있는 수많은 유물들, 그리고 땅속에 묻혀 있어 짐작조차 어려운 유적들이 존재한다. 엄밀히 구별하자면 문화유산과는 약간의 차이가 있지만 자연이 빚어낸 훌륭한 유산들 또한 문화유산의 범주 안에서 다루고 있다. 어디 그뿐이겠는가. 우리를 일순간 하나로 묶어 내는 마법과도 같은 힘을 지닌 민요와 전통 춤 같은 것들도 형체가 없는 문화유산에 속한다. 이처럼 다양하고 저마다 그 특성이 뚜렷한 문화유산을 전부 섭렵하여 개론서를 낸다는 것은 어쩌면 불가능에 가까운 일일지도 모르겠다. 그래서 이 책 또한 모든 문화유산을 완벽하게 다루고 있다고는 말할 수 없다. 그럼에도 불구하고 분야별 문화유산을 다루는 법과 제도가 마련되어 있고, 각각의 특징을 정리해 놓은 전문 서적들도 출판돼 있다. 그뿐만 아니라 여러 매체를 통해서도 해당 문화유산의 정보를 어렵지 않게 찾을 수 있게 되었다. 이런 방대한 자료들에 힘입어 현재 우리나라에서 다루고 있는 문화유산의 모든 분야를 아우르는 기본적인 책을 낼 수 있었다고 고백한다.

현대는 문화유산 활용의 시대라 할 만큼 우리 문화유산의 보존과 활용에 대한 국민적·사회적 관심이 증대되었다. 사실 그동안은 급속한 산업화의 개발 압력 아래 문화유산을 올바로 보존한다는 것 자체가 역부족이었고, '개발과 보존'이라는 대립 속에서 사라져 간 문화유산 또한 헤아릴 수 없이 많았다. 그러나 경제적 발전에 따른 문화적 욕구가 상승하면서 요즘은 보존을 넘어선 문화유산의 활용과 향유가 국민 대다수의 시대적 요구와 사명으로 진화하기에 이르렀다. 이제 문화유산의 보존은 목표가 아닌 당위가 되었으며, 문화유산의 활용이 우리 시대의 필수 과제가 되었다고 해도 과언이 아니다.

이상의 내용이 바로 이 책의 처음과 끝을 구성할 주제이다. 모든 개론서가 그러하듯이 이 책 또한 문화유산이 무엇인지 그 개념을 이해하는 데서 출발하고자 한다. 그 과정에는 우리나라에서 필연적이고 특징적으로 사용해 오고 있는 문화재란 용어의 개념과 연원에 대해서도 추적하게 될 것이다. 덧붙여 일본과 중국 등 인접 국가에서는 문화유산을 어떻게 보고 있는지에 대해서도 비교해 보았다. 그리고 각 분야별 장들을 구성할 문화유산의 분류 체계를 살펴보는 것이 첫 번째 장의 목표이다.

그 다음으로 우리나라 문화재 행정의 과거와 현재, 즉 일제강점기를 거쳐 광복을 맞이하고 현재에 이르기까지 관련 제도가 어떻게 변해 왔는지 그 역사를 종합적으로 조명해 보고자 한다. 일제강점기로 거슬러 올라가면 나라를 빼앗겨서 겪어야 했던 설움이 소중한 문화유산을 통해 얼마나 적나라하게 투영되었는지를 뼈저리게 느끼게 될 것이다. 더불어 문화재 행정의 근간이 되는 문화재보호법은 물론 문화유산 담당 기구인 문화재청의 조직과 예산 등에 대해서도 들여다보았다. 각 시대별로 문화재 행정사에 획을 그을 만한 대표적인 사안들을 살펴봄으로써 우리나라 문화재 행정이 어떻게 발전해 왔는지를 알아보고자 한다.

이상의 학습이 이루어지고 나면 본격적으로 각 분야별 문화유산의 개념과 특징을 살펴보고, 종류별 문화유산을 다루는 데 반드시 알아 두어야 할 행정 처리 기준과 절차 등을 정리해 보고자 한다. 이 책의 핵심이자 2부의 내용을 장식하게 될 각 장은 유형문화재, 사적, 건축문화재, 등록문화재와 미래유산, 수중문화유산을 포함한 매장문화재, 무형문화유산, 자연유산의 순서로 서술하였다. 그리고 최근 세계 각국이 경쟁적으로 등재에 열을 올리고 있는 세계유산 제도의 허와 실, 우리 것임에도 불구하고 외국에 반출되어 있는 국외문화세의 환수 문제 또한 상세하게 다루어 보았다.

각각의 문화유산을 살펴봄에 있어서는 전문가는 물론 일반 국민들이 공통적으로 느낄 법한 제도상의 문제점과 개선 방안 등에 대해서도 언급하지 않을 수 없다. 필요에 따라 대표적인 사례들을 곁들여 독자들의 이해를 돕고자 하였다. 이러한 방식으로 기술한 이유는 바로 필자가 개론서를 집필하면서 목표하였던 바를 이루기 위해서이다. 즉, 분야별 문화유산에 대한 포괄적이고도 깊이 있는 이해를 바탕으로 개별 문화유산들이 안고 있는 핵심 문제들을 도출해 내고, 행정 당국과 국민들이 함께 풀어 가야 할 공통과제로 삼고자 한 이유에서이다.

이 책의 마지막이 될 제3부에서는 앞서 언급하였던 문화유산의 활용 문제와 필자의 전공 분야를 연계한 대중고고학에 대한 전망을 제시하고자 한다. 문화유산을 활용한다는 의미가 무엇인지와 그것을 올바로 활용하는 데 필요한 원칙, 그리고 국내에서 활발히 이루어지고 있는 다양한 문화유산의 활용 방안들을 살펴볼 것이다. 그리고 그러한 활용 분야에서 빼놓을 수 없는 고고유산을 활용함에 있어서 핵심적으로 요구되는 고고학의 발굴 성과를 대중과 공유하고 소통하는 대중고고학의 역할에 대해서도 나름의 생각을 피력하였다. 바야흐로 현대는 예측 불확실성을 특징으로 하는 매장문화재를 다루는 고고학자들이 지녀야 할 도덕적 철학과 투철한 책임 의식이 절실히 요구되는 시대이다.

　유형이든 무형이든, 자연이든 인공이든 일정 시간이 지난 가치 있는 대상은 문화유산이 될 수 있고, 또 후손에 길이 물려주어야 할 문화유산이 되어야 한다. 이제는 너무나도 유명해진 말이지만 아는 만큼 보이고, 보는 만큼 느끼게 되는 것이 문화유산이다. 바로 이 책을 통해 친숙하기만 한 문화유산이 아니라 제대로 알고 다가가는 문화유산이 될 수 있었으면 좋겠다. 문화유산을 전문적으로 공부하는 전공 학생들을 위한 기본적인 교재로 사용되는 것은 물론, 문화유산에 대해 관심을 갖고 있는 모든 사람들에게도 유용한 참고서가 될 수 있기를 기대한다.

　이 책의 집필을 시작할 수 있게 용기를 주시고 물심양면으로 지원을 아끼지 않으신 (재)한강문화재연구원의 신숙정 원장님께 깊은 감사를 드린다. 부족한 사람에게 좋은 기회를 주신 데 대해 다시 한 번 경의를 표한다. 또한 지난한 출판 과정에서 수고를 아끼지 않으신 윤철호 대표이사와 고인욱 연구위원 등 사회평론아카데미 출판사 관계자 분들께도 감사의 말씀을 전한다. 끝으로, 지금 이 순간에도 보이지 않는 곳에서 땀을 흘리며 우리 문화유산을 찾고 가꾸고 알리는 데 앞장서고 계시는 문화유산계의 동학들과 동료 선생님들에게 이 책을 바치고 싶다.

2018년 여름 문턱에
배봉산 자락에서
신희권

차례

머리말 5

제2부 유형별 문화유산 다루기

제1부

문화유산의 정의와 행정의 변천

제1장

문화유산의 개념과 종류

이 장의 목표 ···

우선 이 책의 주제와 직결되는 문화유산 또는 문화재란 용어의 의미에 대해 알아볼 것이다. 20세기 중반 이후 서구에서 등장한 문화재란 용어가 언제부터 어떠한 목적으로 사용되었는지 그 연원과 변천 과정에 대하여 살펴볼 것이다. 19세기 이래 서양의 호고주의적 관점에서 출발한 문화재에 대한 관심은 최근 들어 재산적 가치에서 유산적 가치로 그 인식의 전환을 맞고 있으며, 1972년 체결된 세계유산협약으로 인해 문화유산과 자연유산에 대한 일반인의 인식과 관심이 널리 확대되고 있다.

우리나라의 경우 일제강점기 문화재 관련 법령에 기초하여 태동한 문화재보호법에서 문화재에 대한 정의를 명시하고 있으며, 법률로 정의된 문화재에는 유형문화재, 무형문화재, 기념물, 민속문화재 등이 포함되어 있다. 이러한 분류 체계는 문화재를 이해하는 근간이 되기 때문에 각각의 문화재에 대한 개념을 반드시 알아 두어야 한다. 최근에는 당해 문화재뿐만 아니라 문화재를 둘러싼 역사문화환경 또한 중시하는 추세이다.

나아가 우리나라와 인접한 일본, 중국, 대만, 북한에서는 문화유산을 어떻게 정의하고 인식하는지에 대해서도 살펴보고자 한다. 각국은 정치적 여건과 제도적 특성에 따라 문화재의 종류도 달리 설정하고 있는데, 이러한 차이를 명확히 아는 것 또한 우리나라 문화유산의 특징을 제대로 이해하는 데 큰 도움이 될 것이다.

문화유산은 그것을 분류하는 기준과 방식에 따라 다양하게 분류할 수 있다. 이에 우리나라에서 통용되는 문화유산의 분류 체계와 종류를 구체적으로 알아보고자 한다. 한편, 문화재의 중요도에 따라 지정 여부와 지정 주체를 달리하는 등의 분류도 가능하다.

결론적으로 이 장은 앞으로 살펴볼 개별 문화유산의 개념과 종류에 대한 이해의 출발점이란 점에서 중요한 의미를 띠고 있다.

1 '문화재'에서 '문화유산'으로

'문화유산'이란 말은 최근 들어 '문화재'의 대체 개념으로 통용되고 있는 용어이다. 즉, 이전에는 문화유산이란 용어보다는 문화재란 용어가 더 일반적으로 사용되었다. 따라서 아직까지 문화유산보다는 문화재가 더 익숙하게 들릴 것이다. 그럼에도 이 책에서 굳이 문화유산이란 개념을 들고 나온 것은 점차적으로 문화재보다는 문화유산이란 개념을 사용하는 추세로 변화하고 있고, 개념적으로도 문화유산이 더 적합한 용어라는 생각이 들기 때문이다. 더욱이 문화유산이란 용어가 세계적으로도 더 널리 통용되고 있다는 점 또한 그러한 이유를 더해 주고 있다.

하지만 문화유산이란 개념을 제대로 이해하기 위해서는 반드시 문화재의 정의와 사용 배경, 변천 과정 등을 살펴볼 필요가 있다. 우선 문화재란 단어를 사전적으로 풀어 보면 『표준국어대사전』에는 "문화 활동에 의하여 창조된 가치가 뛰어난 사물"이라고 정의되어 있다. 한편 어원적으로 문화재는 문화(文化, Culture)라는 단어와 재산(財産, Property)이란 두 단어가 합쳐진 말이다. 따라서 이를 학술적인 용어로 표현한다면 문화재(Cultural Property)란 "학문, 예술, 사상, 종교 등 사람의 행위에 의해서 창조된 문화 가운데 경제적인 가치를 지닌 것"으로 바꾸어 말할 수 있겠다.

우리나라에서 사용해 온 문화재란 용어는 일본에서 도입된 개념으로 알려져 있다. 일본에서는 1930년대 국가총동원령 하에서 물질적 자원의 의미로 사용된 '생산재(生産財)'에 대한 정신문화적 자원의 의미로 문화재라는 용어가 포괄적으로 사용되었다가, 1950년 8월 29일 '문화재보호법(文化財保護法)'이 제정·시행되면서 보존 대상으로서의 의미를 갖는 '문화재'로 축소되었다.[1] 이때 사용된 문화재란 용어는 문화적 재화를 뜻하는 독일어 'kulturguter'와 영어 'cultural properties'를 한자로 옮긴 것으로 보는 것이 보통이고, 우리나라에서는 일본으로부터 받아들여 1961년 문화재관리국 직제가 공포되면서 문화재라는 말이 공식적으로 쓰이게 되었다.[2]

한편 문화재란 용어는 서구에서는 쓰이지 않고 유독 한국과 일본에서만 쓰이는 용어라고 알고 있다. 그러나 위에서 문화재란 단어가 영어를 번역한 것임을 볼 때, 서구에서도 문화재란 표현이 사용되어 왔음을 알 수 있다. 국제기구에서 문화재(cultural property)란 용어를 언제부터 사용했는지는 정확히 알 수 없지만 적어도 1950년대의 문서에는 cultural property란 용어가 분명히 등장한다. 1954년 헤이그에서 열린 '무력 충돌 시 문화재 보호 협약(The Convention for the production of Cultural Property in the Event of Armed Conflict)'에서 문화재를 "개개 민족의 문화유산에 위대한 중요성을 가진 동산 또는 부동산"이란 개념으로 한정한 바 있다. 문화재의 개념은 이후 더욱 구체화되어 나타나게 되는데, 1970년 유네스코 제16차 총회에서 의결된 '문화재 불법 반출입 및 소유권 양도의 금지와 예방수단에 관한 협약'의 정의를 보면 명확해진다. 여기서는 "문화재라 함은 고고학, 선사학, 역사학, 문학, 예술 또는 과학적으로 중요함으로써 종교적 또는 세속적 근거에서 각국에 의하여 특별히 지정된 재산"으로 규정하고, 그 범주를 다음과 같이 설정하였다.

(가) 진귀한 수집품과 동물군, 식물군, 광물군, 해부체의 표본 및 고생물학적으로 중요한 물체

(나) 과학, 기술 및 군사의 역사와 사회사를 포함하여 역사와 관련되고 민족적 지도자, 사상가, 과학자 및 예술가의 생애와 관련되며, 국가적으로 중대한 사건과 관련된 재산

(다) (정규적 또는 비밀리의) 고고학적 발굴 또는 고고학적 발견의 산물

(라) 해체된 예술적 또는 역사적 기념물 또는 고고학적 유적의 일부분

(마) 비문, 화폐, 판각된 인장 같은 것으로 백년 이상의 골동품

(바) 인종학적으로 중요한 물건

(사) 미술적으로 중요한 재산으로 다음과 같은 것

　　(1) 어떤 보조물의 사용 또한 어떤 재료를 불문하고 전적으로 손으로 제작된 회화, 유화 및 도화(손으로 장식한 공업용 의장과 공산품은 제외)

(2) 재료 여하를 불문한 조상 및 조각물의 원작

(3) 목판화, 동판화, 석판화의 원작

(4) 재료 여하를 불문한 미술적인 조립품 및 몽타지의 원작

(아) 단일 또는 집합체를 불문하고 (역사적, 예술적, 과학적 및 문학적 등으로) 특별히 중요한 진귀한 고판본, 필사본과 고서적, 고문서 및 고출판물

(자) 단일 또는 집합체를 불문하고 우표, 수입인지 또는 유사 인지물

(차) 녹음, 사진, 영화로 된 기록물을 포함한 고문서

(카) 백년 이상 된 가구와 오래된 악기

이상의 개념을 보면 문화재란 어떤 민족 또는 국가에서 역사적·예술적·과학적으로 중요하다고 인정한 모든 산물과 작품, 자연물까지를 포괄하는 방대한 개념으로 볼 수 있다. 그러나 이 개념 속에는 순수한 의미의 가치적 중요성과 함께 다분히 '재산'이라는 재화적 가치를 염두에 두고 있음이 간취된다. 즉, 후술할 문화유산이란 개념이 본격적으로 등장하기 전까지는 전 세계적으로 재산적 의미의 문화재란 용어가 보편적으로 사용되었음을 알 수 있다.

문화재란 용어의 등장 배경에는 아마도 19세기 유럽을 풍미하였던 골동품, 고미술의 수집 열풍과도 무관하지 않을 것으로 생각된다. 즉 근대 유럽에서는 각국의 왕실과 귀족들을 중심으로 옛날 물건에 대한 애호 의식이 유행하였는데, 이러한 호고주의(好古主義)에 입각한 골동학(骨董學) 또는 고물학(古物學)이 밑바탕이 되어 20세기 무렵 어느 땐가 문화재란 용어가 사용된 것이 아닌지 추정할 수 있다.

세계적으로 문화재란 용어의 개념과 종류가 구체화된 지 얼마 되지 않아 새로운 개념의 문화유산이란 용어가 부상하게 된다. 유네스코는 1972년 '세계 문화 및 자연 유산 보호에 관한 협약(Convention Concerning the protection of World Cultural and Natural Heritage)'에서 '문화유산(Cultural Heritage)'과 '자연유산(Natural Heritage)'의 개념을 명확히 분리하였다. 문화유산은 기념물, 건조물군, 유적지가 주가 되고, 자연유산은 자연의 형태,

그림 1.1 세계문화유산 스페인 산티아고 데 콤포스텔라 대성당(2015년 수리 중 모습, 저자 촬영)

지질학적 생성물과 동식물 서식지, 가치가 있는 지점이나 자연지역을 포괄한다. 또한 문화유산과 자연유산의 특징을 동시에 충족하는 유산의 개념으로 복합유산(Mixed Heritage)이란 용어도 등장하였다. 이로써 기존의 문화재 개념은 인류의 문화 활동에 의한 소산물로서 보존할 만한 가치가 있는 문화유산과 과학상·보존상·경관상 특별한 가치가 있는 자연유산의 개념으로 구체화되었음을 알 수 있다. 이상의 개념을 정리해 보면 다음과 같다.

문화유산

- 기념물: 건축물, 기념비적 조각 및 회화 작품, 고고학적 유물 및 구조물, 금석문, 혈거 유적지 및 혼합 유적지 중 역사적·예술적 또는 학술적 관점에서 탁월한 보편적 가치를 가진 요소 또는 요소의 복합체
- 건조물군: 독립 건물 또는 연속된 건물의 군집으로서 그 건축이 균질성 또는 경관 내에 있는 위치로 인하여 역사적·예술적 또는 학술적 관점에서 탁월한 보편적 가치를 가진 유산

그림 1.2 세계복합유산 중국 사천성 아미산(峨眉山)과 금정(金頂) 경관구역(저자 촬영)

- 유적지: 인공의 소산 또는 자연과 인공의 결합 소산 및 고고학적 유적을 포함한 지역으로서 역사적·관상적·민족학적 또는 인류학적 관점에서 탁월한 보편적 가치를 가진 유산

자연유산

- 물리적 또는 생물학적 생성물 또는 생성물의 집합체로 구성된 자연의 기념물로서 관상적 또는 과학적으로 탁월한 보편적 가치를 가진 유산
- 지질학적·지형학적 생성물 및 위험에 처한 동물이나 식물의 생식지 및 서식지로서 특히 특정 구역에서 과학적으로 탁월한 보편적 가치가 있거나 보존 가치가 높은 곳
- 자연 지역 또는 명확히 한정된 자연 구역으로 과학적·보존적 또는 자연미의 관점에서 탁월한 보편적 가치를 가진 곳

복합유산

- 문화유산과 자연유산의 가치를 동시에 충족시키는 유산으로 빼어난 자연경관 속에 인류가 구축한 문명경관이 어우러지는 지역으로서 선사시대 동굴 생활과 관련된 인류의 생활상을 간직한 지역이나 인류가 고산 지역에 거주하면서 문명을 간직한 곳

한편 문화유산이란 말은 1975년 '유럽 건축 유산의 해'를 계기로 하여 널리 쓰이게 된 것으로, 문화재는 민족이나 국가 등의 소속과 소유권이 분명한 사회적 자산인 반면에 문화유산은 범민족적 범세계적 인류 공동의 사회적 자산으로 보기도 한다.[3]

그런데 이와 유사한 의미의 '문화자원(Cultural Resource)'이란 말도 1970년대 초반 미국에서 처음 쓰기 시작하였다. 문화자원이란 유형, 무형의 여러 요소들로서 현존하거나 이미 사라진 것들이 있을 수 있고, 특정 문화를 대표하거나 가치 있는 것으로 평가되며 문화에 대한 정보를 담고 있는 것들이다. 문화자원에는 유적, 유구, 유물, 역사지구, 그리고 역사 기록물들은 물론 사람들의 행위, 역사적 사건들과 관련되며 현재나 혹은 과거에 있었던 것들이 모두 포함된다. 문화자원에는 또한 유형의 자원을 해석하고 이해하기 위한 구전 자료와 역사 기록들도 포함된다.[4]

2 문화재보호법에서 정의한 문화재의 개념

세계적으로 문화유산이란 용어가 주로 통용되고 있음에도 불구하고 우리나라에서는 여전히 문화재란 용어가 법률적 개념으로 인정되고 있다. 현행 문화재보호법(법률 제14795호, 일부개정 2017.4.18)에서는 문화재를 "인위적이거나 자연적으로 형성된 국가적·민족적 또는 세계적 유산으로서 역사적·예술적·학술적 또는 경관적 가치가 큰 다음 각 호의 것을 말한다"고 정의하고 있다(개정 2015.3.27, 시행일 2016.3.28). 문화재의 각 호에 해당되는 것은 다음과 같다.

1. 유형문화재: 건조물, 전적(典籍), 서적(書跡), 고문서, 회화, 조각, 공예품 등 유형의 문화적 소산으로서 역사적·예술적 또는 학술적 가치가 큰 것과 이에 준하는 고고자료(考古資料)

2. 무형문화재: 여러 세대에 걸쳐 전승되어 온 무형의 문화적 유산 중 다음 각 목의 어느 하나에 해당하는 것을 말한다.

가. 전통적 공연·예술

나. 공예, 미술 등에 관한 전통기술

다. 한의약, 농경·어로 등에 관한 전통지식

라. 구전 전통 및 표현

마. 의식주 등 전통적 생활관습

바. 민간신앙 등 사회적 의식(儀式)

사. 전통적 놀이·축제 및 기예·무예

3. 기념물: 다음 각 목에서 정하는 것

가. 절터, 옛무덤, 조개무덤, 성터, 궁터, 가마터, 유물포함증 등의 사적지(史蹟地)와 특별히 기념이 될 만한 시설물로서 역사적·학술적 가치가 큰 것

나. 경치 좋은 곳으로서 예술적 가치가 크고 경관이 뛰어난 것

다. 동물(그 서식지, 번식지, 도래지를 포함한다), 식물(그 자생지를 포함한다), 지형, 지질, 광물, 동굴, 생물학적 생성물 또는 특별한 자연현상으로서 역사적·경관적 또는 학술적 가치가 큰 것

4. 민속문화재: 의식주, 생업, 신앙, 연중행사 등에 관한 풍속이나 관습에 사용되는 의복, 기구, 가옥 등으로서 국민생활의 변화를 이해하는 데 반드시 필요한 것

이상의 개념에서 알 수 있듯이 우리의 문화재 개념 속에는 인위적으로 만들어진 것과 자연적으로 형성된 것이 다 포함되어 있다. 인위적으로 형성된 것 중에는 역사적·예술적·학술적 가치가 큰 것들을 문화재로 간주하고 있고, 자연적으로 형성된 것에서는 경관적 가치를 중시하고 있음을 알 수 있다. 이러한 개념은 앞서 살펴본 1972년 세계유산협약의 문화유산과 자연유산의 개념과도 일맥상통한다. 즉, 우리나라 문화재보호법상의 문화재 개념에는 세계적 추세의 문화유산과 자연유산의 범주가 다 들어 있는

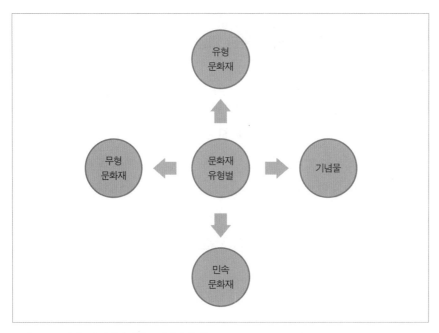

그림 1.3 문화재보호법에서 정한 문화재의 유형

것이다.

　문화유산의 범주에 해당하는 문화재는 형체의 유무에 따라 유형(有形)과 무형(無形)의 문화재로 나뉜다. 그리고 절터, 옛무덤, 조개무덤, 성터, 궁터, 가마터, 유물포함층 등 문화적 속성의 기념물과 민족의 풍속이나 관습에 관련된 민속문화재 역시 문화유산의 범주에 포함된다. 이 밖에 경치 좋은 곳, 동식물, 지형, 지질, 광물, 생물학적 생성물 등의 기념물은 자연적 속성의 문화재로 자연유산의 범주에 해당된다.

　이상을 종합해 보면 현재 우리나라에서 통용되고 있는 문화재란 인류가 문화생활을 영위해 가며 인공적으로 생산해 낸 문화적 소산으로 역사적·예술적·학술적으로 보존할 만한 가치가 큰 문화유산과 자연적으로 형성된 생성물로서 과학적·경관적으로 보존할 만한 가치가 큰 자연유산을 포괄해 일컫는 개념이라 정의할 수 있다.

3 기타 문화재 보호와 연관된 개념

문화재청장은 문화재보호법 제23조·제25조 또는 제26조에 따라 문화재를 지정할 때 문화재 보호를 위하여 특히 필요하면 이를 위한 보호물 또는 보호구역을 지정할 수 있다. 여기서 '보호물'이란 "문화재를 보호하기 위하여 지정한 건물이나 시설물"을 말한다. '보호구역'은 "지상에 고정되어 있는 유형물이나 일정한 지역이 문화재로 지정된 경우에 해당 지정문화재의 점유 면적을 제외한 지역으로서 그 지정문화재를 보호하기 위하여 지정된 구역"이다.

문화재청장은 보호물 또는 보호구역을 지정하거나 조정한 때에는 해당 문화재의 보존가치, 보호물 또는 보호구역의 지정이 재산권 행사에 미치는 영향, 보호물 또는 보호구역의 주변 환경 등을 고려하여 그 적정성을 검토하여야 한다.

한편 최근에는 당해 문화재뿐만 아니라 그 문화재를 둘러싼 환경에 대한 중시 경향이 두드러지는데, 그래서 등장한 개념이 '역사문화환경'이다. 이는 "문화재 주변의 자연경관이나 역사적·문화적인 가치가 뛰어난 공간으로서 문화재와 함께 보호할 필요성이 있는 주변 환경"을 가리키는 말이다.

역사문화환경이란 용어는 2004년 '고도보존에 관한 특별법'을 제정하면서 처음으로 법률 용어로 자리 잡았다. 그 후 2010년 문화재보호법 개정 시에 '문화재 영향 검토지역'을 '역사문화환경 보존지역'이란 용어로 바꾸면서 문화재보호법에도 적용하게 된 것이다. 고도보존에 관한 특별법은 2011년 '고도보존 및 육성에 관한 특별법'으로 명칭이 변경되어 2012년 7월부터 시행되었다. 이 법에서는 '고도(古都)'를 "과거 우리 민족의 정치·문화 중심지로서 역사상 중요한 지위를 가진 지역"이라 정의하였다.

고도보존 및 육성에 관한 특별법은 크게 문화재 보호 측면과 도시계획의 측면으로 이루어져 있는데, 도시계획 수준으로 고도의 공간을 관리함으로써 고도의 역사문화환경을 효율적으로 보존하겠다는 취지로 제정되었다. 현행법에서는 고도로 경주, 공주, 부여, 익산의 4개 도시를 지정하고 있다. 당초 고도 보존의 원칙으로 부각된 역사문화환경 개념은 이제 고도 지역뿐만 아니라 우리나라의 모든 문화유산의 보존에 적용되는 중요한 개념으로 확립되었다.

4 인접 국가의 문화유산 개념

우리나라에서 문화재라고 정의한 문화유산에 대해 우리와 유사한 역사적 배경을 지닌 인접 국가들에서는 어떠한 개념으로 규정하는지와 그러한 근거가 무엇인지를 알아보자.

1) 일본

일본에서는 제2차 세계대전 이후 1950년 문화재보호법(文化財保護法)이 제정되면서 문화재 보호의 틀이 갖춰졌다. 문화재보호법은 이전까지 독립적으로 존재했던 '사적명승천연기념물 보존법'(1919), '국보 보존법'(1929), '중요미술품 등의 보존에 관한 법률'(1933) 등 문화재 관련 법령을 통합한 것이라 볼 수 있다. 이 법은 1949년 발생한 호류지(法隆寺) 금당 화재 사건을 계기로 의원입법으로 제정된 것으로, 기존 법에서 다루고 있던 보호 대상의 범주에 매장문화재, 무형문화재, 민속자료를 더하여 '문화재'라고 하는 개념을 정립하였다는 데 의미가 있다.

일본은 문화재의 유형을 유형문화재, 무형문화재, 민속문화재, 기념물(유적, 명승지, 동·식물 및 지질광물), 문화적 경관, 전통적 건조물군 등 6개의 범주로 구분하고 있다. 그 밖에 문화재 보존기술과 매장문화재가 별도의 보호 대상에 포함된다. 이러한 분류 체계는 앞서 살펴본 유네스코의 개념 규정에는 없는 무형문화재를 독립적으로 분류하는 등 우리나라의 문화재 보호체계와 대동소이함을 볼 수 있다. 다만, 문화적 경관을 별도의 문화재로 분류하여 처리하고 있는 것이 특징적이다. 이들은 지정이나 등록, 선정, 선택이라고 하는 보전 수법의 차이에 따라 각기 다르게 처리되고 있다. 일본의 문화재보호법에서 정의하고 있는 문화재별 개념을 살펴보면 다음과 같다.[5]

- 유형문화재: 건조물, 회화, 조각, 공예품, 서적, 전적, 고문서 및 기타 유형의 문화적 소산으로 일본에 있어 역사상 또는 예술상 가치가 높은 것(이것들과 일체를 이루어 그 가치를 형성하고 있는 토지 및 기타 물건을 포함한다)과 고고자료 및 기타 학술상 가치가 높은 역사자료

- 무형문화재: 연극, 음악, 공예기술 및 기타 무형의 문화적 소산으로 일본에 있어 역사상 또는 예술상 가치가 높은 것

- 민속문화재: 의식주·생업·신앙·연중행사 등에 관한 풍속 관습, 민속 예능, 민속 기술 및 이에 이용되는 의복·기구·가옥·기타 물건으로 일본 국민 생활 추이의 이해를 위해 없어서는 안 되는 것

- 기념물: 패총·고분·도성터·성터·옛 주택 및 기타 유적으로 일본에 있어 역사상 또는 학술상 가치가 높은 것, 정원·교량·협곡·해변·산악 및 기타 명승지로 일본에 있어 예술상 또는 관상상 가치가 높은 것과 동물(생식지, 번식지 및 도래지를 포함), 식물(자생지를 포함) 및 지질광물(특이한 자연현상이 발생하고 있는 토지를 포함)로 일본에 있어 학술상 가치가 높은 것

- 문화적 경관: 지역 사람들의 생활 또는 생업 및 해당 지역의 풍토에 의해 형성된 경관지로 일본 국민의 생활 또는 생업의 이해를 위해 없어서는 안 되는 것(2004년 문화재보호법 개정으로 도입)

- 전통적 건조물군: 주위 환경과 일체를 이루어 역사적 풍치를 형성하고 있는 전통적인 건조물군으로 가치가 높은 것(1975년 문화재보호법 개정으로 도입)

- 문화재 보존기술: 문화재 보존을 위해 없어서는 안 되는 전통적인 기술 또는 기능으로 보존을 위한 조치가 필요한 것을 '선정보존기술'로 선정하여 그 보유자나 보유단체를 인정(1975년의 문화재보호법 개정으로 도입)

- 매장문화재: 땅에 매장되어 있는 문화재(주로 유적이라고 불리는 장소)와 매장문화재의 존재가 알려진 토지

이상의 문화재 분류 체계와 개념 정의는 우리나라 문화재보호법의 태동과 문화재 보호 체계의 정립에 절대적 영향을 끼쳤기 때문에 우리에게는 상대적으로 친숙한 실정이다.

2) 중국

중국에서는 '문물(文物)'을 중요한 문화유산으로서 인류의 창조력과 지혜의 결정체이며, 인류사회 발전의 역사적 증거로 보고 있다. 즉, "인류가 사회 활동 중 남긴 역사적·예술적·과학적 가치가 있는 유적과 유물"이라 정의한다. 2002년 공포, 시행된 중국의 '문물보호법(文物保護法)'에서는 유네스코의 문화재 불법 반출입 및 소유권 양도의 금지와 예방수단에 관한 협약(1970)에서 정의한 '문화재'를 "이동 가능한 문물"로, 세계 문화 및 자연 유산 보호에 관한 협약(1972)에서의 '문화유산'을 "이동이 불가능한 문물"로 정의하여 문화재와 문화유산의 개념을 달리 해석하고 있다. 이 밖에 과학적 가치가 있는 고척추동물의 화석이나 고인류 화석도 동일한 문물로서 국가의 보호를 받는다고 명시하고 있다.

이동이 불가능한 문물은 통상적으로 알고 있는 부동산 문화재를 의미하는데, 고대 문화유적·무덤·건축, 석굴사, 석각, 벽화 및 근현대 중요 사적지와 건축물 등이 해당된다. 이것들은 역사적·예술적·과학적 가치에 따라 전국중점문물 보호단위, 성급문물 보호단위 및 시·현급문물 보호단위로 위계를 구별한다. 이동 가능한 문물은 일반적인 동산 문화재적 성격의 유물로 역사적으로 각 시대의 진귀한 예술품과 공예품, 중요한 문헌 자료 및 친필 원고와 도서 자료, 각 시대와 민족의 사회 제도·생산 양식·생활 모습을 나타내는 대표적인 유물로 규정하였다. 이러한 문물은 진귀 문물과 일반 문물로 나뉘는데, 진귀 문물은 다시 일급 문물, 이급 문물, 삼급 문물로 구분한다.[6]

한편 문물보호법에는 "중대한 역사적 사건, 혁명운동 혹은 저명 인물과 연관되거나 중요한 기념비적 의의, 교육적 의의 혹은 사료적 가치가 있는 근현대 중요 사적, 실물, 대표적 건축"을 문화유산의 범주에 포함시킴으

그림 1.4 **중국 문물 등급 표지석**(서안사변구지 오간청: 전국제2급중점문물보호단위, 저자 촬영)

로써 사회주의적 특성을 부각하고 있다.

3) 대만

대만에서는 문화재 혹은 문화유산을 지칭하는 말로 '문화자산(文化資産)'이란 개념을 사용하고 있다. 즉 문화자원의 개념과 문화재산의 개념을 복합한 내용이라 이해할 수 있다. 1982년 처음으로 제정·공포된 '문화자산 보존법(文化資産保存法)'에서는 문화재를 고물(古物), 고적, 민족예술, 민속 및 유관 문물, 자연문화경관 등으로 구분하여 문화유산과 자연유산을 포괄적으로 다루고 있다.

이후 여러 차례의 개정을 거쳐 2005년 문화자산 보존법이 전면 수정·공포되었다. 수정된 법률에는 기존의 문화자산 개념에 더하여 역사건축 및 취락, 문화자산 보존기술 및 보존자 등의 개념이 추가되고, 자연문화경관은 문화경관과 자연지경(自然地景)으로 분리하는 등 혁신적인 개정이 이루어졌다. 개정의 요점은 첫째, 문화자산은 보존이 필요할 뿐만 아니라 활용도 중요하며, 둘째, 문화자산의 보존과 활용이 중화문화를 높이 선양하고 세계의 다원문화를 널리 발전시켜야 한다는 것이다. 즉 이전의 문화자산 보존법이 "문화자산 보존과 국민 정신 생활의 충실, 중화문화의 발양"을 핵심 가치로 둔 것에 비해, 개정 법률은 "문화유산의 보존 및 활용, 국민 정신 생활의 충실, 다원문화의 발휘"를 입법 목적으로 하고 있다. 더불어 종래 유적·유물별로 분산 관리해 오던 문화재 관리 체계를 중앙의 문화건설위원회로 일원화하고, 지방의 주관 기관은 현시(縣市) 정부(문화국)로 정하였다. 주관 기관은 문화자산의 조사, 문서 작성, 지정, 등록, 심사, 관리 유지 등을 책임진다. 즉, 정부가 주도적으로 관리하게 됨에 따라 문화자산의 보호에서 핵심적이고 중요한 지위를 차지하게 되었다.[7]

4) 북한

북한에서는 문화재에 대한 개념으로 '문화유물(文化遺物)'이란 용어를 사용하고 있다. 기본적으로 우리의 문화재보호법에 해당하는 법률로 1994년 제정된 조선민주주의인민공화국 '문화유물보호법'이 있다. 이 법은 최고인민회의 제9기 제7차 회의 상설회의 결정으로 채택하였는데, 6장 52개 조로 구성되어 있으며, 문화재 보호 관리에 관한 기본 원칙을 담고 있다. 법 제정의 목적은 문화유물 보호 관리에서 제도와 질서를 엄격히 세우고 문화유물을 원상대로 보전하여 민족문화유산을 올바르게 계승 발전시키며 인민들의 민족적 긍지와 자부심을 높여주는 데 이바지하는 것으로 되어 있다.

여기서 규정한 문화유물이란 유구한 역사와 찬란한 문화전통을 실물로 보여주는 나라의 귀중한 재보로서 원시유적, 성, 건물, 건물터, 가마터 등 역사유적과 생산도구, 무기, 조형예술품, 인류화석, 유골 등 역사유물을 포함한 것을 말한다. 이처럼 문화유물을 '역사유적'과 '역사유물'로 분류하여 각각 장소성과 이동성을 특징으로 하고 있다.

북한에서 사용하는 문화유물은 우리의 문화재보다는 좁은 뜻으로 우리나라의 문화재 개념과 비교할 때, 무형문화재에 해당하는 개념이 없고, 역사유적에 명승과 천연기념물이 들어가지 않으며, 역사유물에 민속자료가 빠져 있다. 북한에서는 천연기념물과 명승지를 문화유물과 별도로 구분하고 있다.[8]

북한은 1946년 '보물고적명승천연기념물 보존령' 등을 제정하였으며,

북한 정권 수립 이후 '물질문화유물 보존에 관한 규정'을 공포하여 문화유물에 관한 관리 체계를 갖추었다. 이후 1994년 문화유산에 대한 법률을 제정하였고, 이듬해 자연유산에 대해 별도로 법률을 제정하여 보존 관리하고 있다. 특별히 명승지나 천연기념물에 대한 체계적인 보호 관리 사업을 위하여 1995년 12월 13일 최고인민회의 상설회의 결정 제64호로 조선민주주의인민공화국 '명승지·천연기념물보호법'을 채택하였고, 1999년 1월 14일 조선인민회의 상임위원회 정령 제350호로 수정하여 현재에 이르고 있다.

이 법은 총 4장 34조로 구성돼 있으며, 명승지·천연기념물 보호 사업에서 준수해야 할 원칙적인 문제, 조사·등록·관리 체계 등을 규정하고 있다. 자연자원 중에서 학술적 및 풍치적 의의가 있는 것으로서 국가가 특별히 지정하고 보호 관리하는 대표적인 자연물로 없어져 가는 동·식물종이나 특산 동·식물, 특이한 지리, 지질 등을 대상으로 문화재로 지정하고 있어, 우리나라와 유사한 점이 있으나, 지정의 세부 기준에서는 김일성, 김정일과 관련되어 있거나, 혁명 투쟁의 역사적 사실이 깃들어 있는 대상 지역이 지정 기준에 포함되어 있는 등 차이를 보이고 있다. 북한의 천연기념물 지정 현황을 보면, 일제강점기인 1934년부터 1943년까지 남·북한 천연기념물 146건 중 북한지역은 36건밖에 지정되지 않았으나, 2005년 말을 기준으로 분석해 본 결과, 동물 106건, 식물 215건, 지질 81건, 지리 72건으로 전체 474건이 지정되어 있다.[9]

그림 1.5 북한 국보유적
제122호 개성 만월대
(북앤포토 제공)

북한의 국보유적

북한의 국보유적 제1호는 평양성(平壤城)이다. 평양성은 평양시의 중심부인 중구역과 평천구역에 위치한 고구려의 후기(586~668년) 도성으로 당시에는 장안성(長安城)이라 불렸다. 552년에 성을 쌓기 시작하여, 586년에 평양으로 천도하고, 593년에 완공된 것으로 기록되어 있다. 이러한 기록은 평양성에서 발견된 성돌에 새겨진 글자를 통해서도 입증된다. 완성된 후 나당 연합군에 의해 멸망할 때까지 고구려의 정치, 경제, 문화 및 군사적 중심지로서의 면모를 갖추고 존속되었던 고구려의 마지막 도읍이었다.

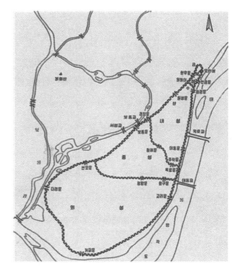

그림 1.6 북한 국보유적 제1호 평양성 도면

평양성은 북쪽의 모란봉과 을밀대, 만수대의 험준한 지형을 이용하고, 대동강과 그 지류인 보통강을 자연 해자로 삼아서 쌓았다. 자연 절벽과 능선을 절묘하게 활용하여 외적의 침입을 막는 데 유리한 요새 지형이 특징적이다. 성벽은 돌과 진흙을 이용하여 가파르게 쌓았다. 평양성은 내성, 중성, 외성, 북성의 작은 성 4개로 이루어져 있다. 성의 바깥 둘레는 16km이며, 안쪽 성벽까지 포함하면 총 길이 23km이다. 북성을 포함한 총 면적은 1,185만m²에 달한다.

그림 1.7 평양성 대동문(북한 국보유적 제4호)

내성은 만수대 서남단에서 남쪽으로 구릉을 따라 대동강 기슭을 돌아 북쪽의 을밀대에 이르는 지역으로 왕이 거주하는 궁궐이 있던 곳이며, 중성은 내성 남쪽의 자연 지세를 이용하여 동서로 가로질러 쌓은 성으로 행정관청이 있던 곳이다. 외성은 중성의 남벽을 북쪽 경계로 하여 남쪽 전체를 포괄한 성으로, 백성들의 거주 구역이며, 격자형으로 구획된 이방(里坊)이 확인된다. 북성은 내성 북쪽에 붙어 있는 작은 성으로 내성을 보호하는 기능을 한 것으로 생각된다.

평양성은 평양에 도읍한 고구려의 마지

막 도성이라는 상징적 의미와 함께 그 자체로서 중요한 역사적 가치를 인정할 수 있기 때문에 북한의 국보유적 1호가 된 것으로 생각된다. 한편 평양성에는 각 성에 딸린 여러 개의 문이 있는데, 그 가운데 대표적인 문들인 보통문(普通門)이 국보유적 제3호, 대동문(大同門)은 국보유적 제4호, 칠성문(七星門)은 국보유적 제18호, 북성의 남문인 전금문(轉錦門)은 국보유적 제22호로 지정되어 있다. 보통문은 중성의 서북쪽에 위치한 문으로서 보통강에 위치하여 경치가 아름다울 뿐만 아니라, 평양성의 서북쪽으로 통하는 관문으로서 군사적으로도 중요한 요충지란 이유에서 그 중요성이 남다르다 할 수 있다. 칠성문은 내성의 북문으로, 북쪽 하늘에 빛나는 북두칠성에서 따온 이름이며, '행복의 문'이라고도 불린다고 한다. 또한 성 안에는 7개의 장대를 두었는데, 국보유적 제19호인 내성의 을밀대(乙密臺)와 국보유적 제21호인 북성의 최승대(最勝臺)가 가장 유명하다.

이밖에 평양성에는 고구려인들이 평양성 축조와 관련한 내용을 새긴 기명성석(記名城石), 즉 글자를 새긴 성돌이 국보유적 제140호로 지정되어 있다. 이 성돌은 평양성 내성에서 발견되었다. 성돌에는 평양성의 축성 연대 및 공사 책임자의 이름과 벼슬, 담당 구간과 공사 일정 등이 새겨져 있다. 이 돌의 내용을 통해 평양성을 축성할 때 고구려의 5부가 동원되었으며, 각 구간별로 철저한 감독하에 건설된 책임시공의 증거라 할 수 있다.

평양성과 더불어 가장 많은 국보유적으로 지정된 문화유산 가운데 하나는 바로 북한이 자랑하는 고구려 벽화고분이다. 고분벽화는 고구려를 대표하는 무덤의 장의(葬儀) 미술로서 백제, 신라와는 차별화되는 특징을 보이고 있다. 지금까지 발견된 삼국시대 벽화분은 120기 남짓 되는데, 백제와 신라, 가야 고분 5기 정도를 제외한 나머지가 전부 고구려의 벽화고분이다.

고구려 벽화고분들은 대체로 3세기 후반부터 7세기 전반에 걸쳐 축조되었다. 일반적으로 고구려 고분이라 하면 떠오르는 무덤 양식은 지상에 돌을 쌓아 만든 적석총(積石冢)이다. 적석총은 고구려 고유의 무덤으로 기원전 2세기경부터 압록강을 중심으로 집중 분포하여 고구려의 형성 과정을 보여주는 무덤으로 알려져 있다. 초기에는 기단이 없는 적석총에서 출발하여 기단식 또는 계단식 적석총으로 발전하고, 3세기 말경에 석실 구조가 등장하여 4세기경에는 계단식 석실 적석총이 만들어지기도 한다. 적석총에 석실 구조가 도입되는 고구려 후기에는 지상이나 반지하 돌방(石室)을 만들고 흙을 덮어 분구(墳丘)를 만든 봉토석실분(封土石室墳)이 고구려의 주된 묘제가 된다. 이러한 무덤 양식은 중국에서 유행한 횡혈식 장법을 도입한 것이며, 무엇보다 묘실 내부에 벽화를 그린 벽화고분을 그 특징으로 들 수 있다.

고분에 그려진 벽화는 죽은 자의 생전 영광을 기리고 내세의 삶을 형상화하기 위해 무덤 벽에 그린 그림으로 요동 및 낙랑 지역의 후한, 위, 진의 영향을 받아 제작된 것으로 추정된다. 고구려 벽화고분은 무덤의 구조와 벽화의 내용에 따라 3개 시기로 구분할 수 있다. 1기는 3세기 후반에서 5세기 초에 만들어진 것으로, 무덤 안에 여러 개의 방을 만든 다실묘(多室墓) 형태에, 무덤 주인이 살아 있을 때 기념할 만한 행렬 장면이나 연회 모습, 저

택의 모습 등을 그린 생활 풍속 위주의 표현
이 주를 이룬다. 안악 3호분, 덕흥리 고분, 각
저총, 무용총 등 이름만 들어도 알 만한 유명
한 고분들이 1기에 속한다. 2기는 5세기 중엽
부터 6세기 초반에 만들어진 것으로, 2실묘
혹은 단실묘 형태에 일부 생활 풍속과 연꽃무
늬와 동심원무늬 등 장식무늬가 공존하거나
장식무늬 위주의 벽화가 그려진다. 2기에 속
하는 무덤으로는 장천 1호분, 삼실총, 쌍영총,
수산리 고분 등이 있다. 3기는 6세기 중엽부
터 7세기 전반까지 만들어진 것으로 무덤 방
이 하나인 단실묘로 변화되고, 네 벽에 사신
을 그린 사신도(四神圖) 위주의 벽화가 주를
이루게 된다. 특히 3기가 되면 이전 시기와는
달리 무덤 벽면에 회를 바르지 않고 돌 위에
직접 그리는 방식이 유행하게 된다. 3기를 대
표하는 무덤으로는 진파리 1호분, 강서대묘,
오회분 등이 유명하다.

　이러한 벽화고분들 상당수가 북한의 국
보유적으로 지정되어 있다. 화려하고 웅장한
벽화가 그려져 있지만 피장자의 국적과 신분
이 논란이 되고 있는 안악 3호 무덤(제67호),
유주자사 진(鎭)의 무덤으로 알려진 덕흥리
무덤(제156호), 고구려 여인의 복식으로 유
명한 수산리 무덤(제30호), 고구려의 시조 동
명왕의 것이라 전해지는 동명왕릉(제36호),
사신도의 걸작으로 꼽히는 강서대묘가 있는

강서 세무덤(제28호) 등 10여 기가 넘는 고구
려 벽화고분이 당당히 북한의 국보유적에 이
름을 올리고 있다. 특히나 고구려 벽화고분을
비롯한 고분군은 세계적으로도 그 가치가 인
정되어 2004년에 세계문화유산으로 등재되
기도 하였다.

　한편 북한의 국보유적에는 우리에게도
친숙한 여러 유적들이 포함되어 있다. 한반
도 최고의 구석기시대 동굴로 알려진 상원 검
은모루 유적(제27호), 고려 궁성으로 2007년
부터 남과 북이 공동으로 발굴조사를 실시해
온 개성 만월대(제122호), 고려의 충신 정몽
주가 이방원이 보낸 자객에 의해 피살된 곳
인 선죽교(제159호), 1993년 북한이 단군 부
부의 묘를 발굴했다 하여 학계를 떠들썩하게
만들었던 단군릉(제174호) 등이 대표적이다.
그리고 가장 최근에 지정되어 국보유적의 끝
번호를 장식한 제193호 북관대첩비가 있다.
임진왜란 당시 정문부 장군을 비롯한 의병의
승전을 기념은 비석은 1905년 일본으로 반출
되었다가 2005년에 반환된 후, 2006년 우리
가 북한에 넘겨주어 원래 위치로 돌아간 것이
다. 북한에서도 이를 기념하여 국보유적으로
지정한 상태이다. 이처럼 북한에서는 선사시
대 이래 우리 민족의 역사와 문화를 대표하는
유적들을 국보유적으로 지정하여 보호·관리
하고 있다.

5 문화유산 분류 체계

앞에서 문화유산의 개념을 살펴보면서 우리나라 문화재보호법상으로는 유형문화재, 무형문화재, 기념물, 민속문화재의 네 가지 범주에 속하는 것을 대상으로 함을 알았다. 이상의 범주는 그 유형별 특징에 따라 세분한 것으로 볼 수 있는데, 실제로 문화유산을 분류하는 기준과 방식에 따라 다양하고 복잡하게 분류되어 있기 때문에 혼란과 오해를 일으키기 십상이다. 그래서 이하에서는 실제로 학계 및 문화재보호법, 행정 조직에서 문화재를 어떻게 분류하고 있는지와 분류 기준이 무엇인지에 대해 정리해 보고자 한다.

- 문화재는 개념에 따라 문화유산 / 자연유산 / 복합유산으로 나뉜다.
- 문화재는 형태의 유무에 따라 유형문화재 / 무형문화재로 나뉜다.
- 유형문화재는 성격에 따라 건조물 / 기념물 / 유적 / 유물 등으로 나눌 수 있다.

  건조물은 시대에 따라 고건축 / 근대건축으로 분류된다.

  기념물은 성격에 따라 사적지 또는 시설물 / 명승 / 천연기념물로 세분된다.

  유적은 위치와 성격에 따라 고고유적 / 수중(해저)유적으로 구분 가능한데, 통상 이를 합쳐 매장문화재라고 부른다.

  유물은 회화, 조각 등 일반 유물과 발굴에서 출토된 고고유물로 나뉘는데, 소유자의 의지에 따라 이동이 가능한 동산문화재로 이해된다.
- 무형문화재는 성격에 따라 예능 / 공예 분야로 분류된다.

  예능분야는 연극, 음악, 무용, 놀이, 의식 등이 해당된다.

  공예분야는 각종 공예 기술이 해당된다.
- 문화재는 가치에 따른 지정 여부에 따라 지정문화재 / 비지정문화재로 구분된다.

  지정문화재는 지정 주체에 따라 국가지정 / 시·도지정 / 문화재자료로 세분된다.

- 문화재는 소재와 국적에 따라 (국내)문화재 / 국외 소재 (한국)문화재 / (한국 소재) 외국 문화재로 분류할 수 있다.
- 이 밖에 유네스코 지정 세계유산 분류 기준에 따라서는 세계유산 / 인류무형유산 / 세계기록유산으로 구분된다. 또 세계유산은 성격에 따라 문화유산 / 자연유산 / 복합유산으로 세분된다.

이처럼 문화재는 그 분류 방식과 분류 기준에 의해 다양하고 복잡하게 나눌 수가 있다. 그래서 실질적으로 문화재 행정을 하는 데서도 어떠한 분류 방식을 채택하는 것이 효율적이냐에 따라 여러 차례 직제가 개편되어 왔고, 지금도 그러한 논의는 계속되고 있다. 통상 문화재 전반을 다루는 개론서 성격의 많은 책들을 보더라도 위의 분류 체계를 벗어나는 일은 거의 없고, 그렇다고 위에서 분류한 내용들을 하나도 빠짐없이 다루고 있는 책들 또한 거의 없다. 이 책에서는 가급적 위에서 분류한 틀을 기준으로 실제 문화재보호법과 문화재청 조직 체계 내에서 다루고 있는 모든 분야의 문화재를 전부 다루어 볼 예정이다.

이 경우 문화재의 범주 또는 성격에 따라 분류된 것을 다루는 것이 일반적이기 때문에, 제2부에서 총 9개의 범주로 구분하여 각각의 제도적 특징과 문제점, 개선 방안 등을 개별적으로 살펴볼 것이다. 그러나 위 분류 체계 중에서 지정 여부와 지정 주체에 따른 분류 체계는 개별 문화재의 범주에 해당되는 것이 아니기 때문에 다음 절에서 그 부분에 대해서만 살펴보고자 한다.

6 지정 주체에 따른 분류

국가 또는 지자체에서 그 중요성을 인정하여 특별 관리할 필요가 있다고 여기는 문화재에 대하여는 문화재보호법에 의거 그 등급 내지는 격을 지정할 수 있도록 하고 있다. 문화재보호법 제2조 2항에 의하면 지정문화재는 문화재청장이 지정하는 '국가지정문화재'와 특별시장·광역시장·특별자치시장·도지사 또는 특별자치도지사가 지정하는 '시·도지정문화재'로 구분되고, 기타 국가 또는 시·도 지정문화재로 지정되지 아니한 문화재 중 시·도지사가 향토문화 보존상 필요하다고 인정하는 것을 '문화재자료'로 지정할 수 있다.

1) 국가지정문화재

문화재청장은 문화재보호법 제23조부터 제26조의 규정에 의거 문화재위원회의 심의를 거쳐 보물, 국보, 국가무형문화재, 사적, 명승, 천연기념물, 국가민속문화재[10]를 국가지정문화재로 지정할 수 있다. 각각의 지정 기준은 다음과 같고, 기준과 절차 등에 필요한 사항은 대통령령으로 정하도록 하였다.

- 보물: 유형문화재 중 중요한 것
- 국보: 보물에 해당하는 문화재 중 인류문화의 관점에서 볼 때 그 가치가 크고 유례가 드문 것
- 국가무형문화재: 무형문화재 중 중요한 것
- 사적: 기념물 가운데 역사적·학술적 가치가 큰 것
- 명승: 아름다운 경관과 같은 자연적인 것에 초점을 맞춘 기념물
- 천연기념물: 자연계를 대표할 수 있는 고유한 동물, 식물, 지질, 광물에서부터 원시림이나 자연풍경, 자연보호구역에 이르는 넓은 범위까지를 포함
- 국가민속문화재: 민속문화재 중 중요한 것

2017년 말 기준으로 국가지정문화재의 현황을 보면 국보 331건, 보물 2,106건, 사적 500건, 명승 110건, 천연기념물 457건, 국가무형문화재 138종목, 국가민속문화재 297건 등 3,939건에 달한다. 한편 지정문화재와는 성격이 다르지만 등록문화재도 724건이 있다.[11]

표 1.1 유형별 국가지정문화재 현황(2017년)

(단위: 건)

구분	국보	보물	사적	명승	천연기념물	국가무형문화재	국가민속문화재	소계	등록문화재	총계
서울	164	682	67	3	12	28	41	997	198	1,195
부산	5	45	5	2	7	5	2	71	18	89
대구	3	69	8	0	2	0	6	88	11	99
인천	1	27	18	1	14	5	-	66	8	74
광주	2	12	2	1	2	1	3	23	15	38
대전	1	12	1	0	1	0	2	17	21	38
울산	2	7	5	0	3	0	2	19	6	25
세종	-	2	0	0	1	0	1	4	0	4
경기	11	165	69	4	19	12	22	302	78	380
강원	11	79	18	25	41	3	11	188	40	228
충북	12	95	19	10	23	3	21	183	28	211
충남	27	125	50	3	16	4	24	249	54	303
전북	8	93	36	6	32	8	13	196	60	256
전남	21	184	45	19	61	15	38	383	83	466
경북	52	337	99	15	67	9	91	670	38	708
경남	11	164	51	12	44	14	12	308	43	351
제주	-	8	7	9	49	4	8	85	23	108
기타	-	-	0	0	63	27	-	90	-	90
합계	331	2,106	500	110	457	138	297	3,939	724	4,663

이 중에서 국가무형문화재를 지정하는 경우 해당 국가무형문화재의 보유자(보유단체)를 인정하여야 한다. 다만, 그 특성상 보유자를 인정하기 어려운 국가무형문화재를 지정하는 경우에는 그러하지 아니하다. 또한 여기서 인정한 보유자 외에 해당 국가무형문화재의 보유자를 추가로 인정할 수도 있다. 그리고 이렇게 인정된 국가무형문화재의 보유자가 기능 또는 예능의 전수(傳授)교육을 정상적으로 실시하기 어려운 경우에는 명예보유자로 인정할 수 있도록 하고 있다. 이 경우 국가무형문화재의 보유자가 명

예보유자로 인정되면 그때부터 국가무형문화재 보유자의 인정은 해제된 것으로 본다.

한편 문화재청장은 문화재보호법 제23조·제25조 또는 제26조에 따라 지정할 만한 가치가 있다고 인정되는 문화재가 지정 전에 원형 보존을 위한 긴급한 필요가 있고 문화재위원회의 심의를 거칠 시간적 여유가 없으면 문화재보호법 제32조에 의거 중요문화재로 가지정(假指定)할 수 있다. 가지정의 효력은 가지정 문화재의 소유자, 점유자 또는 관리자에게 통지한 날부터 발생한다. 그리고 가지정한 날부터 6개월 이내에 제23조·제25조 또는 제26조에 따른 지정이 없으면 해제된 것으로 본다.

2) 시·도지정문화재

서울특별시장·광역시장·도지사가 지정한 문화재로 그 관할 구역에 있는 것으로서 국가지정문화재로 지정되지 아니한 문화재 가운데 보존 가치가 있다고 인정되는 것을 말한다. 시·도유형문화재, 시·도무형문화재, 시·도기념물, 시·도민속문화재의 네 유형으로 구분된다. 이 중 무형문화재의 경우에는 문화재청장과의 사전 협의를 거쳐 국가무형문화재를 제외한 것 중 가치가 있는 것을 시·도지정문화재로 지정할 수 있으며, 그 보유자 인정은 국가무형문화재의 보유자가 아닌 자 중에서 하도록 하고 있다.

문화재청장은 문화재위원회의 심의를 거쳐 필요하다고 인정되는 문화재에 대하여 시·도지사에게 시·도지정문화재나 문화재자료(보호물이나 보호구역 포함)로 지정·보존할 것을 권고할 수 있다. 이 경우 시·도지사는 특별한 사유가 있는 경우를 제외하고는 문화재 지정 절차를 이행하고 그 결과를 문화재청장에게 보고하여야 한다. 시·도지정문화재와 문화재자료의 지정 및 해제 절차, 관리, 보호·육성, 공개 등에 필요한 사항은 해당 지방자치단체의 조례로 정한다.

2017년 말 기준 시·도지정문화재는 총 5,991건이다.

3) 문화재자료

문화재자료는 시·도지사가 국가 또는 시·도지정문화재로 지정되지 않은 문화재 가운데 향토문화의 보존상 필요하다고 인정하여 시·도 조례에 의거 지정한 문화재를 말한다. 비록 지정문화재는 아니지만 시·도 조례로 지정되었기 때문에 시·도에서 편성한 예산 지원을 받을 수 있으며, 그에 따른 보호 절차 등도 시·도지정문화재에 준하여 적용하고 있다.

2017년 말 기준 문화재자료로 2,672건이 지정되어 있다.

4) 기타 문화재

이상의 분류 체계에 포함되지는 않지만 문화재청장이 인정한 문화재도 있다. 대표적으로 지정문화재가 아닌 문화재 중에서 보존과 활용을 위한 조치가 필요한 것을 문화재청장이 등록한 문화재로 '등록문화재'가 있다.

이 밖에 어떠한 이유에서건 국외로 반출되어 현재 대한민국 영토 밖에 소재하여 소유권을 상실하였지만 우리나라 역사·문화와 관련된 문화재를 특별히 '국외소재문화재'라 부른다.

반대로 원래 우리나라 문화재는 아니지만 우리나라에서 소유하며 보

그림 1.8 고대 그리스 청동 투구
(높이 21.5cm, 출처: 문화재청)

관·관리하고 있는 외국계의 문화재도 있는데, 이러한 문화재를 '외국문화
재'라 한다. 대표적으로 1936년 손기정이 베를린 올림픽 경기대회 마라톤
경기에서 우승한 기념으로 받은 높이 21.5cm의 그리스의 청동 투구 같은
것이 있다. 이것은 기원전 6세기경 그리스의 코린트에서 만들어진 것으로,
1875년 독일의 고고학자에 의해 올림피아에서 발굴되었다. 원래 베를린
올림픽 마라톤 우승자에게 부상으로 수여하도록 되어 있었으나 손기정에
게 전달되지 않고, 베를린 박물관에 보관되어 오던 것이 그리스 부라딘 신
문사의 주선으로 우리나라에 돌아오게 되었다.[12] 외국에서 제작된 유물임
에도 불구하고 그 가치와 중요성이 인정되어 1987년 보물 제904호로 지정
되어 현재 국립중앙박물관에 전시 중이다.

문화유산 재산의 개념이 강조된 '문화재'의 대체 개념으로, 유산적 관점에서의 문화재를 뜻하며, 최근 들어 우리나라뿐 아니라 전 세계적으로도 널리 통용되고 있다.

문화재 학문, 예술, 사상, 종교 등 사람의 행위에 의해서 창조된 문화 가운데 경제적인 가치를 지닌 것을 가리키는 말로, 우리나라는 일본으로부터 문화재란 용어를 받아들여 1961년 문화재관리국 직제를 공포하면서 공식적으로 사용하게 되었다.

문화재보호법 문화재를 효율적으로 보존·관리하기 위하여 1962년 1월 10일 처음 제정된 법률로서 현행 우리나라 문화재의 개념 정의와 분류 체계, 보호 기준의 근간이 되고 있다.

역사문화환경 문화재 주변의 자연경관이나 역사적·문화적인 가치가 뛰어난 공간으로서 문화재와 함께 보호할 필요성이 있는 주변 환경을 말한다.

지정문화재 국가 또는 지자체에서 그 중요성을 인정하여 특별 관리할 필요가 있다고 여기는 문화재에 대해 문화재보호법에 의거 문화재의 등급이나 격을 고려하여 국가지정문화재와 시·도지정문화재로 구분한다.

요약정리

- 최근 들어 문화유산이란 용어가 세계적으로 널리 통용되는 데 반해 우리나라는 여전히 문화재란 명칭이 더 보편적으로 사용되고 있다.

- 문화재에 대한 관심은 19세기 이래 서양의 호고주의에서 출발하였으며, 20세기 무렵 재산적 관점에서 널리 사용되기 시작하였고, 최근에는 유산적 관점을 중시한 문화유산이란 개념으로 대체되는 추세를 보이고 있다.

- 문화재란 인류가 문화생활을 영위해 가며 인공적으로 생산해 낸 문화적 소산으로 역사적·예술적·학술적으로 보존할 만한 가치가 큰 문화유산과 자연적으로 형성된 생성물로서 과학적·경관적으로 보존할 만한 가치가 큰 자연유산을 포괄해 일컫는 개념이라 할 수 있다.

- 우리나라는 일제강점기에 도입된 문화재 관련 법령에 기초하여 제정한 문화재보호법에서 문화재에 대한 정의를 구체적으로 명시하고 있으며, 문화재의 종

류에는 유형문화재, 무형문화재, 기념물, 민속문화재 등이 포함되어 있다.

● 문화재 관련 개념 중 최근에는 당해 문화재뿐만 아니라 그 문화재를 둘러싼 역사문화환경도 중시하고 있다.

● 우리나라와 인접한 일본, 중국, 대만, 북한은 각국의 특성에 따라 상이한 개념의 문화유산을 정의하고 있으며, 그에 따라 문화유산의 종류를 세분하고 있다.

● 문화유산은 그것을 분류하는 기준과 방식에 따라 다양하게 분류할 수 있는데, 흔히 형체의 유무에 따라 유형문화재와 무형문화재로 분류하는 것을 비롯하여 다양한 분류 방식과 종류를 상정할 수 있다.

● 또한 문화재의 가치에 따른 지정문화재와 비지정문화재, 그리고 소재지와 국적에 따라 국외 문화재와 외국 문화재 등으로도 분류할 수 있다.

생각해 볼 거리

▶ 세계적으로 널리 인식되고 있는 문화유산이란 용어와 우리나라에서 줄곧 사용해 오고 있는 문화재란 용어의 차이점이 무엇이며, 하나의 개념으로 통일해서 사용할 필요가 있는지에 대해 논의해 보자.

▶ 문화재보호법에서 분류하고 있는 문화재 분류 체계가 합리적인지 토론해 보고, 만약 그렇지 않다면 어떠한 방식으로 분류 체계를 개선하는 것이 좋을지에 대해 생각해 보자.

▶ 문화재의 중요도에 따라 등급을 나누어 지정하고 있는 우리나라의 문화재 지정 체계가 타당하며 바람직하다고 생각하는지 이야기해 보자.

▶ 문화재의 개념과 용어, 종류에 대한 우리나라와 인접 국가의 유사점과 상이점을 도출해 보자.

▶ 문화재의 효율적인 보호를 위해 더 보강되어야 할 개념과 대상이 있는지에 대해서도 폭넓게 생각하고 토론해 보자.

▶ 문화유산의 미래 비전에 대한 각자의 생각을 자유롭게 말해 보자.

제2장

광복 이전 우리 문화유산의 수난과 아픔

이 장의 목표 ··

조선시대 말 외세 침략기와 1910년 한일강제병합 이후 광복에 이르기까지 우리나라에서 벌어졌던 문화유산의 수난사에 대해 알아보고자 한다.

1866년 병인양요 때 프랑스 함대가 강화도의 외규장각을 불태우고 조선왕실의궤 등 중요 문화재를 약탈해 간 것을 시작으로 1876년 강화도조약 이후 일본인들은 우리의 소중한 유산을 무차별적으로 도굴하여 유물을 반출하는 만행을 저질렀다.

일제는 1905년 을사늑약과 1910년 한일강제병합을 거치면서 학술적 조사라는 이름으로 전국의 문화유산을 제멋대로 농단하였으며, 조선총독부는 사찰령 등 법령을 제정하고 궁궐을 파괴하는 등 우리 문화재 훼손을 벌이게 되는데, 당시 진행된 일제의 조직적이고 의도적인 행위를 구체적으로 살펴볼 것이다.

특히 1916년부터 착수한 고적조사 사업은 일제

식민통치의 정당성을 옹호하고 식민사관 이데올로기를 개발하기 위한 목적에서 비롯된 것이었다. 또한 '고적 및 유물 보존규칙'을 제정하여 본격적으로 우리 문화재를 통제하는 기반을 확립하였다.

1933년에는 '조선보물고적명승천연기념물 보존령'을 제정하여 조선의 문화재 보호를 천명하며 문화재 보존·관리에 관한 여러 가지 조치를 규정하였으나, 실상은 일본인 위주의 문화재 관리를 추구하는 등 식민지 문화재 정책의 합법적 도구로 기능하였음을 알아야 한다.

이 장의 학습을 통해 일제강점기의 문화유산 정책이 조사·연구와 보존이라는 명분하에 일제의 침략야욕을 충족시키기 위해 전 국토를 마음껏 유린하고 식민통치를 강화하기 위한 수단에 지나지 않았던 것임을 명확히 인식하여야 할 것이다.

1 외세침략기 문화유산 수난사

조선시대 말 개항 이전에 겪었던 문화유산 수난의 대표적 사례로는 1866년 병인양요 당시 프랑스 군대가 자행한 외규장각 소실 및 의궤 약탈 사건을 꼽을 수 있다. 당시 외규장각과 그 안에 보관되어 있던 5,000여 점의 도서와 사료들이 불탔는데, 그중 조선왕실의궤를 포함한 340책의 문화재가 프랑스군에 의해 빼돌려진 사건이다.

1876년 강화도조약 이후에는 일본인들의 도굴 및 유물 불법 반출이 극심해졌다. 당시 조선의 경우 문화재에 대한 근대적 인식, 즉 '재화(財貨) 의식'이 바탕이 된 경세적 개념으로서의 인식은 부족했다. 조선은 문화재 인식이 주체적으로 뿌리를 내릴 시간을 갖지 못한 채, 문명적 근대국가 수립의 과정 중에 일본에 의해 식민지로 전락하고 말았다. 그리고 일본의 조선 강점 이후 우리의 문화재가 그들에 의해 대규모로 파괴와 약탈되는 가운데 비로소 그 중요성을 깨닫게 되었다.

반면 일본인들은 식민통치가 시작되기 이전부터 이미 조선의 문화재를 재화로서의 가치를 지닌 '소유하고 싶은 자산'으로 생각해 왔던 것으로 보인다. 강화도조약 직후부터 일본인들은 조선에 들어와 이른바 '골동품' 수집에 몰두했다. 당시 철도를 부설하는 과정에서 무수한 묘가 발굴되어 고물상(古物商)은 막대한 이익을 얻을 수 있는 사업으로 부각되기도 하였으며, '취미' 생활을 즐긴다는 명목 하에 조선 내 일본 유력자들은 조선의 문화재를 수집했다. 일본인들의 문화재 수집은 단순히 매장문화재를 수집하는 것뿐만 아니라 묘 앞의 석등과 묘탑까지 수집 대상으로 삼았고, 이러한 문화재들을 무단으로 일본에 유출하기도 했다.[13]

우리 문화재에 대한 일본의 첫 학술조사는 1902년 동경제국대학 조교수 공학박사 세키노 타다시(關野 貞)가 조선의 건축 유물 및 조각, 공예품 등을 조사하면서 시작됐다. 1902년 7월부터 9월까지 2개월에 걸쳐 실시된 조사는 경주, 개성, 서울과 그 주변 지역을 중심으로 이루어졌다. 그는 조사

그림 2.1 병인양요 당시 강화도를 점령한 프랑스군(견습사관 앙리 쥐베르 그림)

를 마치고 일본으로 돌아간 후에 2년 동안 조사 내용을 정리하여 보고서를 만들고 이어 1904년 7월에 동경제국대학 공과대학에서 비공개로 활판 인쇄했다.

1905년 러일전쟁에서 승리하자 이토 히로부미를 위시한 일본인의 만행은 극에 달했다. 1906년에 초대 통감으로 취임한 그가 개성의 고려 고분을 무참히 파괴한 행위에 대해 안중근 의사는 "일본의 침략이 마침내 우리 선조의 백골에까지 이르렀다"며 일본인들이 자행한 무차별적인 도굴을 질타했던 것으로 알려져 있다.

세키노의 두 번째 조사는 1909년에 이루어졌다. 이때의 조사는 식민정부 시책의 일환으로 기획된 것이었다. 당시 통감부는 조선시대의 관아와 향교 등을 구 건축물로 인식했고, 구 건축물의 취급에 관해 건축 전문가의 의견을 구하고자 했다. 야츠이 세이이치(谷井濟一), 구리야마 슌이치(栗山俊一)와 함께 조선의 고건축물을 조사했던 세키노는 이 밖에도 고적·불상·석탑·서화 등을 조사했다. 이 사업은 조선의 역사에서 중요한 지점을 선택하여 조사를 한다는 방침에 따라 주로 평양·경주·개성 방면 고분의 상태 조사에 집중되었다. 조사는 1915년에 일단락되었는데, 세키노는 이 기

그림 2.2 경주 첨성대 조사 사진(세키노 타다시, 1941, 『조선의 건축과 예술』)

초 조사에서 수거한 유물을 동경제국대학 건축학 교실로 옮겼으며, 한일강제병합 이후에도 모두 일본으로 가지고 돌아갔다. 이 시기에 이루어진 학술조사 과정에서 수집된 우리 유물이 별다른 제재 없이 일본으로 유출되었던 것이다.[14]

당시 세키노의 조사는 일제의 식민지 지배 정책의 일환이었다고 볼 수 있다. 1941년 발간된 세키노의 유고집 『조선의 건축과 예술』 총론에서 그는 "조선의 미술은 낙랑군시대에 한민족(漢民族)의 양식을 수입하여 삼국시대부터 통일신라시대에 들어서 발달의 정점에 도달하였으나 고려시대에 다소 쇠퇴하였고 조선시대에 와서 한층 타락하였다. 특히 근세 조선인은 흥미와 미술 애호심이 부족하고 문화재에 대한 보존정신이 전무하여 예로부터 건설해 온 귀중한 문화유적이 점차 소멸되기에 이르렀다"고 기술하고 있다.[15] 조선의 문화재 보호 의식에 대한 그의 냉혹한 평가는 이어질 조선총독부 고적조사 사업의 대외적 명분을 제공하고 합리화하기 위한 방편에서 비롯된 것임을 엿볼 수 있다.

2 일제강점기 문화유산 수난사

1910년 대한제국을 강제로 병합한 일제는 대한제국 황실 궁내부를 일본 궁내성 산하 이왕직(李王職)으로 격하시켰다. 1911년에는 총독부 취조국이 규장각 도서를 강제로 인수하였다. 이 도서 안에는 조선왕조의 역대 기록 14만 8,000점과 실록 등이 다수 포함되었다.

조선총독부에서는 1911년 6월 '사찰령' 및 동년 7월 '사찰령 시행규칙'

을 제정했는데, 이는 조선 문화재에 대한 법령을 제정하는 데 직접 영향을 주었다. 일제는 사찰령을 통해 표면적으로는 문화재의 유출에 제동을 걸었다. 즉, 사찰에 속한 토지, 삼림, 건물, 불상, 석물, 고문서화, 기타의 귀중품 등 사찰의 재산과 문화재를 총독의 허가 없이는 임의로 처분할 수 없게 하였으며, 범종, 경권(經卷), 불기(佛器), 불구(佛具) 등을 포함한 목록서를 작성하여 총독에게 제출하도록 했다. 그러나 실상은 사찰 문화재의 관리 목적보다는 조선총독부가 사찰령을 이용해서 불교계의 재산권과 인사권을 장악하려 했던 의도가 더 컸던 것으로 생각된다.

1912년에는 경복궁을 훼손하고 조선총독부 청사를 신축할 준비를 시작하였다. 1915년 조선물산공진회 개최와 조선총독부박물관 건립을 거쳐 1926년 경복궁의 광화문과 근정전 사이에 조선총독부 청사를 준공하였다. 그리고는 1929년 경복궁에서 조선박람회를 개최하기도 하였다.

1916년에는 고적 발굴조사를 착수하여 낙랑군과 가야 유적을 중심으로 조사를 실시하였다. 낙랑군과 가야 유적에 초점을 맞춘 이유는 조선이 일찍부터 중국과 왜의 지배를 받아 왔다는 사실을 주지시킴으로써 일제의 식민통치 정당성을 옹호하고 식민사관 이데올로기를 개발하기 위한 의도에서였다. 또한 같은 해 '고적 및 유물 보존규칙'을 제정하여 고적 및 유물 중에서 보존 가치가 있는 것을 조사하고 등록하도록 규정하였다.

그림 2.3 조선총독부 반출 규장각 도서(출처: 문화재청)

정밀한 발굴조사의 필요와 박물관 진열품 충실의 도모, 그리고 『조선 반도사』 편찬의 증빙 자료 수집을 위해 관 주도의 본격적인 '조선고적조사' 사업이 계획되었고, 이를 뒷받침하기 위해 제정된 것이 1916년 7월 총독부 령 제52호 고적 및 유물 보존규칙(이하 보존규칙)과 동 훈령 제29호 '고적조 사위원회 규정'이었다. 보존규칙의 공포에 따라 조선의 문화재들은 공식적 으로 일본제국에 속한 자산이 되었고, 총독부의 관할로 편입되었다.

보존규칙은 총 8개조로 간소하지만 제1조에서 고적과 유물의 종류를 상세하게 열거하였고, 제2조에서 '고적 및 유물 대장'을 비치하여 보존 가 치가 있는 것들을 등록하도록 했다. 또한 등록된 고적 유물의 변경에 관해 서는 총독의 허가를 받도록 하고, 규칙을 위반하면 벌금을 부과하는 등 외 견상으로는 국가적 차원에서 문화재 보존 체계를 강화한 것이었다.

그러나 보존규칙은 명목상 보존을 내세웠지만 실제로는 이 규칙을 이 용하여 조선의 문화재에 대한 정보 수집을 원활히 하는 데 치중했다. 고적 및 유물 대장의 등록과 관련된 모든 사항을 경찰서장을 경유하도록 함으로 써 문화재에 대한 조선총독부의 통제 권한을 배가하였다. 고적 및 유물 대 장을 비치해서 문화재를 관리한 것도 문화재로 지정하여 보호하고자 했던 측면이 없지 않으나, 사실상 보존규칙에는 문화재의 가지정, 수이출(輸移 出) 금지, 보조금의 지급 등 실질적인 문화재 보존 규정이 부족했다.

보존규칙이 제정됨으로써 '고적조사위원회'가 설치되고 관련 규정도 마 련되었다. 이 규정은 고적 및 유물의 조사에 관한 사항, 고적의 보존 및 유물 의 수집에 관한 사항, 고적·유물·명승지 등에 영향을 미칠 만한 시설에 관 한 사항, 고문서의 조사 및 수집에 관한 사항 심사 등 총 11개 조항으로 구성 되었다. 정무총감을 위원장으로 하는 이 위원회는 고적·금석문·고문서·기 타의 유물 및 명승지 등 문화재 전반의 조사·수집·보존에 관한 사항을 심 의하는 기관이었다. 그러나 1939년까지 존속한 고적조사위원회가 주로 실 지 조사에 관련된 업무에 치중했던 탓에 조사가 이루어진 이후 관련 보고서 가 작성되지 않는 경우가 허다했다. 이렇듯 보존규칙은 문화재의 보호나 보 존에 중점을 두기보다는 실태 조사에 초점이 맞춰져 있었고, 세부 조항이 결

그림 2.4 평양 대동강면 제
10호 낙랑 고분 발굴조사 사
진(출처: 국립중앙박물관)

여되어 있어 근본적인 문화재 관리로 이어지기는 힘들었다고 볼 수 있다.

한편 조선총독부는 보존규칙을 제정하고 고적조사위원회를 조직하여 조선 고문화의 조사를 독점적으로 수행할 수 있게 되었다. 1915년 총독부 박물관의 개설에 따라 이듬해 박물관 및 고적의 조사 보존에 관한 사무를 총독부 총무국 총무과로 통합했다. 이전까지 지방행정의 일환으로 실시되었던 고적조사 사업이 중앙행정 업무로 바뀌었던 것이다. 또한 고적조사위원회의 설립과 함께 그 사무도 박물관에서 관장하도록 했다. 그러나 위에서 언급했듯이 고적조사위원회의 활동은 주로 문화재의 조사와 발굴에 치중되어 있어 문화재 보존 활동에는 소극적이었기 때문에 실제적인 보존 사업은 지방 고적보존회가 주체였다고 할 수 있다.[16]

한편 보존규칙은 유물의 현지 보관주의, 문화유물의 사유권에 대한 규제, 미지정 문화유산의 계출제(屆出制)를 특색으로 하고 있지만, 실제로 이것들이 잘 지켜지지 않았고, 특히나 유물의 사유권 규제는 식민지의 피지배 주민에 대한 폭력적 지배나 다름없었다. 이러한 상황 아래에서 총독부 감독 아래 행해진 발굴조사의 중심지는 주로 평양 근처와 경주 부근이었는데, 전자는 조선 문화의 타율성을, 후자는 임나부와의 관련성을 강조하려던 것이며 결국 황국사관(皇國史觀)을 기조로 한 조선 민족 식민지화 정책의 합리화에 의도적으로 이용한 것이었다.[17]

고적조사 사업은 1916년에 처음으로 조직적인 5개년 계획이 수립되어 조사가 시행됐다. 연도별 조사 대상과 지역을 살펴보면 1916년에는 한사군 및 고구려(황해도, 평안도, 경기도, 충청북도), 1917년에는 삼한·가야·백제(경기도, 충청도, 경상도, 전라도), 1918년에는 신라(경상도, 전라도), 1919년에는 예맥·옥저·발해·여진 등(강원도, 함경도, 평안도), 1920년에는 고려(경기도)였으며, 조선시대와 유사(有史) 이전에 속하는 조사는 각 연도 지역의 구분에 따라 편의로 실시한다고 결정되었다.[18]

이 시기의 고적조사 사업을 통해 일제는 조선을 북방과 남방으로 나누어 북방은 한(漢)의 식민지였던 낙랑의 문화로 단정 지어 종속적 역사 서술을 뒷받침하고자 했으며, 남방은 고대 일본 역사와의 비교를 통해 고대로부터 조선과 일본이 밀접한 관계였다는 것을 밝히고자 했다. 즉, 조선의 문화재는 식민사관의 입증에 활용되었던 것이다. 그리고 1916년에 특별조사로 개성 및 강화도의 고분 200기가 발굴조사되었는데, 이는 학술적 연구나 보존보다는 유물의 수집에만 치중했던 측면이 드러난 것이라고 할 수 있다.

일제는 1920년대 들어와 식민통치 논리를 입증하는 데 중요한 유적에 대한 보다 집중적인 조사를 통해 종래 조사의 미비점을 보완하고자 했다. 그리하여 낙랑의 유적과 양산 부부총, 금관총 등 고분에 대한 조사가 중점적으로 이루어졌다. 그리고 1921년 10월 고적조사를 조직적으로 수행하기 위해 조선총독부 학무국에 고적조사과를 신설하여 박물관 및 고적조사 사업과 고건축 보존에 관한 사무를 통합 운영했다.

그러나 고적조사과는 예산 삭감 등의 이유로 1924년 폐지되고, 그 업무는 학무국 종교과로 이관되었다. 조선의 유물·유적 중 불교와 관련된 것이 많았기 때문에 종교과로 이관된 것으로 판단되지만, 고적조사 같은 업무는 종교 행정과는 근본적으로 다르기 때문에 1920년대 중반 이후 적극적인 고적조사 사업은 중단된다. 따라서 1920년대 중반부터 조선고적연구회가 조직되는 1931년까지는 조선총독부박물관을 중심으로 도굴과 개발행위 등 파괴 위기에 있던 고분의 긴급 조사만 이루어졌다.

보존규칙이 시행된 1916년 이후의 발굴 유물은 모두 국유로 조선총독

그림 2.5 금관총 발굴 사진(1921, 출처: 국립중앙박물관)

부박물관이 소장하는 것이 원칙이었다. 그러나 이 원칙은 잘 지켜지지 않았다. 1917년 문화재의 수이출을 금지하는 훈령이 내려졌지만 조선 내의 문화재는 자유롭게 조선 밖으로 이수출되는 상황이었다. 고적조사위원회 규정에 의해 실지 조사 때 수집한 물품은 그 지역 경찰관서에 위탁하여 조선총독부에 송치해야 했지만 "파손의 우려가 있는 것은 스스로 휴대할 수 있다"는 규정 때문에 사실상 조사위원이 유물을 소지하는 것이 가능했다. 이러한 유물은 연구 조사라는 명목으로 반출되기도 했다.

고적조사과가 폐지된 후 고적은 급속하게 파괴되었다. 또한 보존규칙의 실제 적용에서 개인 소유품에 대한 제재가 결여되었고, 보존 관련 사무가 분장되어 있어 비효율적이었기 때문에 일원화가 요구되었으며, 보존 대상에서 명승 및 천연기념물이 제외되어 있는 등의 문제가 제기되어 이를 개정해야 한다는 주장이 대두되었다.[19]

1931년에는 조선총독부의 외곽 단체로 '조선고적연구회'가 설립되어 1945년 광복 때까지 활동하였다. 여기서는 주로 고적과 보물의 조사 연구

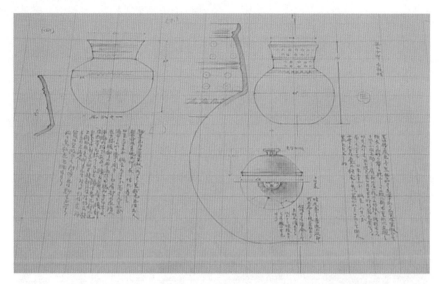

그림 2.6 오가와 게이키치(小川敬吉)가 발굴 보고서 발간을 위해 실측한 양산 부부총 출토 유물 도면(교토 대학 소장, 2016년 1월 사가현립 나고야성 박물관 기획전시실에서 저자 촬영)

및 출판 업무를 담당하였다. 후지타 료사쿠(藤田亮策)는 1931년 「조선고적 연구회의 창립과 그 사업」이라는 논문에서 그 설립 배경을 밝히고 있다. 그 는 "… 최근 긴축 재정과 행정 정리에 의해 박물관 및 고적조사 사업은 매 년 축소되어 도저히 반도 전체의 고적 분포를 규명하고 보호할 여유가 없 다. 단순히 업무적인 보호책을 취할 수밖에 없기에, 철저한 조사 같은 것은 향후 기다릴 수밖에 없는 상황이다. 한편 지방경제의 발전과 식림, 벌목, 경 지 정리 등으로 급속한 속도로 고분의 파괴가 진행됨과 동시에 고의로 고 분을 도굴해서 석탑, 석비를 운반하여 일본 등에 전매하는 것이 날로 심해 지고 있다. 예를 들면 다이쇼(大正) 13년(1924)부터 15년(1926)까지 평양 부근 낙랑 고분 500∼600기가 도굴되었고, 쇼와(昭和) 2년(1927) 여름에는 남조선에서 가장 완전하고 중요시되던 양산의 고분이 하나도 남김없이 도 굴되었다. 또한 임나(任那)의 유적, 창녕의 고분은 쇼와 5년(1930) 여름철 1∼2개월 사이에 모두 파괴되고 말았다. 개성과 강화도를 중심으로 하는 고 려시대의 능묘는 고려자기 채집 때문에 바닥부터 파괴되고, 참봉 수호인을 두어 보호해 왔던 능묘도 공동(空洞)이 되어 버리는 상황으로 그 참혹함이 조선 전체에 이르고 있다. … 고분을 파괴하여 그 유물을 백주에 내다 파는 현상은 세계가 아무리 넓다 하더라도 조선이 유일한 예이다"라고 기술하며 당시 상황의 심각성을 피력하였다. 1920년대 재정 긴축 등으로 조선총독부의 고적조사 사업이 축소됨에 따라 고적의 파괴 및 도굴이 횡행하게 되었고, 이에 조선 문화를 보존하자는 민간의 움직임으로 이 연구회가 설립된 것이다. 조선고적연구회는 민간의 기부금으로 운영되었지만 직제상으로는 조선총독부에 속해 있던 반관반민 단체로 한반도가 주변국의 식민지였다는 식민사관을 정당화하기 위해 낙랑, 가야, 신라 등의 유적을 집중적으로 조사하였다는 비판을 받고 있다.[20]

조선고적연구회는 외형적으로 민간인 위주의 운영을 가장했지만 실질적으로는 이사장에 총독부 정무총감이 취임하고 학무국장 등 관료가 이사로 선임되었으므로, 총독부의 의중에 따르는 단체였고 그 실체는 결국 수탈을 위한 식민지 문화재 정책의 일익을 담당하였다. 이 시기 일제는 문화재 정책의 제도적 측면에서 사회적 여건에 따라 민간 위주의 회유책을 쓴 것이다. 그리고 조선고적연구회의 설립을 전후하여 총독부박물관의 경주분관(1926)과 부립(府立)의 개성박물관(1930), 평양박물관(1933)이 순차적으로 세워지면서 진열을 명목으로 한 문화재 수탈과 한국사 왜곡에 박차를 가하게 되었다.[21]

조선총독부는 1932년 2월 종교과를 폐지하고 내무국 산하 사회과를 학무국으로 이속시켜 조선의 문화재 관련 사무를 이관하였다. 그러나 사회과는 실질적으로 조선과 일본의 물질적·정신적 통합을 목표로 한 정신작흥 교화사업을 주도한 기구로서 문화재를 통한 정신 교화 완수의 법적 수단으로 1933년 '조선보물고적명승천연기념물 보존령'(이하 보존령)을 제정하였다.

보존령은 전 24개조의 부칙으로 구성되었고, 최초로 조선에서 본격적인 문화재 보호를 천명한 법으로 문화재 보존·관리에 관한 여러 가지 조치가 규정되었다. 제1조에서 보존 대상을 명승과 천연기념물까지 확장하였고, 보물 제도를 두어 총독이 지정하도록 하였다. 또한 보존령의 제정과 함께 문화재 보존의 자문기관으로 '조선보물고적명승천연기념물 보존회'(이하 보존회)가 조직되었다. 보존회는 문화재 지정, 보물의 수이출 허가, 현상변경이나 보존 관련 행위의 허가 및 금지 등에 관해 자문하는 역할을 맡았다.

보존령은 일본에서 1919년 제정된 사적명승천연기념물 보존법과 1929년의 국보 보존법, 그리고 1933년 제정된 중요미술품 등의 보존에 관한 법률 등 3가지 법령을 종합하고, 이전의 보존규칙의 내용이나 형식을 보완하여 만든 법령이다. 그러나 보존에 관련된 주요 업무의 중요 부분을 경찰서장이 관장하고 있다는 점, 그리고 자문기관으로서의 보존회에 조선인은 민간인 2명만이 참여하는 등 일본인 위주의 문화재 관리를 추구하고 있는 점에서 식민지 문화재 정책의 한계를 보여주고 있다.[22]

특히 보존회의 문화재 지정 작업은 철저히 식민지 지배 정책에 도움이 되는 것들만을 보물로 지정하는 불합리성이 드러났다. 예를 들어 1937년 등록된 보물을 보면 훈민정음과 같은 자랑스러운 문화재나 『삼국사기』, 『삼국유사』 등 우리 역사를 기술한 사서(史書)는 문화재로 지정되지 않은 반면, 내선일체 이데올로기를 선전하고 강화하는 데 유리한 부여의 백제 유적이나 가야 유물 등은 무비판적으로 문화재 지정을 유도한 사례가 대표적이다.[23]

이후 1930년대 말 전시 체제 강화와 함께 문화재는 전쟁의 수단으로 동원된다. 전쟁에 승리하기 위해 이미 지정되어 보존되고 있던 고적도 그 지정을 해제하여 전쟁 물자를 확충하는 데 이용하기도 했다. 마침내 '유림(儒林)의 숙정(肅正) 및 반시국적 고적의 철거에 관한 건'이란 파괴령이 내려지고, 황산대첩비와 같은 문화재가 폭파되기에 이르렀다.

1943년 11월 총독부 학무국장이 경무국장에게 보낸 공문에는 "수제(首題) 철거 물건 중 '황산대첩비(荒山大捷碑)'는 학술상의 사료로 보존할 필요가 있는 것이지만, 그 존치에 관해서는 관할 도 경찰부장의 의견과 같이 현재와 같은 시국에서는 사상 통일에 지장이 있다면 이것의 철거도 또한 어쩔 수 없는 일로 사료되오니 다른 것과 함께 적당한 처리 있기를 바람"이라고 명기되었다. 공문서 참조란에는 "황산대첩비는 보존령에 의해 지정을 필요로 하는 정도의 것은 아니지만, 이성계가 왜구를 격파한 사적을 기록한 것으로서 그의 존재는 당시 일본인의 해외 발전 업적의 증거도 될 것이고, 그 비의 형식은 미술사학에 있어서 하나의 시대 기준이 되므로 현지에서 보존하는 것이 이상적이나, 그 존치가 치안상 철거가 필요하다는 관할 경찰 당국의 의견은 현 시국에서 어쩔 수 없음이 있고, 또한 이것을 경성으로 가져오기에는 수송의 곤란함이 적지 않으므로, 그 처분을 경찰 당국에 맡기려고 하는 바이다"라고 덧붙여져 있다. 아마도 이 비는 그 직후에 폭파된 것으로 보인다.[24]

이처럼 일제는 자신들이 전쟁에 승리하기 위해서는 식민지 조선의 보물과 고적 등 문화재를 아무런 미련 없이 버리고 파괴해도 상관없는 존재로밖에 여기지 않았음을 여실히 드러내고 말았다. 과연 그때까지 실시했던 조선의 고적조사 사업이나 고적 연구 등의 활동 또한 정녕 우리 문화재를 진실되게 조사하고 보존하려고 했던 것이 아니었음이 명백히 밝혀진 셈이다. 일제강점기의 문화재 정책은 결국 조사·연구와 보존이라는 명분하에 그들의 침략 야욕을 충족시키기 위해 전 국토를 마음껏 유린하고 식민통치 이데올로기를 강화하기 위한 수단에 지나지 않았던 것이다.

일본으로 빼돌려진 우리 문화재의 숫자와 반환 상황

2018년 4월 기준으로 국외에 있는 우리 문화재는 20개 국가의 17만 2,316점인 것으로 파악되고 있으며, 도쿄국립박물관 등 일본에 가장 많은 7만 4,742점(43.38%)이 있는 것으로 알려져 있다. 공식적으로 확인된 수량만도 이 정도이니 민간이 소유하고 있어서 집계가 불가능한 것까지를 포함한다면 가히 국외로 반출된 우리 문화재의 숫자가 얼마나 많을지는 상상도 안 될 정도이다.

국외소재문화재의 절반 가까이를 차지하고 있는 일본으로 문화재가 유출된 경로는 임진왜란 같은 전쟁 때나 일제강점기의 혼란기에 불법적으로 약탈된 것이 대부분이다. 물론 개중에는 정당한 대가를 지불하고 구입한 문화재도 있다고 하나 그러한 경우는 극히 일부에 지나지 않을 것으로 생각된다.

이렇게 빼앗기다시피 불가항력적으로 반출된 문화재 중 어떠한 방식으로든 우리가 돌려받은 문화재는 반출된 수량의 극히 일부에 지나지 않는다. 일본의 경우는 지금까지 정부 차원의 협상이나 기증 형식으로 반환받거나 민간의 노력으로 되돌려받은 것, 경매 등을 통해 구입한 것 등을 다 합쳐도 약 6,500여 점 정도에 불과하다. 즉 공식 집계된 일본 소재 우리 문화재의 1/10에도 못 미치는 수준이다.

19세기 후반 개항을 틈타 조선에 진출한 일본인들은 일찌감치 우리 문화재를 재화적 가치로 인식하였고, 그것들을 손에 넣고자 중요 유물들을 샅샅이 도굴해 가거나 학술조사라는 이름으로 온갖 문화재를 무단 유출하였다. 1910년 한일강제병합 이후에는 조선총독부를 중심으로 진귀한 고문서를 반출하는 등 조직적인 유물 발굴과 약탈이 자행되었다.

일본으로 반출된 우리 문화재 환수 사례 가운데 처음이자 규모가 가장 컸던 것은 1965년에 체결한 한일협정에 의한 반환이다. 일본의 침략 사죄와 손해 배상을 이끌어 내기 위한 기본 조약 체결을 목적으로 회담을 진행한 결과, 당초 요구했던 것에는 턱없이 모자란 1,432점의 문화재만을 돌려받았다. 더 안타까운 사실은 이 반환을 끝으로 우리 정부는 일본 측에 어떠한 문화재 반환 요구도 할 수 없게 되었다는 점이다.

어쩔 수 없이 일본으로 반출된 문화재를 환수하는 데에는 정부 간의 협상보다는 민간단체나 학술단체 등이 앞장설 수밖에 없는 상황이다. 예를 들면 개인이나 단체의 기증이나 무상 인도를 이끌어 낸다거나 일정 대가를 지불하고 유물을 매입하는 등 동원 가능한 다양한 방식으로 국외 문화재의 국내 환수 운동을 벌이고 있다. 최근에는 민간이 나서서 문화재 환수 여론을 주도하고 이를 정부가 지원하는 방법으로 굵직한 성과들을 낸 경우가 많았다.

2011년에 일본 궁내청에서 보관하고 있던 조선왕실의궤 167책과 규장각 도서 938책 등 1,205책을 반환받은 사례가 대표적이다. 2006년에 민간에서 '조선왕실의궤환수위원회'를 조직하여 환수 활동을 시작하고, 외교부와 문화재청 등 관계 부처가 이 활동을 적극 지원하였으며, 국회에서도 조선왕실의궤 반환 촉구 결의안을 채택하는 등 민관이 힘을 합쳐 이뤄 낸 큰 성과였다.

이와 유사한 사례로 2005년에 반환된 북관대첩비를 빼놓을 수 없다. 1905년 러일전쟁 때 일본군에 의해 빼돌려진 북관대첩비는 줄곧 도쿄의 야스쿠니 신사에 전시되어 있었고, 1978년에 재일 한국인 학자에 의해 그 존재가 알려지게 되었다. 북관대첩비의 주인격인 정문부의 후손들은 즉각 야스쿠니 신사에 북관대첩비의 반환을 요청했고, 1979년에 우리 정부가 일본 정부에 공식적으로 반환을 요청한 이래 20년 동안 한국과 일본의 민간단체와 종교계가 합동으로 끊임없이 반환 요청을 해 왔다. 2005년 3월 드디어 남북한의 불교계 대표가 공동으로 북관대첩비 반환을 요청하고, 뒤이어 열린 한일 정상회담에서 북관대첩비의 반환 합의가 이루어졌다. 그해 10월에 고국의 품으로 돌아왔으니 1905년 일본으로 건너간 뒤 100년 만에 이룩한 쾌거라 할 수 있다.

이 밖에도 민간단체의 노력에 의해 국보급 문화재가 돌아온 사례도 있다. 2006년에 도쿄대학으로부터 기증받은 조선왕조실록 오대산사고본 47책이 그것이다. 원래 오대산 사고에는 철종까지의 실록 761책, 의궤 380 책 등 조선 왕실의 중요 서책 3,600여 책이 보관되어 있었다. 그러나 한일강제병합 이후 조선의 정통성을 훼손하고 민족혼을 말살하고자 했던 조선총독부는 1914년에 오대산 월정사사고에 있던 서책을 도쿄대학으로 불법 반출하였다. 이 책들은 1923년 관동대지진 때 대부분 불타 버렸고, 극적으로 화마를 피한 74책 중 '성종실록' 등 47책만이 도쿄대학에 남아 있었다. 이러한 사실을 알게 된 시민단체가 2006년 '조선왕조실록환수위원회'를 만들어 반환 운동을 시작하여 일본 정부와 도쿄대학을 압박한 결과 도쿄대학이 어쩔 수 없이 이 책들을 서울대학교에 무상 기증한 것이다. 이렇게 돌려받은 조선왕조실록은 1932년부터 서울대학교가 보관하고 있던 오대산사고본 27책에 더해져 국보로 추가 지정되었다.

이처럼 일본으로 불법 반출된 문화재를 돌려받을 수 있었던 데에는 문화재 시민단체 등 민간 차원의 역할이 지대하였다. 문화재 환수의 첫 단추는 정부에서 꿰었지만 결정적 성과를 이끌어 낸 것은 바로 국민적 관심과 적극적인 문제 제기가 있었기 때문이다. 민간 단체의 다양한 활동과 지속적인 노력에 중앙 정부의 긴밀한 지원이 더해져 국외 문화재의 환수가 조금씩 결실을 맺고 있다. 일본으로 반출된 수량에 비하면 아직 문화재의 환수 비율이 턱없이 저조한 상황이지만 문화재 환수 노력이 다각도로 이어진다면 앞으로 일본 소재 우리 문화재를 돌려받는 데 큰 성과를 낼 수 있을 것으로 기대한다.

핵심용어

병인양요 1866년 흥선대원군의 천주교 탄압에 대한 보복으로 프랑스군이 침입한 사건으로, 강화도에 도달한 프랑스 함대는 외규장각을 불태우고 조선왕실의궤 등 중요 문화재를 약탈해 갔다.

강화도조약 1876년 운요호 사건을 계기로 일본의 강압에 따라 체결된 조선과 일본 사이 불평등 조약으로, 이 조약 체결 이후 자유롭게 조선으로 들어온 일본인들은 우리 문화유산을 무차별적으로 도굴하여 유물을 반출하는 만행을 저지르기 시작하였다.

고적조사 사업 조선총독부에 의해 1916년부터 시작된 사업으로 전국의 중요 유적을 조사·발굴하여 일제 식민통치의 정당성을 옹호하고 식민사관 이데올로기를 개발하기 위한 도구로 이용되었다.

고적 및 유물 보존규칙 1916년 7월 총독부령 제52호로 제정된 것으로 총 8개조로 이루어졌다. 제1조에서 고적과 유물의 종류를 상세하게 열거하였고, 제2조에서 보존 가치가 있는 것들을 등록하도록 하는 등 본격적으로 우리 문화재를 통제하는 기반을 확립하는 계기가 되었다.

고적조사위원회 1916년 정무총감을 위원장으로 구성된 위원회로, 고적·금석문·고문서·기타의 유물 및 명승지 등 문화재 전반의 조사·수집·보존에 관한 사항을 심의하는 기관이었다.

조선보물고적명승천연기념물 보존령 1933년 제정된 것으로 총 24개조로 이루어졌다. 최초로 조선에서 본격적인 문화재 보호를 천명한 법으로 문화재 보존·관리에 관한 여러 가지 조치가 규정되었다.

요약정리

◉ 1866년 병인양요 때 프랑스 함대는 강화도의 외규장각을 불태우고 조선왕실의궤 등 중요 문화재를 약탈해 갔다.

◉ 1876년 강화도조약 이후 일본인들은 우리의 소중한 유산을 무차별적으로 도굴하여 유물을 반출하는 만행을 저질렀다.

◉ 일제는 1902년 건축학자인 세키노 타다시(關野 貞)로 하여금 경주, 개성, 서울 지역의 문화재를 조사하도록 하였고, 1905년 을사늑약과 1910년 한일강제병

합을 거치면서 학술적 조사라는 명분하에 전국의 문화유산을 유린하였다.

- 조선총독부는 1911년 사찰령을 제정하여 불교 문화재에 대한 개입을 시작하였고, 1915년 조선물산공진회를 개최하여 경복궁 등 궁궐을 훼손하였다.

- 1916년부터는 일제의 식민통치 정당성을 옹호하고 식민사관 이데올로기를 개발하기 위한 의도에서 낙랑군과 가야 유적을 발굴하는 고적조사 사업에 착수하였다. 또한 '고적 및 유물 보존규칙'을 제정하여 본격적으로 우리 문화재를 통제하는 기반을 확립하였고, 고적조사위원회를 조직하여 조선 고문화의 조사를 독점적으로 수행하였다.

- 1920년대 중반 이후 적극적인 고적조사 사업은 중단되었고, 1931년에 조선고연구회를 설립하여 광복 때까지 고적과 보물의 조사 연구 및 출판 활동을 하였다.

- 1933년 조선보물고적명승천연기념물 보존령을 제정하였다. 이 법령은 최초로 조선에서 본격적인 문화재 보호를 천명한 법으로 문화재 보존·관리에 관한 여러 가지 조치가 규정되었으나, 일본인 위주의 문화재 관리를 추구하는 등 식민지 문화재 정책의 문제점을 고스란히 안고 있었다.

- 1930년대 말 일제의 전시 체제 강화와 함께 문화재는 전쟁의 수단으로 동원되었는데, 고적 지정을 해제하여 전쟁 물자를 확충하는 데 이용하기까지 하였다.

생각해 볼 거리

▶ 외세침략기 우리 문화재 수난의 사례가 더 있는지 알아보자.

▶ 일제강점기 고적조사 사업의 실상을 구체적으로 얘기해 보자.

▶ 일제강점기에 제정된 문화재 보호 관련 법령의 성격과 기능에 대해 논의해 보자.

▶ 일제강점기 문화재 정책이 우리나라 문화유산에 미친 영향에 대해 토론해 보자.

▶ 조선 말 외세 침략기와 일제강점기를 거치며 벌어진 우리 문화재 훼손 실상을 통해 얻을 수 있는 교훈은 무엇인지 얘기해 보자.

▶ 우리 문화유산의 수난과 아픔을 극복할 수 있는 방안으로 무엇이 있는지 각자의 생각을 자유롭게 표현해 보자.

제3장

광복 이후 현재까지의 문화유산 관리 정책

이 장의 목표 ···

일제강점기 이래 문화재 보호 관련 법령에 연원을 두고 태동한 문화재보호법의 변천에 대하여 알아보고자 한다. 1962년 최초로 제정된 '문화재보호법'은 문화재의 보존·관리에 관한 종합적 입법이라는 점에서 의의가 있으며, 첫 제정 이후 지금까지 수십 차례에 걸쳐 개정되어 왔다. 2010년 2월 문화재보호법에서 '매장문화재 보호 및 조사에 관한 법률'과 '문화재수리 등에 관한 법률'을, 그리고 2015년 3월에 '무형문화재 보전 및 진흥에 관한 법률'을 분법, 제정하였다.

한편 우리나라 문화재보호법의 연원을 이해하기 위해서는 일본의 문화재보호법에 대해 알아볼 필요가 있다. 일본은 19세기 후반부터 문화재 관련 법령이 만들어지기 시작하였고, 그것을 근간으로 문화재보호법이 탄생하여 오늘에 이르고 있다.

우리나라 문화재 행정을 총괄하는 기관인 문화재청의 연원과 조직, 예산 등에 대하여 알아볼 것이다. 또한 문화재 행정에 관련된 제반 사항을 심의하는 기구인 문화재위원회에 대해서도 그 연혁과 구성 현황 등을 살펴보고자 한다.

이어서 광복 이후 현재에 이르기까지 각 시대별 문화유산 정책의 핵심 내용과 특징 등을 살펴봄으로써 우리나라 문화재 행정의 발자취와 변화상, 비전 발전 과정을 체계적으로 이해할 수 있을 것으로 기대한다.

1 문화재보호법

1) 문화재보호법의 변천

일제강점기 조선총독부에서는 1911년 6월 사찰령 및 동년 7월 사찰령 시행규칙을 제정했는데, 이들은 추후 문화재 관련 법령을 제정하는 데 직접 영향을 주었다. 본격적인 문화재 보존·관리를 위한 법령으로는 1916년 7월 제정된 총독부령 제52호 고적 및 유물 보존규칙과 동 훈령 제29호 고적조사위원회 규정을 꼽을 수 있다. 고적 및 유물 보존규칙은 총 8개조로 구성되었는데, 제1조에서는 고적과 유물의 종류를 비교적 상세하게 열거했고, 제2조에서는 조선총독부에 고적 및 유물 대장을 비치하여 보존 가치가 있는 것을 조사 등록하도록 하여 고적조사위원회의 설치 근거를 마련했다. 제3조에서는 고적유물 발견 시의 신고 의무를, 제4~6조에서는 보존의 가치가 있는 고적 및 유물의 등록 및 그 변경 해제에 관련된 사항을 규정하고 있으며, 제7조에서는 매장물 처리에 관한 것을, 제8조에서는 위반 시 벌칙 규정을 정하고 있다. 그러나 이 규칙은 문화재의 보호나 보존에 중점을 두기보다는 실태 조사에 초점이 맞춰져 있었고, 세부 조항이 결여되어 있어 근본적인 문화재 관리로 이어지지는 못했던 한계에 대해서는 이미 지적한 바와 같다.

1933년 일제는 조선 문화재 보존의 필요를 법적으로 뒷받침하기 위해 조선보물고적명승기념물 보존령을 제정했는데, 전 24개조의 부칙으로 구성되었고, 최초로 조선에서 본격적인 문화재 보호를 천명한 법으로 문화재 보존에 관한 여러 가지 조치가 규정되었다.

우선 문화재의 보존 범위가 확대되어 보존령에 의해 보호되는 문화재는 보물, 고적, 명승, 천연기념물의 4종류로 구분되었다. 보존령의 가장 큰 특징은 첫째, 문화유산뿐만 아니라 자연유산까지도 보존 대상에 포함되었다는 점이다. 당시 사적, 명승, 천연기념물 등은 향토 보호의 입장에서 강조되었고, 이것을 통해 조선에서도 향토애를 함양시키고자 했던 것으로 보인다. 실제로 1935년 당시 지정된 문화재 248건 중 6.5%에 불과했던 명승과 천연기념물의 비중이 1939년이 되면 20%까지 높아진다.

두 번째 특징은 문화재 지정제도가 채택되었다는 점이다. 국가적 기념물로 지정된 문화재는 개인의 소장이어도 자유로이 이동하거나 변경하는 것이 불가능하였으며, 보물의 경우 외국으로의 수출도, 일본이나 대만으로의 이출도 금지되었다. 또한 보물 소유자는 1년 내의 기간을 한도로 박물관에 내놓고 진열할 의무가 주어졌다.

세 번째 특징은 미지정 유적의 발굴에도 허가제를 택해 보호책을 강구했다는 점이다. 패총·고분 등 고적이라 생각되는 것은 지정의 유무에 관계없이 조선총독의 허가가 없으면 발굴하거나 현상을 변경할 수 없었다. 따라서 고의적인 도굴이나 파괴를 방지하여 미지정 문화재에 대한 보존 필요성을 강조했다.

마지막으로 지정된 문화재의 보존에 관련한 비용의 국고 보조나 조사·보존에 의해 손해를 입은 사찰이나 개인에 대한 보상 규정 등이 명시되어 있는 것이 특징이다.

이 법령은 광복 후 독자적인 문화재보호법이 만들어질 때까지 유지되었다. 보존령을 통해 보물 419건, 고적 145건, 고적 및 명승 5건, 천연기념물 146건, 명승 및 천연기념물 2건 등 717건의 문화재가 지정되었다.

광복 이후 보존령의 근간이 되었던 일본의 문화재 관련 법령들이 1950년 문화재보호법으로 통합되자 우리나라에서도 법 개정의 필요성이 제기되었다. 이에 1957년 5월 '국보고적명승천연기념물 보존회' 제11차 총회에서 문화재 보존에 대한 법규 제정을 건의하였고, 1958년 5월에 문화재보호법안의 심의 방안을 토론하였으나, 법안이 제정되지는 못했다. 그러던 중 1960년 11월 '문화재보존위원회 규정'이 제정, 공포되면서 문화재보호법이 제정되기까지의 법제적 기틀을 마련하게 되었다.

문화재보존위원회 규정 제1조는 "문화재의 보존에 관한 사항을 조사·연구·심의하며 이에 관하여 문교부장관의 자문에 응하기 위하여 문교부에 문화재보존위원회를 둔다"라고 하여 오늘날 문화재위원회의 전신이 탄생한 셈이다. 그러나 이 규정에서는 문화재를 "국보·고적·명승·천연기념물·기타 이에 준하는 것과 연극·음악·무용·미술·공예·민속 등 유형·무형의 문화적 소산으로서 특히 보존의 필요성이 있다고 인정되는 것을 말한다"고 규정함으로써 무형문화재를 포함한 포괄적인 개념으로서의 '문화재'에 대한 정의를 명확히 함과 동시에 현재까지도 이어지고 있는 문화재 분류 체계의 근간을 마련하였다는 데에 더 큰 의미를 부여할 수 있다. 이러한 바탕 위에 1962년 1월 10일 드디어 법률 제961호로서 문화재보호법이 제정되었다.

최초의 문화재보호법은 총 7장, 73조, 부칙 3조로 구성되어 있었다. 이 법은 문화재의 보존·관리에 관한 통일적이며 종합적 입법이라는 점에서 큰 의의가 있다. 문화재보호법은 첫 제정 이후 지금까지 수십 차례에 걸쳐 개정되어 왔는데, 주요 개정 내용은 다음과 같다.

최초 제정 이후 대규모로 이루어진 사례는 1982년 제7차 전문 개정을 들 수 있다. 개정 법률에서는 문화재를 지정 주체에 따라 국가지정문화재, 시·도지정문화재, 문화재자료로 구분하고 천연기념물 지정제도를 개선하여 동물 서식지, 번식지, 도래지와 식물 자생지 자체도 지정할 수 있도록 하는 등 문화재의 범위를 확대하였다. 또한 문화재의 범위를 우리나라로 한정하였던 것을 삭제하고, 우리나라가 가입한 문화재 관계 국제조약의 가입 당사국의 문화재는 문화재보호법과 협약에 정하는 바에 따라 보호되어야 한다는 호혜평등의 원칙에 따라 국제조약이 국내법과 동일한 법적 효력을 갖도록 하였다.

그 후로도 일부 개정을 통해 법률을 보완하는 조치가 계속되었다. 1984년 50년 이상의 동산에 속하는 문화재에 대하여 소유자·점유자가 문화공보부에 등록하도록 하는 의무 규정을 폐지하였다. 1970년부터 실시한 등록제는 등록의 저조와 소유자들이 처벌을 두려워하여 문화재를 은닉함으로써 동산문화재의 소유를 음성화하는 등 부작용이 커짐에 따라 비현실적인 등록제도를 폐지하고 문화재의 전시와 공개, 유통을 양성화하는 데 주안점을 둔 것으로 평가된다. 1995년 1월 개정 시에는 매장문화재의 발굴에 소요되는 경비를 공사 시행자가 부담하는 것을 원칙으로 하되, 대통령령이 정하는 건설공사에 한하여 예산 범위 내에서 국가 또는 지방자치단체가 부담할 수 있도록 하였다.

1999년 1월의 제16차 개정 시에는 문화재의 정의를 비롯하여 보호·관리의 기본 원칙 등에서 이전과는 다른 대폭적인 변화를 꾀하였다. 기존에 문화재를 "유형문화재, 무형문화재, 기념물 및 민속자료"로 구분하였던 것을 "인위적·자연적으로 형성된 국가적·민족적·세계적 유산으로서 역사적·예술적·학술적·경관적 가치가 큰 것"이라고 하여 문화재의 정의에 가치를 부여하였다. 문화재의 보존·관리 및 활용은 원형 유지를 기본원칙으로 하고 국가지정문화재의 보존·관리 및 활용에 관한 기본 계획을 수립할 수 있도록 관계 조항을 신설하였다.

또한 이때는 매장문화재 보호를 위한 획기적인 조치가 취해지는데, 대규모 건설공사 시행에 앞선 사전 지표조사 의무화 조항과 지표조사 결과 협의 조항 등이 그것이다. 건설공사로 인한 문화재의 훼손을 방지하기 위하여 3만m² 이상의 건설공사 시행자는 건설공사 사업계획 수립 시 당해 지역에 대한 문화재 지표조사를 하도록 하고, 지표조사 결과 매장문화재가 포장(包藏)된 것으로 판명된 지역에서 개발 사업을 하고자 하는 경우에는 문화재청장과 협의하도록 함으로써 매장문화재의 보호를 위하여 개발 사업자에게 필요한 조치를 명할 수 있게 하였다. 한편, 지방자치단체의 장은 매장문화재 및 주변의 경관 보호를 위하여 필요하다고 인정되면 당해 건설공사에 대한 인·허가 등을 하지 아니할 수 있다고 규정하고, 매장문화재 조사용역 대가의 기준 설정 및 매장문화재 기록 작성, 매장문화재 조사 전문기관 육성 지원 의무를 신설하였다.

이 밖에 경제난 극복을 위한 정부의 규제 개혁 완화의 일환으로 국가지정문화재 소유자의 관리 상황 보고의 의무 및 공개 의무, 문화재의 수리 등 착수 및 완료 시의 신고 의무, 외국문화재 국내 반입 신고 의무를 폐지하고 문화재 매매업의 허가제를 신고제로, 문화재 수리기술자의 보수 교육 의무를 폐지하는 등 문화재 행정 절차의 간소화 조치가 이루어졌다.

한편 1999년 4월 30일, 건축법 시행령이 폐지됨에 따라 문화재 보호에도 영향을 미쳐 2000년 1월 일부 개정이 이루어졌다. 그중 문화재 외부 지역에서 이루어지는 건설공사의 인·허가 전에 문화재의 외곽 경계로부터 500m 이내의 지역에서는 문화재 보존에 미치는 영향을 사전에 검토하도록 한 문화재 영향검토 제도의 도입은 문화재 보호 정책에서 대단히 중요한 의미를 띤 조치로 평가된다. 또한 문화재의 보호물·보호구역을 지정한 경우 일정한 기간을 두고 그 지정의 적정성 여부를 검토하도록 하고, 지정이 적정하지 않거나 또는 특별한 사유가 있을 때에는 보호물 또는 보호구역의 지정을 해제하거나 그 범위를 조정하도록 개선하였다.[25]

2001년 3월에는 지정문화재가 아닌 문화재 중에서 보존과 활용을 위한 조치가 특별히 필요한 것을 등록문화재로 등록할 수 있도록 하였는데, 이는 역사적 의의가 있는 건조물이나 시설물 등 주로 근대에 건축된 문화재를 보호하기 위한 방편으로 도입되었다. 2005년 12월에는 지정문화재의 정기조사와 재조사를 실시하도록 하고, 시·도지정문화재 수리 시 문화재청장에게 보고하도록 하였다. 또한 지정문화재의 화재 예방 및 소화 설비 등 설치를 위하여 필요한 시책을 수립·시행토록 하였다.

2008년 3월에도 다양한 분야에서의 법률 개정이 이루어졌다. 문화재

그림 3.1 등록문화재 제1호 한국전력공사 사옥(출처: 문화재청)

위원회의 운영과 관련하여 심의 과정의 투명성을 확보하기 위해 회의록을 작성하여 공개하도록 하였다. 앞서 보완한 보호물 또는 보호구역 적정성 검토 시한을 그 지정 또는 조정 후 10년 이전으로 구체화하였다. 중요무형문화재와 관련해서는 보유자 인정 해제 요건을 구체화하고, 보유자의 전수교육 의무화와 매년 1회 이상 기·예능 공개를 의무화함으로써 무형문화재의 보전에 힘을 기울였다.

2010년 2월에는 문화재보호법에서 '매장문화재 보호 및 조사에 관한 법률'과 '문화재수리 등에 관한 법률'을 분법, 제정하였다. 그리고 2015년 3월에는 '무형문화재 보전 및 진흥에 관한 법률'을 문화재보호법에서 분리하여 독립적으로 제정하였다.

위와 같은 변천 과정을 거친 문화재보호법은 문화재를 보존하여 민족문화를 계승하고, 이를 활용할 수 있도록 함으로써 국민의 문화적 향상을 도모함과 아울러 인류문화의 발전에 기여함을 목적으로 하여 제정되었다. 동법에서 표방하는 문화재의 보존·관리 및 활용의 기본 원칙은 원형 유지 원칙이다. 여기서 말하는 '원형'이 어떤 의미인지에 대해서는 별도의 장에서 자세히 살펴보도록 하겠다.

문화재 보호를 위해 국가는 문화재의 보존·관리 및 활용을 위한 종합적인 시책을 수립·추진하여야 하고, 지방자치단체는 국가의 시책과 지역적 특색을 고려하여 문화재의 보존·관리 및 활용을 위한 시책을 수립·추진하여야 한다. 국가와 지방자치단체는 각종 개발 사업을 계획하고 시행하는 경우 문화재나 문화재의 보호물·보호구역 및 역사문화환경이 훼손되지 않도록 노력하여야 하고, 국민은 문화재의 보존·관리를 위하여 국가와 지방자치단체의 시책에 적극 협조하여야 한다.

문화재 보호제도는 각국의 역사적·정치적·사회적 여건에 따라 차이를 보이고 있으나, 일반적으로 '중점보호주의'와 '대장주의'로 구분할 수 있다. 중점보호주의란 한정된 재원과 인력으로 문화재를 효율적으로 보존하기 위하여 문화재 중 특히 중요하다고 인정되는 보호 대상 문화재를 지정제도 또는 등록제도를 통하여 중점적으로 보호하는 제도를 말한다. 한편 대장주의란 보호 대상 문화재 전부를 대장에 등재하고, 그중에서 특히 파괴, 멸실 등의 위험이 큰 문화재를 중심으로 강력한 보호조치를 행하는 제도를 말한다.[26]

우리나라는 특별법에 속하는 문화재보호법을 통해 문화재 중점보호주의에 입각한 문화재 보호제도를 택하고 있다. 종래에는 지정제도를 적용하여 보호 대상 문화재를 선정하였지만, 위에서 살펴본 대로 2001년부터 지정제도를 보완하기 위한 등록제도를 도입하였다. 또한 2005년 법 개정을 통해 등록문화재의 대상을 근대 건축물 위주에서 동산문화재 등 다른 분야의 문화재까지 확대, 적용해 오고 있다.

2) 일본의 문화재보호법

한편 우리나라 문화재보호법의 연원을 이해하기 위해서는 일본의 문화재보호법에 대해 알아볼 필요가 있다. 일본은 19세기 후반부터 문화재 관련 법령을 만들기 시작하였고, 그것들을 근간으로 하여 오늘날의 문화재보호법이 갖추어진 것이다.

근대 개념의 문화재를 대상으로 한 첫 법령은 1871년 제정된 '고기구물 보존법(古器旧物保存法)'이다. 문화재적 가치가 있는 미술공예품 등이 흩어지는 것을 막기 위해 제정한 것으로 1872년에는 유시마(湯島)성당 대성전에 박물관(도쿄국립박물관의 전신)을 개설하고 박람회도 개최하였다. 1888년에는 궁내성에 '임시전국보물취조국'이 설치되고 오카쿠라 텐신(岡倉天心) 등이 중심이 되어 회화·조각·미술·공예·고문서·서적 등을 합쳐 21만 5,091점의 보물류를 조사하여 우수한 자산을 8단계의 등급으로 구분하여 등록하였다.

1897년에는 '고사사 보존법(古社寺保存法)'이 제정되었다. 이 법은 일본의 역사 자산을 본격적으로 보전하기 위해 제정된 것이다. 당시 신불(神佛)분리령이 발단이 된 불교 배척에 의한 사원의 몰락과 에도막부로 대표되는 구체제의 상징인 성곽이 파괴되거나 문화재가 해외로 유출되는 문제를 막기 위해 제정되었다. 이 법에 의해 사찰의 보호를 위한 지정, 고사찰이 소유하고 있는 건축물이나 보물류의 유지와 수리에 대한 보조금의 교부 등이 가능해졌다.

뒤이어 1919년의 사적명승천연기념물 보존법, 1929년의 국보 보존법, 1933년의 중요미술품 등의 보존에 관한 법률 등이 잇달아 제정, 시행되었다. 고사사(古社寺) 보존법에 의해 고사찰로 한정되었던 보호의 대상이 국보 보존법의 제정으로 국가·공공단체·개인 소유의 물건까지 확대되었고, 사적명승천연기념물 보존법의 제정으로 역사상의 사건이 있던 장소나 건물의 유구, 정원, 명소, 가로수, 거목 등 건축물 이외의 역사적 환경의 보호가 가능해졌다. 사적명승천연기념물 보존법에서 현상변경 행위의 허가, 국비에 의한 토지의 매수, 수리·정비에 대한 조성 규정이 마련되었고, 국보 보존법의 보호 대상에 포함되지 않은 고미술품 등의 해외 유출을 방지하기 위해 1933년에 중요미술품 등의 보존에 관한 법률이 제정되었다.

이후 제2차 세계대전이 끝나고 1950년에 문화재보호법이 제정되면서 문화재 보호의 틀이 갖춰지게 되었다. 문화재보호법의 제정 목적 중 하나는 이전에 제정되어 각각 별개로 적용하였던 문화재 관련 법률들을 하나로 통합하여 효율적인 보존·관리를 꾀한 것이었다. 초기의 문화재보호법은 문화재 보호위원회의 설치, 국보와 중요문화재의 2단계 구분제도, 무형문화재 및 매장문화재 보호제도 등의 내용을 담고 있었으며, 엄선된 문화재 지정제도를 통해 지정문화재에 대해서는 수리 등에 관해 국고 보조를 하는 한편, 현상변경 등에 관해서는 허가제를 적용하였다.

문화재보호법은 그 후로 수차례 개정을 거듭하여 현재까지도 일본의 문화재 보호·관리의 가장 기본적인 법률로 자리하고 있다. 1954년 개정을 통해 중요무형문화재 지정제도와 무형문화재 기록선택제도를 만들었고, 매장문화재 및 민속자료를 유형문화재로부터 분리하였다. 매장문화재 포장지 발굴의 사전신고제 등의 실시도 이때 이루어졌다. 1968년에는 문화청이 발족되고 문화재보호심의회가 설치되었다. 1975년 개정을 통해 매장문화재 및 민속문화재 제도를 정비하고 전통적 건조물군 보존지역 제도와 문화재 보존기술 보호제도를 신설하였다. 1996년에는 문화재 등록제도를 창설하고, 1999년에 등록유형문화재 제도를 도입하였다.

2004년 개정 시에 사람과 자연과의 관계 속에서 생성되어 온 '문화적 경관'과 지역에서 전승되어 온 '민속기술'을 새롭게 보호 대상으로 포함하는 등 보호 대상의 범위를 확대하였고, 근대 문화재 등을 보호하기 위하여 건축물 이외의 유형문화재에 '문화재 등록제도'를 적용하였다.[27]

2 행정기구

1) 문화재청

우리나라 문화재 행정을 총괄하는 기관은 문화재청이다. 문화재청은 문화유산의 보존과 가치 창출로 민족문화 발전에 기여함을 목적으로 설립되었다. 문화재 정책 및 조사·연구의 품질 향상과 전문인력 양성으로 문화재 보존·관리의 기반을 확충하고, 문화재의 사회·역사·경제적 가치 증진을 위해 문화재 보존·관리의 품질을 제고하며, 문화재 향유 기회를 확대하여 문화재의 가치를 국내 및 국제 사회에 확산시키는 것을 목표로 하고 있다.

문화재청의 전신은 1945년 11월 8일 이왕직으로부터 인수받아 발족한 '구황실사무청'으로, 미군정 관할하에 문화재 관리 업무를 관장하기 시작하였다. 1961년 10월 2일 당시 문교부의 외국으로 '문화재관리국'이 설치되었고, 이후 여러 차례 정부조직이 바뀌어 오늘에 이른 것이다.

주요한 직제 개편 내용을 보면, 1990년에 무형문화재과를 신설하고, 문화재 1과와 2과를 유형문화재과와 기념물과로 개편하였다. 1999년 5월 24일 정부조직법 개정으로 문화재청으로 승격하였다. 2002년에는 유형문화재과와 기념물과를 각각 건조물문화재과, 매장문화재과, 사적과, 천연기념물과의 4개 과로 개편하여 문화재 유형별로 행정을 담당토록 하였다. 2003년에는 건조물국과 문화재정보과, 동산문화재과, 근대문화재과를 증설하였다. 또한 문화재기술과를 폐지하는 대신 문화재정책과를 신설하였다.

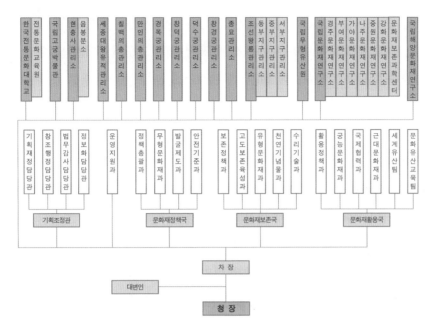

그림 3.2 문화재청 조직도

2004년 3월 11일에는 문화재청이 차관청으로 승격되었다. 그에 따라 문화재기획국, 건조물국, 문화유산국을 각각 문화재정책국, 사적명승국, 문화유산국으로 개편하였다. 2009년에는 사적명승국과 문화유산국을 각각 문화재보존국과 문화재활용국으로 개편하였다. 2014년에는 고도보존육성과를, 2015년에는 세계유산팀을, 그리고 2016년 말에는 문화유산교육팀을 신설하여 최근의 국민적 요구와 문화재 분야의 흐름에 대응하기 위한 조직을 갖추고자 하였다. 문화재청의 현재 직제는 본청에 1관 3국 19과 2팀을 두고, 26개의 소속기관을 갖추어 정원 960명으로 운영하고 있다.[28]

2) 문화재위원회

(1) 문화재위원회 연혁

문화재 행정에 관련된 제반 사항을 심의하는 기구인 문화재위원회는 성격상 그 뿌리를 일제강점기의 고적조사위원회에서 찾을 수 있다. 1916년 7월 '고적 및 유물 보존규칙'이 제정되면서 고적조사위원회가 설치되고, 관련 고적조사위원회 규정이 제정되었다. 이 위원회에서는 고적 및 유물의 조사에 관한 사항, 고적의 보존 및 유물의 수집에 관한 사항, 고적·유물·명승지 등에 영향을 미칠 만한 시설에 관한 사항, 고문서의 조사 및 수집에 관한 사항 등을 심의하였다.

1933년 일제는 조선보물고적명승천연기념물 보존령을 제정했는데, 이와 함께 문화재 보존의 자문기관으로 조선보물고적명승천연기념물 보존회를 조직하였다. 이 보존회는 문화재를 지정하는 일을 비롯하여 보물의 수이출을 허가하거나 현상을 변경하는 등 문화재의 보존에 관련한 행위의 허가 및 금지 등에 관해 자문하는 역할을 맡았다.

광복 이후 1952년 '국보고적명승천연기념물 임시 보존위원회'가 구성되어 운영되어 오다가 1955년 6월 27일 국보고적명승천연기념물 보존회가 정식으로 발속하여 문화재의 조사 연구와 지정 등에 관한 업무를 담당하게 되었다. 보존회는 위원 20명(1부 12명, 2부 8명)으로 구성되었는데, 인원 구성을 보면 1부 위원들은 주로 국보와 고적 등을 다루고, 2부 위원들은 명승과 천연기념물을 다룬 것으로 생각된다.

1960년 11월 문화재보존위원회 규정이 제정됨으로써 문화재의 보존에 관한 사항을 조사·연구·심의하고 이에 관한 자문을 담당하는 문화재보존위원회 구성의 법적 근거가 마련되었고, 마침내 1962년 '문화재위원회'가 발족되기에 이르렀다. 이때의 문화재위원회는 종전의 2개 부를 3개 분과로 확대하였는데, 제1분과에서는 국보, 고적, 건조물, 동산문화재 등을, 제2분과에서는 무형문화재와 민속자료를, 제3분과에서는 사적, 명승, 천연기념물을 담당하였다. 위원의 정원은 30인 이내로 문교부장관이 직접 위촉하며 약간 명의 전문위원을 분과별로 두되 위원장의 추천으로 문교부장관이 위촉하도록 하였다. 위 규정에서는 동 위원회를 문교부장관의 자문기관으로서 심의기구임을 법제화하고, 필요시 합동분과위원회를 개최할 수 있도록 하였다. 위원의 임기는 4년, 위원장단 직책 임기는 2년으로 정하고 부칙 경과규정으로 임기 4년의 위원을 2년마다 1/2씩 위촉하는 스태거링 텀 제도(Staggering Term System)를 도입하였다. 참의원이며 우리나라 최초의 서양화가로 인정되는 고희동 위원장 등 40인을 위촉(제1분과 17명, 제2분과

9명, 제3분과 14명)하였다.[29]

(2) 분과위원회

문화재보호법 제8조(문화재위원회의 설치)에는 문화재의 보존·관리 및 활용 등에 관한 여러 사항을 조사·심의하기 위해 '문화재위원회'를 두도록 하고 있다. 문화재위원회는 문화재보호법이 제정되던 1962년 4월 16일 유형, 무형, 천연기념물의 3개 분과 17명의 위원으로 발족했다. 문화재위원회는 그동안 문화유산과 자연유산이 급격한 개발과 도시화로 훼손, 멸실될 위기에 처했을 때 그 보호를 위한 최후의 보루로서 시대적 소명과 역할을 다해 왔다.

문화재위원회의 조직, 분장사항 및 운영 등에 관한 사항은 대통령령(제27056호)으로 '문화재위원회 규정'을 마련하여 개정 시행(2016.3.25)하고 있다. 이 규정에 의하면 문화재위원회(이하 '위원회'라 한다)는 위원장 1명 및 부위원장 2명을 포함한 80명 이내의 위원으로 구성하고, 위원의 임기는 2년으로 하되 연임할 수 있도록 하였다. 문화재위원회의 회의는 재적위원 과반수의 출석으로 열리고 출석위원 과반수의 찬성으로 의결한다. 문화재위원회에 두는 분과위원회와 그 분장 사항은 다음 각 호와 같다.

- 건축문화재분과위원회: 유형문화재 중 건조물에 관한 사항
- 동산문화재분과위원회: 건조물을 제외한 유형문화재에 관한 사항
- 사적분과위원회: 기념물 중 사적지 및 특별히 기념이 될 만한 시설물(근대 시설물 제외)에 관한 사항
- 천연기념물분과위원회: 기념물(사적지 및 특별히 기념이 될 만한 시설물 제외)에 관한 사항
- 매장문화재분과위원회: 매장문화재 보호 및 조사에 관한 법률 제2조에 따른 매장문화재에 관한 사항
- 근대문화재분과위원회: 기념물 중 근대 시설물 및 등록문화재에 관한 사항
- 민속문화재분과위원회: 민속문화재에 관한 사항

    – 세계유산분과위원회: 세계유산 등의 등록, 잠정목록 대상의 조사·발굴, '세
계 문화유산 및 자연유산의 보호에 관한 협약'에 관한 사항과 이미 등록된
세계유산 등의 보존·관리 업무 중 문화재청장이 회의에 부치는 사항

    이상의 분장 사항을 기본으로, 문화재보호법에서는 문화재위원회에
서 조사·심의하는 사항을 문화재 기본계획에 관한 사항, 국가지정문화재
의 지정과 그 해제에 관한 사항, 국가지정문화재의 보호물 또는 보호구역
지정과 그 해제에 관한 사항, 중요무형문화재 보유자, 명예보유자 또는 보
유단체의 인정과 그 해제에 관한 사항, 국가지정문화재의 현상변경에 관한
사항, 국가지정문화재의 국외 반출에 관한 사항, 국가지정문화재의 역사문
화환경 보호에 관한 사항, 문화재의 등록 및 등록 말소에 관한 사항, 매장
문화재의 발굴 및 평가에 관한 사항, 국가지정문화재의 보존·관리에 관한
전문적 또는 기술적 사항으로서 중요하다고 인정되는 사항, 그 밖에 문화
재의 보존·관리 및 활용 등에 관하여 문화재청장이 심의에 부치는 사항 등
이라 명시하고 있다.

    또한 문화재위원회에는 문화재청장이나 각 분과위원회 위원장의 명을
받아 문화재위원회의 심의 사항에 관한 자료 수집·조사 및 연구 등의 업
무를 수행하는 비상근 전문위원을 둘 수 있도록 하였다. 문화재전문위원은
분야별 문화재 전문가 200명 내외로 구성하고, 2년 임기를 기본으로 한다.

(3) 무형문화재위원회

    문화재청은 문화재위원회와 별도로 무형문화재의 보전 및 진흥에 관한
사항을 조사·심의하기 위해 2016년 5월부터 무형문화재위원회를 설립하여
운영하고 있다. 무형문화재위원회는 문화재청장이 위촉하는 위원장 1명을
포함하여 30명 이내의 위원으로 구성하며, 임기는 2년으로 연임할 수 있다.

    위원의 자격은 무형문화재와 관련된 학과의 부교수 이상의 지위로 재
직하거나 재직하였던 사람과 무형문화재의 보전 및 진흥과 관련된 업무에
10년 이상 종사한 사람 및 인류학, 민속학, 법학, 경영학, 전통공연예술, 전

통공예기술 등 무형문화재 관련 분야 업무에 10년 이상 종사한 사람으로서 무형문화재에 관한 지식과 경험이 있는 전문가로 한정하여 전문성을 강화하였다. 또한 위원회의 심의사항에 관한 자료 수집·조사 및 연구 등의 업무를 수행하는 비상근 전문위원을 둘 수 있도록 하였다.

무형문화재위원회의 주요 기능은 기본 계획에 관한 사항, 국가무형문화재의 지정과 그 해제에 관한 사항, 국가무형문화재의 보유자, 보유단체, 명예보유자 또는 전수교육조교의 인정과 그 해제에 관한 사항, 국가 긴급 보호 무형문화재의 지정과 그 해제에 관한 사항, 유네스코 무형문화유산 선정에 관한 사항, 그 밖에 무형문화재의 보전 및 진흥 등에 관하여 문화재청장이 심의에 부치는 사항에 대한 조사·심의이다.

위원회는 현재 전통예능 분야(8명), 전통기술 분야(8명), 전통지식 및 관습 분야(10명)로 구분되어 있는데, 각각 전통공연·예술에 관한 사항, 공예, 미술 등 전통기술에 관한 사항, 그리고 전통지식 및 생활관습, 구전 전통 및 표현 등에 관한 사항을 다루고 있다. 운영의 편의상 각 분야별로 회의를 따로 진행하고 있는데, 회의 개최 시 주요 논의 분야 위원은 당연 참석, 안건과 관련되는 타 분야 위원은 탄력적 참석을 원칙으로 하고 있다.

이렇듯 문화재위원회는 문화재 행정에서 가장 중요한 사항들을 조사하고 심의하는 역할을 하기 때문에 무엇보다 공정성과 객관성을 유지하는 것이 가장 중요하다. 즉 문화재위원회의 소명과 역할만큼이나 중요한 것이 바로 '책임'이라고 할 수 있다. 그래서 최근에는 심의 당사자들은 물론 일반 국민들도 모두 문화재위원회의 진행 과정과 심의 결과를 볼 수 있도록 문화재위원회의 회의록을 전부 녹취하여 공개하도록 하고 있다. 다만, 개인에 관한 사항이 공개될 경우 재산상의 이익이나 사생활의 비밀 또는 자유를 침해할 우려가 있는 경우와 각 사항에 관한 조사·심의가 진행 중에 있어 해당 사항이 공개될 경우 공정한 조사·심의에 영향을 줄 수 있다고 인정되는 경우, 그리고 공개하면 위원회 심의의 공정성을 크게 저해할 우려가 있다고 인정되는 경우는 예외로 하고 있다. 또한 문화재위원회는 위원과 전문위원이 문화재에 관한 업무를 수행하면서 지켜야 할 사항을 문화재위원회 윤리강령으로 정하여 문화재위원회 운영의 투명성 제고를 위해 노력하고 있다. 문화재청과 문화재위원회의 노력들로 말미암아 국민들로부터 신뢰를 받는 문화재 행정으로 거듭나길 기대한다.

3 문화재 행정 예산

1) 예산의 개념과 분류

예산이란 미래에 대한 체계적 사고를 할 수 있는 수단이라는 정책적 의미를 가지고 있는데, 이러한 개념은 아론 윌다브스키(Aron Wildavsky)에 의해 제시되었다. 예산의 실질적 의미는 일정 기간[회계연도] 동안의 정부 수입과 지출 활동에 대한 계획을 뜻한다. 또한 헌법과 법에 의거하여 국회의 심의, 의결을 거친 1회계연도 기간의 재정 계획이라는 형식적 의미도 지니고 있다.

예산은 그 유형이나 성립 형식에 따라 다양하게 분류된다. 우선 예산 유형에 따라 일반회계와 특별회계, 기금으로 분류된다. 성립 형식에 따라서는 본예산, 수정예산, 추가경정예산, 준예산 등으로 분류된다.

2) 예산의 원칙

예산을 수립하고 집행하는 데에는 반드시 지켜져야 할 원칙들이 있다. 우선 예산은 철저히 공개되어야 하며, 회계연도가 시작되기 전에 사전 의결되어야 한다. 예외적으로 준예산을 편성하거나 비상조치가 발동되기도 한다. 예산은 통일적으로 운용되어야 하는데, 특별회계나 목적세와 같은 예외가 적용되기도 한다. 예산은 원칙적으로 회계연도가 독립되어야 하는데, 부득이한 사유로 이월되거나 회계연도를 이어서 계속비로 집행되기도 한다. 일반적으로 예산은 총계주의를 원칙으로 하지만, 사업 실적에 따라 변동되는 수입대체경비가 포함되기도 한다. 또한 예산은 당초 편성된 목적

외 사용을 금지하고 있지만, 필요에 따라 다른 목적으로 바꾸어 사용하기도 한다.[30]

3) 예산의 집행과 결산

일반적으로 예산을 집행하고자 하는 정부 부처는 이듬해에 사용할 예산 내용을 항목별로 나누어 세부적으로 편성한다. 기획재정부는 예산작성 지침을 4월 중 부처에 시달하고, 각 부처는 자신들이 집행할 예산안을 편성한다. 문화재 예산은 대부분 지방자치단체에 하달하여 집행하기 때문에 문화재청은 5월 초에 지자체로 이 지침을 시달한다. 지침을 받은 지자체는 예산신청서를 작성하여 시·도에 제출하고, 시·도는 이를 검토하여 5월 31일까지 문화재청에 접수하게 된다. 문화재청은 사업의 필요성과 타당성 등을 검토하여 반영된 내용을 6월 30일까지 기획재정부에 제출하고, 총액을 접수받은 기획재정부는 11월에서 12월에 열리는 국회예산 심의에 제출하여 심의를 받고, 확정된 예산이 문화재청에 통보된다. 12월에서 1월 사이에 문화재청과 기획재정부가 금액 조정을 포함한 세부 사업에 협의하여 예산이 확정되면 예산 집행이 가능하다. 지자체에 지원하는 예산은 통상 당해 연도 1월에 시·도로 사업 확정 통지를 하고, 시·도에서는 문화재청에 확정 사업 교부 신청을 하게 된다. 문화재청은 2월 중에 총액 예산 월별 자금 배정 계획을 수립하여 통지하며, 사업 부서에서 작성한 단위사업 지침을 시달하고 시·도에 예산을 교부한다. 시·도로 교부된 예산을 국비와 지방비의 비율에 따라 시·군·구에 교부하면 비로소 문화재 관련 사업에 착수하게 된다. 회계연도가 끝나면 그 다음 연도에 당해 지출한 예산이 적정하게 집행되었는지를 엄정하게 심사하는 결산 과정도 거치게 된다.

문화재청의 예산은 그 형식에 따라 일반회계와 지방특별회계, 문화재보호기금으로 나누어 편성되어 있다. 2017년도 문화재청 예산은 7,891억 원이었다.[31] 2018년은 2017년보다 145억원이 감액된 7,746억원이다.

문화재청의 예산은 해마다 조금씩 늘어나고 있지만, 전체 문화재를 보존·관리하기에는 턱없이 부족한 상황이다. 특히나 정부 예산에 비하면 문

표 3.1 문화재청 예산 현황

(단위: 억원)

구분	2014년	2015년	2016년	2017년	비고
합계	6,199	6,887	7,311	7,891	
일반회계	5,072	5,700	6,111	6,447	
지특회계	98	134	147	222	
문화재보호기금	1,029	1,053	1,053	1,222	2010년 도입

표 3.2 정부 예산 대비 문화재 관리 예산 현황[32]

(단위: 억원, %)

연도별	정부		문화관광 분야			문화재청			
	재정지출 규모	전년 대비	재정지출 규모	전년 대비	점유율 (정부)	재정지출 규모	전년 대비	점유율 (정부)	점유율 (문화)
2013(추경)	3,489,883	7.2	51,452	12.4	1.47	6,148	10.2	0.17	11.9
2014	3,558,050	2.0	54,130	5.2	1.52	6,199	0.8	0.17	11.5
2015	3,754,000	5.5	61,181	13.0	1.63	6,887	11.1	0.18	11.3
2016	3,864,000	2.9	66,306	8.4	1.72	7,311	6.2	0.19	11.0
2017	4,005,000	3.6	68,933	4.0	1.72	7,891	7.9	0.20	11.4

화재 관리에 투입되는 예산은 전체 대비 0.2%에도 미치지 못하고 있다. 이는 전체 문화 예산에서도 점유율이 11%대에 지나지 않는 지극히 미미한 수준이다. 문화재에 대한 국민들의 관심이 현격히 높아지고 있는 만큼 앞으로 문화재 예산도 대폭 증액하여 문화재 보존·관리의 문제점을 개선하고 문화재 본연의 모습과 가치를 유지하여 후세에 길이 보전할 수 있는 여건을 확보하여야 할 것이다.

4 시대별 관리 현황

1) 광복 이후 1950년대의 문화유산 정책

1945년 일본 제국주의로부터 광복을 맞긴 하였으나, 초기에는 정부 수립이 이루어지지 않았기 때문에 일제강점기와 마찬가지로 자립적인 문화재 행정의 역량을 갖추지 못하였고, 이렇다 할 문화재 정책을 수립·시행하는 것도 불가능하였다. 광복 후 최초로 이루어진 문화재 관련 행정 조치를 꼽자면 1945년 11월 미군정청 관할의 구황실사무청 발족 정도를 들 수 있는데, 이때 수행된 업무는 일제에 의해 이왕직의 재산으로 격하된 조선 왕실의 유물을 인수하여 관리하는 수준에 불과하였다. 일본에 반출된 문화재의 반환을 위해 1945년 미군정청 장관을 통해 맥아더 장군에게 요청하고, 1949년 7월 우리 정부는 외무부를 통하여 일본 제실(帝室) 박물관에 소장된 우리 문화재의 반환을 요구하였다. 또한 1949년 12월에는 이승만 대통령이 '고적 애호에 관한 담화문'을 발표한 바 있다.

1948년 대한민국 정부를 수립하고 정부 조직을 설립하면서 문교부 문화국에 교도과를 설치하게 되는데, 이것이 현 대한민국 최초의 문화재 관리 조직인 셈이다. 여기서는 1954년에 '구황실재산법'을 제정하였다. 이 법은 중요한 단·묘·사·원·전·궁·능·원·묘와 이에 따르는 건조물과 그 부지를 비롯해 중요한 미술품과 역사적 기념품 또는 문적, 보물·고적·명승·천연기념물, 그리고 위의 각 항목과 유사한 재산으로서 영구 보존의 필요가 있는 것을 영구 보존 재산으로 정하고, 영구 보존 재산 이외의 일체 재산은 기타 재산으로 규정한다는 내용을 담고 있다. 이듬해인 1955년에는 이 재산을 관리하기 위한 '구황실재산관리위원회'를 설치하고, 구황실사무청을 '구황실재산사무총국'으로 개편하였으나, 왕실 유물은 제대로 관리하지 못하고 규장각이나 장서각 등으로 분산 보관하게 되었다.

1955년에는 문화재 관리 사무를 전담하는 유일한 행정 조직인 문교부 문화국 문화보존과가 설치되었다. 주요 업무로 명승, 천연기념물, 국보, 유림단체, 고적, 종교, 유도, 각종 유사 종교, 전릉, 서원, 사우, 박물관, 동물원, 식물원, 육영단체, 기타 교화에 관한 사항을 관장하였다. 이에 더해 국보고적명승천연기념물 보존회를 발족하여 문화재의 조사 연구와 지정 등에 관한 업무를 담당하였으니, 현대 문화재 관리의 근간이 확립된 계기가 되었다고 평가할 수 있다.

1960년에는 문교부 '문화재보존위원회'를 설치하여 문화재를 국보, 고적, 명승, 천연기념물, 기타 이에 준하는 것과 연극, 음악, 무용, 미술, 공예, 민속 등 유형·무형의 문화적 소산으로서 특히 보존의 필요가 있다고 인정되는 것을 말한다고 규정함으로써 현재의 문화재 분류 체계의 근간을 마련하게 되었다. 또한 같은 해에 구황실재산사무총국의 직제를 개정하여 문화과에서 궁, 전, 능, 묘, 보물, 미술품, 명승, 천연기념물, 고적, 문헌, 기타 문화재의 보존과 이용 및 관광에 관한 사항을 관장토록 하였다. 여기서는 1961년 10월 문화재관리국이 설립되기까지 고궁, 능, 원과 기타 국유 재산을 관리하였으며, 관계 법령은 1933년 조선총독부가 제정한 조선보물고적명승천연기념물 보존령을 따랐다.

2) 1960~1970년대의 문화유산 정책

1960년대는 이전 시기 구축된 기초를 토대로 문화재 관리 행정의 기반이 조성되고 법과 제도가 마련되는 시기이다. 1961년 문교부의 문화재보존과와 구황실의 재산 관리를 주 업무로 하는 대통령 직속의 구황실재산사무총국으로 분리돼 있던 문화재 행정이 일원화되어 문화재 관리 전문 기구로서의 문화재관리국이 문교부 산하의 외국(外局)으로 신설되었다. 그리고 이듬해인 1962년 1월 10일 역사적인 문화재보호법이 제정되었다.

또한 3월 27일 문화재의 보존·관리 및 활용에 관한 사항을 조사·심의할 목적으로 문화재위원회 규정을 제정하였다. 문화재위원회가 제정되고 나서 시행한 사업으로 가장 주목할 만한 것은 일제가 지정한 보물·고적·명승 문화재를 국보·보물·사적으로 명칭을 변경하여 새롭게 지정하고, 동식물·동굴 등 300여 종을 천연기념물로, 종묘제례악 등 기·예능 40종목을 중요무형문화재로 지정한 일이었다. 이로써 1962년 12월 20일 '남대문'을 제1호로 하는 국보 문화재가 처음으로 지정되었다.

한편 당시 문화재관리국의 예산은 1963년 제정된 '문화재관리 특별회계법'에 따라 운용되었기 때문에 재원 마련에 한계가 있어 대대적인 문화재 관리 행정을 펼치기에 무리가 있었다. 그럼에도 1961~63년 숭례문 전

그림 3.3 1972년 불국사 개·보수 현장(문화재청, 2011, 『문화재청 50년사』)

면 해체보수 공사와 같은 막중한 문화재 보수 사업을 진행하기도 하였다.

　이 시기 국가적으로 빼놓을 수 없는 문화재 행정사의 한 사건을 꼽으라면 1965년 12월 한·일 국교 정상화로 체결된 '대한민국과 일본국 간의 문화재 및 문화 협력에 관한 협정'을 들 수 있다. 그 결과 우리 정부는 1966년 일본으로부터 고미술품 등 불법 반출 문화재 1,432점을 반환받았다. 앞 장에서 살펴본 대로 개항기와 일제강점기를 거치면서 이루 헤아릴 수 없는 귀중한 우리 문화재가 일본으로 무단 반출되었음을 감안하면 그야말로 빙산의 일각에 불과한 불공정한 반환이라 할 수밖에 없다. 1968년 문교부 산하의 문화재관리국은 문화공보부 산하로 직제가 개정되었고, 그 해에 경복궁 광화문 복원공사 준공식을 거행하였다.

　1970년대는 이전 시기 마련된 법과 제도의 기틀을 바탕으로 종합적이고 체계적인 문화재 관리 행정을 표방하기에 이른다. 이러한 배경에는 국가의 명운을 걸고 추진한 경제개발 5개년 계획과 그에 따른 산업화·도시화의 영향이 결정적이었다. 1971년 5개년 계획으로 전국의 문화재 지표조사 사업을 실시하였고, 1972년부터 1976년까지 총 128억원의 예산을 투입

하여 '문화재 보존·관리 5개년 계획'을 추진하였다. 핵심 내용으로는 고도
(古都)와 유적을 중점적으로 재정비해 관광자원 개발에 기여하는 것을 필
두로 위인·선열 유적의 보수·정화로 조상의 위훈 보급 선양, 무형문화재
의 적극적인 보존·전승·발전 도모, 문화재 보존을 위한 과학적 기술 개발
과 전문인 양성, 민족 문화의 보급과 선양을 위한 사업의 확충 등을 들 수
있다. 1972년부터 1981년까지 경주관광종합개발계획을 확정하여 신라 고
도의 13개 사적지구 및 단위 문화재를 집중 정비한 것이 대표적 사례이다.
이 밖에도 1972~1974년의 천연기념물 보호를 위한 조수 서식지 생태 조
사 및 전적 문화재 종·합 조사와 공주 무령왕릉·경주 155호 고분 및 계림
로·제주 빌레못 구석기 유적 발굴조사 등이 이루어졌다. 1975년 4월 17일
에는 문화재관리국 소속기관으로 '문화재연구소'를 설치하여 문화유적에
대한 종합적인 조사·연구 업무를 담당토록 하였다. 그 결과 1977년 전국
의 문화유적 지표조사 내용을 수록한 『문화유적총람』이 발간되었다. 1975
년에는 세시풍속과 민속문화재를 체계적으로 조사·연구하고, 관련 유물을
수집, 보관, 전시할 목적으로 경복궁 내에 한국민속박물관도 개관하였다.

경복궁의 훼손과 복원 사업 - 조선총독부청사 해체와 광화문 현판의 수난사

경복궁은 태조 4년(1395)에 세워진 조선시대 최초의 궁궐이자 정궁으로서 새 나라와 새 왕조의 상징과 같은 존재였다. 역성혁명을 통해 왕위에 오른 태조는 풍수지리적으로 명당인 데다 산과 강으로 둘러싸여 천혜의 요새라 할 수 있는 한양을 택해 새로운 도읍을 삼았다. 경복궁은 백악을 뒤로 하고, 남으로 목멱산을 바라보고 있으며, 서로는 인왕에 기대고 있다. 입지를 선정하는 것에서부터 건물들을 배치하고 도로를 건설하는 데까지 당시의 사상과 유교적 원리가 총 동원된 조선 건국 시기의 문화 결정체라고 볼 수 있다.

태종대에는 경회루를 세우고 궐내를 수리하였으며, 세종대에 이르러 오례(五禮)를 비롯한 각종 제도를 정비하고 궐내의 각 문과 다리의 이름을 짓는 등 조선의 법궁(法宮)으로서의 체제를 완비하였다. 그러나 선조 25년(1592) 4월 임진왜란으로 인해 궐내 전각들이 모두 소실된 이후 274년간 재건되지 못하고 빈 궁궐로 남게 되는 비운을 겪었다. 그후 고종 2년(1865) 흥선대원군의 주도 하에 대대적인 재건 공사를 단행하여 1867년 드디어 잃어버렸던 조선왕조 정궁으로서의 위용을 되찾게 된다. 중창된 경복궁은 궁궐 전각 7,481칸, 궁성 담장의 둘레는 1,813보에 달하는 큰 규모였다.

오랜 시간이 흐른 뒤에 본래의 모습을 찾은 것도 잠시, 일제의 침략으로 인해 경복궁은 또다시 원형이 크게 훼손되는 수모를 겪게

그림 3.5 **경복궁 광화문 복원공사 준공식**(1968년, 문화재청, 2011, 『문화재청 50년사』)

된다. 한일강제병합이 있던 1910년 순종이 경복궁을 총독부에 인도한 후, 일제는 4,000여 칸에 달하는 궁을 헐어 헐값에 팔아 넘기고, 1915년 조선물산공진회(朝鮮物産共進會)를 개최하고 조선총독부 박물관을 건립하는 등 궁궐 건물의 대대적인 철거와 근대건물의 신축공사를 감행한다. 급기야 1926년에는 근정전 앞에 조선총독부를 완공함으로써 경복궁의 원형을 알아볼 수 없을 정도로 철저히 훼손하였다.

문화재청은 경복궁을 복원하여 원형을 되찾고 민족적 자긍심을 회복하고자 '경복궁 복원 20개년 계획(1차)'을 수립하여 1990년부터 복원 사업을 추진해 오고 있다. 경복궁 복원의 첫 삽을 뜰 당시 궁 안에 남아있던 건물은 근정전과 경회루 등 10여 동에 불과하

여 고종대 중건 당시의 10% 정도 수준이었다. 다행히도 계속된 발굴조사를 통해 경복궁의 창건과 고종연간의 중창 과정을 한 눈에 볼 수 있는 귀중한 자료들이 속속 드러나고 있다. 그 과정에서 민족 정기를 말살하고자 버젓이 경복궁의 중앙에 건설하였던 구 조선총독부 건물을 철거하고 그 자리에는 광화문과 근정문을 잇는 흥례문이 복원되어 그 위용을 과시하고 있다. 2007년에는 경복궁 복원의 핵심이라 할 수 있는 광화문권역에 대한 발굴조사를 실시하여 원형을 확인할 수 있었다.

고종 때 중건된 광화문은 1929년 조선만국박람회장의 정문으로 사용할 목적으로 일제에 의해 지금의 국립민속박물관 근처로 옮겨지게 되었고, 한국전쟁 때 포탄을 맞아 문루가 폭파되어 육축만 남은 흉물스런 모습으로 변하고 말았다. 이러한 광화문이 현재의 위치로 다시 옮겨진 것은 1968년으로, 박정희 대통령의 지시에 의한 것이었다. 광화문을 원래 자리로 되돌린 것은 참으로 다행스런 일이었으나, 마땅히 목조로 건축해야 할 문루 부분을 현대 건축의 첨단 재료인 콘크리트로 만들어 천년이 가도 변치 않을 건축물이 되길 바랐던 점은 실로 이해가 되지 않는다. 더욱이 그러한 과정을 몰랐던 대다수 국민들은 2007년 광화문을 해체할 때에야 비로소 이제까지 화려한 단청과 우아한 공포 구조로 포장되었던 광화문이 실상은 콘크리트 건물이었다는 사실을 알게 되었으니 그 배신감은 이루 말할 수 없었을 것이다. 당시 해체한 공포 등 광화문 문루 건축의 일부가 지금 서울역사박물관 앞마당에 전시되어 있는데, 가히 그 모습을 보면 시멘트를 깎아 나무처럼 보이게 한 감쪽같은 기술에 또 한번 깜짝 놀라지 않을 수 없다.

이 밖에도 1968년에 복원된 광화문은 그 현판을 박대통령의 친필인 한글로 바꾸어 걸었다는 점이 이전과는 달라진 특징이다. 처음 경복궁이 건설되고 광화문이 만들어졌을 때에는 그 현판의 이름을 세종대왕이 직접 지어서 "빛이 사방을 덮고 널리 교화하라"란 의미로 경복궁의 정문에 내걸었던 것이다. 그랬던 광화문의 현판은 일제강점기와 한국전쟁의 난리를 겪으며 멸실되었고, 콘크리크 광화문으로 복원되면서 한글로 쓴 새 이름표를 달게 된 셈이다.

2008년까지 발굴조사를 실시하고 2010년에 복원이 완료된 광화문에는 고종 때의 모습으로 복원한다는 경복궁 복원의 대 원칙에 힘입어 한자로 된 광화문 현판이 새로 걸리게 되었다. 그러나 새 현판을 단지 채 반년도 지나지 않아 현판의 목재가 갈라져 틈이 보인다는 문제가 제기되어 다시 새로운 현판으로의 교체를 결정하였다. 이렇게 수습이 되나 싶었던 광화문의 현판은 이번에는 그 글씨의 모습이 원래 어땠느냐를 두고 또 다시 논란의 소용돌이에 휩싸이게 되었다.

본격적인 광화문 복원에 앞서 유홍준 청장이 재임하던 2005년 문화재청은 일본 도쿄대학에 소장된 1902년의 사진과 국립중앙박물관에 소장된 1916년 유리건판 사진을 토대로 광화문 현판의 원형 글씨를 확인하였다. 특히나 이때 『경복궁 영건일기』의 기록을 찾아내 광화문 현판의 글씨를 고종 때 무관인 임태영이 썼다는 사실을 밝혀 내고, 디지털로 복원하여 원본 글씨체를 재현하는 데 성공하였다. 이렇게 고증된 임태영의 글씨가 2009년 문화재위원회의 심의를 통과해 마침내 2010년 복원된 광화문에 당당히 그 현판으로 걸리게 된 것이다.

그럼에도 광화문 현판에 대한 논란은 끊이지 않았다. 즉, 흰 바탕에 검은 글씨로 쓴 글씨가 과연 올바른 것인지에 대한 의문이었다. 이러한 문제를 제기했던 문화재 시민단체의 노력으로 2016년 2월에 미국의 스미스소니언 박물관에 소장된 광화문 현판 사진이 공개되었다. 그런데 이 현판의 글씨는 새롭게 복원한 현판의 글씨와는 완전히 딴판이었다. 이 사진을 정밀 분석한 결과, 광화문 현판의 바탕은 흰색이 아니라 검은색이었고, 글씨 또한 금박으로 밝혀졌다. 사진에 등장하는 군인들의 복식 검토 결과 이 현판은 기존의 현판 사진들보다 빠른 1895년 이전의 것으로 밝혀짐에 따라 고종연간의 광화문 현판에 더 가깝다는 사실이 명백해 졌다.

이에 문화재청은 2018년 1월 신년 업무계획 보고 간담회에서 광화문 현판을 2016년에 새로 발견된 현판의 모습대로 검은 바탕에 금박 글씨로 새로 제작하여 내년에 걸겠다는 계획을 밝혔다. 이로써 광화문 현판 복원을 둘러싼 지난한 논쟁이 일단락되어 2019년이면 고종 때 중건된 광화문에 걸렸을 것으로 추정되는 현판의 원래 모습을 만날 수 있게 될 것이다.

3) 1980~1990년대의 문화유산 정책

1982년에는 문화재보호법이 제정·시행된 지 20년 만에 전부 개정되었다. 문화재에 대한 정의를 포함해 지정문화재의 구분, 가지정 대상 문화재, 국가지정문화재의 허가 사항, 문화재 수리, 중요무형문화재의 보호 육성, 매장문화재 발굴 제한, 문화재 매매업, 외국 문화재 보호 및 벌칙 강화 등을 주된 골자로 보완하였다.

한편 이전 시기와는 전혀 다른 문화재 보존·관리 정책의 기조 변화를 맞게 되는데, 바로 문화재의 대상을 '점'에서 '면'으로 확대하였다는 점이다. 1984년 이진희 문화공보부장관의 연두 주요 업무계획 보고에서 "전통 문화유산을 보존하기 위하여 종전의 단위 문화재 중심의 '점'의 문화재 관리 체계를 환경과 시설까지 관리하는 '면'단위 광역 문화재 보호 정책으로 전환하겠다"고 표명함으로써 단일 문화재 중심의 보존 차원에서 그 주변 지역까지를 포함, 문화재 경관과 환경까지 종합적으로 확대 보존하는 방향으로 정책을 전환한 것이다. 이로써 전통 사찰 부근의 문화재 구역 확대 지정과 안동 하회마을과 64건의 전통 가옥 중요민속자료 지정, 전통 건조물

보존지구의 지정, '전통건조물보존법' 제정 등의 후속 조치가 이어졌다.[33]

정부 차원에서 이루어진 문화재 정책의 획기적인 변화에 발맞추어 민간 차원에서는 1985년 새로운 차원의 문화재 보호 운동이 전개되는데, '내 고장 문화재 내가 지키기' 운동이 대표적이다. 1988년부터 백제·신라·가야·중원의 4대 중요문화권 유적의 보수·정비 사업을 시행하였다. 특히 1988년은 서울올림픽 개최를 계기로 문화재 국제 교류의 새 장이 열린 해라고 볼 수 있는데, 그해 2월 유네스코의 문화재 불법 반출입 및 소유권 양도의 금지와 예방수단에 관한 협약과 9월 세계 문화 및 자연 유산 보호에 관한 협약에 가입하였다. 한편 우리나라는 '국제문화재보존복구연구센터(ICCROM)'에 적극 참여하여 이사국으로 진출하는 등 문화재 행정의 국제화에 크게 노력하였다.

1989년에는 문화재 보존·관리 사업 예산이 일반회계로 전환되었다. 즉 문화재관리 특별회계법이 폐지되고 일반회계에 따라 세입과 세출 예산을 편성·확보하게 됨으로써 문화재의 보존·관리 사업을 안정적으로 추진할 수 있는 새로운 전기가 마련되었다고 평가할 수 있다. 1990년 경주·부여·창원에 문화재연구소 분소를 신설하여 각각 신라·백제·가야 문화권 유적에 대한 조사·연구를 전담함으로써 고대 문화권 연구의 균형 있는 분담이 가능해졌다. 또한 1990년 경복궁 복원·정비 계획이 수립되어 일제에 의해 무참히 훼손된 궁궐문화재에 대한 역사성 회복 작업이 시작되었다. 경복궁의 원형 복원 정비 사업은 1990년부터 2009년까지 흥례문 등 건물 93동 3,223평을 복원하는 내용을 담고 있다. 이 밖에 창덕궁도 1991년부터 1999년까지 인정전과 궐내각사 등 26동 384평을 복원 정비코자 하였다.

1992년에는 문화재 정책의 3대 기본 방향을 정립하게 되는데, 문화재의 원형 보존과 전통문화 창달 기반 조성, 문화유적의 체계적인 보수와 정비, 문화재 관리 능력 배양과 인력 육성이 주된 방향이다. 1995년에는 경주 불국사와 석굴암, 해인사 장경판전, 종묘의 3건과 1997년에는 창덕궁, 수원 화성이 세계문화유산으로 등재되는 쾌거가 있었다. 1996년에는 일제강점기 지정문화재의 재평가와 역사 바로 세우기 작업을 진행하여 '서울 남

그림 3.6 '문화유산의 해' 선포식(1997년, 문화재청, 2011, 『문화재청 50년사』)

대문' 등의 문화재 명칭이 변경되었고, 논란 끝에 구 조선총독부 건물이 철거되었다. 1997년은 '문화유산의 해'로 지정하여 '문화유산헌장'을 선포하고 '민족의 얼 문화유산 알고 찾고 가꾸자'라는 표어를 제정함으로써 문화유산에 대한 국민적 이해를 높이고 문화재 행정의 새로운 도약을 다짐하는 계기로 삼았다.

1998년에는 문화재관리국이 문화관광부 산하로 소속이 바뀌었고, 대전 청사로 이전하였다. 이듬해인 1999년 5월에는 문화재관리국이 문화재청(1급청)으로 승격됨으로써 문화재 관리의 명실상부한 총괄청으로 재출범하는 계기를 이룩하였다. 이때 문화재 지표조사가 의무화되어 3만m^2 이상의 개발 사업을 시행하기 전에 반드시 문화재의 유무를 확인하는 조사를 선행하도록 함으로써 매장문화재 보호의 획기적 전기를 마련하였다. 또한 중요무형문화재 보존·전승 제도 개선 계획을 수립하였고, 천연기념물 실태조사 5개년 계획 수립 및 연구·조사도 실시하였다.

1980년대부터 추진해 오던 '5대 문화권 유적 정비 계획'의 1차 사업을 1997년까지 완료하고, 다도해 해양문화권과 안동·영주 등 유교문화권을 추가하여 '7대 문화권 정비사업'을 추진하였다.

4) 2000년대 이후의 문화유산 정책

2000년 분야별 문화재 전문인력 양성을 목표로 문화재청 산하에 '전통문화학교'(2011년 '전통문화대학교'로 변경)를 설립하였다. 2001년에는 등록문화재 보존·관리 제도가 도입되어 근대문화유산에 대한 보존의 전기를 마련하였다. 2002년 '문화재 보존·관리 및 활용에 관한 기본계획'을 2011년까지 10개년 계획으로 수립하여 문화재의 원형 보존과 체계적 관리 및 효율적 활용 등 3대 핵심 대과제와 18개의 하위 정책과제로 구성하였다. 2003년 '7대 문화권 유적 종합 정비사업 계획'을 수립하여 백제·신라·가야·중원문화권 외에 영산강·다도해문화권, 강화문화권, 고구려·고려문화권을 유적 종합 정비 계획에 추가로 편입하였다.

2004년에는 문화재청이 차관청으로 승격하여 그 위상이 한층 제고되었다. 이에 즈음하여 '대한민국 문화유산상'을 제정, 시상하였고, 일부 기업이나 단체에서는 '한 문화재 한 지킴이' 운동을 전개하였다. 또한 같은 해 '고도(古都) 보존에 관한 특별법'을 제정하여 경주, 공주, 부여, 익산의 4개 고도 지역의 역사문화환경의 보존과 주민 지원에 필요한 사항을 정함으로써 고도의 정체성을 회복하기 위한 근거를 마련하였다. 2005년에는 조선 왕실과 관련된 유물을 수집, 보존, 연구, 전시함으로써 조선 왕실 문화의 우수성을 널리 알리고자 국립고궁박물관을 개관하였다. 2006년에는 '문화유산과 자연환경 자산에 관한 국민신탁법'을 제정하여 보전 가치가 있는 문화유산을 취득·보전·관리·활용함으로써 '삶의 질'을 향상시키고, 문화유산에 대한 민간의 자발적인 참여를 촉진하는 계기를 마련하였다.

2007년에는 문화재 정책 중장기 비전 '문화유산 2011'을 수립·시행하였는데, 문화유산의 창조적 계승과 발전으로 세계 일류 문화국가를 실현한다는 비전과 고품격 문화재 행정을 구현하고, 국민이 감동할 수 있는 최상의 서비스를 실현하며, 문화유산을 통해 국가 경쟁력을 강화한다는 정책목표를 지향하였다. 정책과제는 핵심 역량 강화, 합리적 보존, 협력적 관리 정책 및 가치 활용 활성화 등 4개 핵심과제, 하위정책과제 12개, 세부추진과제 58개로 구성되었다.

2009년 '문화재보호기금법'이 제정·시행되어 문화재 보호·관리 예산이 증액되는 효과를 가져왔고, 2010년에 문화재보호법이 전부 개정되고 '매장문화재 보호 및 조사에 관한 법률'과 '문화재수리 등에 관한 법률'이 분법 제정됨으로써 분야별 문화재 보호에 대한 세부 기틀이 마련되었다. 2011년에는 문화재청 설립 50주년을 기념하는 사업이 추진되면서 '어제를 담아 내일에 전합니다'라는 캐치프레이즈를 내걸었다.

2012년 '국외소재문화재재단'을 설립하여 해외로 반출된 우리 문화재의 현황을 조사하고 환수하는 업무를 본격화하였다. 재단은 설립 직후부터 2016년까지 국외 문화재의 현황과 소재 파악을 위한 실태 조사를 실시하여 3만 5,000여 점에 대한 실상을 파악하였다. 정부 차원에서는 국외 소재 문화재의 환수 추진을 위해 국제기구 협력 강화 및 그리스 등 문화재 피탈국 간 국제 연대를 모색하였다. 우리나라는 1989년부터 2013년까지 ICPRCP(문화재반환촉진 정부간위원회) 위원국으로 활동하였고, 기간 중에 문화재 환수 전문가 국제 회의를 개최하기도 하였다. 또한 한·미 수사 공조, 외국 소장기관 협상, 경매 모니터링 등을 통해 호조태환권 원판(2013)과 대한제국 국새 등 인장 9점(2014)을 환수하는 성과를 올렸다. 직접적 환수 외에도 국외 문화재 소장 기관에 대한 보존 처리 및 활용 지원 사업을 통해 9개국 20개소에 보관되어 있는 우리 문화재를 수리하였다.

2013년 숭례문 복구 공사 완료를 계기로 문화재 전수 조사 등 예방적 문화재 관리 체계 구축을 도모하였다. 특히 2014년까지 국가·지방 지정문화재 7,393건의 구조 안정성과 소방 방재 시설에 대한 특별 종합 점검을 실시하여 보호 조치 대상 문화재를 긴급 정비하였다. 또한 문화재 수리 체계 혁신을 통한 수리 품질 정상화의 기틀을 마련하는 데 주력하였다. 2014년에는 불합리한 문화재 수리 관행 개선을 위한 문화재 수리 혁신 대책을 마련·시행하여 자격 대여자 취소 요건을 강화하였고, 수리 시험과 교육 제도를 개선하였으며, 문화재 수리 제도에 적합한 입찰 제도를 도입하였다. 이밖에 문화재 수리 현장 공개의 날(20개소) 및 문화재 수리 실명제를 처음 운영하였다. 2016년에는 문화재수리 등에 관한 법률과 하위 법령 개정을 통해 공정·투명하고 효율적인 문화재 수리 체계를 구축하는 등 지속적인 노력을 기울이고 있다.

또한 문화재로 인한 국민의 불편과 피해를 최소화하고자 가장 많은 민원이 발생하고 있는 매장문화재 관련 제도 개선을 추진하였다. 일정 규모 이하의 소규모 발굴조사와 민간 지표조사 등의 비용을 국가가 지원함으로써 국민의 부담을 경감시켜 주는 제도를 도입한 것이다. 소규모 발굴 비용 지원금은 2012년 65억원에서 2016년 89억원으로 증가하였고, 2015년부터 3만m² 미만의 민간 지표조사 비용을 연간 7억원씩 지원해 오고 있다. 또한 관련 학계, 조사기관 협회 등과의 정기적인 협의를 통해 매장문화재 보호 및 조사 절차 개선, 발굴 품질 향상 등에 대한 합리적인 대책 마련에 고심하고 있다. 한편 GIS 기반의 문화재 보존 관리 및 활용 체계 구축 사업을 실시하여 2013년 중앙 부처 공간정보 사업 최우수 사업으로 선정되기도 하였다.

2015년에는 체계적 무형문화재 관리 체계 도입을 위한 '무형문화재 보전 및 진흥에 관한 법률'을 제정하였다. 새로 만든 법에서는 기존 무형문화재의 범위를 기능과 예능에서 전통지식 등 7개 분야로 확대하고, 전수교육 이수 심사 주체를 보유자·보유단체에서 문화재청으로 변경하였으며, 긴급보호 무형문화재 제도 신설 및 진흥 정책 강화 등의 여러 조치가 이루어졌다. 이에 앞서 2014년에는 세계적 무형유산 복합 문화 공간인 '국립무형유산원'을 개원하여 무형문화재 분야의 조사·연구와 전승 기반 마련을 위한 기틀을 확립하였다.

우리나라는 유네스코 등 문화유산 관련 국제 협력에도 주도적으로 참여하고 있다. 현재 세계유산위원회 위원국(2013~2017)으로 활동하고 있으며, 무형유산보호협약 정부간위원회 위원국(2014~2018)으로 선출된 상태이다. 이러한 활동을 바탕으로 유네스코 세계유산 등재의 확대를 통한 국제적 위상 강화에도 크게 기여하였다. 2014년에는 경기도의 남한산성이, 2015년에는 공주·부여·익산의 백제역사유적지구가 세계유산으로 등재되어 세계적으로 우리 문화의 우수성을 널리 알리는 계기가 되었다.

문화재청은 21세기의 흐름에 걸맞게 문화유산 향유 기회를 확대하고 미래 가치를 창출하는 다양한 활동을 벌이고 있다. 궁궐 관람 콘텐츠 및 인프라 확충 등 고궁의 관광 자원화 사업이 대표적이다. 현재 4대궁과 종묘에서 시행되고 있는 궁중문화축전, 창덕궁 달빛기행, 고궁 야간특별관람, 고궁 음악회 등 다양한 프로그램을 개발, 운영하고 있다. 또한 생생문화재, 살아 숨쉬는 향교·서원 만들기, 문화재 야행(夜行) 등 지역 문화재 활용 사업을 통해 문화유산의 향유 기회를 확대해 나가고 있다. 아울러 궁·능·유적 관리소의 전시 기능을 강화하여 2014년에 덕수궁 석조전을 복원하여 대한제국역사관으로 개관하였고, 2016년에는 세종대왕역사전시관이 건립되었다. 최근에는 덕수궁 중명전 전시실을 리모델링하여 재개관함으로써 문화재를 활용한 대국민 교육의 장으로 활용하고 있다.[34]

문화재보호법 1962년 1월 10일 법률 제961호로서 제정된 것으로, 총 7장, 73조, 부칙 3조로 구성되어 있었다. 문화재의 보존·관리에 관한 통일적이며 종합적 입법이라는 점에서 의의가 있으며, 첫 제정 이후 지금까지 수십 차례에 걸쳐 개정되어 왔다.

문화재청 우리나라 문화재 행정을 총괄하는 기관으로, 문화유산의 보존과 가치 창출로 민족문화 발전에 기여함을 목적으로 설립되었다. 1945년 11월 이왕직으로부터 인수받아 발족한 구황실사무청이 그 전신이고, 1961년 10월 2일 문교부의 외국으로 문화재관리국이 설치되었으며, 현재 본청에 1관 3국 19과 2팀을 두고, 26개의 소속기관을 갖추고 있다.

문화재위원회 문화제 행정에 관련된 제반 사항을 심의하는 기구로 1960년 11월 '분화재보존위원회 규정'이 제정됨으로써 위원회 구성의 법적 근거가 마련되었고, 1962년 발족되었다. 분야별로 8개 분과의 문화재위원과 문화재전문위원이 위촉되어 활동하고 있으며, 문화재위원회와 별도로 무형문화재의 보전 및 진흥에 관한 사항을 조사·심의하기 위해 2016년 5월부터 무형문화재위원회를 설립, 운영하고 있다.

예산 미래에 대한 체계적 사고를 할 수 있는 수단이라는 정책적 의미와 일정 기간(회계연도) 동안의 정부 수입과 지출 활동에 대한 계획을 뜻한다.

요약정리

● 일제강점기 이래 문화재 보호 관련 법령에 연원을 두고 1962년 최초로 문화재보호법이 제정되었다.

● 2010년 2월 문화재보호법에서 '매장문화재 보호 및 조사에 관한 법률'과 '문화재수리 등에 관한 법률'을, 2015년 3월에 '무형문화재 보전 및 진흥에 관한 법률'을 문화재보호법에서 분법, 제정하였다.

● 우리나라 문화재보호법의 연원을 이해하기 위해서는 일본의 문화재보호법에 대해 알아볼 필요가 있다. 일본은 19세기 후반부터 문화재 관련 법령이 만들어지기 시작하였고, 그것들을 근간으로 하여 오늘날의 문화재보호법을 갖게 된

것이다.

- 우리나라 문화재 행정을 총괄하는 기관은 문화재청으로, 문화유산의 보존과 가치 창출로 민족문화 발전에 기여함을 목적으로 설립되었다. 문화재청의 전신은 1945년 11월 이왕직으로부터 인수받아 발족한 구황실사무청으로, 미군정 관할하에 문화재 관리 업무를 관장하기 시작하였다. 1961년 10월 2일 문교부의 외국으로 문화재관리국이 설치되어 오늘에 이르고 있다.
- 문화재위원회는 문화재 행정에 관련된 제반 사항을 심의하는 기구로 1962년 발족되었다. 분야재의 종류별로 8개 분과와 무형문화재위원회의 문화재위원과 문화재전문위원이 각 문화재의 보존에 관한 사항을 조사·연구·심의하고 이에 관한 자문을 담당하고 있다.
- 문화재청의 예산은 일반회계와 지방특별회계, 문화재보호기금으로 나누어 편성되어 있으며, 2017년도 예산은 총 7,891억원이다.
- 광복 이후 1950년대, 1960~1970년대, 1980~1990년대, 2000년대에 이르기까지 우리나라 문화유산 정책은 지속적으로 변화 발전하여, 21세기의 흐름에 걸맞게 문화유산 향유 기회를 확대하고 미래 가치를 창출하는 다양한 활동을 벌이고 있다.

생각해 볼 거리

▶ 우리나라 문화재보호법의 연원과 태동 과정에 대해 일본과 비교하여 얘기해 보자.
▶ 문화재보호법의 분법 필요성 등 문화재보호법의 실상과 문제점, 보완 방향 등에 대해 토론해 보자.
▶ 문화재청의 위상과 조직, 예산 등에 대하여 논의해 보자.
▶ 문화재위원회의 구성과 기능, 역할, 우리나라 문화재 정책에 미치는 영향 등에 대하여 토론해 보자.
▶ 광복 이후 현재에 이르기까지 우리나라 문화유산 정책의 방향과 비전, 문제점 등에 대하여 폭넓게 얘기해 보자.

제2부

유형별 문화유산 다루기

제4장

유형문화재 보존 관리

문화유산 가운데 가장 보편적이고 많은 수량을 차지하고 있는 유형문화재의 특징과 보호·관리 제도에 대하여 알아볼 것이다. 우선 유형문화재가 무엇인지에 대한 개념과 정의, 그리고 국가지정문화재로 지정하는 데 따른 법적 근거와 기준, 관리 원칙 등에 대해 살펴보고자 한다.

유형문화재 중에서도 핵심이 되는 보물과 국보의 지정 기준을 종류별로 알아볼 것이다. 다양한 종류의 유형문화재 가운데서 역사적, 학술적, 예술적, 기술적 가치가 큰 것을 보물로 지정한다. 보물 가운데 특히 그 가치가 크거나 보존 가치가 있는 것, 유례가 적은 것 등을 국보로 지정할 수 있다.

국가지정문화재뿐만 아니라 모든 문화재를 보존·관리하고 활용하는 데 반드시 지켜야 할 최우선적인 원칙은 원형을 제대로 유지하는 것이다. 특히 국보

나 보물과 같은 국가지정문화재는 소유자나 관리자가 정해져 있어 임의로 문화재의 현상을 변경하거나 손상을 입힐 우려가 있기 때문에 보존·관리에 엄격한 기준을 적용할 수밖에 없다. 일반적으로 국가지정문화재에 가해지는 특정 행위에 대해서는 사전에 허가를 받는 것을 원칙으로 하고 있다.

한편, 국가지정문화재를 소유함에 따른 혜택이나 지원방안 등도 있는데, 정부에서는 관리 단체가 해당 문화재를 관리할 때 필요한 경비 등에 대해서는 일정 금액의 보조금이나 경비를 지원해 주기도 한다.

이처럼 유형문화재가 무엇이며, 그중에서 보물이나 국보와 같이 국가지정문화재로 지정하는 근거와 기준, 그리고 관리 원칙과 혜택 등에 대하여 구체적으로 살펴봄으로써 유형문화재의 정의와 보호·관리에 대한 제반 사항을 숙지할 수 있을 것으로 기대한다.

1 유형문화재의 정의와 지정 근거

유형문화재는 문화재보호법에서 "건조물, 전적(典籍), 서적(書跡), 고문서, 회화, 조각, 공예품 등 유형의 문화적 소산으로서 역사적·예술적 또는 학술적 가치가 큰 것과 이에 준하는 고고자료(考古資料)"라고 정의하고 있다. 즉, 천연기념물과 사적 등 기념물을 제외하고 일정한 형체를 가진 대부분의 문화재가 유형문화재의 범주에 포함된다고 보면 된다. 특히 문화재 하면 누구나 가장 먼저 떠올릴 법한 국보나 보물 등의 문화재가 바로 유형문화재에 해당되어 일반인에게는 가장 익숙한 대상의 문화재라 할 수 있다.

그러나 유형문화재에는 국보나 보물과 같은 국가지정문화재만 해당되는 것이 아니라 국가 또는 시·도 지정문화재로 지정되지 아니한 문화재들도 포함된다. 이러한 문화재를 '일반동산문화재'라 지칭하여 "문화재보호법에 따라 지정 또는 등록되지 아니한 문화재 중 동산(動産)에 속하는 문화재"라고 정의하고 있으며, 회화, 조각, 석조물, 공예, 전적, 고문서, 서간(書簡), 서각(書刻), 근대매체, 고고자료, 자연사자료, 과학기술용구 및 민속자료, 외국문화재 등 다양한 범위의 문화재가 해당된다. 단, 이상의 범위에 해당하는 것들 중에서 어떤 것을 문화재로 볼 것인지의 여부는 문화재보호법 시행규칙에서 문화체육관광부령으로 정한 전문가의 감정을 받아 판정하도록 하고 있다. 그 결과 일반동산문화재로 판정되면 지정문화재와 마찬가지로 수출 등의 금지(문화재보호법 60조) 및 현상, 관리, 수리, 그 밖의 보존 상황에 관한 조사(문화재보호법 61조) 등을 실시하여야 한다. 이하에서는 무수한 유형문화재 중에서 국가지정문화재로 지정하는 법적 근거와 기준, 관리 원칙 등에 대해 살펴보고자 한다.

문화재보호법 제23조(보물 및 국보의 지정)에 의하면 문화재청장은 문화재위원회의 심의를 거쳐 유형문화재 중 중요한 것을 보물로 지정할 수 있고, 보물에 해당하는 문화재 중 인류문화의 관점에서 볼 때 그 가치가 크고 유례가 드문 것을 문화재위원회의 심의를 거쳐 국보로 지정할 수 있다. 보물과 국보의 지정 기준과 절차 등의 사항은 대통령령으로 정해 두었다.

문화재청장이 국가지정문화재를 지정하면 그 취지를 관보에 고시하고, 해당 문화재의 소유자에게 알려야 하고, 그 문화재의 소유자가 없거나 분명하지 아니하면 그 점유자 또는 관리자에게 이를 알려야 한다. 또한 국보나 보물을 지정하면 그 소유자에게 해당 문화재의 지정서를 내주어야 한다. 다만, 지정의 효력은 관보에 고시한 날부터 발생한다. 한편 이렇게 지정된 문화재가 국가지정문화재로서의 가치를 상실하거나 가치 평가를 통하여 지정을 해제할 필요가 있을 때에는 문화재위원회의 심의를 거쳐 그 지정을 해제할 수도 있다. 그 소유자가 해제 통지를 받으면 그 통지를 받은 날부터 30일 이내에 해당 문화재 지정서를 문화재청장에게 반납하여야 한다.

문화재청장은 국가지정문화재로 지정할 만한 가치가 있다고 인정되는 문화재가 지정 전에 원형 보존을 위한 긴급한 필요가 있고 문화재위원회의 심의를 거칠 시간적 여유가 없으면 중요문화재로 가지정(假指定)할 수 있다. 가지정의 효력은 그 문화재의 소유자, 점유자 또는 관리자에게 통지한 날부터 발생한다. 만약 가지정한 날부터 6개월 이내에 지정이 없으면 해제된 것으로 본다.

이러한 근거에 따라 국가지정문화재로 지정하는 절차는 〈그림 4.1〉과 같다.

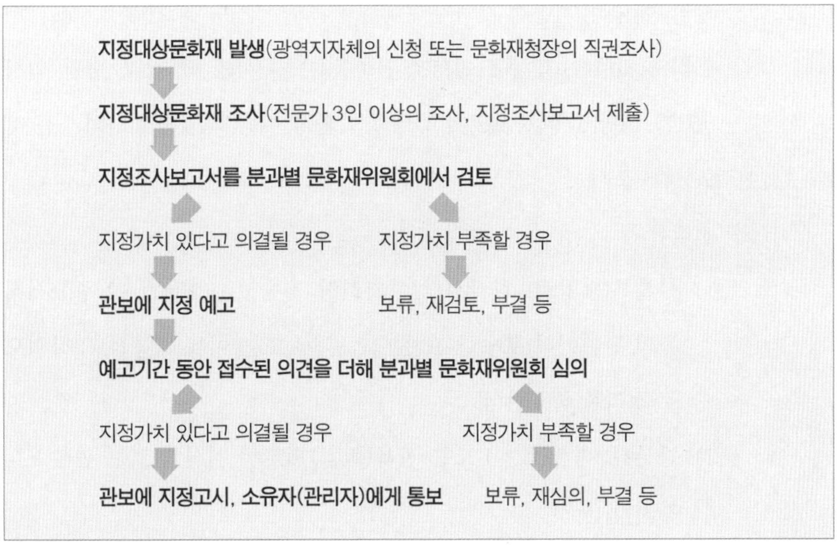

그림 4.1 국가지정문화재 지정 절차도

2 유형문화재 국가지정 기준

문화재보호법 시행령(별표 1)에 기술된 국가지정문화재의 지정 기준 가운데 유형문화재에 해당하는 보물과 국보의 지정 기준을 종류별로 살펴보면 다음과 같다.

보물

1. 건조물(建造物)

   가. 목조건축물류: 당탑(堂塔), 궁전, 성문(城門), 전랑(殿廊), 사우(祠宇), 서원(書院), 누정(樓亭), 향교, 관아(官衙), 객사(客舍) 등으로서 역사적, 학술적, 예술적, 기술적 가치가 큰 것

   나. 석조건축물류: 석굴, 석탑, 전탑(塼塔), 승탑(僧塔) 및 석종(石鍾), 비갈(碑碣), 석등(石燈), 석교(石橋), 계단(戒壇), 석단(石壇), 석빙고(石氷庫), 첨성대, 당간지주, 석표(石標), 석정(石井) 등으로서 역사적, 학술적, 예술적, 기술적 가치가 큰 것

   다. 분묘(墳墓): 분묘 등의 유구(遺構) 또는 건조물, 부속물로서 역사적, 학술적, 예술적, 기술적 가치가 큰 것

   라. 조적조(組積造) 및 콘크리트조 건축물류: 청사(廳舍), 학교, 병원, 역사(驛舍), 성당, 교회 등으로서 역사적, 학술적, 예술적, 기술적 가치가 큰 것

2. 전적·서적·문서

   가. 전적류

   1) 사본류(寫本類): 한글서적, 한자서적, 저술고본(著述古本), 종교서적 등의 원본이나 우수한 고사본(古寫本) 또는 이를 계통적, 역사적으로 정리한 중요한 것

   2) 판본류: 판본(版本) 또는 판목(版木)으로서 역사적 또는 판본학적 가치가 큰 것

   3) 활자본류(活字本類): 활자본 또는 활자로서 역사적 또는 인쇄사적

가치가 큰 것

나. 서적류: 사경(寫經), 어필(御筆), 명가필적(名家筆跡), 고필(古筆), 묵적
(墨跡), 현판(懸板), 주련(柱聯) 등으로서 서예사상 대표적인 것이거나
금석학적 또는 사료적 가치가 큰 것

다. 문서류: 역사적 가치 또는 사료적 가치가 큰 것

3. 회화·조각

가. 형태·품질·기법·제작 등에 현저한 특이성이 있는 것

나. 우리나라의 문화사적으로 각 시대의 귀중한 유물로서 그 제작기법이
우수한 것

다. 우리나라의 회화사적으로나 조각사적으로 특히 귀중한 자료가 될 수
있는 것

라. 특수한 작가 또는 유파를 대표하는 중요한 것

마. 외래품으로서 우리나라 문화에 중요한 의의를 가진 것

4. 공예품

가. 형태·품질·기법 또는 용도에 현저한 특성이 있는 것

나. 우리나라의 문화사적으로나 공예사적으로 각 시대의 귀중한 유물로서
그 제작기법이 우수한 것

다. 외래품으로서 우리나라의 공예사적으로 중요한 의의를 가진 것

5. 고고자료

가. 선사시대 유물로서 특히 학술적 가치가 큰 것

나. 고분(지석묘 등을 포함한다)·패총(貝塚) 또는 사지(寺址)·유적 등의
출토품으로서 학술적으로 중요한 자료가 될 수 있는 것

다. 전세품(傳世品)으로서 학술적 가치가 큰 것

라. 종교·교육·학예·산업·정치·군사·생활 등의 유적 출토품 또는 유물
로서 역사적 의의가 크거나 학술적 자료로서 중요하거나 제작상 가치
가 큰 것

6. 무구(武具)

가. 우리나라 전사상(戰史上) 사용된 무기로서 희귀하고 대표적인 것

그림 4.2 국보 제83호 금동반가사유상(국립중앙박물관 제공)

　나. 역사적인 명장(名將)이 사용하였던 무구류로서 군사적으로 그 의의가
　　큰 것

국보

보물에 해당하는 문화재 중

1. 특히 역사적·학술적·예술적 가치가 큰 것

2. 제작 연대가 오래되었으며, 그 시대의 대표적인 것으로서, 특히 보존 가치
   가 큰 것

3. 제작의장(製作意匠)이나 제작기술이 특히 우수하여 그 유례가 적은 것

4. 형태·품질·제재(製材)·용도가 현저히 특이한 것

5. 특히 저명한 인물과 관련이 깊거나 그가 제작한 것

이상의 기준으로 보물과 국보를 정하되, 반드시 알아 두어야 할 것은
모든 국보는 반드시 보물 중에서 위의 조건을 충족시키는 것이 해당된다는
점이니, 보물이 아닌 국보는 없다는 사실이다.

3 국가지정문화재 관리 원칙

국가지정문화재뿐만 아니라 모든 문화재를 보존·관리하고 활용하는 데
있어서 반드시 지켜야 할 최우선적인 원칙이 있다면 바로 '원형 유지의 원
칙'(문화재보호법 제3조)이다. 1990년대 초반 경복궁 원형 복원 사업 등을
시작으로 문화재 보호와 관련된 '원형'이라는 단어가 부쩍 늘어나게 된다.
그러나 원형이란 개념이 규범으로 정착하게 된 것은 1999년 문화재보호법
제16차 개정을 통해서이다. 당시 문화재보호법 제2조의 2에 "문화재의 보
존 관리 및 활용은 원형(原形) 유지를 기본 원칙으로 한다"는 조항을 추가
함으로써 비로소 우리나라 문화재 보호 원칙에 원형 유지의 개념이 규범화
된 것이다.

그러나 법적으로 원형 유지의 원칙을 명시하였음에도 불구하고 원형
의 개념이 무엇인지, 그리고 그 기준을 어디에서 찾을 것인지에 대한 구체
적인 제시는 없었다. 일반적으로 원형의 개념을 바라보는 시각은 두세 가
지 정도로 압축할 수 있는데, 흔히 '원형(原形)'이라고 하면 원래의 모습, 즉
문화재가 생성될 당시의 최초 모습을 떠올리기 마련이다. 다만, 경우에 따

라서는 문화재의 최초의 모습이 아니라, 가장 으뜸이 되는 모습이라는 의미의 '원형(元形)'으로 해석될 때도 있다. 이러한 개념에 더하여 최근에는 최초의 모습에 후대의 인위적인 요소를 덧붙인 상태까지를 전부 원형으로 보아야 한다는 시각이 힘을 얻고 있다. 어떠한 경우에든 이전부터 보존되어 내려오는 모습이 훼손되어서는 안 된다는 점은 분명하다.

　　두 번째 원칙으로는 '소유자 관리 원칙'(문화재보호법 제33조)을 들 수 있다. 일반인들이 흔히 오해하기 쉬운 부분이 바로 이 부분인데, 무릇 국가지정문화재라고 하면 당연히 그 소유자가 국가일 것이라고 생각한다. 즉, 일반 문화재가 국가지정문화재로 지정되는 순간 문화재의 소유권 또한 일반에서 국가로 넘어갈 것이라는 선입관에서 비롯된 오해이다. 국가지정문화재는 그 가치가 국보나 보물의 가치가 있다는 것일 뿐 그 소유권을 국가가 가진다는 뜻은 결코 아니다. 따라서 아무리 국가지정문화재로 지정된다 하더라도 원래의 소유자가 존재한다면 그 문화재는 법적으로 소유자가 관리하는 것을 원칙으로 하고 있다. 다만, 소유자가 불분명하거나 소유자 또는 관리자에 의한 관리가 적당하지 아니할 때에는 부득이하게 지방자치단체나 그 문화재를 관리하기에 적당한 법인 또는 단체를 관리단체로 정하여 관리할 수 있도록 예외 규정을 두고 있다(문화재보호법 제34조). 2017년도 말 기준 국가지정문화재의 소유 및 관리 현황을 보면 〈표 4.1〉과 같다.[35]

　　〈표 4.1〉에서 보듯이 국보의 예만 보더라도 국가와 지방자치단체가 소유한 문화재와 민간이 소유한 문화재가 각각 162건과 169건으로 거의 동일한 비율을 보이고 있다. 보물을 보면 국가 소유보다 민간 소유가 오히려 두 배 이상 많은 것을 볼 수 있다. 이는 사적이나 명승, 천연기념물 등 다른 국가지정문화재와는 다른 유형문화재만의 특성으로, 국보와 보물 같은 문화재의 개인 소유 비율이 상대적으로 높은 상황이다.

　　국가지정문화재의 또 다른 관리원칙 중 하나는 '수출 금지 원칙'(문화재보호법 제39조)이다. 법적으로 국보, 보물, 천연기념물 또는 국가민속문화재는 국외로 수출하거나 반출할 수 없다. 다만, 문화재의 국외 전시 등 국제적 문화 교류를 목적으로 반출하되, 그 반출한 날부터 2년 이내에 다시

표 4.1 국가지정문화재의 소유 · 관리 현황

(단위: 건)

구분	소유자별 관리 현황				관리 주체별 관리 현황		
	국유	공유	사유	기타	국가관리	시 · 도관리	기타 (개인, 단체 등)
국보	159	3	169	0	112	46	173
보물	661	72	1,371	2	381	394	1,331
사적	137	199	139	25	40	414	46
명승	25	2	9	74	-	109	1
천연기념물	87	50	90	230	6	383	68
국가민속문화재	23	30	236	8	25	53	219
등록문화재	173	119	427	5	173	119	432
합계	1,265	475	2,441	344	737	1,518	2,270

반입할 것을 조건으로 문화재청장의 허가를 받으면 국외 반출이 가능하다. 문화재청장은 제1항 단서에 따라 반출을 허가받은 자가 그 반출 기간의 연장을 신청하면 당초 반출 목적 달성이나 문화재의 안전 등을 위하여 필요하다고 인정되는 경우에 한정하여 2년의 범위에서 그 반출 기간의 연장을 허가할 수 있다.

한편 모든 국가지정문화재는 '공개 의무'(문화재보호법 제48조)를 가진다. 즉, 해당 문화재의 소유자나 관리자는 특별한 사유가 없는 한 일반에 공개하는 것을 원칙으로 한다. 다만, 보존과 훼손 방지를 위해 필요한 경우에는 예외를 인정하고 있다. 그래서인지 국가지정문화재가 국가 소유인 경우는 대부분 공개 의무를 준수하고 있지만, 소유자나 관리자가 개인이나 법인, 단체인 경우에는 그 공개가 원활하지 못한 것이 현실이다. 이 경우 문화재의 보존과 훼손 방지를 이유로 내세운다면 법적으로도 소유자에게 공개를 강제할 수 없는 한계가 있다.

문화재의 공개가 원활하지 않을 경우 국가지정문화재의 상태가 온전히 유지되고 있는지를 확인할 필요가 있는데, 그러한 방법의 일환으로 국가지정문화재의 '정기 조사'(문화재보호법 제44조)를 실시하고 있다. 문화재

그림 4.3 김홍도의 서원아집 6곡병(국립중앙박물관 제공)

청장은 전체 국가지정문화재를 대상으로 5년마다 정기 조사를 실시하는 것을 원칙으로 하며, 필요시 특성 기관이나 단체에 정기 조사를 위탁할 수 있다. 이처럼 정기적인 조사를 통해서 국가지정문화재의 현상과 보존·관리 여건 등을 점검하여 적정 조치를 취할 수 있는 효과가 있다.

끝으로 살펴보고자 하는 부분은 문화재의 매매와 관련된 사항이다. 이는 국가지정문화재에만 국한된 사항은 아니지만, 이 부분 또한 일반인들이 잘못 알고 있는 경우가 허다하다. 결론적으로 말해서 모든 문화재는 지정 여부와 관계없이 매매하는 것이 가능하다. 즉 소유자의 의지에 따라 얼마든지 사고팔 수 있다는 뜻이며, 지정문화재의 경우 법이나 규정에서 정한 신고 절차만 준수하면 된다. 나아가 문화재의 매매를 업으로 하는 것도 가능하도록 되어 있다.

문화재보호법에 따르면 유형의 동산 또는 민속문화재의 매매 또는 교환을 업으로 하려는 자는 대통령령으로 정하는 바의 허가를 받도록 규정하고 있다(문화재보호법 제75조). 허가업자의 자격 요건(문화재보호법 제76조)으로는 국가, 지방자치단체, 박물관 또는 미술관에서 2년 이상 문화재를 취급한 자, 전문대학 이상의 대학(대학원 포함)에서 역사학·고고학·인류학·미술사학·민속학·서지학·전통공예학 또는 문화재관리학 계통의 학문을 1년 이상 전공한 자, 문화재 매매업자에게 고용되어 3년 이상 문화재를 취급한 자에게 문화재 매매의 자격을 부여하고 있다.

문화재 매매업자는 대통령령으로 정하는 바에 따라 문화재의 보존 상황, 매매 또는 교환의 실태를 신고하여야 하며, 위 신고를 받은 자는 대통령령으로 정하는 바에 따라 문화재청장에게 정기적으로 보고하여야 한다. 이와 관련된 준수 사항으로는 매매·교환 등에 관한 장부를 갖추어 거래 내용을 기록하고, 해당 문화재를 확인할 수 있도록 사진을 촬영하여 부착해야 하며, 매매·교환 등에 관한 장부에 대하여 검인을 받아야 한다. 또한 폐업 시 3개월 이내에 폐업신고서를 제출하도록 하고 있다. 즉, 이상의 조건들만 갖추고 지킨다면 문화재 역시 전문적으로 매매하는 일이 가능하다.

4 국가지정문화재 보존·관리에 필요한 조처

국보나 보물과 같은 국가지정문화재는 소유자나 관리자가 정해져 있어 임의로 문화재의 현상을 변경하거나 손상을 입힐 우려가 있기 때문에 보존·관리에 엄격한 기준을 적용할 수밖에 없다. 일반적으로 국가지정문화재에 가해지는 특정 행위에 대해서는 사전에 허가를 받는 것이 원칙인데, 다음 장에서 살펴볼 사적지와 같은 경우 상대적으로 빈번한 허가 사항이 적용되기 마련이지만 유형문화재는 문화재보호법상 크게 두 가지 정도의 사안에서 사전 허가를 득하도록 규정하고 있다(문화재보호법 제35조).

첫 번째 사항은 국가지정문화재의 현상을 변경하는 행위로서 대통령령으로 정하는 행위로 명시하고 있는데, 유형문화재의 경우는 당해 문화재의 수리나 보존 처리 등이 이에 해당한다. 즉 건조물의 수리나 전적, 회화, 도자기 등의 보존 처리 등을 실시할 경우에는 사전에 문화재청장의 허가를 받아야 한다.

두 번째 사항은 국가지정문화재를 탁본 또는 영인(影印)하거나 그 보존에 영향을 미칠 우려가 있는 촬영을 하는 행위 시 마찬가지로 사전 허가를 받아야 한다. 혹여 탁본이나 촬영 시 훼손될 우려가 있는 사안에 대해 미연에 사고를 방지하고자 하는 차원에서 허가 사항으로 규정한 것이다.

이상의 내용을 허가 사항으로 정한 데 반해, 다음의 사안이 발생할 경우에는 반드시 그 사실과 경위를 문화재청장 등 관할 행정 당국에 신고하도록 규정하고 있다(문화재보호법 제40조).

1. 관리자를 선임하거나 해임한 경우
2. 국가지정문화재의 소유자가 변경된 경우
3. 소유자, 보유자 또는 관리자의 성명이나 주소가 변경된 경우
4. 국가지정문화재의 소재지의 지명, 지번, 지목(地目), 면적 등이 변경된 경우
5. 보관 장소가 변경된 경우
6. 국가지정문화새의 전부 또는 일부가 멸실, 유실, 도난 또는 훼손된 경우
7. 제35조 제1항 제1호에 따라 허가(변경허가 포함)를 받고 그 문화재의 현상 변경을 착수하거나 완료한 경우
8. 제35조 제1항 제4호 또는 제39조 제1항에 따라 허가받은 문화재를 반출한 후 이를 다시 반입한 경우
9. 동식물의 종(種)이 천연기념물로 지정되는 경우 그 지정일 이전에 표본이나 박제를 소유하고 있는 경우

이상의 내용 중 9번 항목을 제외한 내용이 전부 유형문화재의 신고 사항에 해당된다. 이처럼 문화재보호법에 국가지정문화재의 신고 사항을 마련한 취지는 설령 국가가 직접 문화재를 소유하거나 관리하지 못하고 있다 하더라도 국가지정문화재의 소유자나 관리자, 보관 장소, 문화재의 현황 등에 관한 이력을 상세히 파악함으로써 국가가 직접 관리하는 것에 준하는 보존·관리 상태를 유지하고자 함에 있다고 볼 수 있다.

이에 덧붙여 국가에서는 국가지정문화재의 보존·관리를 위해 다음과 같은 행정명령을 내릴 수 있는 법적 근거도 마련하였다(문화재보호법 제42조).

1. 국가지정문화재의 관리 상황이 그 문화재의 보존상 적당하지 아니하거나

특히 필요하다고 인정되는 경우 그 소유자, 관리자 또는 관리단체에 대한 일정한 행위의 금지나 제한

2. 국가지정문화재의 소유자, 관리자 또는 관리단체에 대한 수리, 그 밖에 필요한 시설의 설치나 장애물의 제거

3. 국가지정문화재의 소유자, 보유자, 관리자 또는 관리단체에 대한 문화재 보존에 필요한 긴급한 조치

4. 제35조 제1항 각 호에 따른 허가를 받지 아니하고 국가지정문화재의 현상을 변경하거나 보존에 영향을 미칠 우려가 있는 행위 등을 한 자에 대한 행위의 중지 또는 원상회복 조치

이상의 조치에 대한 행정명령권자는 문화재의 지정 주체인 문화재청장과 지방자치단체장이 되며, 명령을 따르지 않을 경우 법적 처벌을 받을 수밖에 없다. 행정명령의 주요 내용을 살펴보면 지정문화재의 보존에 위해한 요소가 인지될 경우 그러한 행위를 금지·제한하거나 혹은 지정문화재의 수리나 보존 처리가 필요하다고 판단되는 경우 등이다. 이는 소유자나 관리자가 지정문화재의 보존·관리를 위한 선량한 의무를 제대로 이행하지 못하고 있다고 판단될 때 처해지는 조처라고 볼 수 있다.

5 보조금 및 경비 지원

위에서 살펴본 내용이 대부분 국가지정문화재를 안전하게 보존·관리하기 위한 규정이나 제약 위주였다면 지금부터는 국가지정문화재를 소유함에 따른 혜택이나 지원 방안 등을 살펴보자.

정부에서는 다음과 같은 사안들에 대해서는 일정 금액의 보조금이나 경비를 지원해 주고 있다. 대표적으로 관리단체가 해당 문화재를 관리할 때 필요한 경비가 그 지급 대상이 된다. 또한 국가지정문화재의 소유자, 관

리자 또는 관리단체에 대해서는 국가지정문화재의 관리 상황이 그 문화재의 보존상 적당하지 아니하거나 특히 필요하다고 인정되는 경우 일정한 행위의 금지 또는 제한, 국가지정문화재의 수리 및 시설의 설치나 장애물의 제거, 기타 문화재 보존에 긴급한 조치 등의 명령을 내릴 수 있는데, 이러한 행정명령에 수반되는 경비와 국가지정문화재의 관리·보호·수리·활용·기록 작성을 위해 필요한 경비 등이 해당된다.

지급 절차는 시·도지사를 통하여 교부하는 것이 원칙이나, 문화재청장이 필요하다고 인정하면 직접 교부도 가능하다.

지급 비율(보조금 관리에 관한 법률 제9조, 동법 시행령 제4조 별표 1)은 국가지정문화재나 주변에 대한 보수·정비 등은 국가 7 : 지방 3의 비율이며, 광역발전특별회계에 의한 문화재 관리·활용 보조는 국가 5 : 지방 5의 비율이다. 최근 붐이 일다시피 하고 있는 유적 전시관 건립 등은 국가 3 : 지방 7의 비율로 지급하고 있다.

국보와 보물의 지정번호는 숫자에 불과하다

문화재에 조금이라도 관심이 있는 국민이라면 누구나 알고 있는 사실은 바로 국보 1호는 숭례문(남대문), 보물 1호는 흥인지문(동대문)이라는 것이다. 그만큼 1호라는 숫자가 가지는 상징성이 크다는 뜻일 것이다. 그렇다면 숭례문이 국보 중에서도 가장 가치 있고 중요하기 때문에 1호라는 숫자를 부여한 것일까? 사실은 그렇지가 않다. 국보 1호 숭례문의 지정 연원을 살펴보면 숭례문은 일제강점기인 1933년 조선보물고적명승천연기념물 보존령에 따라 보물 제1호인 '경

그림 4.4 숭례문 복구 후 모습

성 남대문'으로 지정되었고, 광복 후인 1962년에 문화재보호법이 만들어지면서 국보 제

1호로 승격되었다. 문화재청에서는 국보 1호를 숭례문으로 정한 이유를 "숭례문은 태조 7년(1398) 창건되었으나 세종 29년(1447년)에 고쳐 지은 조선시대 도성의 남쪽 대문입니다. 서울에 현존하는 목조 건물 중 가장 오래된 건물로서 서울의 관문이라는 상징적인 의미를 가지고 있습니다. 조선 초기를 대표하는 건축적인 특징 및 아름다움을 지니고 있어 국보 1호로 정해졌습니다"라고 설명하고 있다.

그럼에도 불구하고 과연 숭례문이 국보 1호로서의 중요성과 가치가 있는 문화재인가 하는 점에 대한 의구심과 비판은 끊이질 않았다. 그러한 점을 의식이라도 한 듯 설명문 말미에 "지정번호가 문화재적인 가치의 우선 순위를 뜻하지는 않습니다"라는 얘기도 빼놓지 않았다. 급기야 2008년 불의의 화재로 2층 문루가 소실된 이후에는 국보 1호로서의 자존심과 상징성에 큰 상처를 입은 숭례문의 국보 1호로서의 자격에 대한 심각한 문제를 제기하며, 국보 1호를 교체해야 한다는 목소리가 더욱 크게 불거져 나왔다. 심지어는 숭례문이 국보로서의 가치는 물론 문화재로서의 가치도 잃은 것 아니냐는 비난도 있었다. 그러나 비록 화재 이후 복구되었을망정 숭례문은 화재 전과 동일한 문화재적 가치를 보유하고 있다고 보는 전문가들의 견해가 우세하여 숭례문의 국보 지위는 그대로 유지되었다.

숭례문은 흥인지문과 함께 1907년 수립된 도시계획에 의해 성문의 양 측면 성벽이 철거되는 비운을 겪었다. 당시 조선통감부는 숭례문과 흥인지문이 주변 통행에 불편을 준다는 이유로 성벽은 물론 성문까지도 철거하려고 하였다. 그런데 임진왜란 때 일본의 장수인 고니시 유키나가(小西行長)와 가토 기요마사(加藤淸正)가 한양으로 입성한 문이 바로 흥인지문과 숭례문이어서 역사적 가치가 있는 건물이라는 한성신보(漢城新報) 사장 나카이 키타로우(中井喜太郎)의 고언 덕에 성문은 철거하지 않고 그냥 두었다는 이야기가 전한다.[36]

바로 이러한 이유로 조선총독부가 남대문을 보물 1호로 지정하였다는 의구심이 널리 퍼지면서 급기야 1990년대 중반부터 국보 1호를 바꾸자는 주장이 제기돼 왔다. 국보 1호라는 위상에 걸맞지 않은 숭례문에서 '훈민정음 해례본'으로 바꾸어야 한다는 것이었다. 이러한 요구에 대하여 2000년대 중반 당시 유홍준 문화재청장도 국보 1호 교체를 심각하게 고민했으나 문화재위원회의 반대로 무산된 바 있다. 그러나 2015년 시민단체들이 '훈민정음 국보 1호 지정을 위한 서명운동'을 통해 12만 명의 동의를 얻어내기에 이르렀고, 2016년 5월 31일에는 사단법인 문화재제자리찾기와 우리문화지킴이, 국어문화실천협의회 등 3개 단체들이 정치권과 더불어 20대 국회 1호 청원으로 훈민정음을 국보 1호로 지정해 달라는 청원서를 국회에 제출했다.

국보 1호를 숭례문에서 훈민정음으로 바꾸자는 주장은 충분히 이해가 간다. 특히나 숭례문이 전문가들이 주장하는 바와 같이 화재를 전후한 문화재적 가치에 큰 변화가 없다 할지라도 국민적 자긍심에 심각한 타격을 입힌 만큼 국보 1호를 교체하고 싶은 심정은 누구나 동조할 수 있다. 하지만 달리 생각해 보면 이런 불미스런 일이 생길 때마다 매번 국보 1호를 바꾸어야 하는 것인가? 국보 1호는 그렇다 치더라도 국보 2호와 3호는 또 어쩌란 말인가 등과 같은 문제도 얼마든 제기할 수 있다. 그렇다면 지금이라도 국민투표를 실시하여 1호부터 320호까지 전부 순서를 재조정해야 하는 것인가? 아니면 나머지는 그대로 두고 국보 1호만이라도 상징적으로 교체를 해야 하는 것인가? 결코 간단한 문제가 아니다. 게다가 그런 방법이 절대적으로 옳다거나 합리적이라고 할 수도 없을 것이다.

그러한 이유에서 대다수 문화재 전문가들은 국보나 보물에 매겨진 지정번호는 그 중요도를 뜻하는 것이 아니라 단순히 지정된 순서를 의미하는 관리번호 성격에 지나지 않는다는 점을 강조하고 나선다. 실제로 우리나라는 국보나 보물 등이 지정된 순서대로 번호를 부여하여 관리하고 있다. 그런 측면에서만 본다면 더 이상 국보 1호 교체 논쟁은 의미가 없다. 이 밖에도 실무적으로는 안내판이나 안내책자 수정, 경우에 따라서는 교과서까지도 바꿔야 하는 등 국보 1호 교체에 수반되는 소요 비용이 막대한 점을 들어 교체를 반대하는 분위기도 있다.

하지만 전문가들과는 달리 일반인들에게는 기존의 지정번호가 문화재의 중요도로 생각될 가능성이 높으며, 특히나 국보 1호의 경우에는 더욱 그러할 것이라는 점은 분명하다. 또한 차제에 지정번호를 없애고 단순히 행정적인 관리번호로만 사용하는 것이 장기적으로 봤을 때는 비용적으로도 더 효율적일 것이라는 주장도 있기 때문에 어느 쪽 주장이 더 합리적이라고 손을 들어 줄 수도 없는 상황이다.

한편 이러한 논란을 종식시키고자 문화재청에서는 최근 국보 및 보물의 번호를 계속 유지하는 것이 타당한지에 대한 연구 용역을 실시하였다. 이러한 논의가 촉발된 계기는 분명 숭례문 사건이 맞긴 하지만, 실제로 국보나 보물에 번호를 매겨 관리하고 있는 나라는 세계적으로도 우리나라와 북한 외에는 거의 없기 때문에 이러한 문제에 대한 전반적인 검토 차원에서 이루어진 작업이다. 용역 작업에 대한 결과가 어떻게 나오든지 이를 둘러싼 소용돌이가 또 한 번 거세게 휘몰아칠 것임에 틀림없다. 그럼에도 가급적 많은 사람들이 인정하고 수긍할 만한 합리적인 대안이 나오기를 기대해 본다.

핵심용어

유형문화재 문화재보호법에서 "건조물, 전적(典籍), 서적(書跡), 고문서, 회화, 조각, 공예품 등 유형의 문화적 소산으로서 역사적·예술적 또는 학술적 가치가 큰 것과 이에 준하는 고고자료(考古資料)"로 정의된 문화재.

일반동산문화재 문화재보호법에 따라 지정 또는 등록되지 아니한 문화재 중 동산 (動産)에 속하는 문화재로, 회화, 조각, 석조물, 공예, 전적(典籍), 고문서, 서간 (書簡), 서각(書刻), 근대매체, 고고자료, 자연사자료, 과학기술용구 및 민속자료, 외국문화재 등이 해당된다.

보물 건조물과 전적·서적 문서, 회화·조각, 공예품, 고고자료, 무구(武具) 중 역사적, 학술적, 예술적, 기술적 가치가 큰 것.

국보 보물에 해당하는 문화재 중 인류문화의 관점에서 볼 때 그 가치가 크고 유례가 드문 것.

원형 유지 원칙 원형(原形)이라고 하면 일반적으로 원래의 모습, 즉 문화재가 생성될 당시의 최초 모습이라고 보면 되는데, 경우에 따라서는 가장 으뜸이 되는 모습이라는 의미의 원형(元形)으로 해석될 때도 있다. 어떠한 경우든 보존되어 내려오는 문화재의 모습이 훼손되어서는 안 된다는 원칙을 말한다.

정기조사 국가지정문화재의 공개가 원활하지 않을 경우 그 문화재의 상태가 온전히 유지되고 있는지를 확인하기 위해 전체 국가지정문화재를 대상으로 5년마다 정기적인 조사를 실시하는 것을 말한다.

요약정리

● 유형문화재는 문화재보호법에서 "건조물, 전적(典籍), 서적(書跡), 고문서, 회화, 조각, 공예품 등 유형의 문화적 소산으로서 역사적·예술적 또는 학술적 가치가 큰 것과 이에 준하는 고고자료(考古資料)"라고 정의되고 있다. 즉 천연기념물과 사적 등 기념물을 제외하고 일정한 형체를 가진 대부분의 문화재가 유형문화재의 범주에 포함된다.

● 문화재청장은 문화재위원회의 심의를 거쳐 유형문화재 중 중요한 것을 보물로 지정할 수 있고, 보물에 해당하는 문화재 중 인류문화의 관점에서 볼 때 그 가

치가 크고 유례가 드문 것을 국보로 지정할 수 있다.

- 국가지정문화재의 관리 원칙으로는 원형 유지의 원칙, 소유자 관리 원칙, 수출 금지 원칙이 있고, 모든 국가지정문화재는 공개 의무를 지닌다. 문화재의 공개 가 원활하지 않을 경우 국가지정문화재의 상태가 온전히 유지되고 있는지를 확인하기 위해 정기조사를 실시하고 있다.

- 모든 문화재는 개인적으로 매매하는 것이 가능하고, 문화재의 매매를 업으로 하는 것도 가능하도록 되어 있다. 단, 문화재보호법에 따르면 유형의 동산 또는 민속문화재의 매매 또는 교환을 업으로 하려는 자는 허가를 받도록 규정하고 있다.

- 국가지정문화재는 문화재의 현상을 변경하거나 탁본, 영인(影印), 촬영 등 그 보존에 영향을 미칠 우려가 있는 행위에 대해서는 사전에 허가를 받아야 한다. 그리고 관리자를 선임하거나 해임한 경우와 소유자가 변경된 경우 등의 사안 에 대해서는 관할 행정당국에 신고하도록 하고 있다.

- 소유자나 관리자가 지정문화재의 보존·관리를 위한 선량한 의무를 제대로 이 행하지 못하고 있다고 판단될 때는 적정 행정명령을 내릴 수 있다.

- 국가지정문화재를 관리할 때 필요한 경비와 그 보호·관리를 위한 행정명령에 수반되는 경비, 국가지정문화재의 수리·활용·기록 작성을 위해 필요한 경비 는 정해진 비율에 따라 일정 금액의 보조금이나 경비를 지원해 주기도 한다.

생각해 볼 거리

▶ 유형문화재의 정의와 지정 기준에 대해 자유롭게 얘기해 보자.

▶ 문화재의 지정 제도에 대해 토론하고, 특히 보물과 국보 지정의 근거가 타당한 지 등에 대해 토론해 보자.

▶ 유형문화재의 관리 원칙 중 보완이 필요하거나 추가되어야 할 원칙이 있는지 논의해 보자.

▶ 문화재 매매의 타당성에 대해 얘기해 보고, 그로 인해 파생될 수 있는 문제점이 나 부작용 등에 대해 논의해 보자.

▶ 국가지정문화재에 대해 보조금이나 일정 경비를 지원해 주는 제도의 문제점이 나 보완점 등에 대해 토론해 보자.

▶ 국보나 보물에 지정 번호를 부여하는 제도의 장단점과 개선 방안 등에 대해 자
   유롭게 얘기해 보자.

제5장

사적의 보호와 현상변경

이 장의 목표

우리나라 문화유산 중에서 가장 넓은 면적을 차지하고 있고 보존·관리 측면에서 제일 민감하고 중요한 대상이라 할 수 있는 사적의 특징과 보호·관리 제도에 대하여 알아보고자 한다.

우선 사적에 대한 정의와 세부 유형, 그리고 국가지정문화재로서의 사적 지정 기준에 대해 살펴볼 것이다. 사적지 보호와 관련하여서는 그 중요성만큼이나 엄격한 원칙과 절차를 규정하고 있기 때문에 그에 대한 철저한 숙지가 요구된다.

문화재보호법에는 건설공사로 인하여 문화재가 훼손, 멸실 또는 수몰(水沒)될 우려가 있거나 그 밖에 문화재의 역사문화환경 보호를 위하여 필요한 조치를 강제하고 있는데, 대표적으로 사적의 현상을 변경하는 행위와 그 보존에 영향을 미칠 우려가 있는 행위에 대해서는 반드시 사전에 허가를 받도록 하고 있다. 여기서는 문화재보호법 규정에 따른 현상변경의 개념과 사적과 관련된 현상변경 행위의 내용에 대하여 상세히 알아 둘 필요가 있다.

문화재는 지정과 동시에 지정구역이 정해지고, 역사문화환경 보존지역이 설정되기 때문에 이 구역 안에서 개발 행위가 가능한지의 여부를 확인하는 민원이 끊이질 않고 있다. 대부분의 사안이 민원인의 재산권과 직결된 일이기 때문에 관련 민원을 처리하는 데 엄정한 객관성과 형평성 등이 요구된다. 이처럼 현상변경 허가 업무의 양이 방대한 데다 긴 시간이 소요되기 때문에 개별 문화재별로 현상변경 허용 기준안을 만들어 특정 현상변경 행위가 문화재에 미치는 영향을 구역별로 나누어 가능한 건축 허용 기준을 제시하고 있다. 이 장의 말미에는 실제 현상변경 허가와 관련된 소송 사례 몇 가지를 소개함으로써 독자들의 이해를 돕고자 한다.

이상과 같이 우리나라 문화유산 가운데 가장 큰 비중을 차지하고 있고, 처리 예산도 많은 사적에 대한 보호 원칙 등을 구체적으로 살펴봄으로써 사적의 특성을 제대로 이해하고 그 보존·관리에 대한 사항을 숙지할 수 있을 것으로 기대한다.

1 사적의 정의와 지정 기준

문화유산의 개념과 분류에서 살펴본 대로 사적이란 기념물 가운데 "절터, 옛 무덤, 조개무덤, 성터, 궁터, 가마터, 유물포함층 등의 사적지(史蹟地)와 특별히 기념이 될 만한 시설물로서 역사적·학술적 가치가 큰 것"을 가리킨다. 사적에 해당하는 유형으로는 다음의 6개 유형이 있다.

　가. 조개무덤, 주거지, 취락지 등의 선사시대 유적

　나. 궁터, 관아, 성터, 성터시설물, 병영, 전적지(戰蹟地) 등의 정치·국방에 관한 유적

　다. 역사·교량·제방·가마터·원지(園池)·우물·수중유적 등의 산업·교통· 주거생활에 관한 유적

　라. 서원, 향교, 학교, 병원, 절터, 교회, 성당 등의 교육·의료·종교에 관한 유적

　마. 제단, 지석묘, 옛무덤(군), 사당 등의 제사·장례에 관한 유적

　바. 인물유적, 사건유적 등 역사적 사건이나 인물의 기념과 관련된 유적

　사적의 지정 기준을 보면 위 유형 중 어느 하나에 해당하는 문화재로서 해당 문화재가 역사적·학술적 가치가 크고 다음의 어느 하나 이상을 충족하는 것이어야만 한다.

　가. 선사시대 또는 역사시대의 사회·문화 생활을 이해하는 데 중요한 정보를 가질 것

　나. 정치·경제·사회·문화·종교·생활 등 각 분야에서 그 시대를 대표하거나 희소성과 상징성이 뛰어날 것

　다. 국가의 중대한 역사적 사건과 깊은 연관성을 가지고 있을 것

　라. 국가에 역사적·문화적으로 큰 영향을 미친 저명한 인물의 삶과 깊은 연관성이 있을 것

위와 같은 기준을 충족하는 경우 국가지정문화재인 사적 지정이 가능하다. 현재 사적으로 지정된 문화재는 전국적으로 500건 정도나 되어 국가지정문화재 가운데 보물을 제외하고는 가장 많은 수를 점하고 있다. 그뿐만 아니라 보물과 단일한 유물로 구성된 문화재가 아니라 사적은 대부분 광범위한 면적을 점유한 유적이기 때문에 땅속에 묻혀 있어 예측이 불가능한 매장문화재와 더불어 보존·관리 측면에서 가장 민감하고 중요한 대상이라 할 수 있다. 따라서 문화재보호법에서도 사적지 보호와 관련된 엄격한 원칙과 절차를 규정하고 있다.

2 사적 보호 원칙

문화재보호법 제12조(건설공사 시의 문화재 보호)에는 건설공사로 인하여 문화재가 훼손, 멸실 또는 수몰(水沒)될 우려가 있거나 그 밖에 문화재의 역사문화환경 보호를 위하여 필요한 때에는 그 건설공사의 시행자에게 문화재청장의 지시에 따라 필요한 조치를 강제하고 있다. 이 경우 그 조치에 필요한 경비는 그 건설공사의 시행자가 부담한다. 여기서 역사문화환경이란 문화재 주변의 자연경관이나 역사적·문화적인 가치가 뛰어난 공간으로서 문화재와 함께 보호할 필요성이 있는 주변 환경을 말한다. 최근 세계적인 문화재 보호의 경향에 비추어 보면 당해 문화재의 보호는 물론이고 그를 둘러싼 역사문화환경의 보존이 점점 중시되는 추세이다.

역사문화환경 보존지역의 보호(문화재보호법 제13조)와 관련하여 시·도지사는 동산문화재와 무형문화재를 제외한 지정문화재의 역사문화환경 보호를 위하여 문화재청장과 협의하여 조례로 역사문화환경 보존지역을 정하도록 하고 있다. 또한 건설공사의 인·허가 등을 담당하는 행정기관은 지정문화재의 외곽경계(보호구역이 지정되어 있는 경우에는 보호구역의 경계)의 외부 지역에서 시행하려는 건설공사로서 시·도지사가 정한 역사문화환

그림 5.1 문화재 구역 개념도

경 보존지역에서 시행하는 건설공사에 관하여는 그 공사에 관한 인·허가 등을 하기 전에 해당 건설공사의 시행이 지정문화재의 보존에 영향을 미칠 우려가 있는 행위에 해당하는지 여부를 검토하여야 한다.

역사문화환경 보존지역의 범위는 해당 지정문화재의 역사적·예술적·학문적·경관적 가치와 그 주변 환경 및 그 밖에 문화재 보호에 필요한 사항 등을 고려하여 그 외곽 경계로부터 500m 안으로 하되, 시·도별로 조례로 정하도록 하고 있다. 다만, 문화재의 특성 및 입지 여건 등으로 인하여 지정문화재의 외곽 경계로부터 500m 밖에서 건설공사를 하게 되는 경우에도 해당 공사가 문화재에 영향을 미칠 것이 확실하다고 인정되면 500m를 초과하여 범위를 정할 수 있도록 하였다.

문화재보호법에서 규정한 역사문화환경 보존지역과 유사한 개념이 '국토의 계획 및 이용에 관한 법률'에도 다수 등장하는데, 참고로 그 의미를 살펴보면 다음과 같다.

문화재주변 경관지구: 도시와 역사의 문화를 보전·유지하기 위하여 문화재 주변의 경관 유지가 필요한 지구

역사문화 미관지구: 문화재와 문화적으로 보존가치가 큰 건축물 등의 미관을 유지·관리하기 위해 지정되는 용도 지구

문화자원 보존지구: 문화재·전통사찰 등 역사·문화적으로 보존 가치가 큰 시설 및 지역의 보호와 보존을 위하여 지정하는 지구

표 5.1 시 · 도별 역사문화환경 보존지역 범위

구분 시도	국가지정문화재	시도지정문화재	비고
서울특별시	100m	50m	
6대 광역시	200m(주거 · 상업 · 공업지역) 500m(녹지 · 기타지역)	200m(주거 · 상업 · 공업지역) 500m(녹지 · 기타지역)	기타지역(관리지역, 농림지역, 자연환경보전지역)
경기도	200m(주거 · 상업 · 공업지역) 500m(녹지 · 기타지역)	200m(주거 · 상업 · 공업지역) 300m(녹지 · 기타지역)	
강원도	200m(주거 · 상업 · 공업지역) 500m(녹지 · 기타지역)	200m(주거 · 상업 · 공업지역) 300m(녹지 · 기타지역)	
충청북도	500m	300m	
충청남도	200m(주거 · 상업 · 공업지역) 500m(녹지 · 기타지역)	200m(주거 · 상업 · 공업지역) 300m(녹지 · 기타지역)	
전라북도	500m	500m	
전라남도	200m(도시계획구역) 500m(기타지역)	200m(주거 · 상업 · 공업지역) 300m(녹지 · 기타지역)	
경상북도	200m(주거 · 상업 · 공업지역) 500m(녹지 · 기타)	200m(주거 · 상업 · 공업지역) 300m(녹지 · 기타지역)	
경상남도	200m(주거 · 상업 · 공업지역) 500m(녹지 · 기타)	200m(주거 · 상업 · 공업지역) 300m(녹지 · 기타)	
제주도	500m	300m	

한편 시 · 도별 조례로 정한 역사문화환경 보존지역의 범위는 다음 〈표 5.1〉과 같다.

이처럼 각 시 · 도는 역사문화환경 보존지역을 약간씩 다르게 설정해 놓았다. 대부분의 시 · 도는 국가지정문화재의 경우 주거 · 상업 · 공업지역이나 도시계획구역에서 문화재로부터 200m, 그 밖의 녹지나 기타 지역에서는 문화재로부터 500m로 역사문화환경 보존지역을 정하고 있다. 시 · 도지정문화재의 경우는 녹지나 기타 지역에서는 기준을 완화하여 문화재로부터 300m를 역사문화환경 보존지역으로 설정한 것이 일반적이다. 이는 상대적으로 개발 압력이 높은 주거 · 상업 · 공업지역이나 도시계획구역이 녹지나 기타 지역보다는 보존 범위가 적음을 반영하는 것이다. 한편 서울시의 경우는 도시계획 구역에 관계없이 국가지정문화재의 경우 문화재로부

그림 5.2 풍납토성 역사문화환경 보존지역 앙각 규정 적용 사례[37](저자 촬영)

터 100m, 시·도지정문화재의 경우 문화재로부터 50m를 역사문화환경 보존지역을 설정하여 다른 시·도에 비해서는 기준이 완화되어 있는 상태이다. 그러나 서울시는 역사문화환경 보존지역 내에서의 건축 고도를 엄격하게 제한하고 있는데, 해당 문화재의 보호구역 경계선의 7.5m 높이에서 올려다보는 각도[앙각(仰角)] 27도 이내에는 건축을 할 수 없도록 하는 고도제한 기준을 적용하고 있는 것이 특이하다. 반대로 충청북도와 제주도는 도시계획 구역에 관계없이 국가지정문화재의 보호구역 경계로부터 500m, 시·도지정문화재의 보호구역 경계로부터 300m를 역사문화환경 보존지역으로 설정하여 타 시·도보다 엄격한 기준을 적용하고 있다. 특히 전라북도는 시·도지정문화재 역시 국가지정문화재와 동일하게 해당 문화재의 보호구역 경계로부터 500m 이내를 역사문화환경 보존지역으로 설정하여 역사문화환경 보존에 있어서만큼은 국내에서 가장 엄격한 기준을 적용하고 있는 것을 볼 수 있다.

3 사적 보호 관련 허가 사항

문화재보호법 제35조에는 국가지정문화재와 관련된 허가 사항을 명시하고 있는데, 그 가운데서 사적과 관련된 사항은 국가지정문화재(보호물·보호구역과 천연기념물 중 죽은 것 포함)의 현상을 변경하는 행위와 국가지정문화재(동산에 속하는 문화재 제외)의 보존에 영향을 미칠 우려가 있는 행위로서, 구체적인 내용을 대통령령으로 정하고 있다.

한편 이러한 행위에 대한 허용 기준(문화재보호법 제36조) 역시 "문화재의 보존과 관리에 영향을 미치지 아니할 것, 문화재의 역사문화환경을 훼손하지 아니할 것, 문화재 기본계획과 연도별 시행계획에 들어맞을 것"이라고 구체화하였다.

여기서 살펴볼 가장 중요한 개념이 바로 문화재의 '현상을 변경하는 행위(이하 현상변경)'라는 것이다. 현상변경이란 문화재의 원래 모양이나 현재의 상태를 바꾸는 모든 행위를 말하며 문화재의 생김새, 환경, 경관, 대지 등 문화재를 둘러싸고 있는 주변 환경에 직접 또는 간접으로 영향을 주는 조건이나 현 상태에 영향을 주는 일체의 행위를 이르는 말이다. 문화재보호법 규정에 따른 현상변경의 개념은 다음과 같이 구분할 수 있다.

1. 국가지정문화재 자체의 현상을 변경하는 행위
2. 당해 문화재 보존에 영향을 미칠 우려가 있는 행위와 문화재(보호구역 포함) 외곽 경계로부터 500m 이내(시·도 조례로 정한 구역)의 역사문화환경에 영향을 주고 그 모양, 성질, 상태 등이 달라지는 행위

이 중 국가지정문화재의 현상변경 행위는 문화재보호법 시행령 21조의 2에 구체적으로 명시해 두었는데, 사적과 관련하여서는 다음의 1호와 3호가 해당된다.

1. 국가지정문화재, 보호물 또는 보호구역을 수리, 정비, 복구, 보존 처리 또는 철거하는 행위

3. 국가지정문화재, 보호물 또는 보호구역 안에서 하는 다음 각 목의 행위

　가. 건축물 또는 도로·관로·전선·공작물·지하구조물 등 각종 시설물을 신축, 증축, 개축, 이축(移築) 또는 용도 변경하는 행위

　나. 수목을 심거나 제거하는 행위

　다. 토지 및 수면의 매립·간척·굴착·천공(穿孔), 절토, 성토(盛土) 등 지형이나 지질의 변경을 가져오는 행위

　라. 수로, 수질 및 수량에 변경을 가져오는 행위

　마. 소음·진동 등을 유발하거나 대기오염물질·화학물질·먼지 또는 열 등을 방출하는 행위

　바. 오수(汚水)·분뇨·폐수 등을 살포, 배출, 투기하는 행위

　사. 동물을 사육하거나 번식하는 등의 행위

　아. 토석, 골재 및 광물과 그 부산물 또는 가공물을 채취, 반입, 반출, 제거하는 행위

　자. 광고물 등을 설치, 부착하거나 각종 물건을 야적하는 행위

또한 국가지정문화재의 보존에 영향을 미치는 행위 역시 동법 시행령 21조의 2의 2항에 다음과 같이 명시하였다.

1. 역사문화환경 보존지역에서 하는 다음 각 목의 행위

　가. 해당 국가지정문화재의 경관을 저해할 우려가 있는 건축물 또는 시설물을 설치·증설하는 행위

　나. 해당 국가지정문화재의 보존에 영향을 줄 수 있는 소음·진동 등을 유발하거나 대기오염물질·화학물질·먼지 또는 열 등을 방출하는 행위

　다. 해당 국가지정문화재의 보존에 영향을 줄 수 있는 지하 50m 이상의 굴착행위

　라. 해당 국가지정문화재의 보존에 영향을 미칠 수 있는 토지·임야의 형

질을 변경하는 행위

2. 국가지정문화재가 소재하는 지역의 수로의 수질과 수량에 영향을 줄 수 있는 수계에서 하는 건설공사 등의 행위

3. 국가지정문화재와 연결된 유적지를 훼손함으로써 국가지정문화재 보존에 영향을 미칠 우려가 있는 행위

4. 천연기념물이 서식·번식하는 지역에서 천연기념물의 둥지나 알에 표시를 하거나, 그 둥지나 알을 채취하거나 손상시키는 행위

5. 그 밖에 국가지정문화재 외곽 경계의 외부 지역에서 하는 행위로서 문화재청장 또는 해당 지방자치단체의 장이 국가지정문화재의 역사적·예술적·학술적·경관적 가치에 영향을 미칠 우려가 있다고 인정하여 고시하는 행위

4 현상변경 허가

현상변경 허가는 문화재 행정 관련 민원 업무 중에서 가장 빈도가 높은 업무라 할 수 있다. 문화재는 지정과 동시에 지정구역이 정해지고, 이에 따라 역사문화환경 보존지역이 설정되기 때문에 이 구역 안에서 개발 행위가 가능한지의 여부를 확인하는 민원이 끊이질 않고 있다. 대부분의 사안이 민원인의 소유권이나 재산권과 직결된 일이기 때문에 관련 민원을 처리하는데 엄정한 객관성과 형평성 등이 요구된다. 통상 이러한 확인 과정 내지는 개발 허가 신청 관련 행정을 현상변경 허가 절차라 부르며, 상세한 내용은 문화재보호법 시행령 제21조에서 다루고 있다.

국가지정문화재(보호물, 보호구역 포함)의 현상을 변경하거나 그 보존에 영향을 미칠 우려가 있는 행위를 할 경우 반드시 사전에 현상변경 허가를 받아야 하는데, 현상변경 허가를 받으려는 자는 해당 국가기정문화재의 지정번호, 명칭, 수량 및 소재지 등을 적은 허가 신청서를 작성하여 관할 특별자치도지사, 시장·군수·구청장을 거쳐 문화재청장에게 제출하여야 한

다. 허가 신청서를 접수한 문화재청장은 통상 관계 전문가 3인 이상으로 하여금 허가의 적정성 여부를 검토하도록 하고 있는데, 필요시 현지조사를 실시하거나 문화재위원회의 심의를 거치기도 한다. 검토가 끝나면 문화재청장은 허가 여부를 민원인과 관할 시·군·구에 통보한다.

사적의 현상변경 허가 절차를 도식화하면 〈그림 5.3〉과 같다.

이상과 같은 업무는 전국의 모든 국가지정문화재에 공통적으로 적용되는 사안인 데다 해당 업무를 처리하는 데는 관계 전문가의 검토나 문화재위원회의 심의 등에 많은 시간이 소요되기 때문에 문화재청에서는 민원발생을 줄이고 업무 효율을 높이고자 개별 문화재별로 현상변경 허용 기준안을 만들어 특정 현상변경 행위가 문화재에 미치는 영향을 구역별로 나누어 가능한 건축 허용 기준을 세시하고 있다. 관련 규정(문화재보호법 제13조 4~6항)에 의하면 문화재청장 또는 시·도지사는 문화재를 지정하면 그 지정 고시가 있는 날부터 6개월 안에 역사문화환경 보존지역에서 지정문화재의 보존에 영향을 미칠 우려가 있는 행위에 관한 구체적인 행위 기준을 정하여 고시하여야 한다. 행위 기준을 정하려는 경우 문화재청장은 시·도지사 또는 시장·군수·구청장에게, 시·도지사는 시장·군수·구청장에게

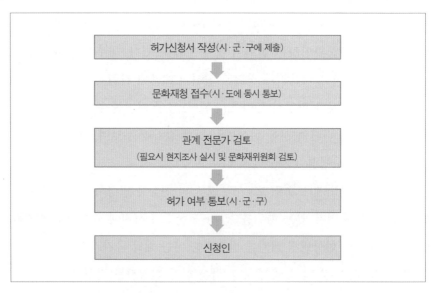

그림 5.3 사적의 현상변경 허가 절차도

필요한 자료 또는 의견을 제출하도록 요구할 수 있다. 이처럼 구체적인 행위 기준이 고시된 지역에서 그 행위 기준의 범위 안에서 행하여지는 건설공사에 관하여는 제2항에 따른 검토는 생략한다. 현재 국가지정문화재에 대해서는 현상변경 허용 기준안 작성을 모두 완료한 상태이나 매년 일정 문화재의 허용 기준안이 타당한지를 검토하여 보다 합리적인 기준안이 되도록 보완하는 작업을 계속해 나가고 있다.

역사문화환경 보존지역에서 허가 신청이 들어오면 해당 문화재의 현상변경 허용 기준 범위에 들 경우에는 시·군·구에서 자체 처리하도록 하고, 허용 기준 범위를 초과할 경우에만 문화재청에 허가를 신청하여 현상변경 허가 절차를 이행하도록 하고 있다. 다만, 아직 현상변경 허용 기준이 제정되지 않은 문화재일 경우 관할 시·군·구에서 관계 전문가 3인 이상이 영향 검토를 실시하여 1/2 이상이 영향이 있다고 판단한 사안의 경우 문화재청에 허가 신청을 해야 한다.

사적의 현상변경 허용 기준을 마련하는 절차를 도식화하면 〈그림 5.4〉와 같다.

앞서 언급한 바와 같이 문화재를 효율적으로 보호하고 국민의 편의를

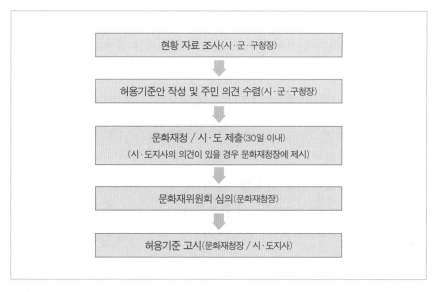

그림 5.4 사적의 현상변경 허용 기준 마련 절차도

도모하고자 하는 뜻에서 꾸준히 추진해 온 문화재 주변 현상변경 제도가 어떻게 제정되고 개선되어 왔는지 중심적인 연혁을 살펴보면 다음과 같다.

1962년 문화재보호법 제정 당시 국가지정문화재의 보존에 영향을 미칠 우려가 있는 행위에 대한 허가 사항 규정을 마련한 후, 1990년에 현행과 같이 문화재보호법 제12조에 건설공사 시의 문화재 보호 조항을 신설하였다. 이후 2000년 1월 12일, 문화재 외곽 경계로부터 500m 이내의 역사문화환경 영향 검토 제도를 도입하여 같은 해 7월 10일부터 관계 전문가 3인 이상의 영향 검토를 거치도록 시행하였다. 2001년 5월 8일에는 국가지정문화재 보존에 영향을 미치는 행위에 대한 판단 및 처리 지침을 제정하여 행정의 간소화를 도모하였다.

2004년 8월 1일에는 현상변경 허가에 대한 개별 지침(처리 기준)이 있을 경우에 한하여 동 지침 및 기준을 적용하도록 현상변경 허가권 일부를 시·도에 위임하였고, 4년 뒤인 2008년 8월 1일, 경미한 현상변경 허가 행위 전체를 시·도에 위임하는 획기적 조치를 단행하였다. 2010년 11월 16일에는 직전에 반영한 영향 검토 생략 조항을 포함하여 타 규정과 조화되도록 허용 기준을 합리적으로 조정하는 내용을 담은 현상변경 허용 기준 마련 지침을 개정하였다.

그때부터는 전반적인 문화재 행정의 투명성을 제고하고 국민의 알 권리를 존중하는 차원에서 허용 기준 현황을 문화재청 홈페이지에 공개하는 것은 물론 민원인들에게 개별적으로 SMS를 이용하여 민원처리 과정을 통보하고 불허 사유를 구체적으로 명시하여 통보하는 개선이 이루어졌다.[38]

특히 현상변경 허용 기준안은 지자체와의 협력을 통해 해마다 불합리한 사유 등을 개선하는 방향으로 지속적인 보완이 이루어지고 있어 사적지 보호와 관련된 민원 사항을 줄여 나가는 데 큰 역할을 하고 있다. 그러나 한편에서는 정부의 일관적인 규제 완화 정책으로 큰 틀에서의 문화재 보호 기조가 약해지는 것이 아닌가 하는 우려도 나오고 있어 양자 간의 균형 있는 조율이 이루어져야 할 것으로 판단된다.

현상변경 처분으로 인한 소송·분쟁 사례

1) 강화외성 주변 현상변경 불허가 처분 취소 (3심)

민원인은 2005년 3월 강화외성의 경계로부터 해안 방향으로 8m 정도 떨어진 지상에 일반음식점 및 주택(1층)을 건축하기 위하여 문화재청에 현상변경 허가 신청을 하였다. 그러나 문화재청에서는 건물의 신축이나 증축 등을 제한하고 있는 '강화외성 주변 현상변경 처리 기준'에 따라 민원인의 현상변경 신청을 불허하였다. 이 기준에 의하면, 강화외성으로부터 해안쪽 지역에 대하여는 건축물, 공작물, 기타 시설물 등 일체의 신축 행위는 불허하는 것으로 규정되어 있었기 때문이다.

그러나 민원인은 문화재청의 현상변경 불허 처분에 대해 사건 토지 주변에는 이미 주택들이 건립되고 있고, 오래전에 바다를 매립한 탓에 강화외성은 그 흔적을 찾을 수 없으며, 이 사건 토지상의 건축 행위로 인하여 강화외성의 보존에 어떠한 영향을 미칠 우려도 없다는 이유를 들어 인천지방법원에 국가지정문화재 현상변경 등 불허 가처분 취소를 요구하는 소송을 제기하였다.

이에 인천지방법원에서는 이 사건 토지 인근의 강화외성은 그 지상의 성벽 부분이 남아 있지 않고 지하에 성벽의 기초 부분만이 남아 있고, 그 기초 부분 위로 오래전에 도로가 개설되어 차량의 통행에 이용되고 있는바, 이와 같은 강화외성의 현상과 원고가 건축하고자 하는 건축물의 규모 등에 비추어 보면, 이 사건 토지 위에 위와 같은 건축물을 건축한다고 하여 국가지정문화재인 강화외성의 일조량에 영향을 미치거나 경관을 저해할 우려가 있다고 보기 어렵다는 이유로 문화재청이 현상변경 허가 신청을 불허한 사건 처분이 위법하다고 판결하였다.

1심에서 패소한 문화재청은 1심의 판결에 불복하고 서울고등법원에 항소하였다. 서울고등법원에서는 문화재보호법 제20조와 동법 시행규칙 제18조를 근거로, 이 사건 건물의 규모가 비교적 작고 1층이라고 하더라도 건축이 된다면 강화외성을 복원하는 계획에 차질이 생길 우려가 있을 뿐만 아니라 강화외성에 대한 해안으로부터의 경관을 차단하게 되어 그 경관을 크게 훼손시킬 우려가 있는 점, 이 사건 토지 주변 건물은 강화외성이 문화재로 지정되기 이전에 건축된 것인 점, 문화재청이 강화외성 주변 일대 해안 방향의 토지에 대한 현상변경 허가를 대부분 거부하여 오고 있는 점, 만약 이 사건 처분이 취소되어 원고가 이 사건 건물을 자유롭게 신축할 수 있게 된다면, 향후 이 사건 토지 주변의 나대지에 대한 현상변경 허가를 거부하기 어려워져 강화외성에 대한 문화재 보호 정책 전반에 어려움이 생길 것으로 예상되는 점 등을 종합하여 보면 이 사건 건물이 문화재 보존 관리에 영향을 미칠 우려가 있다고 판단하였다. 따라서 이와 결론을 달리한 1심 판결은 부당하므로, 문화재청의 항소를 받아들여 제1심 판결을 취소하고 원고의 청구를 기각하였다. 이러한 판결에 불복한 원고는 동 건에 대해 대법원에 상고를 하였으나, 대법원 역시 원고의 상고를 기각하였다.[39]

결과적으로 법원에서 국가지정문화재 주변의 경관에 영향을 미칠 우려가 있는 현상변경 허가 신청 건에 대해 불허 처분한 문화재청의 손을 들어준 것으로 문화재는 그 자체뿐 아니라 주변 환경의 보존 또한 중시되어야 한다는 원칙을 인정한 판결이다.

2) 낙동강 철새도래지 현상변경 불허가 처분 취소

원고는 천연기념물로 지정된 낙동강 하류 철새도래지 지정구역 내 토지 소유자로서 2007년 11월 16일 피고에게 대지 면적 680㎡, 건축면적 121.94㎡ 규모의 가스충전소를 건축하기 위한 1차 현상변경 허가 신청을 하였다가 불허 처분을 받았다. 그 후 원고는 2008.1.4. 피고에게 대지면적 680㎡, 건축면적 57.36㎡ 규모의 가스충전소를 건축하기 위한 2차 현상변경 허가 신청을 하였다가 재차 불허 처분을 받았다. 이에 원고는 다시 피고에게 대지면적 420.67㎡, 건축면적 74.40㎡ 규모의 가스충전소를 건축하기 위한 3차 현상변경 허가 신청을 하였다가 불허 처분을 받고 법원에 소송을 제기하였다.

결과는 문화재청 승소 판결이었다. 판단 요지는 이 사건 처분을 통해 달성하고자 하는 천연기념물의 보존이라는 공익이 이 사건 처분으로 인해 원고가 입게 되는 불이익에 비해 작지 않으므로 이 사건 처분은 적법하다는 것이다.

주요 판단 사항은 다음과 같다.

첫째, 재량권의 일탈·남용이 있었는지에 대한 부분이다.

이 사건 천연기념물은 우리나라 최대의 철새도래지 중의 하나로서 보존가치가 높다. 또한 이 사건 천연기념물 주변의 숙박 시설, 주유소 등은 대부분 2000.9.1. 문화재 외곽경계 500m 이내 지역에 대한 현상변경 허가 제도가 확대 실시되기 이전에 신축되었고, 최근에 문화재 현상변경 허가를 받은 주유소는 원래 조선소가 있던 곳이어서 이 사건 신청지에 건물을 새로 신축하는 것과는 경우가 다르다. 또한 가덕대교, 명지대교 등의 설치를 위하여 문화재 현상변경 허가를 받았거나, 이 사건 천연기념물 지정구역에서 해제된 토지들을 모두 도로 개설, 산업단지 개발 등 공익을 위한 것이어서 원고 주장과 같은 사정만으로는 이 사건 처분이 형평에 반한다고 볼 수 없다. 그리고 주변에 기존의 건축물이 있어 문화재의 경관이 이미 훼손되었다고 하더라도 그러한 사정이 추가 훼손을 정당화할 사유는 되지 못한다. 문화재 보호를 위한 공익적 측면에서는 이 사건 신청지에 건물이 신축됨으로 인하여 생길 더 이상의 문화재 경관 훼손을 막을 필요도 있다.

둘째, 이전의 불허 사유와 같은 이 사건 처분이 위법하다는 주장에 관한 판단이다.

이 사건 1·2차 신청 및 3차 신청은 모두 동일한 토지에 대한 국가지정문화재 현상변경 허가 신청이고, 단지 신축될 건물의 규모만 일부 변경하였을 뿐이다. 따라서 피고가 이 사건 1·2차 신청의 불허 사유와 같은 사유를 들어 이 사건 처분을 하였다는 사정만으로 어떠한 위법 사유가 있다고 볼 수 없다. 또한 이 부분에 대한 원고의 주장도 이유 없다.

셋째, 문화재위원의 의견을 듣지 않고 이 사건 처분을 하였다는 주장에 대한 부분이다.

피고(문화재청장)가 이 사건 처분을 하면서 문화재위원 등 관계 전문가의 의견을 듣지 않았다고 하여 위법하다고 할 수 없다. 피고는 이 사건 1·2차 신청에 대하여 문화재위원의 의견을 들은 후 불허 처분을 하였고, 이 사건 3차 신청에 대하여도 위 문화재위원의 의견을 고려하여 이 사건 처분을 하였다.[40]

결과적으로 법원에서는 천연기념물인 낙동강 철새도래지와 주변 경관에 영향을 미칠 우려가 있는 현상변경 허가 신청 건에 대해 불허 처분한 문화재청의 행정 처분을 존중해 준 것이다.

3) 하남 이성산성 현상변경 등 불허 처분 취소

원고는 하남 이성산성 외곽경계로부터 450m 떨어진 곳(3구역)에서 이 사건 철탑 철거 및 교체를 위해 문화재 현상변경 허가를 신청하였다. 피고인 문화재청은 문화재위원회 심의 결과 역사문화환경이 훼손될 우려가 있다는 이유로 현상변경 허가를 부결하였다.

이에 대한 원고의 현상변경 불허 처분 취소 소송 결과 문화재청 패소 판결이 나왔다. 판단 요지는 이 사건 철탑 철거 및 교체로 인하여 전체적 경관에 영향을 크게 미치지 아니하며, 원고(한국전력공사)가 필요 최소한의 범위를 넘어 이 사건 공사를 시행하는 것은 아니라는 점 등에 비추어 이성산성의 역사문화환경 보호의 공익이 원고의 재산권 행사의 자유 및 감전 사고로 인한 인명 피해 우려보다 크다고 볼 수 없다는 것이었다. 주요 판단 사항은 다음과 같다.

첫째, 이 사건 공사는 기본적으로 송전선로의 안전 지상고를 확보하기 위하여 이 사건 기존 철탑을 그보다 12m 높은 신형 철탑으로 교체하는 것을 내용으로 하는데, 이성산성에서 이 사건 기존 철탑은 조망되지 아니하고, 이 사건 신형 철탑이 조망될지 여부는 불분명하나 이미 다른 다수의 철탑들과 건물 등이 조망되고 있는 상황이므로 설령 12m 부분이 새로이 조망된다고 하더라도 전체적인 경관에 미치는 영향은 크지 아니할 것으로 보인다.

둘째, 일반 건축물 등이 건축된 경우와 달리 이 사건 기존 철탑이 교체되었다고 하여 인구나 교통량이 증가된다고 보기 어렵고, 오히려 감전 사고로 인한 인명 피해나 대규모 정전 사태 예방에 기여할 것으로 보이는 점, 전체적인 경관에 미치는 영향은 크지 아니할 것으로 보인다.

셋째, 이 사건 처분을 통해 달성하고자 하는 이성산성의 역사문화환경 보호라는 공익이 그로 인하여 침해되는 원고의 재산권 행사의 자유뿐만 아니라 감전 사고로 인한 인명 피해나 대규모 정전 사태 예방이라는 또 다른 공익보다 크다고 하기 어렵다고 할 것이다.[41]

이 판결은 문화재의 역사문화환경 보호라는 공익이 국민의 인명 피해나 사고 예방과 같은 공익과 충돌하였을 때, 더 큰 공익의 손을 들어준 것으로 결과적으로 문화재보다는 국민의 생명과 안전이 더 중요하다고 판단한 것으로 생각된다.

핵심용어

사적 기념물 가운데 "절터, 옛무덤, 조개무덤, 성터, 궁터, 가마터, 유물포함층 등의 사적지(史蹟地)와 특별히 기념이 될 만한 시설물로서 역사적·학술적 가치가 큰 것"을 가리킨다.

문화재 보호구역 지상에 고정되어 있는 유형물이나 일정한 지역이 문화재로 지정된 경우에 해당 지정문화재의 점유면적을 제외한 지역으로서 그 지정문화재를 보호하기 위하여 지정된 구역을 말한다.

역사문화환경 보존지역 시·도지사가 동산문화재와 무형문화재를 제외한 지정문화재의 역사문화환경 보호를 위하여 문화재청장과 협의하여 조례로 정한 보존지역을 말하며, 범위는 해당 지정문화재의 역사적·예술적·학문적·경관적 가치와 그 주변 환경 및 그 밖에 문화재 보호에 필요한 사항 등을 고려하여 그 외곽 경계로부터 500m 안으로 하고 있다.

현상변경 문화재의 원래 모양이나 현재의 상태를 바꾸는 모든 행위와 문화재의 생김새, 환경, 경관, 대지 등 문화재를 둘러싸고 있는 주변 환경에 직접 또는 간접으로 영향을 주는 조건이나 현 상태에 영향을 주는 일체의 행위를 이르는 말이다.

현상변경 허용 기준 개별 문화재별로 특정 현상변경 행위가 그 문화재에 미치는 영향을 구역별로 나누어 가능한 건축 허용 내용을 제시한 기준을 말한다.

요약정리

- 사적이란 기념물 가운데 "절터, 옛무덤, 조개무덤, 성터, 궁터, 가마터, 유물포함층 등의 사적지(史蹟地)와 특별히 기념이 될 만한 시설물로서 역사적·학술적 가치가 큰 것"을 가리키며, 그 성격에 따라 6개 유형으로 구분할 수 있다.

- 선사시대 또는 역사시대의 사회·문화 생활을 이해하는 데 중요한 정보를 가지거나 정치·경제·사회·문화·종교·생활 등 각 분야에서 그 시대를 대표하거나 희소성과 상징성이 뛰어난 문화재 중에서 역사적·학술적 가치가 큰 문화재 등을 사적으로 지정한다.

- 문화재보호법에는 건설공사로 인하여 문화재가 훼손, 멸실 또는 수몰(水沒)될 우려가 있거나 그 밖에 문화재의 역사문화환경 보호를 위하여 필요한 때에는

건설공사의 시행자로 하여금 필요한 조치를 취하도록 강제하고 있다.

- 시·도지사는 국가지정문화재의 역사문화환경 보호를 위하여 문화재청장과 협의하여 역사문화환경 보존지역을 정하고 있다. 또한 건설공사의 인·허가 등을 담당하는 행정기관은 역사문화환경 보존지역에서 시행하는 건설공사에 관하여는 그 공사에 관한 인·허가 등을 하기 전에 해당 건설공사의 시행이 지정문화재의 보존에 영향을 미칠 우려가 있는 행위에 해당하는지 여부를 검토하여야 한다.

- 역사문화환경 보존지역의 범위는 해당 지정문화재의 역사적·예술적·학문적·경관적 가치와 그 주변 환경 및 그 밖에 문화재 보호에 필요한 사항 등을 고려하여 그 외곽 경계로부터 500m 안으로 하되, 시·도별로 조례로 정하도록 하고 있다.

- 사적의 현상을 변경하는 행위와 그 보존에 영향을 미칠 우려가 있는 행위에 대해서는 반드시 사전에 허가를 받도록 하고 있다. 현상변경 허가를 받으려는 자는 허가신청서를 작성하여 관할 지자체를 거쳐 문화재청장에게 제출하여야 하고, 문화재청장은 관계 전문가 3인 이상의 검토를 거쳐 허가 여부를 민원인과 관할 시·군·구에 통보한다.

- 현상변경 허가 업무는 해당 업무량이 많은 데다 긴 시간이 소요되기 때문에 개별 문화재별로 현상변경 허용 기준안을 만들어 특정 현상변경 행위가 문화재에 미치는 영향을 구역별로 나누어 가능한 건축 허용 기준을 제시하고 있다. 허가 신청 내용이 해당 문화재의 현상변경 허용 기준 범위에 들 경우에는 시·군·구에서 자체 허가 처리하도록 하고, 허용 기준 범위를 초과할 경우에만 문화재청에 허가 신청하여 현상변경 허가 절차를 이행하도록 하고 있다.

- 사적의 현상변경 허가 사항은 1962년 문화재보호법 제정 당시 그 규정을 마련한 후, 지속적으로 제도 개선이 이루어져 왔는데, 특히 현상변경 허용 기준안은 지자체와의 협력을 통해 해마다 불합리한 사유 등을 개선하는 방향으로 지속적인 보완이 이루어지고 있다.

생각해 볼 거리

▶ 우리나라 문화재 분류 체계에서 사적의 정의와 유형, 지정 기준 등이 합리적으

로 규정되어 있는지에 대해 논의해 보자.

▶ 최근 들어 역사문화환경이 점점 더 중시되고 있는 이유와 그 보호 필요성에 대해 토론해 보자.

▶ 시·도별 역사문화환경 보존지역의 지정 범위를 살펴보고 느낀 점에 대해 자유롭게 얘기해 보자.

▶ 사적과 관련한 현상변경 허가 업무에 가장 많은 민원이 발생하고 업무 처리에 많은 시간이 필요한지 그 원인에 대해 알아보자.

▶ 현상변경 허용 기준을 제시할 필요가 있는지와 허용기준안 마련 개선 방향이 타당한지 등에서 대해서 토론해 보자.

제6장

건축문화재 수리와 보존

이 장의 목표 ···

우리나라 문화유산 가운데 어딜 가나 가장 보편적으로 볼 수 있는 유형문화재이면서도 시각적으로 제일 두드러진 건축문화재의 특성 및 그것의 수리와 복원 등과 관련된 제도적 문제점과 개선 방안에 대하여 알아보고자 한다.

건축문화재는 시대와 지역, 기능 등에 따라 특징적인 양상을 띠며 발달해 왔다. 건축물들은 그 자체로서 독립적인 물질적·정신적 유산 가치를 지니고 있을 뿐만 아니라 주변 환경과도 조화를 이루고 있기 때문에 문화유산으로서의 중요성은 한층 더 크다고 평가할 수 있다. 이러한 가치와 중요성을 지닌 문화유산이기에 우리나라를 포함한 세계 각국이 건축문화재를 온전히 보존하여 계승하기 위한 갖가지 원칙과 현장들을 만들어 그 관리에 심혈을 기울이고 있다. 이에 우선 세계적으로 진행되고 있는 건축문화재의 보존 추세와 경향 등을 살펴보고 우리나라의 현실과 대비해 보고자 한다.

문화재청은 건축문화재의 효율적 보존과 관리를 도모하고자 2010년 2월 4일 '문화재수리 등에 관한 법률'을 제정하고, 2011년 2월 5일부터 시행하고 있다. 이 법은 문화재 수리·실측설계·감리와 문화재 수리업의 등록 및 기술관리 등에 필요한 사항을 정함으로써 문화재 수리의 품질 향상과 문화재 수리업의 건전한 발전을 도모함을 목적으로 제정·시행되었는데, 여기서는 이 법률을 통해 건축문화재 수리의 법적 근거와 절차에 대해 구체적으로 살펴볼 것이다.

이처럼 관련 법률과 원칙을 제정하여 건축문화재 보존·관리의 문제점을 개선하려는 노력을 기울이고 있음에도 불구하고 여전히 문화재 수리 전문인력이 부족하고 그들을 효율적으로 관리하거나 감독하는 제도가 미흡한 점 등의 문제가 존재한다. 따라서 이 장의 말미에는 그러한 건축문화재 수리 제도에 대한 개선 방안을 제시하기도 하였다.

이상과 같이 건축문화재와 관련된 개념과 수리 원칙 등을 구체적으로 살펴봄으로써 건축문화재의 특성을 제대로 이해하고 그 보존·관리에 대한 사항을 올바로 숙지할 수 있을 것으로 기대한다.

1 건축문화재의 특성

문화유산의 개념과 분류에서 살펴본 바와 같이 우리나라 문화재보호법에서는 유형문화재의 성격에 따라 건조물 / 기념물 / 유적 / 유물 등으로 분류하고, 건조물은 다시 시대에 따라 고건축 / 근대건축으로 나누고 있다. 이 장에서 다루고자 하는 문화유산의 수리와 복원 등과 관련된 대상은 대부분 유형문화재 중 고건축에 해당한다.

유네스코에서 정한 세계 문화 및 자연 유산 보호에 관한 협약(1972)에서는 문화유산을 기념물과 건조물군, 유적지로 분류하고 있다. 그중 기념물에 바로 건축물이 포함되고, 건조물군에 독립 건물 또는 연속된 건물의 군집이 포함되는 것을 살펴본 바 있다. 이러한 분류 체계는 우리의 문화재보호법과는 약간 다르지만, 유네스코에서 정의한 기념물 중 건축물과 건조물의 일부가 바로 건축에 해당하는 문화재로서 이러한 것들을 통칭하여 이 장에서는 건축문화재라 부르고자 한다.

'건축(建築, Architecture)'이라는 용어는 기본적으로는 서양의 예술 개념에 기초하고 있으며, 그러므로 '건축물(建築物)'은 '예술 작품(a work of art)'의 의미를 지니고 있다. 그러므로 이의 보존은 '예술적 가치(Artistic Value)'의 보존과 밀접히 연계되어 있으며, '유기적 전체', '전체와 부분의 조화', '완전성(Integrity)' 등의 개념과 연계된다.

반면, '건조물(建造物, 建物, Building)'은 단순히 "인간에 의해 만들어진 구조물"의 의미를 지니며, 그러므로 보호대상으로서의 건조물은 '예술적 가치'보다는 주로 '역사적 가치'에 의해 평가된다.

'기념물(記念物, Monuments)'은 무언가를 기념하기 위한 것으로서, '기억(Memorandom, Memory)'과 연계되어 있다. 즉 이는 "역사(歷史)와의 관련성을 통해 물자체(物自體) 자체가 아니라 기억(특히 집단의 기억인 경우가 많음)을 간직한 물자체로서 의미가 강조"되고 있는 것이며, 그러한 의미에서 그것이 예술적 가치를 지닌 대상일 수도 있지만 주로 '역사적 가치

그림 6.1 경복궁 근정전(국보 제223호)

(Historical Value)'와 연계되어 있음을 알 수 있다.[42]

건축문화재는 시대와 지역, 기능 등에 따라 특징적인 양상을 띠며 발달해 왔다. 각 지역의 기후와 풍토에 따라 돌, 흙, 나무 등 최적의 재료를 선택하여 독창적인 건축물을 탄생시켰으며, 시대에 따라 다양한 양식으로 발전시켜 왔다. 건축물 본연의 기능을 살리기 위한 실용성을 바탕으로 예술적인 장식을 가미하였기 때문에 전 세계 어디를 가더라도 가장 두드러진 문화유산으로 인정받고 있다. 또한 건축물들은 그 자체로서 독립적인 물질적·정신적 유산 가치를 지니고 있을 뿐만 아니라 주변 환경과도 적절히 어우러지는 조화를 이루고 있기 때문에 문화유산으로서의 중요성은 한층 더 크다고 평가할 수 있다.

이러한 가치와 중요성을 지닌 문화유산이기에 세계의 여러 나라에서 건축문화재를 온전히 보존하여 계승하기 위한 갖가지 원칙과 헌장들을 만들어 그 관리에 심혈을 기울이고 있다. 우리나라에서도 문화유산 보존에 대한 관심이 꾸준히 증대하고 있으며, 최근에는 문화유산의 보존을 둘러싼 철학적 개념 등에 대한 논의도 전개되고 있다. 사실 우리나라 문화유산 보존의 역사는 일제강점기로 거슬러 올라가지만, 실제 문화유산의 보존 행위는 광복 이후 근래에 이르기까지도 그 필요성에 대한 심각한 고민과 문제 제기 없이 관행적으로 이루어진 측면이 강했다고도 볼 수 있다. 그래서인지 해당 문화재를 왜 보존해야 하는지, 보존을 한다면 어떠한 방법으로 어디까지 해야 하는지에 대한 핵심 논의는 거의 이루어진 바가 없다. 이에 다음 절에서는 현재 세계적으로 진행되고 있는 건축문화재의 보존 추세와 경향 등을 살펴보고 우리나라의 현실이 어떠한지를 돌아보고자 한다.

2 건축문화재 보존의 흐름

1) '수리'와 '보존' 논쟁

문화유산의 보존은 서양에서는 르네상스 이후 예술 개념의 형성, 역사성에 대한 새로운 인식 등을 토대로 근대 사회의 태동과 함께 발전된 분야로 오랜 역사를 가지고 있다. 문화유산의 보존을 둘러싼 당시의 논쟁은 현대 보존 철학의 근간이자 보존 이론 형성의 토대가 되었다.

대표적으로 19세기 중반의 윌리엄 모리스(William Morris)와 비올레 르 뒥(Viollet Le Duc)으로 대표되는 수리 혹은 보수, 복원과 관련된 논쟁이 유명하다. 이 논쟁은 객관적으로 실재하는 미적 이상을 표현하는 '예술작품으로서의 건축'과 인간에 의해 건축되고 인간의 역사와 함께하며 수리와 보수의 흔적들을 지닌 '역사적 실체로서의 건축물'이라는 두 가지 관점을 대표하고 있다. 이 논쟁은 1877년 고대건조물보호협회(SPAB, The Society for the Protection of Ancient Buildings)의 선언에서 보이는 것처럼 역사적 흔적의 파괴를 수반하는 수복에 반대하고 일상적 관리의 중요성을 강조하는 방향으로 전개되었다. 이는 현대의 보존 이론에서 '반수복의 입장'이 우세한 원칙으로 작용하게 되는 계기를 이루었으며, 이러한 입장은 1930년대 최초의 국제적 원칙으로 간주되는 아테네 헌장의 근간이 되었다.[43]

당시 비올레 르 뒥은 "복원이란 건물을 보존하는 것이 아니라 현존하는 것보다 더 완전한 상태로 다시 이끌어 내는 것"이라 하여 적극적 복원의 중요성을 강조하였다. 이러한 주장에 반대했던 대표 격인 존 러스킨(John Ruskin)은 "복원은 소중한 유물의 파괴를 가져오는 최악의 거짓말이다. 이는 후손들에게 전수해야 할 고대 기념물의 실재하는 모습을 보증할 수 없기 때문이다"라고 하며 건축물의 원형 보존의 입장을 취하여 결국 승리를 이끌어 내었다.[44]

이러한 입장은 현대 보존 이론의 대명사 격인 1964년의 베니스 헌장에 그대로 계승되어 "양식의 통일이 수복의 목적이 아니므로, 기념건조물의 건설에 기여한 모든 시대의 요소가 존중되어야 한다"는 중요한 원칙이 천명되었다. 그러나 이러한 원칙이 "현상 그대로를 유지 관리해야만 한다"는 것은 아니다. 수복(restoration)은 '회복하다'란 의미로 탈락, 위치 변형 등의 물리적 손상을 바로잡는 '수리(repair)'와 전체와 부분이 유기적 관계를 갖고 있는 미적 대상으로서의 '회복'을 포함하는 개념이기 때문이다. 그러므로 이는 전체와 조화되는 부분의 '복원'이 포함되며, 이와 관련하여 베니스 헌장에서는 "추측이 시작되는 순간 수복이 멈추어야 한다"고 하여 수복의 한계를 명확히 하였다. 또한 예술 작품으로서의 총체성(integrity)을 회복하기 위해 시대의 흔적을 제거할 때의 기준을 명시하였는데, 그것은 "만일 한 건물 내에 여러 시대의 작업이 겹쳐 있을 경우, 최초의 상태를 드러내는 것은 예외적인 경우에 한해 정당화될 수 있다"고 하고, 그 상세한 기준으로 "첫째, 제거할 부분이 중요하지 않고, 둘째, 드러날 부분이 역사적, 고고학적, 미학적으로 중요한 가치를 가졌을 경우, 그리고 마지막으로 드러날 부분의 보존 상태가 이러한 작업을 정당화할 만큼 충분히 양호한 경우에 한하여 시행할 수 있다"라고 작업의 기준을 명확히 제시하였다.[45]

2) 재료와 기술의 선택, 그리고 가역성

건축물의 수리와 복원에 있어서 가장 민감한 문제 중 하나는 어떠한 재료와 기술을 사용할 것인가의 문제이다. 부득이 보수를 하여야 할 경우에 존 러스킨과 같은 낭만주의자들은 보수의 정직성을 강조했다. 베니스의 쳄치(Zomzi) 공작이 건축물 보수에 관해 존 러스킨의 자문을 구하였을 때, 러스킨은 보수에 소요되는 석재를 원래 건축물 축조에 사용하였던 채석장에서 채취하여 사용하도록 하였으나, 새로운 석재에는 기존 재료와 확연히 구분되도록 장식을 허락하지 않았으며, 또한 석재에 보수 일자를 새겨 넣도록 하였다. 러스킨을 위시한 낭만주의자들은 이처럼 '원형의 최대한 보존'을 규범으로 내세움으로써 '양식의 통일'에 의한 건축 유산의 인위적 훼손 가능성을 줄이고, 후손들에게 가능한 한 건축물 본래의 모습을 남겨 주려고 했다는 점에서 큰 의미가 있다. 그러나 이미 건축물이 상당히 노후한 데다 앞으로도 계속 노후가 진행될 수밖에 없는 건축 유산의 보수에 있어서 원형 보존 이론만을 고집할 때에는 새로운 용도로 사용하지 못하는 건축 유산의 퇴락 가능성이 증가할 우려가 있으며, 건축 부재의 수리와 첨가에 따른 불명확성으로 실제 보수 시의 기준이 모호하게 되는 점 등에서 단점을 드러내기도 하였다.[46]

재료의 문제와 더불어 새로운 기술의 적용 문제도 대두되었다. 재료는 고갈되지 않는 한 원래 사용하였던 것과 동일하거나 유사한 것들을 구할 수 있지만, 기술의 문제는 또 다른 차원이다. 이와 관련하여 아테네 헌장에서는 현대적 기술과 재료가 수복 작업에 사용될 수 있도록 하였는데, 근대 건축가들이 주목하였던 재료인 '철근 콘크리트'의 신중한 사용을 받아들이는 입장이 채택된 것이다. 이는 근대 건축의 가능성을 열어 준 근대 재료와 기술에 대한 믿음이 보존 분야에도 적용된 결과로 볼 수 있다.

그러나 이러한 원칙은 베니스 헌장에서는 보다 신중한 입장으로 바뀌는데, 건축물의 보수에 관한 명확한 기준이 없기 때문에 새로운 기술의 남용을 불러올 수 있다는 우려 때문이었다. 그래서 베니스 헌장 제10조에서는 "기념건조물의 보강에 있어서 전통 기법이 부적합하다고 판명된 경우, 그 효능이 과학적인 자료에 의해 밝혀지고 경험으로 검증된 현대적 보존 기법과 건축 기법을 사용할 수 있다"고 하였다. 다시 말하면 전통 기법이 부적합하다는 전제와 과학 및 경험으로 검증이 된 단서를 충족한 경우에만 현대적 기법의 사용이 허용된다는 엄격성을 명시한 것이다.

그러나 아무리 현대 기술을 사용한다 하더라도 반드시 지켜져야 할 원칙이 있는데, 바로 '가역성'이다. 가역성이란 보수 이전의 상태로 되돌릴 수 있어야 한다는 원칙이다. 즉, 현대 기술이 지금으로서는 최선의 기술일지언정 기술은 진보하기 마련이기 때문에 미래에는 더 나은 기술이 개발될 가능성을 염두에 두고 원래 상태로 되돌릴 수 있는 방법으로 보수하여야 한다는 뜻이다. 그래서 '건축 유산의 분석, 보존, 구조 수복원칙'(2003)에서는 가역성과 관련하여 "적용되는 모든 수단은 가능하다면 가역적이어서 새로운 지식이 습득되었을 때 제거되거나 더 적절한 수단으로 대체될 수 있어야 한다"고 강조하고 있다. 나아가 "불가피성이 증명되지 않는 한 어떠한 조치도 수행되지 않아야 한다"고 하여, 현재의 보존 조치는 필수불가결한 경우에만 개입해야 한다는 '최소한의 개입(minimum intervention)' 원칙을 천명하였다.[47]

3) 진정성

건축물의 보수·복원과 관련된 재료와 기술의 문제를 논하다 보면 필연적으로 그러한 재료와 기술을 사용하는 것이 과연 원래 문화유산이 가진 가치를 얼마나 진실하게 반영하고 있는지에 대한 의문을 가질 수밖에 없다. 여기서 문화유산이 지닌 가치에 대한 정보의 원천이 신뢰성과 진실성을 갖추고 있느냐를 판단하는 기준이 바로 '진정성'이라 할 수 있다. 즉, 문화유산의 재료나 양식, 기술과 환경적 요소 등이 얼마나 진실한가 하는 정도를 평가하는 기준이다. 다만 진정성은 문화유산의 최초의 형태에서 판단하는 것이 아니라 시간에 따라 변화해 온 과정에서 나타난 가치까지를 포함하는 의미이다.[48]

'진정성'은 영어의 'authenticity'를 번역한 말로, 원래 우리말에 없었던 것을 서양으로부터 현대적 개념을 도입하는 과정에서 만들어 낸 말이다. 진정성은 국제 사회에서는 세계유산의 등재뿐 아니라, 문화유산의 보존·관리에 대한 전반적인 원칙과 당위성을 이야기할 때 반드시 검토해야 할 요소로 평가되고 있다. 이 때문에 이러한 국제적 흐름을 반영하듯 국내에서도 최근 빈번하게 사용하고 있지만, 아직도 진정성에 대한 체계적인 이해나 우리나라 상황에 맞는 개념의 재정립 논의가 제대로 이루어진 적이 없는 게 사실이다. 일반적으로 국내에서는 진정성을 문화재의 '원래의 모습' 또는 '가장 이른 시기의 모습' 정도로만 이해하고, 그 개념도 주로 문화유산의 형태적인 측면에 한정시켜 생각하는 경향이 짙다. 그러다 보니, 문화유산의 가치를 체계적이고 논리적으로 평가하는 데에 한계가 있다. 진정성의 개념적 발전 과정을 이해하려면, 베니스 헌장부터 그 이후에 등장하는 유네스코의 관련 헌장이나 세계유산협약 이행을 위한 지침서 등을 살펴보아야 한다.[49]

진정성에 관한 논의가 본격적으로 시작된 것은 세계유산 등재 과정에 제기된 각국의 문화유산 보존과 관련된 반성에서 비롯되었다고 볼 수 있다. 1972년 제17차 유네스코 총회에서 채택한 세계 문화 및 자연 유산 보호에 관한 협약에 의해 세계유산으로 등재하기 위해서 반드시 갖추어야 할 문화유산의 요건 중 핵심이 진정성이라 해도 과언이 아니다. 때마침 우리나라를 위시한 중국, 일본 등 아시아권에서도 세계유산 등재를 위한 협약 가입과 등재 준비에 박차를 가하기 시작하였다. 그 과정에서 깨닫게 된 문제가 있었는데, 바로 이 진정성이란 가치가 목조 건축물이 중심이 되는 아시아권에서는 서구에서와 동일한 잣대로 적용하기 곤란하다는 점이었다.

특히 일본에서는 건축 문화유산의 보존 과정에서 크게 두 가지가 문제로 떠올랐다. 첫 번째는 일본이 정립한 해체 수리 방법을 통해 이루어진 수리 공사들에서 재료의 교체가 문제가 되었다. 지속적인 수리 공사를 통해 재료가 계속 교체된다면 결국 현재의 문화재는 서구적 관점에서의 진정성이 훼손되는 것이 아닌가 하는 점이다. 두 번째는 일본에서는 1930년대부터 오사카성의 천수각 복원을 시작으로 많은 문화유산의 복원 사업을 추진해 왔는데, 세계유산 등재 관련 보존 원칙의 관점에서 보면 이 또한 진정성 훼손의 문제가 제기될 수 있다는 점이다.[50]

일본 건축문화재 수리와 관련된 진정성에 대한 우려가 등장한 이후 일본 문화청과 나라현의 초청으로 1994년 11월 일본 나라에서 열린 '세계유산협약과 관련된 진정성에 관한 회의'에 참가한 45명의 전문가에 의해 소위 '진정성에 관한 나라 문서'의 초안이 작성된다. 이후 진정성에 관한 다양한 논의가 촉발되어 오늘에 이르게 되었다.

진정성에 관한 나라 문서는 1964년 베니스 헌장의 정신을 기초로 현대의 문화유산에 대한 관심과 이해의 폭을 넓히고자 한 것으로, 세계유산 목록에 등재되기 위해 제출된 문화유산의 뛰어난 보편적 가치를 평가하는 데 있어서 모든 사회의 사회적이고 문화적인 가치를 존중하는 방법으로 진정성에 대한 시험을 적용하고자 하는 차원임을 천명하였다.

나라 문서에서는 모든 문화와 사회가 그들의 유산을 형성하는 유형적이고 무형적인 표현의 독특한 형태와 수단에 그 뿌리를 두고 있기 때문에 다른 문화와 그들의 신념 체계의 모든 측면에 대한 존중을 요구하고 있다. 특히 모든 상대방의 문화적 가치의 정당성을 인정함으로써 각각의 문화 다양성과 문화유산의 다양성에 대한 존중이 필요함을 역설하였다. 즉, 베니스 헌장에서 표방하는 진정성이 문화유산의 가치에 관한 핵심적인 자격 요건임을 재차 강조하면서도 진정성의 가치와 관련된 정보의 근원에 대한 신뢰성뿐만 아니라 문화유산에 부여된 가치에 대한 모든 판단은 문화마다 다를 수 있기 때문에 정해진 기준으로만 가치와 진정성을 판단하는 것은 불가능하다는 논리를 내세운 것이다.

문화유산의 성격, 그것의 문화적 맥락, 그리고 시간의 경과로 인한 문화유산의 진화에 따라, 진정성에 대한 판단은 정보 원천이 갖고 있는 다양성의 가치와 연관될 수도 있다. 형태와 디자인, 재료와 부재, 용도와 기능, 전통기법과 기술, 위치와 환경, 정신과 느낌, 그리고 다른 내적 및 외적 요소들이 정보 원천의 여러 측면에 포함될 수도 있다. 즉 이러한 원천 요소들을 사용하는 것이 문화유산의 특정한 예술적, 역사적, 사회적, 그리고 과학적 차원의 검토를 가능하게 한다는 주장으로부터 유네스코를 포함한 전 세계의 문화재 전문가들로 하여금 일본 건축문화재 수리의 진정성을 부여하게 한 것이 나라 문서의 핵심이라고 볼 수 있다.

3 수리의 법적 근거와 절차

1) 문화재 수리 관련 법률

문화재청은 문화유산 보존에서 가장 큰 비중을 차지한다고 볼 수 있는 건축문화재의 효율적 보존과 관리를 도모하고자 2010년 2월 4일 '문화재 수리 등에 관한 법률'을 제정하고, 2011년 2월 5일부터 시행하고 있다. 이 법은 문화재 수리·실측설계·감리와 문화재 수리업의 등록 및 기술관리 등에 필요한 사항을 정함으로써 문화재 수리의 품질 향상과 문화재 수리업의 건전한 발전을 도모함을 목적으로 제정·시행되었다.

문화새 수리 등에 관한 법률에서 추구하는 기본 원칙은 문화재 수리, 실측설계 또는 감리는 문화재의 원형 보존에 가장 적합한 방법과 기술을 사용하여야 하며, 문화재 수리 등으로 인하여 지정문화재와 그 주변 경관이 훼손되어서는 안 된다는 것이다. 이 법을 제대로 이해하기 위해서는 무엇보다 문화재 수리와 관련된 특징적인 용어들을 숙지하는 것이 중요한데, 법률로 정한 핵심 용어의 정의는 다음과 같다.

> 문화재수리: 지정문화재, 가지정문화재, 지정문화재(가지정문화재 포함)와 함께 전통문화를 구현·형성하고 있는 주위의 시설물 또는 조경의 보수·복원·정비 및 손상 방지를 위한 조치
>
> 문화재수리기술자: 문화재수리에 관한 기술적인 업무를 담당하고 문화재수리기능자의 작업을 지도·감독하는 자
>
> 문화재수리기능자: 문화재수리기술자의 지도·감독을 받아 문화재수리에 관한 기능적인 업무를 담당하는 자
>
> 문화재수리업: 이 법에 따른 문화재수리를 업으로 하는 것
>
> 실측설계: 문화재수리 또는 기록의 보존을 위하여 제1호 각 목의 것을 실측(實測)하거나 고증(考證) 조사 등을 통하여 실측도서나 설계도서 등을 작성하는 것

감리: 문화재수리가 설계도서나 그 밖의 관계 서류 및 관계 법령의 내용대로
    시행되는지를 확인하고 문화재수리에 관하여 지도·감독하는 것

문화재감리원: 문화재수리기술자로서 문화재감리업자에게 소속되어 문화재
    수리에 따른 감리를 업무로 하는 자

도급: 상대방에게 문화재수리, 실측설계 또는 감리를 완성하여 주기로 약정하고,
    다른 상대방은 그 일의 결과에 대하여 대가를 지급할 것을 약정하는 계약

발주자: 문화재수리, 실측설계 또는 감리를 문화재수리업자, 문화재실측설계
    업자 또는 문화재감리업자에게 도급하는 자

수급인: 발주자로부터 문화재수리·실측설계 또는 감리를 도급받은 문화재수
    리업자·문화재실측설계업자 또는 문화재감리업자

하도급: 수급인이 도급받은 문화재수리의 일부를 도급하기 위하여 제3자와
    체결하는 계약

하수급인: 수급인으로부터 문화재수리를 하도급받은 자

2) 건축문화재 수리 절차

국가지정문화재의 경우 문화재청장 및 해당 시·도지사가 보수 공사가

그림 6.2 국가지정 건축문화재의 수리 절차도

필요한 문화재를 선정하고 수리복원 계획(사업지침, 예산)을 세운다. 문화재 위원은 기본계획을 바탕으로 현장을 조사하고 필요한 지침을 세운다. 해당 관청에서 공개 입찰을 통해 문화재실측설계업체를 선정하고 세부시행계획에 따라 실측설계를 시행한다. 문화재실측설계업체의 결과를 심의하여 사업을 승인받고 시공을 발주하여 문화재 보수 수리 업체를 선정한다. 선정된 업체는 개괄적인 지침에 의존해 공사를 실행하며 문화재 담당 공무원과 감리업체의 감리업자가 준공검사 및 준공 전체를 감리한다.

국가지정 건축문화재의 수리 절차는 〈그림 6.2〉와 같다.

4 건축문화재 수리 원칙

합당한 법적 근거와 절차에 따라 문화재 수리가 이루어졌다 하더라도 해당 문화재가 법에서 정한 수리 원칙과 기준에 적합하게 수리되었는지를 판단하는 것은 대단히 복잡하고 민감한 문제이다. 사실 법에서 정한 원칙이란 지극히 당위적이고 선언적인 의미에 불과하기 때문에 실질적 구속력을 가진 지침이나 규정 등의 제정이 시급한데, 아직까지 그러한 제도가 뒷받침되지는 않고 있다. 그나마 2008년 숭례문 화재 이후 문화유산의 안전 관리에 관심을 기울이게 된 것과 더불어 숭례문 복구 시에 제기된 여러 문제점을 해소하고자 문화재청은 2009년 9월 건축문화재의 수리·복원에 관한 원칙을 제정하였는데, 바로 '역사적 건축물과 유적의 수리복원 및 관리에 관한 일반원칙'이 그것이다. 이 원칙은 제정 취지 등을 서술한 서문과 원칙 제정의 목적, 용어 정의 등을 담은 1장 총칙, 그리고 수리·복원·관리에 관한 사항을 규정하고 있는 2~4장 등으로 구성되어 있는데, 비록 구속력은 없을지언정 국내에서 무차별적으로 사용되고 있는 건축문화재 수리와 복원에 관한 용어를 정리하고 각각의 단계에서 반드시 지켜야 할 원칙을 천명하였다는 데 의미가 있다.

이 원칙은 역사적 건축물과 유적의 수리와 복원 등에 관한 제반 원칙을 규정함으로써 그것들의 역사적·예술적·학술적·경관적 가치의 바람직한 보존·전승에 기여함을 목적으로 한다. 여기서 사용한 용어의 정의는 다음과 같다.

역사적 건축물(歷史的 建築物): 과거에 형성된 역사적·예술적·학술적·경관적 가치가 있는 건축 유산

유적(遺蹟): 과거에 형성된 삶의 흔적으로서 역사적·예술적·학술적·경관적 가치가 있는 구조물 또는 장소

보존(保存): 문화재의 가치를 유지하기 위하여 행하는 제반 조치

수리(修理): 문화재의 중요한 가치를 유지하기 위하여 훼손된 부분을 원상대로 고치는 행위

보강(補强): 문화재의 가치를 유지하기 위하여 현재의 상태를 견고히 하는 행위

수복(修復): 문화재의 원형을 부분적으로 잃거나 훼손된 경우 고증을 통해 원래의 모습으로 되돌리는 행위

복원(復原): 문화재의 중요한 가치 또는 원형이 소실된 경우, 고증을 통해 문화재를 원래 모습이나 특정 시기의 모습으로 전체 또는 그 일부를 되찾는 행위

이건(移建): 문화재의 원형을 최대한 보존하며 다른 장소에 옮기는 행위

이 원칙에서는 건축물의 수리, 보강, 수복, 복원 등 그 수리의 정도 차이에 따라 각기 다른 개념으로 정의하고 있다. 특히 1장 4조(보존의 단계)에서는 유적의 보존은 원형의 유지를 원칙으로 하며 보존 조치가 필요한 경우 복원보다 수복이, 수복보다 수리가 권장되며, 수리·수복 및 복원의 차별성을 분명히 함으로써 사업의 성격을 명확히 하여야 한다고 강조하고 있다. 즉 유적 보존에 대한 원형 유지 원칙과 문화재 수리의 최소화 원칙을 천명함으로써 무차별적으로 진행되고 있는 국내 문화재 수리의 실상을 경

계하고 있다. 아울러 1장 6조(학술 연구와 기록)에서 유적의 가치와 진정성에 대한 판단과 평가는 고고학, 역사학, 건축학, 조경학, 민속학 등 관련 분야의 학술 연구 결과에 따라 이루어져야 하며, 유적의 학술 연구 결과 및 수리와 복원의 과정은 기록되어야 하고 공개되어야 함을 역설하였다.

5 수리 제도의 문제와 개선 방안

1) 문화재 수리 전문인력의 부족

건축문화재 수리에서 가장 빈번하고 심각하게 제기되는 문제 중 하나는 문화재 수리 전문 기술자의 자격증 대여나 수리 현장 중복 투입과 같은 문제이다. 이러한 문제가 발생하는 원인은 바로 전문 기술자의 부족에서 찾을 수 있다. 우리나라의 경우 해마다 지정문화재의 수가 늘어나고 문화재의 보수 주기는 짧아지면서 문화재 보수정비 사업도 매년 증가하고 있다. 문화재청 자료에 따르면 문화재 보수 신청 건수는 2013년 1,788건, 2014년 1,518건, 2015년 1,867건, 2016년 2,017건, 2017년 2,058건으로 최근 그 증가세가 두드러진 것을 볼 수 있다.[51]

일반적으로 문화재 보수정비 사업은 사전조사, 설계, 시공 순으로 진행하는데, 절차상 사업 지침이 확정되어 시·군으로 하달되면 전 시·군이 동시에 사업을 발주하고 업자를 선정해 착공하는 구조를 띠고 있다. 그렇기 때문에 전국적으로 발주되는 공사의 규모나 양에 비해 전문 수리 기술자와 수리 업체의 수가 부족한 현상을 낳고 있다. 2017년 12월을 기준으로 현재 문화재 수리 업체의 수는 555개로 업종별로 보수단청업, 보존과학업, 석공사업, 문화재감리업 등 10개로 나뉘며, 이 중 보수단청업이 267개 업체로 전체의 48.1%를 차지하고 있다. 2017년도 현황을 보면 국보·보물 453건, 사적 325건, 명승·천연기념물 345건, 국가민속문화재 151건, 등록문화재 97건 등 총 1,371건의 문화재에 대해 보수정비가 이루어졌다.

문화재 수리는 문화재수리 등에 관한 법률에 따라 문화재 수리업자가 수리하거나, 문화재 수리 기술자 및 기능자가 함께 수리하도록 하고 있다. 문화재수리기술자는 직종별로 보수, 단청, 실측설계, 조경, 보존과학, 식물 보호 등 6개로 나뉘며, 2017년 말 기준 총 1,847명이다. 6개 직종 중에서 보수 분야가 729명으로 39.5%를 차지하여 가장 많은 비율을 점하고 있다. 문화재수리기능자는 직종별로 한식목공, 드잡이공, 번와공, 철물공, 도금공, 조경공 등 20개로 나뉘며, 2017년 기준 총 8,636명에 달한다. 지난 5년 간 우리나라 문화재 수리업의 유형별·직종별·업종별 변화 추이는 지속적으로 늘어나고 있는 추세이다. 문화재수리기술자의 경우 연평균 60명 이상 증가하였고, 문화재수리기능자의 경우 연평균 400명 이상 증가하였다. 문화재 수리업체의 경우 5년간 연평균 32개 업체가 증가하였다. 이 중 문화재 감리업의 증가 추세가 두드러지게 나타고 있다. 다만, 목공사업, 석공사업, 번와공사업은 소멸되어 현재 등록된 업체가 존재하지 않는다.

　　최근 문화재 수리 업체와 기술자·기능자가 늘고 있다고는 하지만 매년 증가하는 문화재 보수 정비 사업에 비하면 관련 전문인력이 여전히 부족하다고 볼 수 있다. 2017년 기준 등록된 문화재 수리업체가 555개이고, 보수 건수가 1,371건이므로 산술적으로만 계산해도 1개 업체당 연간 2.5건의 보수 공사를 담당해야만 제대로 된 수리 보수가 이루어지는 상황이다. 모든 공사가 1년 안에 끝난다 하더라도 이러한데, 만약 해를 넘기는 공사를 맡게 된다면 1개 업체가 감당해야 할 보수 공사 상황은 더욱 심각해질 수밖에 없다.

　　이러한 문제점을 극복하고자 문화재청은 문화유산 관련 전문 교육기관을 설립하고 교육 수강료를 지원하는 관련 대책을 마련하고 있다. 대표적으로 한국전통문화대학교 전통문화교육원에서는 문화재수리기능자 양성 과정을 지원한다. 이 교육은 1년 동안 1주일에 12시간씩 1박 2일로 진행되는데, 교육비는 모두 나라에서 지원을 해 주고 실습 재료, 도구, 초청 특강, 기숙사 제공, 장학금 등도 지원한다. 기초 과정은 10명 내외, 심화 과정과 현장 위탁 과정은 5명 내외로 선발하고 있다. 이들은 문화재수리기능

그림 6.3 문화재 수리 작업 모습(서진문화유산연구원 제공)

자 자격증을 취득하여 수리 현장에 투입되거나 전통공예 작품 제작 등의 작가 활동을 하게 된다.

이 밖에 한옥아카데미의 대목수 양성과정, 평창직업한옥학교의 대목수·소목수 교육과정, 한밭한옥직업전문학교 등이 있다. 한옥아카데미의 경우 대목수 교육과정의 수강료를 정부에서 지원하고 평창직업한옥학교의 경우도 대목수·소목수 교육과정이 국비로 진행된다. 이 과정을 수료하면 현장에서 일할 수 있으나, 문화재수리기술자·기능자 자격증 시험에 합격해야만 기술자 및 기능자 자격으로 일할 수 있다. 이처럼 미흡하나마 대목수와 소목수 등 문화재수리기술자·기능자를 양성하는 교육은 이루어지고 있으나, 매년 1회 실시되는 문화재수리기술자·기능자 시험에서 자격증을 취득하는 인원은 한정되어 있어 실질적 수급을 맞추기는 곤란한 실정이다.

아직까지 우리나라에서 문화재수리기술자·기능자 등 문화재 수리 전문인력이 부족한 것은 상대적으로 직업에 대한 홍보가 부족하고 문화재의 원형 유지 및 계승을 목적으로 문화재를 보수·복원하는 문화재 수리업의 중요성에 비해 제반 교육 등 전문인력 양성 환경이 열악하다는 것을 뜻한다. 그러나 최근 들어 국가 및 시·도 지정문화재의 수가 늘어나고, 문화재 보수 예산의 규모도 커지고 있어 문화재 수리업에 대한 기회와 인력 수요는 계속 증가하는 추세이다. 따라서 문화재 수리업 분야에 대한 국가적 지원과 홍보를 강화하여 관련 전문인력을 지속적으로 배출·양성할 수 있는 제도적 장치를 확대할 필요가 있다.

2) 감리제도 보완과 문화재수리기술자·기능자 등록제도 도입

문화재수리 등에 관한 법률 제3장 제4절 감리 제38조에 따르면 발주자는 그가 발주하는 문화재 수리의 품질 확보 및 향상을 위하여 문화재 감리업자로 하여금 감리를 하게 하여야 한다고 명시되어 있다. 최근 개정되기 전의 법률 시행령 제20조에서는 문화재 수리 예정 금액이 5억원 이상인 문화재 수리(동산문화재의 경우 제외, 지정·가지정 문화재의 경우 7억원 이상)만을 문화재 감리업자로 하여금 감리를 하게 하여야 할 대상으로 명시하였다.

그러나 문화재청은 문화재 수리 체계의 전반적 개선을 위해 2016년 12월 17일부터 개정된 문화재수리 등에 관한 법률 시행령을 시행하였다. 새로 바뀐 법령에서는 문화재 수리 의무감리 대상을 기존 5억원 이상 지정문화재 공사에서 3억원 이상의 공사로 확대하였다. 또한 수시로 또는 필요한 때 문화재 수리 현장에서 비상주 감리하는 업무를 수행하는 문화재 감리원이 기존의 10개 이하의 문화재 수리 현장을 비상주 감리할 수 있도록 한 것에서 5개 이하로 축소 조정하여 보다 심층적인 관리·감독을 수행하도록 하였다.

최근 문화재 보수정비 규모가 커지면서 관련 공사비도 증가하였을 것으로 예상되지만, 상당수의 문화재 수리 공사는 3억원 미만의 소액 공사가 주를 이룰 것이다. 비록 개정 법률안이 이전의 제도보다 감리 기준이 강화되긴 하였으나, 공사 규모를 감안하면 여전히 대부분의 문화재 수리 공사가 감리 대상에서 제외되어 있다고 볼 수 있다. 문화재 수리는 일반 건축물의 수리와는 다르기 때문에 공사의 투명성 제고와 품질 향상을 위해 모든 문화재 수리 공사에 의무 감리제도를 도입하는 방안을 적극 검토가 필요가 있다.

한편 문화재 수리 공사 과정에서 가장 많이 문제가 되는 부분은 문화재 수리 기술 자격증을 불법으로 대여받은 비전문가들이 수리 현장에 투입되는 것이다. 근본적인 문제는 문화재수리기술자·기능자 수가 부족하기 때문이지만 법률상의 문제도 도외시할 수 없다. 문화재 수리업체가 등록할 때 한 사람의 자격증을 둘 이상의 업체에서 자신들이 보유한 문화재수리기술자·기술자 명단에 올린다거나,[52] 자격증을 불법으로 대여하여 수리업체 등록을 마친 후에 실제로는 비전문가가 문화재 보수 공사 현장에 투입되는 경우가 비일비재하게 발생하고 있다.

현재는 문화재수리기술자·기능자 자격을 신고하고 관리하는 규정이 없어, 실제 공사 참가자의 명단을 확인할 때도 자격증을 불법 대여한 사람이 중복되어 올라왔는지를 확인하기 어렵다. 문화재수리기술자·기능자의 자격증 불법 도용 문제를 해결하기 위해서라도 문화재수리기술자·기능자의 근무처, 경력, 학력 및 자격 등을 신고하도록 하고, 문화재청이 경력 등에 관한 상세한 데이터를 확보해야 한다. 현행 법률은 문화재수리기술자·기능자들의 경력 관리에 대한 관련 규정이 없어 실질적인 경력 관리가 어려운 게 현실이다. 문화재 수리업 등록 기준에 필요한 기술 인력 외 기술자, 기능자들의 자격증 대여나 중복 취업 여부에 대한 모니터링이 어렵고, 문화재 수리업자가 공사 규모나 중요도와 관계없이 무차별적으로 문화재수리기술자·기능자를 공사 현장에 배치하는 등의 이유로 문화재 수리 품질 관리에 어려움이 따르고 있다. 문화재수리기술자·기능자가 경력 및 자격 등을 신고하고 증명서를 발급받는 제도가 도입되면 공사 규모나 중요도에 따라 적정 경력을 가진 기술자·기능자 배치가 가능해짐으로써 문화재 수리의 전문성과 품질 향상에도 도움이 되고, 경력별 기술 인력 파악이 가능해짐으로써 인력의 수요와 공급, 기술자 우대, 보호 정책 수립에도 활용할 수 있을 것이다. 또한 수리업체 내에서도 체계적으로 직원을 관리할 수 있으며, 기술자, 기능자들 또한 경력을 공인받음으로써 자신의 경력을 관리하고 발전시킬 수 있게 될 것이다.[53]

최근 이와 같은 문제점을 보완하고자 하는 법률 개정안이 마련되었다.

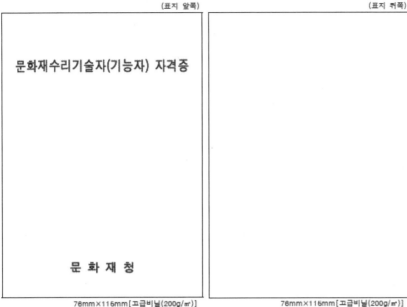

그림 6.4 문화재수리기술자 자격증(문화재수리 등에 관한 법률 시행규칙 별지 제4호 서식)

2016년 2월 3일 개정되어 2019년 2월 4일 시행 예정인 '문화재수리 등에 관한 법률안' 제13조의 2(문화재수리기술자 등의 신고)에는 "문화재수리기술자 및 문화재수리기능자로서 경력·학력·자격 및 근무처 등을 인정받으려는 자는 문화재청장에게 신고하여야 한다"는 규정이 명시되었다. 이에 따라 신고를 받은 문화재청은 문화재수리기술자 등의 경력 등에 관한 기록을 유지·관리하여야 하며, 관련 증명서를 발급하도록 하였다. 제14조의 2(문화재수리 능력의 평가 및 공시)에 의하면 문화재청장은 발주자가 적절한 문화재수리업자를 선정할 수 있도록 하기 위하여 문화재수리업자의 신청이 있는 경우 문화재수리의 능력을 평가하여 공시하도록 하였다. 또한 제14조의 3(문화재수리업자 등의 정보관리 등)에서 문화재청장은 문화재수리업자 등의 자본금, 경영실태, 문화재수리 등 실적, 기술인력 보유현황, 문화재수리에 필요한 자재·인력의 수급상황 등의 정보를 종합적으로 관리하고, 이를 종합적·체계적으로 관리하기 위하여 문화재수리종합정보시스템을 구축·운영할 수 있다고 명시하였다. 이로써 문화재 수리와 관련한 수리업자의 경력 관리가 가능해질 것으로 기대된다.

핵심용어

건축문화재 기념물 중 건축물과 건조물의 일부가 건축에 해당하는 문화재라고 할 수 있다. '기념물(記念物, Monuments)'은 무언가를 기념하기 위한 것으로서, 역사와의 관련성을 통해 기억을 간직한 물자체(物自體)를 가리키는데, 그중에서 '건축물(建築物)'은 예술 작품'의 의미를 지닌 것이고, '건조물(建造物, 建物, Building)'은 인간에 의해 만들어진 구조물로서 역사적 가치를 지닌 것이라 볼 수 있다.

문화재 수리 문화재와 그 주위의 시설물 또는 조경의 보수·복원·정비 및 손상 방지를 위한 제반 조치를 총체적으로 일컫는다.

수복(restoration) '회복하다'란 의미로 탈락, 위치 변형 등의 물리적 손상을 바로잡는 '수리(repair)'와 전체와 부분이 유기적 관계를 갖고 있는 미적 대상으로서의 '회복'을 포함하는 개념이다.

베니스 헌장(Venis Charter) 1964년 5월 이탈리아 베니스에서 국제 역사기념물 건축가 및 기술자 협회의 회원들이 모여서 만든 기념물과 유적의 보존·수복을 위한 국제헌장으로, 추측이 배제된 최소한의 복원 원칙과 복원 시 원래 유적과의 구별 지침 등을 제시하였으며, 최근까지도 세계 각국의 건축물과 유적의 보존·복원 등과 관련된 가장 영향력 있는 원칙으로 작용하고 있다.

가역성 보수 이전의 상태로 되돌릴 수 있어야 한다는 원칙이다.

진정성 문화유산이 지닌 가치에 대한 정보의 원천이 재료와 양식, 기술 등에서 신뢰성과 진실성을 갖추고 있느냐를 판단하는 기준으로, 국제 사회에서는 세계유산 등재뿐 아니라, 문화유산의 보존·관리에 대한 전반적인 원칙과 당위성을 이야기할 때 반드시 검토해야 할 요소로 평가되고 있다.

나라 문서(Nara Document) 1994년 11월 일본 나라에서 열린 '세계유산협약과 관련된 진정성에 관한 회의'에 참가한 45명의 전문가에 의해 작성된 것으로 1964년 베니스 헌장의 정신을 기초로 현대의 문화유산에 대한 관심과 이해의 폭을 넓히고자 한 것이며, 특히 모든 상대방의 문화적 가치의 정당성을 인정함으로써 각각의 문화 다양성과 문화유산의 다양성에 대한 존중이 필요함을 역설한 원칙이다.

문화재수리 등에 관한 법률 문화재 수리·실측설계·감리와 문화재 수리업의 등록 및 기술관리 등에 필요한 사항을 정함으로써 문화재 수리의 품질 향상과 문화재

수리업의 건전한 발전을 도모함을 목적으로 문화재보호법에서 분법, 제정된 법률로, 2011년 2월 5일부터 시행하고 있다.

역사적 건축물과 유적의 수리복원 및 관리에 관한 일반원칙 문화재청에서 역사적 건축물과 유적의 역사적·예술적·학술적·경관적 가치의 바람직한 보존·전승에 기여함을 목적으로 2009년 9월 제정한 원칙이다. 서문과 총칙, 그리고 수리·복원·관리에 관한 사항을 규정한 장 등으로 구성되어 있다.

요약정리

◉ 문화재보호법에서는 유형문화재의 성격에 따라 건조물 / 기념물 / 유적 / 유물 등으로 분류하고, 건조물은 다시 시대에 따라 고건축 / 근대건축으로 나누고 있다. 이 장에서 다루고자 하는 문화유산의 수리와 복원 등과 관련된 건축문화재는 대부분 고건축에 해당한다.

◉ 건축문화재는 시대와 지역, 기능 등에 따라 특징적인 양상을 띠며 발달해 왔다. 건축물들은 실용성을 바탕으로 예술적인 장식을 가미하였기 때문에 그 자체로서 독립적인 물질적·정신적 유산 가치를 지니고 있다. 그뿐만 아니라 주변 환경과도 적절히 조화를 이루고 있기 때문에 문화유산으로서의 중요성은 한층 더 크다고 평가할 수 있다.

◉ 이러한 가치와 중요성을 지닌 문화유산이기에 세계 각국이 건축문화재를 온전히 보존하여 계승하기 위한 갖가지 원칙과 헌장들을 만들어 그 관리에 심혈을 기울이고 있다.

◉ 문화유산의 보존은 르네상스 이후 예술 개념의 형성, 역사성에 대한 새로운 인식 등을 토대로 근대 사회의 태동과 함께 발전된 분야로, 문화유산의 보존을 둘러싼 논쟁은 현대 보존 철학의 근간이자 보존 이론 형성의 토대가 되어 1964년 '베니스 헌장'과 1994년 '진정성에 관한 나라 문서' 등이 제정되었다.

◉ 문화재청은 건축문화재의 효율적 보존과 관리를 도모하고자 2010년 2월 4일 '문화재수리 등에 관한 법률'을 제정하고, 2011년 2월 5일부터 시행하고 있다. 이 법은 문화재 수리·실측설계·감리와 문화재 수리업의 등록 및 기술관리 등에 필요한 사항을 정함으로써 문화재 수리의 품질 향상과 문화재 수리업의 건전한 발전을 도모함을 목적으로 제정·시행된 것이다.

- 문화재청에서 역사적 건축물과 유적의 역사적·예술적·학술적·경관적 가치의 바람직한 보존·전승에 기여함을 목적으로 2009년 9월 '역사적 건축물과 유적의 수리복원 및 관리에 관한 일반원칙'을 제정하기도 하였다. 여기서는 유적 보존에 대한 원형 유지 원칙과 문화재 수리의 최소화 원칙을 천명함으로써 무차별적으로 진행되고 있는 국내 문화재 수리의 실상을 경계하고 있다.

- 국가지정문화재를 수리하기 위한 절차로는 우선 문화재청장 및 해당 시·도지사가 보수 공사가 필요한 문화재를 선정하고 수리복원 계획을 세운 후 문화재위원이 현장을 조사하고 필요한 지침을 세운다. 다음 해당 관청에서 문화재실측설계업체를 선정하여 세부시행계획에 따라 실측설계를 시행한 후 사업 승인을 받고 문화재 보수 수리 업체를 선정한다. 선정된 업체는 지침에 따라 공사를 실행하며 문화재 담당 공무원과 감리업체의 감리업자가 준공검사 및 준공 전체를 감리하는 것으로 완료된다.

- 문화재청에서 관련 법률과 원칙을 제정하여 건축문화재 보존·관리의 문제점을 개선하려는 노력을 기울이고 있음에도 불구하고 여전히 문화재 수리 전문 인력이 부족하고 그들을 효율적으로 관리하거나 감독하는 제도가 미흡한 점 등의 문제가 존재한다.

생각해 볼 거리

▶ 우리나라 문화재 중 건축문화재가 갖는 의미와 중요성에 대해 자유롭게 얘기해 보자.

▶ 세계 각국이 건축문화재를 보호하기 위해 제정한 헌장이나 원칙 등으로 어떠한 것들이 있는지 조사하고 그 특징들에 대해 논의해 보자.

▶ 건축문화재의 수리와 보존에 관한 논쟁의 역사를 살펴보고 보존 철학적 관점에서 각각의 의미에 대해 토론해 보자.

▶ '문화재수리 등에 관한 법률'의 제정 취지와 목적, 효과 등에 대해 논의해 보자.

▶ 숭례문 복구 과정에서 드러난 건축문화재 수리의 문제점에 대해 얘기해 보고, 우리나라 특성에 맞는 수리·복원 방향 또는 원칙에 대해 토론해 보자.

▶ 건축문화재 수리와 관련된 핵심 문제가 무엇인지 자유롭게 논의하고 합리적 개선 방안에 대해서도 토론해 보자.

제7장

미래를 위한 대비, 등록문화재의 관리

이 장의 목표 ···

문화유산 가운데 그 연대가 현재와 가장 가까운 근·현대 문화유산 중 보존과 활용을 위한 조치가 특별히 필요하다고 판단되어 등록한 등록문화재의 특성과 등록 절차, 관리 제도 및 개선 방안 등에 대하여 알아보고자 한다.

등록문화재 제도는 문화재 지정제도의 보완 조치로서 신고제와 지도, 조언, 권고를 기본으로 하는 문화재 보호제도이다. 등록문화재는 지정문화재와 달리 등록 이후에도 외관을 크게 변화시키지 않는 범위 내에서 내부를 우리의 일상생활에 맞게 다양하게 활용할 수 있고, 수리 시 국고 지원을 받을 수 있는 등 다양한 혜택이 주어지는 특징이 있다.

따라서 등록문화재 제도가 어떠한 이유에서 도입되었는지 그 배경을 알아 두어야 하고 무수한 근현대유산 중 어떤 것을 등록문화재로 지정하는지에 대한 기준에 대해서도 알아 둘 필요가 있다.

또한 등록문화재는 그 관리와 수리를 소유자나 관리자가 직접 하는 것이 원칙인데, 이는 지정문화재와는 확연한 차이가 있다. 또한 등록문화재 제도의 활성화와 다양한 활용을 보장하기 위하여 정부는 등록문화재의 소유자 등에게 수리비 지원, 세제 감면, 건축물의 건폐율과 용적률 완화 등의 혜택을 주기도 한다.

그럼에도 불구하고 등록문화재 제도는 그 취지에 비해 활성화되지 못한 측면이 있기 때문에 서울시 등에서는 시민들의 자발적 참여를 특징으로 하는 미래유산 제도를 도입하여 실행하고 있다.

이처럼 가장 현재와 시간적 친연성이 깊은 등록문화재 제도와 관련된 특성과 도입 배경, 제도 운영상의 차별성 등을 살펴봄으로써 등록문화재에 대한 이해의 폭이 한층 넓어질 수 있을 것으로 기대한다.

1 등록문화재 제도의 개념과 도입

1) 등록문화재 제도의 특징

문화재보호법 제53조(문화재의 등록)에서 문화재청장은 문화재위원회의 심의를 거쳐 지정문화재가 아닌 문화재 중에서 보존과 활용을 위한 조치가 특별히 필요한 것을 등록문화재로 등록할 수 있도록 하였다. 동법 시행규칙 제34조 제1항에서는 등록문화재의 지정 기준으로 '50년 이상이 지난 것'을 명시하고 있다. 이로써 훼손 및 멸실 위기에 처한 근·현대의 문화유산을 보존할 수 있는 법적·제도적 보존의 틀이 마련되었다고 할 수 있다.

등록문화재 제도는 문화재 지정제도의 보완 조치로서 신고제와 지도, 조언, 권고를 기본으로 하는 문화재 보호제도이다. 건조물 또는 시설물 중 국가나 시·도지사가 지정한 지정문화재가 아닌 것을 보호 대상으로 하며, 그 문화재로서의 가치에 비추어 보호 조치가 필요한 것을 폭넓게 등록하고, 완화된 보호 조치를 취함으로써 소유자의 자주적인 보호에 기대하는 제도이다.[54]

이러한 제도의 취지에 입각하여 문화재보호법은 국가지정문화재 또는 시·도지정문화재의 현상변경에 대하여는 허가 제도를 채택하여 강력한 규제를 하는 반면, 등록문화재의 현상변경에 대하여는 신고 제도를 채택하여 필요한 최소한의 규제를 가하는 정도에 머물고 있다. 이와 아울러 등록문화재의 소유자와 관리자 등은 문화재청장에게 등록문화재의 관리 및 수리에 관련된 기술 지도를 요청할 수 있도록 하고 있다. 이것은 등록문화재 현상변경의 경우 지정문화재와 달리 원칙적으로 금지되는 것이 아니라, 그 보호를 위하여 필요하다고 인정되는 경우에 한하여 문화재청장의 등록문화재 현상변경에 대한 지도, 조언, 권고 등의 권한 행사가 가능한 제도라고 할 수 있다.

또한 등록문화재는 지정문화재와 달리 등록 이후에도 외관을 크게 변화시키지 않는 범위 내에서 내부를 우리의 일상생활에 맞게 다양하게 활용할 수 있고, 수리 시 국고 지원을 받으며, 국세 및 지방세 등의 다양한 혜택이 주어지고 있다.

2) 등록문화재 제도의 도입 배경

문화재보호법은 1962년 제정 이래로 '지정제도'를 중심으로 하는 문화재 보호제도를 채택하고 있다. '지정제도'란 문화재 중 특히 중요하다고 인정되는 보호 대상 문화재를 지정하고, 그 문화재의 보호를 위하여 소유자의 재산권에 일정한 공법적 제한을 가하는 제도를 말한다.[55] 다시 말해서, '지정제도'의 취지는 문화재 중 극히 가치가 높은 것을 선정, 국가의 강한 규제와 지원을 통하여 영구적으로 보존하고자 하는 것이다.

그러나 21세기 문화 환경의 변화, 즉 현대인의 문화적 정체성을 형성해 온 근대화 과정에서 파생된 경제적·사회적·문화적 증거물(근대문화유산)의 보존과 역사적 의미의 재해석 작업이 진행되면서 산업 및 공업 시설과 생산물, 모더니즘 예술, 대중문화 등 전통 사회에 기반하여 문화재를 바라보던 관점에서 보면 문화재라고 인식하지 못했던 것들이 문화재로 인식되게 되었고, 이들 문화재의 보호제도로서의 지정제도가 한계에 봉착하게됨에 따라 문화재 보호 방법에 대한 다양화의 도모가 요구되게 되었다. 이러한 상황을 반영하여 문화재청은 2001년 문화재보호법을 개정하여 신고제도와 지도, 조언, 권고를 기본으로 하는 완만한 보호 조치를 취하는 근대문화유산의 '등록문화재' 제도를 도입하게 되었다. 이것은 동산 문화재 보호의 보완 조치로서 등록제도가 폐지(1984.12.31)된 이후 등록제도로서는 두 번째 도입이고, 건조물 문화재 보호의 보완 조치로서 집단적 전통 건조물의 보호제도인 전통건조물보존법 폐지(1999.7.1) 이후 건조물 보호제도로서도 두 번째 도입이다. 특히, 등록문화재 제도의 등록 대상이 근대문화유산 중 건조물 또는 시설물에 한정되게 되었던 것은 근대 건조물의 경우 근대화 과정을 거치면서 전래의 역사와 관련되는 문화유산이 전승된 것도 있는 반면, 외래 문화가 이입되어 이루어진 것도 있고, 심지어 근대 사회로 들어서면서 그 이전 시대에 존재하지 않던 과학 기술이 접목되어 이루어진 것도 있어서[56] 그동안 그 가치를 충분히 인정받지 못하여 극히 일부만이 보호되고 있을 뿐, 대부분은 사회 변동과 생활양식의 변화, 기술 혁신, 경제의 효율성 등으로 이미 멸실되었거나 사라질 위기에 처하였기 때문에, 이들의 보호가 시급하였음에 기인한다.[57]

문화재청은 등록문화재 제도의 도입과 더불어 2001년 5월부터 근대문화유산 조사 및 목록화 사업을 추진함과 동시에 2001년 6월부터 건축물 등 근대문화유산 현지 조사 및 등록 추진 사업에 착수하여 2017년 말 기준 총 724건의 문화재를 등록, 관리하고 있다.[58]

2 등록문화재의 등록

1) 등록문화재의 등록 대상

등록문화재의 등록 대상은 앞서 살펴본 대로 지정문화재가 아닌 건조물 또는 기념이 될 만한 시설물 형태의 문화재 중에서 보존 및 활용을 위한 조치가 필요한 것이라 명시되어 있다. 이것은 국토 개발, 경제 개발 등에 의하여 특히 근대 건조물 또는 시설물 형태의 문화재 파괴가 심각한 상태에 이르러 이를 보호하여야 한다는 학계 등의 강력한 요망에 따른 것이다.

이와 아울러 등록문화재 제도는 지정제도를 보완하는 제도이기 때문에, 문화재청 또는 시·도지사에 의하여 이미 지정된 문화재는 대상에서 제외하고 있으며, 당해 등록문화재가 문화재청장 도는 시·도지사에 의하여 지정문화재로 지정된 때에는 그 등록의 효력을 상실하도록 하고 있다.

또한 등록문화재 제도의 도입 배경을 고려할 때에 등록 대상은 주로 근대 건조물 등이 중심이 되고 있다. 그러나 2004년도 문화재보호법 개정 시에 등록 대상을 변경, 확대함으로써 2005년 7월 1일 이후부터는 동산 문화재도 등록 대상에 포함되게 되었다. 문화재청은 등록문화재의 보존 가치를 중심으로 10개의 유형별로 분류, 관리하고 있는데, 종교시설, 업무시설,

그림 7.1 구 곡성역사(등록문화재 제122호, 출처: 문화재청)

교육시설, 주거숙박시설, 생활편익시설, 문화집회시설, 의료시설, 산업시설, 공공용시설, 인물기념시설 등이 그것이다.

2) 등록문화재의 등록 기준과 절차

문화재보호법에서는 등록문화재의 등록 기준을 지정문화재가 아닌 건조물 또는 시설물 중 원칙적으로 건설 후 50년 이상이 경과한 것으로서 다음 항목 중 하나를 충족하는 것으로 한정하였다. 첫째, 역사, 문화, 예술, 사회, 경제, 종교, 생활 등 각 분야에서 기념이 되거나 상징적 가치가 있는 것, 둘째, 지역의 역사·문화적 배경이 되고 있으며, 그 가치가 일반에 널리 알려진 것, 셋째, 기술 발전 또는 예술적 사조 등 그 시대를 반영하거나 이해하는 데에 중요한 가치를 지니고 있는 것이 그것이다. 다만, 위에 해당하는 것 중에서 건설·제작·형성된 후 50년 이상이 지나지 아니한 것이라도 긴급한 보호 조치가 필요한 것은 등록문화재로 등록할 수 있다.

등록문화재의 등록 절차는 다음과 같다. 먼저, 등록 기준에 해당하는 문화재의 소유자, 관리자 또는 당해 문화재의 소재지 관할 지방자치단체의 장은 등록 취지, 문화재의 종별·명칭·연혁·수량·소재지, 문화재의 소유자·관리자 또는 점유자의 성명 및 주소 등 등록에 필요한 사항을 기재한 서류를 첨부하여 시장, 군수, 구청장 및 시·도지사를 거쳐 문화재청장에게 신청하여야 한다. 등록 신청을 받은 문화재청장은 국가지정문화재의 지정 절차와 동일한 절차를 거쳐 등록문화재 대장에 등록한다. 또한 문화재청장은 등록문화재를 등록한 때에는 이를 관보에 30일 이상 고시함과 동시에 소유자 등에게 통지하고 등록증을 교부한다. 등록은 관보에 고시한 날로부터 효력이 발생하지만, 소유자에 대하여는 통지한 날로부터 효력이 발생한다.

문화재청장은 등록문화재에 대하여 그 보존 및 활용의 필요가 없거나 그 밖에 특별한 사유가 있는 때에는 그 등록을 말소할 수 있으며, 등록문화재가 지정문화재로 지정된 경우에도 그 등록은 효력이 상실된다. 이상의 등록문화재 등록과 말소 등의 제반 절차는 국가지정문화재의 절차를 준용한다.

---

3 등록문화재의 관리

1) 등록문화재의 수리

등록문화재의 소유자 또는 관리자 등은 등록문화재의 원형 보존에 노력하여야 한다. 또한 문화재청장은 등록문화재의 소유자가 분명하지 않거나 그 소유자나 관리자가 등록문화재를 관리할 수 없는 경우에는 지방자치단체나 그 문화재를 관리하기에 적당한 법인이나 단체 중에서 관리자를 지정하여 이를 관리하게 할 수 있다. 그리고 등록문화재의 소유자나 관리자 또는 등록문화재 관리단체는 문화재청장에게 등록문화재의 관리 및 수리와 관련된 기술 지도를 요청할 수 있도록 하고 있다. 즉, 등록문화재의 관리, 보수·복원, 이를 위한 실측설계 및 손상을 방지하기 위한 조치에 필요한 기술적 지도 및 조언을 요청할 수 있다.

그림 7.2 고희동 가옥(등록문화재 제84호) 수리 후 모습(출처: 문화재청)

등록문화재의 수리는 소유자가 행하는 것이 원칙이다. 다만, 당해 등록 문화재의 관리단체가 지정되어 있는 경우에는 관리단체가 행하게 된다. 또한 국가가 등록문화재의 수리 비용을 보조한 때에는 이를 감독할 수 있다.

2) 등록문화재 소유자 등의 의무

등록문화재의 소유자나 관리자 또는 등록문화재 관리단체는 등록문화재 대장을 비치하고 등록문화재에 대한 보존·관리 및 변경 사항, 등록문화재의 건폐율과 용적률에 관한 특례 적용사항 등을 기록·보존하여야 한다.

또한 이들은 당해 문화재에 관하여 관리자를 선임하거나 해임한 경우, 소유자가 바뀌거나 소유자 또는 관리자의 주소가 변경된 경우, 소재지의 지명·지번·지목(地目)·면적 등이 변경되었거나 보관 장소가 변경된 경우, 전부 또는 일부가 멸실·유실·도난 또는 훼손된 경우, 허가(변경 허가 포함)를 받고 그 문화재의 현상변경 행위에 착수하거나 완료한 경우, 허가받은 문화재를 반출하였다가 반입한 경우 등에는 그 사유가 발생한 날로부터 15일 이내에 그 사실 및 경위를 시장, 군수, 구청장에게 신고하여야 하며, 신고받은 시장, 군수, 구청장은 그 사실을 시·도지사를 거쳐 문화재청장에게 보고하여야 한다.

한편 동산에 속하는 문화재를 제외한 등록문화재에 관하여 외관의 4분의 1 이상에 이르는 디자인, 색채, 재질 또는 재료 등을 변경하는 행위 또는 다른 곳으로 이전하거나 철거하는 행위, 그리고 동산에 속하는 등록문화재를 수리하거나 보존 처리하는 행위를 하려는 자는 변경하려는 날의 30일 전까지 관할 특별자치시장, 특별자치도지사, 시장·군수 또는 구청장에게 신고하여야 한다. 신고를 받은 특별자치시장, 특별자치도지사, 시장·군수 또는 구청장은 그 사실을 시·도지사를 거쳐 문화재청장에게 보고하여야 한다. 이 경우 문화재청장은 등록문화재의 보호를 위하여 필요하면 신고된 등록문화재의 현상변경에 관하여 지도·조언 및 권고 등을 할 수 있다. 단, 건축물의 건폐율이나 용적률에 관한 특례 적용을 받은 등록문화재와 국가로부터 보조금을 지원받은 등록문화재, 그리고 등록문화재의 소유자가 국가 또는 지방자치단체인 등록문화재를 현상변경 하고자 하는 경우 반드시 문화재청장의 허가를 받아야 한다. 문화재청장은 어떠한 조건이든 그 허가 신청 대상 행위가 등록문화재의 기본적인 양식, 구조 및 특성에 영향을 미치지 않는 경우에만 허가하여야 한다.

3) 등록문화재의 지원

등록문화재는 그 등록 이후에도 지정문화재와 달리 외관을 크게 변화시키지 않는 범위 내에서 내부를 우리의 일상생활에 맞게 다양하게 활용할 수 있는 제도이다. 이러한 등록문화재 제도의 운영 활성화와 다양한 활용을 보장하기 위하여 당해 등록문화재의 소유자 등에게 혜택을 부여하고 있다. 예컨대, 등록문화재의 수리 등에 국가보조금(5:5)을 지원하고(문화재보호법 제28조 제1항 제3호, 동법 제42조의 6 제2항), 세제 감면 조치로서 국세의 경우 소득세법에 의한 1세대 1주택 특례와 상속세 및 증여세법에 의한 상속세 징수 유예를, 지방세의 경우 지방세법 및 시군구 감면 조례에 의한 재산세 50% 감면과 종합토지세 과세표준액의 50% 감면 조치를 해 주고 있다. 또한 등록문화재인 건축물이 있는 대지 안에서의 건폐율과 용적률은 국토의 계획 및 이용에 관한 법률 제77조부터 제79조까지의 규정에도 불구하고 해당 용도 지역 등에 적용되는 건폐율 및 용적률의 150% 이내에서 완화하여 적용할 수 있도록 혜택을 주고 있다.

4 미래유산 제도

1) 미래유산 제도의 필요성

등록문화재 제도의 도입으로 전통 문화유산뿐 아니라 근·현대 문화유산에 대한 보존과 활용의 근간이 마련되었다는 점은 문화재 보호 차원에서 긍정적으로 평가할 만하다. 그러나 문화재 지정제도를 적용하고 있지 않음에도 불구하고 제도 자체에 대한 이해나 홍보가 부족하여 소유자가 등록을 기피하거나, 그로 인해 등록문화재의 등록 활성화 및 활용도가 기대에 못 미치고 있는 점 등을 인정할 수밖에 없다. 제도적으로 등록문화재 수리비 지원 기준이 마련되지 못한 점, 현상변경 신고에 따른 적절한 보호 조치와 사후 관리가 미흡한 점 등도 문제점으로 꼽히고 있다.

2017년 말 기준 724건이 등록문화재로 등록되어 있는 것은 지정제도가 아닌 등록제도의 특성에 비하면 결코 많다고 볼 수 없다. 이는 등록문화재의 등록을 인정하는 주체가 문화재청이며, 전문가에 의한 선정 절차와 문화재위원회의 심의 등 절차적인 측면에서 여전히 관 주도로 엄격히 적용되기 때문이라 생각된다.

이러한 등록문화재 제도의 보완책으로 대두되고 있는 대표적인 사례가 서울시에서 시행하고 있는 미래유산 제도이다. 미래유산은 시민과 시민단체, 전문가 등에 의해 상시적인 제안과 발굴, 신청이 가능하고, 지방자치단체도 분기별로 신청할 수 있도록 되어 있다. 이렇게 시민 등에 의해 제안된 예비 후보에 대해 사실 검증 및 기초 현황 조사를 실시한 후 그 기준을 충족한다고 판단되면 시민공청회 등을 통해 미래유산 소유자에게 사업 취지를 설명하고, 소유자가 동의하는 경우에 최종 미래유산으로 선정하는 절차를 거치게 된다. 이처럼 미래유산의 선정 주체가 지자체이고, 선정 과정도 시민들의 적극적인 참여를 독려하는 방식으로 이루어진다는 점에서 등록문화재 제도와는 실질적인 차이를 보인다.

2) 미래유산 제도의 도입 배경

서울시에서는 2004년 '근대문화유산 목록화 및 보존활용방안 연구'를 진행하여 조사 대상 710건 중 홍난파, 이상 등 근대 인물과 관련된 문화유산 16건을 제외하고는 소유주의 철거(박목월 옛집, 현진건 생가)나 자연 재해(김수영 가옥) 등으로 멸실·훼손된 것을 확인했다. 미래 세대와 공유하고 미래의 창조적 자산이 될 근현대 문화유산이 잊혀지거나 사라지고 있어 이에 대한 보존의 필요성을 느낀 서울시는 2012년 '근현대 유산의 미래유산화 기본구상'을 통해 역사적 인물의 생가나 묘지, 근대기 외국인 유적, 근대화 경제성장 과정의 구로공단·창신동 봉제공장이나 달동네의 시민 생활상 등 격동하는 근·현대사의 무대였던 서울의 수많은 역사적 사건과 현장, 인물의 발자취나 생활상 등을 체계적으로 발굴·활용하겠다는 계획을 발표하였다.[59]

'근현대 유산의 미래유산화 기본구상' 발표 이후 같은 해 9월 서울시 '미래유산 보존위원회 구성·운영계획'이 마련되어 2012년 10월 언론계, 역사계, 문화예술계, 시민단체 등으로 구성된 57명의 미래유산 보존위원회가 조직되었다. 또한 정책 방향에 맞춰 유관 기관을 통한 미래유산 연구도 진행이 되었는데, 2012년 8월 '서울 미래유산 보전 종합계획 수립 연구'를 시작으로 2013년에는 '근현대사 주요 유산 보존 및 활용 연구', 2014년에는 '미래유산 발굴 및 스토리텔링 조사 연구', 2015년에는 '서울 미래유산 발굴 및 세부보전 연구'가 진행되었다. 특히 서울시 문화관광 디자인본부에서는 2014년 10월 '서울시 미래유산 보전 종합계획(안)'에서 미래유산의 보전을 위한 '미래유산 보전방안 가이드'를 통해 미래유산의 보전 방식 및 방법에 관해 구체적으로 제안하였다.[60]

3) 미래유산의 개념과 선정 기준

서울시는 미래유산을 "문화재로 등록되지 않은 서울의 근현대 문화유산 중에서 미래 세대에게 전달할 만한 가치가 있는 유·무형의 모든 것으로, 서울 사람들이 근현대를 살아오면서 함께 만들어 온 공통의 기억 또는 감성으로 미래 세대에게 전할 100년 후의 보물"이라고 정의하였다. 또한 미래유산의 선정 기준을 다음에 해당하는 것으로 구체화하였다.

① 정치, 경제, 사회, 문화 또는 도시·건축의 역사에 있어 중요한 인물이나 사건 등을 이해하는 데 현저하게 도움이 되는 것
② 서울을 소재 또는 배경으로 하는 작품 또는 서울 사람들에게 널리 알려진 기념물
③ 특색 있는 장소 또는 경관으로서 서울 사람들에게 널리 알려진 것
④ 서울의 생활문화를 이해하는 데 있어 현저하게 도움이 되는 것

미래유산의 유형은 문화적 활동을 통하여 산출된 유형의 물건을 뜻하는 문화적 인공물, 문화적 활동을 통하여 산출된 행위·이야기, 문화적 인공물 또는 문화적 행위·이야기가 형성되는 물리적 배경 등으로 구분된다. 그리고 시민들이 근·현대를 살아오면서 간직한 추억과 감성을 지닌 유산, 끊임없이 발전하는 가치의 유동성을 담은 미래지향적 유산, 시민들의 사회적·정서적 합의에 기초한 유산이라는 특징을 갖고 있다.[61]

미래유산을 특징짓는 개념어로 시민의 '공통 기억', '공유'와 '공감'으로 정의되는 것은 주체자인 시민의 의식적 자세가 공공의 자산으로서 미래유산의 보전 가치 구축을 위해 가장 중요한 측면임을 나타낸다. 이는 미래유산은 기존의 지정문화재, 등록문화재와는 다른 관점에서 재생 가치와 방향성에 대한 해석이 필요하며, 동시에 미래유산의 공간 재생 방안의 중심에는 시민의 적극적 의식과 자발적 참여가 중심 동인임을 의미하기도 한다.[62]

겨우 살아남은 공씨책방

헌 책방 하면 떠오르는 대표적인 서점으로 '공씨책방'이 있다. 1972년 공진석 씨가 경희대학교 앞에서 처음 문을 연 '대학서점'이 바로 공씨책방의 시초였다. 1980년대 광화문 근처로 자리를 옮기며 전국 최대 규모 헌책방으로 명성을 날리기도 하였다. 그러나 1990년대 광화문 일대 재개발로 어쩔 수 없이 자리를 옮겨야 해서 고민하던 중에 당시 단골 중 한 명이던 박원순 현 서울시장이 신촌 쪽으로 옮기는 것이 좋지 않겠냐고 권유해 대학가인 창천동으로 이사를 했다는 일화가 있다. 1990년에 창립자인 공씨가 세상을 떠났지만 이듬해인 1991년 처제와 조카인 장화민 대표가 고인의 뜻을 이어받아 신촌으로 자리를 옮긴 뒤 최근까지 그 명맥을 유지해 온 것이다.

한때는 대학가는 물론이고 동대문시장 주변으로도 수많은 헌책방이 있어서 출간된 지 오래되어 서점에서는 살 수 없는 책을 찾거나 신간보다 조금이라도 싼 값에 책을 살 요량으로 헌책방을 찾는 사람들이 북새통을 이루던 때가 있었다. 그러나 요즘은 어느 곳에서도 찾아볼 수 없는 희귀한 서점이 바로 헌책방이 되어 버렸다. 하기야 컴퓨터나 스마트폰 자판만 두들기면 책보다도 훨씬 편하게 어떠한 자료라도 금방 찾을 수 있는 시대를 살고 있으니 새 책은 고사하고 구닥다리 같은 헌책이야말로 임자를 만나기가 훨씬 어려워졌을 것이다.

그림 7.3 서울시 미래유산 공씨책방(2013-14호, 출처: 서울특별시)

그럼에도 공씨책방에는 주인조차 몇 권의 책이 소장되어 있는지도 모를 정도로 많은 양의 책들이 쌓여 있었고, 몇몇 단골손님들은 여전히 옛날의 추억을 떠올리며 종종 책방을 들러 보고 싶은 책을 찾았다. 공씨책방이 소유한 책이 족히 10만 권은 된다 하고, 개중에는 200년이 넘은 조선시대의 고서들도 있다 하니 가히 우리나라 헌책방을 대표할 만하다.

그러나 수십 년간 신촌을 지켜 온 공씨책방도 최근 서울 시내를 휩쓸고 있는 젠트리피케이션 광풍의 소용돌이에서 벗어날 수 없었다. 2016년에 건물을 사서 들어온 새 주인이 기존의 월세보다 2~3배나 비싼 임대료를 요구했기 때문이다. 주인 입장에서 보면 세입자가 임대료를 감당할 수 없으면 당연히 내보낼 수밖에 없으니 공씨책방으로서도 달리 방도가 없었다. 억울한 심정에 소송을 진행하기도 했지만 돌아온 것은 장대표가 뇌출혈로 쓰러져 병원 신세를 진 일밖에 없었다.

공씨책방의 딱한 사연을 접한 일부 사

람들이 주변의 다른 가게를 알아보기도 하면서 서점을 유지할 방법을 찾아봤지만 현실은 녹록치 않았다. 사실 공씨책방은 보통의 헌책방이 아니라 서울시에서 그 가치를 인정해 2013년 미래유산으로 지정한 문화재나 다름없는 곳이었다. 이사를 가야하는 순간에도 책방 입구에는 서울시 미래유산임을 자랑하는 동판이 버젓이 걸려 있었다. 절박한 심정에 서울시에 대책이 없겠냐고 문의해 보았으나 "개인 간의 거래이므로 도와줄 방법이 없으니 이사 가실 때 동판을 잘 챙겨 가시라"는 답변만 들었다고 한다. 허울뿐인 미래유산 제도의 허점이 여실히 드러난 대목이라 할 수 있다.

본문에서 살펴본 대로 미래유산이란 "서울 사람들이 근현대를 살아오면서 함께 만들어 온 공통의 기억 또는 감성으로 미래 세대에게 전할 100년 후의 보물"을 뜻한다. 그러나 정작 미래의 보물을 지켜낼 제도적 장치는 활성화되지 못하고 있다. 미래유산 보호를 유도하기 위한 '민간단체 미래유산 매입 보전 지원' 제도나 '미래유산 가치 재발견을 위한 공모사업', 서울 소재 기업의 '1社 1유산 보전 활동 캠페인' 사업 등의 지원 방안이 없는 것은 아니지만 실제적인 예산 지원의 한계가 있기 때문에 공씨책방과 같은 문제가 발생하였

을 때 딱히 손쓸 방법이 없는 것이다.

다행히도 공씨책방은 최근 성동구가 만든 성수동 공공안심상가에 새롭게 보금자리를 틀었다. 젠트리피케이션 문제를 해소하기 위해 만들어진 이곳은 임대료가 인근의 60~70% 수준이어서 많은 사람들이 입주를 희망하고 있다. 공간이 비좁아서 신촌에 있는 책의 일부만 옮겨올 수밖에 없었고, 그나마도 책이 손상될까봐 일일이 손수 포장해서 이사를 하는 등 우여곡절이 많았다고 한다. 그래도 6대 1의 높은 경쟁률을 뚫고 입점에 성공한 장 대표 부부는 성수동에서 시작될 공씨책방의 새로운 출범에 즈음하여 어떻게 하면 성수동을 손님들이 찾게 할지 고민 중이지만 그저 단골손님들이라도 자주 찾아 주었으면 좋겠다는 바람으로 인사말을 대신했다.

이처럼 46년의 역사를 자랑하는 공씨책방은 어렵사리 우리 곁에 남게 되었다. 계약 기간이 10년이므로 십년 뒤에는 또 어떤 운명에 처할지 모르겠지만 그 사이에라도 서울시 미래유산에 대한 안정적인 지원 방안이 마련되었으면 좋겠다. 공씨책방이 오래된 헌책만을 보관하는 곳이 아니라 과거를 회상하는 뭇사람들에게 공통의 추억과 감성을 보관하는 공간으로 길이 기억될 수 있기를 기대해 본다.

4) 미래유산 제도의 활성화 방안

현재 서울시는 미래유산 제도의 발전을 위해 많은 지원 정책과 시민 참여 공모를 병행 실시하고 있다. 대표적으로 '기부금품의 모집 및 사용에 관한 법률' 제4조에 따라 미래유산을 보전하기 위해 시민단체가 주체가 되어 미래유산을 매입할 경우 매입비용의 50%를 지원받는 '민간단체 미래유

산 매입 보전 지원'이 있다. 또한 미래유산의 보전 가치 강화를 위한 사업에 민간단체의 참여를 유도하여 매칭하는 '미래유산 가치 재발견을 위한 공모사업'과 서울 소재 기업의 경우 1:1 기업과 유산을 연결하여 미래유산을 선정, 보전 및 활용을 유도하는 지원인 '1社 1유산 보전 활동 캠페인' 사업 등의 사례가 있다. 또한 미래유산 대상임을 외부에 표기함으로써 일상적 유산으로 발굴되지 않거나 잘 알려지지 않은 미래유산 대상에 대한 홍보는 물론 주민들로 하여금 자긍심을 고취시켜 의식적 동참과 자발적 보전을 유도하는 결과를 가져올 수 있는 '미래유산 선정 인증서 및 표식 부착 사업' 등도 진행 중이다. 이 밖에 시민단체를 통한 활동도 함께 진행하고 있다. 내셔널트러스트와 관련된 시민단체는 그 역량을 키우고 있으며, 협력 사업을 펼쳐 나갈 미래유산 보전 지원센터의 설치는 물론 미래유산을 대상으로 시범 사업을 추진 중이다.[63]

이상과 같은 서울시의 노력과 활동에도 불구하고 여전히 미래유산 제도가 활성화되지 못한 측면들이 드러나고 있다. 이에 몇 가지 문제점을 살펴보고 대안이 될 만한 실질적인 방안들을 제시해 보고자 한다.

(1) 안정적 예산과 기술 지원

미래유산 정책상의 문제점은 제도 도입 취지와는 달리 아직도 미래유산 선정 과정에서 시민들의 참여가 원활하지 않다는 점, 그리고 미래유산 소유주들의 부정적인 인식이 종식되지 않고 있다는 점 등을 들 수 있다. 이러한 인식은 미래유산 보존에 대한 법적 구속력을 갖추지 못한 상황에서 미래유산의 보존이 취약해지는 결과를 낳을 수밖에 없다. 따라서 제반 문제를 해결하기 위해서는 미래유산 지정을 규제로 인식하지 않을 수 있도록 하는 정책이 뒷받침되어야 하는데, 그에 대한 정책적 대안을 미래유산의 보존·활용에 대한 보조금 지급과 미래유산 관리 및 활용에 대한 기술 지원의 두 가지 측면에서 제시할 수 있다.

현재 서울시의 미래유산 정책 예산은 약 15억원 정도의 수준을 유지하고 있다. '서울특별시 미래유산 보존·관리 및 활용에 관한 조례'에는 "시장은 미래유산의 발굴과 보존 관리 및 활용 등에 관하여 행정적, 재정적 지원을 할 수 있다"라고 명시되어 있다. 미래유산 정책을 수립한 현 체제에서는 그렇다 치더라도 궁극적으로 미래유산 정책에 대한 예산이 언제까지 실효성을 가지고 투입될 수 있는지는 미지수이다. 경우에 따라서는 관련 예산이 줄어들 가능성을 배제할 수 없다. 또한 예산이 일부 미래유산에 편중되어 있어 현실적으로 지원이 필요한 소규모 자영업자들에 대한 혜택은 제대로 돌아가지 못하고 있는 실정이다.

따라서 미래유산 보존·관리를 위한 안정적인 예산을 확보하는 것이 무엇보다 중요하다. 그래야만 배정된 예산을 통해 미래유산 소유자들에게 보조금을 지급하여 미래유산 정책에 대한 긍정적인 인식을 제고하고, 스스로 문화재 보존을 위해 노력할 수 있는 환경을 만들 수 있을 것이다. 또한 특정 미래유산에 편중되어 있는 예산을 지정된 미래유산에 고루 배정하여 운용할 수 있다면 소유주들의 인식도 훨씬 개선될 수 있을 것이다. 지속적인 미래유산 보존 실태 파악을 통해 모범적으로 관리되고 있는 유산에 대해서는 보조금을 더 지원하는 등 차등 적용을 한다면 보존·활용에 유리한 요인으로 작용할 수도 있을 것이다. 미래유산을 소유하고 있는 사람들은 미래유산 지정을 재산권에 대한 규제로 인식할 수밖에 없기 때문에 더욱 그러하다.

2018년 초 기준 약 450개소의 미래유산이 지정되어 있는데, 그 가운데 70% 정도가 개인 소유의 미래유산이다. 개인 소유의 미래유산인 경우 그것이 미래유산임을 보여주는 표식도 제대로 부착되어 있지 않는 등 사람들이 미래유산으로 인식하기 힘든 부분들이 많이 있다. 이렇게 홍보와 활용이 제대로 이루어지지 않는 미래유산이 많이 있지만, 서울시에서는 체험코스를 지정하는 것 외에는 미래유산 활용에 대한 뚜렷한 해법을 제공하고 있지 못하다. 이런 상황에서는 미래유산의 활용이 특정 유명 건축물에만 국한될 수밖에 없다.

따라서 서울시에서 미래유산의 활용 방안에 대하여 충분한 가이드라인을 제시하고, 적극적인 관리와 활용을 원하는 소유자들에게는 기술적인 지원이 제공되어야 한다. 등록문화재의 경우처럼 미래유산 역시 적극적인 보존을 위해 관리에 대한 기술 지원을 요청할 수 있도록 하고, 현대유산을 다수 포함하고 있는 미래유산의 특성을 감안해 활용 방안에 대한 적극적인 지원이 이루어진다면 긍정적인 효과를 거둘 수 있을 것으로 기대된다.

(2) 스토리텔링과 답사 프로그램 개발

서울시는 2016년 미래유산의 종합적인 활용 방안을 마련하기 위해 서울시 산하 기관과 자치구 등에서 개별적으로 추진해 왔던 스토리텔링과 답사 프로그램에 대한 전수 조사를 실시하였다.[64] 기존의 프로그램 가운데 대표적인 것으로 종로구청은 역사문화관광 홈페이지를 운영하여 종로구 골목길 관광이라는 명목으로 여러 코스에 대한 정보를 제공하며 해설 프로그램도 운용하고 있다. 성북구 문화원은 조선시대부터 현대까지 '아픔'이 배어 있는 역사문화 탐방을 진행하고 있다. 탐방 시간은 두 시간 반 정도이고 3월에서 10월까지 운영하며 답사 프로그램을 위해 해설사 교육도 함께 하고 있다. 미래유산을 활용한 스토리텔링은 겉으로 드러나는 미래유산의 특성과 근현대를 살아온 서울시민의 기억과 감성이라는 내재되어 있는 미래유산의 가치적 특성을 종합적으로 고려하여 추진되어야 한다. 즉 스토리텔링의 대상이 되는 미래유산의 특성과 미래유산의 가치를 전달하는 스토리텔링 사업의 성격을 고려하여 각각의 유형에 가장 적합한 방안들을 찾는 것이 중요하다.[65]

시민들에게 미래유산 제도의 취지를 알리고 다가가기 위해서는 위와 같은 답사 프로그램 운영이 효과적이다. 미래유산 체험 코스에 대한 지속적인 개발과 함께 해설사를 동반한 답사 프로그램 운영을 적극적으로 추진해야 한다. 일례로 한양도성 사이트의 순성 프로그램을 보면 각 자치구와 기타 기관들이 실시하는 프로그램을 체계적으로 정리해 한눈에 볼 수 있고, 각 자치구에서 실시하는 프로그램에 참여하고 싶다면 그 사이트로 바로 이동할 수 있도록 서비스하고 있다. 이처럼 서울시는 자치구와 산하 기관들의 탐방 코스를 체계적으로 정리하고, 자치구들이 담당 구역에 있는 미래유산을 대상으로 체험 코스를 개발하도록 지원해야 한다.

답사 프로그램은 스토리텔링을 통해 그 속에 담겨 있는 공간의 역사성을 알 수 있게 해 주는 장점이 있다. 답사 특유의 역사적 스토리텔링을 감안한다면 적극적인 시민 참여와 높은 호응을 이끌어 낼 수 있을 것이다. 그런데 상당수 답사 프로그램이 거창한 코스의 명칭(낙산 시간여행, 일상 탈출 북촌나들이 등)과 달리 스토리텔링이 부족해 그 코스가 어떤 특성을 지니는지 제대로 전달하지 못하고 있는 듯하다. 따라서 오랜 시간의 역사적 흔적을 간직한 지역이야말로 제대로 된 설명을 통해 그 지역이 갖고 있는 풍부한 역사성을 올바로 전달해 주는 게 바람직하다.

또한 매년 다수의 미래유산이 추가되는데, 이를 고려한 미래유산 체험 코스도 지속적으로 업데이트해 주어야 한다. 웹 지도에 주변 미래유산까지 볼 수 있는 서비스를 추가해 주면 사용자들이 훨씬 편리하게 이용할 수 있을 것이다. 나아가 기존의 지정문화재 또는 등록문화재와 연계한 체험 코스를 만들어 이들 간의 상호 보완적 의미를 살릴 수 있다면 답사 프로그램 자체가 더 큰 효과를 발휘할 수 있을 것이다.

(3) 온라인 홍보와 방송 매체의 활용

서울시는 미래유산 홍보를 위해 온라인 홍보와 오프라인 활동을 병행하고 있다. 이 같은 다양한 활동을 진행하고는 있기는 하지만 홍보 효과는 기대에 미치지 못하고 있다. 따라서 미래유산에 대한 관심을 효과적으로 이끌어 내기 위한 대안이 필요하다. 예를 들면 페이스북 페이지의 활용과 방송 프로그램과의 연계 등을 통한 홍보 효과 제고 방안 등을 고려해 볼 만하다.

우리나라의 경우 페이스북 이용자 수가 1,000만 명 이상이기 때문에 미래유산을 알리는 데는 이보다 더 좋은 방법이 없을 것이다. 이미 존재하는 페이스북 페이지를 제대로 활용하기 위해서는 기존의 인포그래픽을 통한 미래유산 홍보 방식을 유지하는 한편 새롭게 사용자들을 끌어들일 요인들이 필요하다. 예를 들면 네이버캐스트의 관심도를 높이는 방식이나 태그 또는 해시태그가 가능한 시스템을 활용하는 것도 필요하다. 서울시 페이스북 페이지와의 연계를 통해 더 많은 이들의 관심을 끌 수 있을 것이며, 짧은 단어들을 사용하는 해시태그를 사용하면 젊은이들의 참여를 유도하는 데 유리할 것이다. 서울시 자체에서 이런 활동을 하기 힘들다면 서울 시내 대학의 학생들을 서포터즈(가칭 '미래유산 지킴이')로 뽑아 페이지 관리를 맡긴다면 미래유산의 취지와도 맞는 프로젝트가 될 수 있을 것이라 생각된다.

일반인들의 관심을 모으는 데는 인기 있는 방송 프로그램과의 연계만큼 효과적인 것은 없을 것이다. 실례로 서울시 미래유산을 소재로 방송된 프로그램이 방영된 적이 있었는데, 국내뿐만 아니라 외국에서도 많은 사람들이 시청하여 미래유산에 대한 친근함을 높이는 데 상당한 효과가 있었다. 최근 유행하고 있는 프로그램들을 보면 다수의 연예인들이 전통 시장을 방문하여 물건을 사고 음식을 사먹는 장면들을 자주 볼 수 있는데, 방송의 소재가 되는 전통 시장은 현재 서울시의 미래유산으로 20개소나 지정되어 있다. 서울시가 이러한 프로그램과 연계하여 전통 시장을 활용한다면 미래유산으로서의 전통 시장을 전 세계에 알리는 큰 홍보 효과를 거둘 수 있을 것으로 기대된다.

미래유산은 크게 보아 문화자원의 의미도 포함하고 있고, 활용에 초점을 두고 있기 때문에 문화자원에 대해 보다 자유롭고 의미 있는 접근이 가능해졌다고 볼 수 있다. 따라서 단순히 문화재의 '가치'에 매몰되는 것이 아닌, 그 '의미'를 재인식하고 재창조하여 극대화·융합을 통해 새롭게 가치를 재창출하는 진정한 '문화재 활용'에 대한 고민과 섬세한 정책적 관심이 절실하다.

핵심용어

등록문화재 지정문화재가 아닌 문화재 중에서 보존과 활용을 위한 조치가 특별히
필요하다고 판단되는 50년 이상이 지난 것을 말한다.

지정제도 문화재 중 특히 중요하다고 인정되는 보호 대상 문화재를 지정하고, 그 문
화재의 보호를 위하여 소유자의 재산권에 일정한 공법적 제한을 가하는 제도
를 말한다. 이 제도의 취지는 문화재 중 극히 가치가 높은 것을 선정, 국가의 강
한 규제와 지원을 통하여 영구적으로 보존하고자 하는 것이다.

미래유산 "문화재로 등록되지 않은 서울의 근현대 문화유산 중에서 미래 세대에게
전달할 만한 가치가 있는 유·무형의 모든 것으로, 서울 사람들이 근현대를 살
아오면서 함께 만들어 온 공통의 기억 또는 감성으로 미래 세대에게 전할 100
년 후의 보물"을 말한다.

요약정리

- 문화재청은 지정문화재가 아닌 문화재 중에서 보존과 활용을 위한 조치가 특
  별히 필요한 것 가운데 '50년 이상이 지난 것'을 문화재위원회의 심의를 거쳐
  등록문화재로 등록하고 있다. 이로써 훼손 및 멸실 위기에 처한 근·현대의 문
  화유산을 보존할 수 있는 법적·제도적 보존의 틀이 마련되었다.

- 등록문화재 제도는 문화재 지정제도의 보완 조치로서 신고제와 지도, 조언, 권
  고를 기본으로 하는 문화재 보호제도이다. 또한 지정문화재와 달리 등록 이후
  에도 외관을 크게 변화시키지 않는 범위 내에서 내부를 우리의 일상생활에 맞
  게 다양하게 활용할 수 있고, 수리 시 국고 지원을 받는 등의 혜택이 주어지고
  있다.

- 21세기 들어 문화재에 대한 인식이 변화되고, 문화재의 보호제도로서의 지정
  제도가 한계에 봉착하게 됨에 따라 문화재 보호 방법의 다양화가 요구되었다.
  이러한 상황을 반영하여 2001년 문화재보호법을 개정하고 신고 제도와 지도,
  조언, 권고를 기본으로 완만한 보호 조치를 취하는 근대문화유산의 '등록문화
  재' 제도를 도입하게 되었다.

- 문화재보호법에서는 등록문화재의 등록 기준을 지정문화재가 아닌 건조물 또

는 시설물 중 원칙적으로 건설 후 50년 이상이 경과한 것으로서 역사, 문화, 예술, 사회, 경제, 종교, 생활 등 각 분야에서 기념이 되거나 상징적 가치가 있는 것, 지역의 역사·문화적 배경이 되고 있으며, 그 가치가 일반에 널리 알려진 것, 또는 기술 발전 또는 예술적 사조 등 그 시대를 반영하거나 이해하는 데에 중요한 가치를 지니고 있는 것 중 하나를 충족하는 것으로 한정하였다.

- 등록문화재의 소유자 또는 관리자 등은 등록문화재의 원형 보존에 노력하여야 한다. 단, 등록문화재는 관리와 수리 등을 소유자나 관리자가 직접 실행하는 것이 원칙이지만, 이들은 문화재청장에게 등록문화재의 관리 및 수리와 관련된 기술 지도를 요청할 수 있다.

- 일반적인 등록문화재에 대하여 외관의 4분의 1 이상에 이르는 디자인, 색채, 재질 또는 재료 등을 변경하는 행위 또는 다른 곳으로 이전하거나 철거하는 행위, 그리고 동산에 속하는 등록문화재를 수리하거나 보존 처리하는 행위를 하려는 자는 30일 전까지 관할 기초 자치단체장에게 신고하여야 한다. 신고를 받은 지자체장은 그 사실을 시·도지사를 거쳐 문화재청장에게 보고하여야 한다.

- 등록문화재 제도의 활성화와 다양한 활용을 보장하기 위하여 정부는 등록문화재의 소유자 등에게 수리비 지원, 세제 감면, 건축물의 건폐율과 용적률 완화 등의 혜택을 주고 있다.

- 등록문화재 제도를 보완하고자 서울시 등에서는 미래유산 제도를 도입하였는데, 미래유산은 시민과 시민단체, 전문가 등에 의해 상시적인 제안과 발굴, 신청이 가능하고, 지방자치단체도 분기별로 신청할 수 있도록 되어 있다. 이렇게 제안된 예비 후보에 대해 그 기준을 충족한다고 판단되면 시민공청회 등을 통해 소유자 동의를 거쳐 미래유산으로 선정하게 된다.

생각해 볼 거리

▶ 문화재 분류체계에서 등록문화재로 정의하여 50년 이상의 것을 등록하도록 한 기준과 대상이 타당한지에 대해 자유롭게 얘기해 보자.

▶ 비록 신고제도라고는 하지만 문화재 등록과 말소 절차 자체는 여타의 지정문화재와 차이가 없는 등록문화재 지정 제도에 대해 어떻게 생각하는지 토론해 보자.

▶ 등록문화재 제도의 가장 큰 특징 가운데 하나인 소유자나 관리자가 직접 해당
 문화재를 관리하거나 수리하고, 행정 당국에 신고하도록 하고 있는 제도에는
 어떠한 장단점이 있는지 논의해 보자.
▶ 등록문화재에 대한 현행 지원 방안 외에 더 좋은 방안이 없는지 생각해 보고,
 등록문화재 제도의 활성화 방안에 대해서도 토론해 보자.
▶ 등록문화재 제도의 보완책으로 서울시 등에서 추진하고 있는 미래유산 제도의
 현황과 장단점 등을 등록문화재 제도와 비교하여 얘기해 보자.

제8장

매장문화재 조사와 보호

문화유산 가운데 가장 심각한 개발의 걸림돌로 인식되고 있는 매장문화재(수중문화유산 포함)의 정의와 특성, 관련 보호 절차와 매장문화재 조사를 전문으로 하는 법인의 현황과 과제 등에 대하여 알아보고자 한다. 덧붙여 삼면이 바다로 둘러싸여 그 어느 나라보다도 활발히 진행되고 있는 우리나라 수중고고학의 성과에 대해서도 살펴볼 것이다.

　　매장문화재는 순수공공재란 점과 땅속이나 물속에 있기 때문에 실제로 발굴조사를 실시하기 전에는 그것의 정확한 위치나 범위 및 존재 여부 등을 알 수 없다는 예측 불가능성 등으로 인해 사전에 보호 대책을 수립하기 어려운 한계를 지니고 있다. 또한 매장문화재를 조사하는 데도 숙련된 전문성이 요구되기 때문에 매장문화재를 보호하는 데 따른 여러 가지 문제들이 드러나고 있다.

　　특히 1990년대 말 급속한 경제 개발에 대응하기 위해 발굴조사를 전문으로 하는 비영리법인들이 설립되기 시작하여 현재 우리나라 발굴조사의 90% 정도를 발굴 전문법인이 담당하는 수준에 이르렀는데, 그로 인한 긍정적 효과뿐 아니라 부작용도 발생하고 있어 중대한 사회 문제로 인식되기도 한다.

　　한편 1976년부터 실시된 신안 해저 유물의 발굴로부터 주목을 받기 시작한 우리나라의 수중고고학은 최근까지도 서남 해안을 중심으로 지속적인 발굴조사를 실시해 오면서 괄목할 만한 성과를 올리고 있다.

　　이상과 같이 첨예한 모순을 지니고 있고 민원도 많이 야기되는 매장문화재와 관련된 개념과 특성, 보호 절차, 조사 전문기관의 현황과 과제 등을 심층적으로 살펴봄으로써 우리나라 매장문화재 제도에 대한 올바른 이해와 더불어 앞으로 나아가야 할 바람직한 방향에 대해서도 고민해 볼 수 있는 계기가 될 것으로 기대한다.

1 매장문화재의 정의

1) 매장문화재와 고고유산

2010년 2월 4일 제정되어 2011년 2월 5일에 시행된 '매장문화재 보호 및 조사에 관한 법률'에서는 매장문화재를 "토지 또는 수중에 매장되거나 분포되어 있는 유형의 문화재, 건조물 등에 포장(包藏)되어 있는 유형의 문화재, 지표·지중·수중(바다·호수·하천 포함) 등에 생성·퇴적되어 있는 천연동굴·화석, 그 밖에 지질학적인 가치가 큰 것"이라 정의하고 있다.

'매장문화재'란 용어는 민법에서 말하는 매장물 중 문화재로서 가치가 있는 것을 가리키는데, 1950년 제정된 일본 문화재보호법에 나오는 '매장물인 문화재'에서 따온 명칭이다. 그러나 '매장물'이란 용어는 학술적 용어가 아니라 법률에서 토지, 기타의 물건 또는 바다에 매장되어 있는 물건을 뜻하는 말이다. 특히 우리나라 민법에서 정의한 매장물 관련 조항을 보면 "법률에 정한 바에 의하여 공고한 후 1년 안에 그 소유자가 권리를 주장하지 않으면 발견자가 소유권을 취득하며, 타인의 토지, 기타 물건으로부터 발견한 매장물은 소유자와 발견자가 반씩 나누어 갖도록 하였다. 그러나 문화재로서 가치가 있는 학술, 기예, 고고자료는 국유로 하며, 이 경우 습득자, 발견자 및 매장물이 발견된 토지와 물건의 소유자는 국가에 대하여 보상을 청구할 수 있다"라고 되어 있다. 즉, 문화재로서 가치가 있는 학술·기예·고고자료가 바로 매장문화재를 뜻한다고 할 수 있다.

그러나 세계적으로는 매장문화재란 용어보다 '고고유산'이란 용어가 더 보편적으로 사용되고 있다. 고고유산이란 말 그대로 고고학적인 방법을 통해 발견된 유적과 유물 등의 유산을 가리킨다. 고고유산과 관련된 정의는 1972년 제정된 유네스코의 세계 문화 및 자연 유산 보호에 관한 협약에서 찾을 수 있다. 이 협약에서는 문화유산을 기념물, 건조물군, 유적지로 구분하였다. 그중 유적지를 인공의 소산 또는 자연과 인공의 결합 소산 및 고고학적 유적을 포함한 지역으로서 역사적·관상적·민족학적 또는 인류학적 관점에서 탁월한 보편적 가치를 가진 유산으로 정의한 바 있다.

이상으로부터 고고유산의 개념과 특성을 정의한다면, 고고학 방법에 의해 제공되는 물질 문화유산으로서 인간의 생활 흔적을 비롯하여 인간 행위의 증거를 보여주는 곳들과 폐기된 유구 등 땅속 또는 수중에 들어 있는 모든 종류의 잔존물들이며 그와 관련된 동산문화재를 포함한다. 한편 유럽 연합 국가들은 고고유산을 공동으로 보호하기 위하여 협약을 제정하였는데, 협약에서 고고유산의 개념을 기념물이나 건축물까지 확장하고 있음을 볼 수 있다.[66]

이처럼 문화유산의 개념적 측면에서 본다면 매장문화재라는 용어보다는 고고유산이란 용어로 내용을 전개하는 것이 바람직하다고 볼 수 있다. 그래서 이 책에서도 큰 틀에서는 고고유산으로 세부 분야를 설정하였으나, 우리나라 문화재보호법상의 분류 체계에서는 고고유산을 매장문화재의 범주에서 다루고 있기 때문에 이 장에서는 매장문화재란 용어를 사용하여 그 보호 절차를 서술하고자 한다.

2) 수중문화재

우리나라 문화재보호법에서는 수중문화유산에 관한 법령을 따로 두지 않고, 2010년 제정된 매장문화재 보호 및 조사에 관한 법률에서 매장문화재에 대하여 "토지 또는 수중에 매장되거나 분포되어 있는 유형의 문화재"라고 정의함으로써 매장문화재의 범주에 포함시켜 다루고 있다. 문화재보호법에서 매장문화재 관련 법령이 분리 시행될 당시에도 수중문화유산에 대한 인식은 크게 변하지 않고 적용되어 왔음을 보여주는 것이다.

법률상 매장문화재의 정의에 수중문화유산을 포함시킨 것은 7차 문화재보호법 개정 때이다. 1973년 6차 개정 때까지는 "토지, 기타 물건에 포장된 문화재"라고 정의했던 것을 1982년 7차 개정 시에 "토지·해저 또는 건조물 등에 포함된 문화재"로 바꾸면서 처음으로 수중문화유산 관련 개념이 포함되었다. 이렇게 해저의 문화유산까지 문화재 관리의 영역으로 인식하고 보호하게 된 계기는 1976년부터 본격화된 신안 해저 유물의 발굴에 있다고 볼 수 있다. 그 이전까지 우리나라 문화재 관리의 영역적 범위는 지하에 매장되어 있는 유물의 발굴과 관리에 그쳤을 뿐 수중문화유산에 대해서는 어떠한 인식이나 관심이 없었다고 해도 과언이 아니다. 그러나 뜻밖의 수중 발굴에서 고선박과 수만 점의 유물이 쏟아져 나오는 바람에 수중문화유산에 대한 관리 지침의 마련이 당면 과제로 떠오르게 되었고, 이러한 요구가 문화재보호법 7차 개정에 반영된 것으로 생각된다. 그러나 당시의 조치는 기존의 매장문화재 정의에 '해저'라는 영역을 추가한 정도였을 뿐 수중문화유산에 대한 총체적인 보호·관리 체계를 수립한 것이라고 보기는 곤란하다.

수중문화유산에 대한 인식 부재 현상은 비단 우리나라만의 문제가 아니었다. 수중문화유산 보호를 위한 국제 원칙이 처음 나타난 것은 1982년 국제연합이 제정한 '유엔 해양법 협약(United Nations Convention on the Law of the Sea)'이었다. 이 협약 제149조(고고학적·역사적 유물)는 "심해저에서 발견된 고고학적·역사적 성격을 가진 모든 물건은 인류 전체의 이익을 위하여 보존하거나 처분하며, 특히 문화적 기원국 또는 역사적·고고학적 기원국의 우선적 권리를 특별히 고려한다"고 규정하고 있다.

1996년 국제기념물유적위원회(ICOMOS)에서 제정한 '수중문화유산 보호와 관리에 관한 국제헌장'에서는 수중문화재를 "수중에 존재하거나 또는 이로부터 이전된 고고학적 유산을 뜻하는 것으로 이해되어야 한다. 이에는 침수된 유적과 구조물, 난파지와 난파물, 그리고 이들의 고고학적 및 자연 배경을 포함한다. 이 헌장에서 고고학적 유산은 고고학적 방법에 의해 기본 정보가 제공된다는 관점에서 물건 유산의 일부로 정의하며, 이 물건 유산에 포함되어 있는 운반 가능한 모든 물건과 함께 인류 존재의 모든 흔적과 인류 활동 표시와 관련된 장소, 방치된 구조물, 모든 종류의 유품 등을 말한다"고 정의하고 있다.

2001년 유네스코에서 채택한 '수중문화유산 보호 협약(Convention on the Protection of the Underwater Cultural Heritage)'에서는 수중문화유산을 다음과 같이 정의하였다.

(a) '수중문화유산'은 부분적 또는 전체적으로, 간헐적 또는 지속적으로 최소 100년간 수중에 위치해 온 문화적, 역사적 또는 고고학적 성격을 지닌 인류의 모든 흔적을 의미하며, 다음 사항을 포함한다:

    (i) 고고학적·자연적 성격을 지닌 유적지, 구조물, 건축물, 조형물 및 인간 유해

    (ii) 고고학적·자연적 성격을 지닌 선박, 항공기, 기타 수송 수단 또는 이러한 수송 수단의 부분, 그들의 적하물 또는 기타 내용물

    (iii) 선사학적 성격의 유물들

(b) 해저에 놓인 도관 및 전선은 수중문화유산으로 간주하지 아니한다.

(c) 해저에 놓인 도관 및 전선 이외의 시설물로서 아직 사용되고 있는 것은 수중문화유산으로 간주하지 아니한다.

이상을 종합해 볼 때 수중문화유산은 수중에 존재하거나 혹은 이로부터 이전되어 육상에 존재하는 고고학적 유산이라 정의할 수 있으며, 100년 이전에 수중으로부터 기원한 인류 존재와 활동의 모든 자취와 물건, 그리고 장소 등 자연적 배경을 포함하는 것으로 볼 수 있다.[67]

---

2 매장문화재와 조사의 특성[68]

1) 매장문화재의 특성

매장문화재의 가장 중요한 특성은 무엇보다 매장문화재가 '순수공공재'란 점이다. 공공재란 어떠한 경제 주체에 의해서 생산이 이루어지면 구성원 모두가 소비 혜택을 누릴 수 있는 재화 또는 서비스를 의미한다. 공공재가 지니는 주요한 특성은 경제적 측면에서 설명할 수 있는데, 재화 또는 서비스를 사용(소비)하는 데 있어서의 비경합성(비경쟁성, non-rivalry)과 비배제성(non-excludability)이 핵심이다. 비경합성은 소비지가 늘어나더

라도 다른 소비자들의 혜택이 줄어들지 않는 것을 의미한다. 즉 어떤 특정 공공재를 현재 쓰고 있더라도 다른 사람들도 이를 함께 사용할 수 있는 성질을 말한다. 비배제성은 소비에 대한 대가를 지불하지 않더라도 개개인의 소비를 배제하지 않는다는 것을 의미한다. 특정 재화의 생산과 공급이 이루어지고 나면 생산비를 부담하지 않은 경제 주체라고 할지라도 소비에서 배제시킬 수 없다는 특성을 말하는데, 이를 배제 불가능성이라고도 한다. 순수공공재란 비배제성과 비경합성을 모두 갖는 재화를 의미한다.

이 밖에 매장문화재가 가지고 있는 또 다른 핵심적인 특징은 '예측 불가능성'이다. 법률적 정의에서도 알 수 있듯이 매장문화재는 땅속이나 물속에 있기 때문에 실제로 발굴조사를 실시하기 전에는 그것의 정확한 위치나 범위 및 존재 여부, 유구 빛 유물의 시대와 종류, 수량, 묻혀 있는 환경과 상태, 층위나 밀도, 성격과 가치 등을 미리 알 수 없다는 예측 불가능성을 갖고 있다. 학계에서는 매장문화재 발굴조사를 통하여 축적된 경험과 지식, 첨단 과학 장비에 의한 탐사 등을 통해 매장문화재의 예측 가능성을 높이기 위한 노력을 끊임없이 해 오고 있지만, 이를 완전히 극복하지 못하고 있다. 매장문화재 관련 정책이나 제도의 구체성이 떨어지거나 모호해지는 한계를 지닐 수밖에 없는 이유 중 하나도 바로 이러한 매장문화재의 예측 불가능성에서 오는 불확실함 때문이라 할 수 있다.

또한 매장문화재의 특성에서 빼놓을 수 없는 것이 '보존과 개발의 양립성'이다. 개발이란 국민의 건강과 문화적인 생활을 적극적으로 보장·증진하기 위해 국가 및 지방 공공단체 등이 자원을 효율적으로 개발·이용할 목적으로 행하는 국토에 관한 일련의 활동이다. 개발은 인류의 발전에 없어서는 안 될 중요한 과제이며, 이 시대를 살아가는 우리의 경제·사회 발전을 위해 피할 수 없는 것이 현실이다. 그러나 국토를 보다 효율적이고 쾌적한 삶의 공간으로 만들기 위해서는 어쩔 수 없이 그 형질을 변경시킬 수밖에 없는데, 이러한 개발에 앞서 반드시 실시해야만 하는 것이 바로 매장문화재 조사이기 때문에 불가피하게 양자 간의 대립과 모순이 발생하는 것이다. 개발과 문화재 보존 중 그 가치를 어디다 두느냐에 따라 양자를 바라

보는 시각이 극명하게 달라질 수밖에 없지만, 그 어느 것도 포기하거나 방치할 수 없기 때문에 양자 간의 모순을 해결하기 위해 합리적인 방법을 찾는 것이 최선이다.

2) 매장문화재 조사의 특성

매장문화재 조사의 가장 중요한 특성을 들자면 단연코 '조사의 전문성' 원칙을 꼽을 수 있다. 매장문화재는 그 특성상 정확한 예측이나 판단 및 해석이 불가능하다. 따라서 매장문화재를 조사하기 위해서는 그 입지와 환경, 시대, 유적 및 유구·유물 등의 특성에 대한 이해와 조사 능력, 그리고 조사 결과를 바탕으로 역사적·학술적 가치에 대해 종합적으로 연구하고 해석해 내는 고도의 전문 지식이 필요하다.

둘째, '역사 복원에의 기여'이다. 매장문화재 조사를 통해 우리는 과거의 자연환경과 그 당시에 살았던 사람들의 문화, 사회, 경제, 외교, 교역, 생활, 종교, 예술, 의례, 기술 등 역사 기록으로 확인할 수 없는 다양한 정보를 얻을 수 있을 뿐만 아니라 우리가 갖고 있는 역사적 지식 및 사실에 대한 확인과 지평도 넓힐 수 있다.

이렇듯 매장문화재 조사를 통해서 그 당시의 문화상과 사회상 및 과학 기술 등에 대한 정보를 얻을 수 있다. 또한 문헌 기록으로 알 수 없었던 새로운 역사적 사실을 밝히고, 우리의 조상들이 살았던 그 당시의 생활 모습을 생생하게 이해하는 데 중요한 단서를 제공하기도 한다. 따라서 매장문화재 조사는 과거 자연환경과 우리 조상들이 이룩한 찬란한 문화를 복원하고 잃어버린 역사를 되찾을 수 있는 결정적인 열쇠라고 할 수 있다.

셋째, '외부 환경 변화에의 민감성'이다. 매장문화재 지표조사 및 발굴조사는 토목 공사, 토지의 형질 변경, 토석 채취 등 각종 개발 사업의 시행에 앞서 이루어지기 때문에 매장문화재 조사 수요는 국가의 국토 개발이나 민간의 건설 투자 및 경기 흐름 등과 밀접한 상관관계가 있으며, 이에 따른 직·간접적인 영향을 받는다. 국가에 의한 국토 개발 및 정비 사업, 민간의 건설 투자 및 경기 흐름 등은 사전에 정확하게 예측하기 어렵다. 매장문화재 조사 수요는 국내 경제 및 경기, 국가의 국토 개발 및 정비 사업, 글로벌 경기 등과 같은 대내외적인 환경 변수에 크게 영향을 받기 때문에 외부의 환경 변화에 지극히 민감하다고 할 수 있다.

넷째, '전문 지식의 비대칭성'이다. 매장문화재 조사는 건설공사의 시행에 앞서 개발 사업 시행자가 비용을 부담하고, 매장문화재 조사기관과의 사적 계약 체결, 즉 위탁 용역을 통해 전문 지식과 현장 경험을 갖춘 조사 인력이 수행한다. 개발 사업 시행자는 매장문화재의 가치와 조사에 대한 이해 부족, 매장문화재 조사의 품질에 대한 무관심, 신속한 개발 사업 추진에 따른 경제적 이익 추구를 위해 의도적인 유적 존재 누락 및 조사 미실시, 무리한 조사 기간 단축 등의 요구를 통해 매장문화재 조사 완료를 강요·압박·회유할 수 있다. 그리고 개발 사업 시행자에게 유리한 조사기관만 의도적으로 선택하는 등 개발 사업 시행자와 조사기관과의 유착 관계가 발생할 수도 있다. 이러한 문제는 결국 매장문화재 부실 조사 방치, 유적 훼손 및 파괴, 불공정 계약 등 현실적으로 다양한 문제를 발생시키는 원인이 되고 있다. 다시 말하면, 개발 사업 시행자가 매장문화재 조사기관의 조사 수행 능력이나 전문적인 역량과는 상관없이 단순히 조사 비용과 기간을 최저로 제시하는 조사기관을 선택하게 되는 부조리한 현상을 발생시킨다. 그리고 조사기관은 개발 사업 시행자가 매장문화재 및 조사와 관련된 전문 지식과 법령에 대한 이해가 부족하다는 점 등을 악용하여 개발 사업 시행자의 도덕적 해이 현상을 초래할 수도 있는 심각성이 야기되기도 한다.

3) 수중문화재 보호 협약과 쟁점

(1) 수중문화유산 보호 협약의 내용

수중문화유산에 대한 국제법상 최초의 규정은 1982년에 채택되고 1994년에 발효된 '유엔 해양법 협약(UNCLOS)'이라 할 수 있다. 이 협약에는 '고고학적·역사적 유물(Archaeological and Historical Objects)'에 관한 2개조의 명문 규정, 즉 '공해인 심해저에서 발견된 고고학적·역사적 유물에 관한 규정'과 '연안국 주권이 행사되는 수역에서 발견된 고고학적 · 역사적 유물에 관한 규정'이 포함되어 있다. 이 협약은 최초로 수중문화유산을 언급하였다는 의의는 있지만, 그 제정 취지가 문화재의 보호보다는 경제 자원의 발굴에 관련된 것으로서 수중문화유산의 보호 측면에서 볼 때 한계를 지니고 있다. 국제기념물유적위원회(ICOMOS)는 1996년 수중문화유산 조사의 표준을 설정한 '수중문화유산 보호와 관리에 관한 국제헌장'을 채택하였다. 수중문화유산 보호의 중요성을 인식한 유네스코는 1996년부터 새로운 국제 규범의 창출을 위한 논의를 시작하여, 2001년 제31차 유네스코 총회에서 '수중문화유산 보호 협약'을 채택하였다. 협약은 전문, 35조의 본문, 36조의 부속 규칙서로 구성되었다.[69]

수중문화유산 보호 협약에서는 우선 수중문화유산에 대한 정의(1조), 협약의 목적과 일반 원칙(2조)에 대해 밝히고 있다. 제32조 유엔 해양법과의 관계에 대하여 동 협약의 어느 것도 유엔 해양법 협약을 포함한 국제법상의 국가 권리, 관할권 및 의무를 해하지 아니한다고 정하고 있으며(3조), 해난구조법 · 발견물법과의 관계(4조)에서는 수중문화유산과 관련된 활동이 소관 기관에 의해 허가되었을 것, 이 협약과 완전히 일치할 것, 수중문화유산의 인양이 동 유산의 보호를 최대한 달성하도록 보장할 것 등의 조건을 충족시키지 않는 한 적용하지 못하도록 하고 있다.

수중문화유산의 관할권에 대해 동 협약은 내수, 군도수역 및 영해와 접속수역, 배타적 경제수역 또는 대륙붕, 심해저로 각각 구분하여 규정하고 있다. 또한 반입, 판매 및 점유의 규제에 대한 조항을 두고 있어 수중문화유산의 국제 밀거래로부터 수중문화유산을 실질적으로 보호할 수 있는 조치를 마련해 두고 있다. 또한 당사국은 관할 지역에서 자국 국민과 선박이 동 협약에 부합하지 않는 방법으로 수중문화유산에 대한 활동을 하지 못하도록 하고 있다.

협약 위반에 대한 제재와 함께 불법 활동으로 인해 발생한 범죄자의 이익을 환수하게 하고 있으며, 이를 위해 당사국들이 협력하도록 규정함으로써 협약의 준수를 위한 방안을 마련하였다. 또한 동 협약과 부합하지 아니한 방법으로 인양된 수중문화유산을 압수할 것과 압수된 문화유산의 안정화를 위한 기록, 공익을 위한 처분 등의 규정을 두고 있다.

한편 수중문화유산의 보호를 위한 정보를 당사국 간에 공유하고 협력하도록 하고, 수중고고학과 수중문화유산의 보존 기술에 관한 훈련 제공과 기술 이전에 관해 협조하도록 하고 있다. 이 협약의 적절한 이행을 보장하기 위하여 수중문화유산의 조사, 교육, 목록 작성, 유지 및 갱신, 효과적인 보호, 보존, 발효 및 관리를 위한 소관 기관의 설립을 규정하고, 수중문화유산의 가치와 보호의 중요성에 관한 대중의 인식을 향상시키는 조치를 취하도록 하고 있다.

당사국 회의와 관련하여 유네스코 사무총장은 협약 발효 후 1년 이내에 낭사국 회의를 개최하고 그 후에는 최소 매 2년에 1회씩 개최하도록 하고 있으며, 사무총장이 협약사무국의 기능에 대해 책임지도록 하였다.

분쟁 해결에 대해서는 분쟁 당사국 간 평화적 해결을 원칙으로 하고 있지만 협상이 이루어지지 않을 경우, 유네스코에 조정을 의뢰할 수 있다. 조정에 실패할 경우 '유엔 해양법' 제15장에 규정된 분쟁 해결 규정을 준용토록 하고, 그 해결 절차는 '유엔 해양법 협약' 제287조에 따라 적용하도록 한다.

협약의 비준, 가입, 발효와 관련하여 유네스코 회원국일 경우 비준, 수락 또는 승인의 절차를 거치며, 기타 국가들은 가입 절차를 밟도록 하고 있다. 동 협약은 20번째 비준, 수락, 승인 또는 가입서가 기탁된 지 3개월 후 발효한다. 이외에도 협약의 개정을 위한 절차, 폐기 통고, 규칙서, 국제연합 등재 등에 대해 정하고 있다.[70]

(2) 수중문화유산의 관할권

수중문화유산 보호 협약은 수중문화유산의 보호를 위해 관할권이 미치는 범위에 따라 연안국의 권한을 달리 규정하고 있다. 즉, 내수, 군도수역 및 영해에 있는 수중문화유산에 대해 협약 당사국들은 그들의 주권을 행사함에 있어 동 수역에 있는 수중문화유산에 초점이 맞춰진 활동을 규제·허가할 배타적 권리를 가진다. 동 협약의 최대 쟁점 중의 하나는 배타적 경제수역 및 대륙붕에 있는 수중문화유산에 대해 연안국의 관할권을 인정할 것인가 하는 것이다. 이 권한에 대해 각국 대표들은 자국의 이해 관계에 의해 연안국의 관할권을 인정하여야 한다는 주장과 인정할 수 없다는 주장으로 첨예하게 대립하였다.

5차례에 걸친 논의는 동 지역에서 관할권이라는 용어의 사용을 자제하고 연안국의 보호 책임을 강조하고 있는데, 우선 동 해역에서 수중문화유산에 대해 모든 당사국들에게 보호할 책임을 지우고 동시에 자국과 타국의 배타적 경제수역 또는 대륙붕에서 수중문화유산의 발견 또는 활동에 대한 보고 및 통보 체제를 규율하고 있고, 동 유산의 발견 시 조정국 제도를 만들어 조정국이 동 유산의 처리를 주관하도록 하고 있다. 그리고 동 해역에서 국가 선박 및 항공기에 초점이 맞춰진 활동에 대해 기원국의 합의와 조정국의 협조 없이는 행해질 수 없도록 하여 침몰 군함 및 항공기의 주권 면제에 대해 협조를 강조하고 있다.

이 밖에도 이 협약은 자국 국민 및 선박에 관한 조치, 제재, 수중문화유산의 압수와 처분, 당사국 간 협력 및 정보 공유, 소관 기관 지정, 당사국 회의의 준비 등 수중문화유산 보호를 위한 지구적 차원의 입법 체계를 갖추었다는 데 의미를 찾을 수 있다.[71]

4) 수중문화유산 제도의 현황과 문제점

우리나라에는 아직 수중문화유산을 효과적으로 보호하고 관리할 수 있는 규범이 마련되어 있지 않다. 문화재보호법에서조차 수중문화유산을 매장문화재의 범주에 포함시키고 있음은 앞서 살펴본 바와 같다. '매장문화재 발굴조사 업무처리 지침'에서는 문화재가 아닌 매장물이 국유의 토지나 바다(해저)에 매장되어 있는 경우, 이에 대한 발굴은 문화재보호법의 적용 대상이 아니며, '국유재산에 매장된 물건의 발굴에 관한 규정' 제3조 및 제4조를 적용함을 명시하고 있다. 특히, 해저에 매장되었다고 추정되는 금괴, 선박 등의 탐사나 인양은 문화재보호법의 적용이 곤란하며, 추후 그 실체가 확인되어 문화재로 판명된 경우에만 문화재보호법을 적용하여 처리하도록 규정하였다.

　　매장문화재와 수중문화유산은 그 특성이나 조사방법 등이 다르고, 법에 의해 규율되어야 하는 부분에 있어서도 차이가 있기 때문에 현재의 문화재보호법은 수중문화유산을 보호하는 데 분명한 한계를 가질 수밖에 없다. 특히나 현행 '공유수면관리법' 제5조(점·사용허가)와 국유재산에 매장된 물건의 발굴에 관한 규정 제6조에 따르면 발굴 보증금(매장물 추정가액의 10/100 이상)을 납입하기만 하면 토지, 하천, 호소, 바다 등 국유지의 매장물을 발굴할 수 있게 되어 있다. 여기서 '매장물'은 "국유의 토지 기타의 물건 또는 바다에 매장되어 있는 물건으로서 다른 법령에 의하여 처리되는 물건을 제외한 것"이라 규정되어 있다. 매상물의 발굴에 관한 사무는 국유의 토지, 기타의 물건에 매장되어 있는 경우에는 그 토지, 기타의 물건을 관리하는 중앙관서의 장 또는 그 위임을 받은 지방행정기관이나 지방자치단체의 장이, 바다에 매장되어 있는 경우에는 해양수산부장관 또는 그 위임을 받은 지방해양수산청이 관장하도록 되어 있다. 따라서 바다에 매장되어 있는 매장물의 발굴은 해양수산부의 허가를 받으면 가능한 상황이다.

　　또한, 국유재산에 매장된 물건의 발굴에 관한 규정 제16조 제1항에는 "관장기관은 매장물의 소유자가 국가임이 판명된 경우에 그 매장물이 토지 기타의 물건에 매장되어 있는 추정가액의 100분의 60에 상당하는 매장물을, 바다에 매장되어 있던 때에는 추정가액의 80/100에 상당하는 매장물을 발굴자에게 지급한다"고 규정되어 있다. 이러한 법 제도를 근거로 근래에 일부 기업체가 소위 '보물선'을 발굴한다는 소문을 퍼트려 관련 주식이 급등하는 등 부작용을 일으킨 사례가 있었다. 이처럼 문화유산을 재화적 가치로 인식하는 경향은 수중문화유산안 경우 더욱 강한데, 이는 근본적으로 수중문화유산을 보호할 수 있는 법 규정이 제대로 마련되지 않았기 때문이며, 결과적으로 바다에 매장되어 있는 수중문화유산을 보호하는 데 결정적 장애 요인으로 작용하고 있다. 수중문화유산은 바다 속에 묻힌 주인 없는 보물이 아니라 역사적·문화적 가치를 지닌 인류 공동의 유산이라는 인식의 전환과 교육이 절실히 요구되는 이유가 여기에 있다.

3 매장문화재 보호 절차

매장문화재 보호 및 조사에 관한 법률에서는 매장문화재가 존재하는 것으로 인정되는 지역(매장문화재 유존지역)은 원형이 훼손되지 아니하도록 보호되어야 하며, 누구든지 이 법에서 정하는 바에 따르지 아니하고는 매장문화재 유존지역을 조사·발굴하여서는 아니 된다고 규정하고 있다. 동법 시행령 제3조에는 매장문화재 유존지역을 다음과 같이 설정하였다.

1. 국가와 지방자치단체에서 작성한 문화유적분포지도에 매장문화재가 존재하는 것으로 표시된 지역
2. 문화재청장이 인정한 지표조사 보고서에 매장문화재가 존재하는 것으로 표시된 지역
3. 매장문화재에 대한 발굴 이후에 그 매장문화재가 보존조치된 지역
4. 발견신고 및 확인절차를 거쳐서 매장문화재가 존재하는 것으로 인정된 지역
5. 국가지정문화재, 시·도지정문화재 및 가지정문화재가 있는 지역
6. 보호구역에서 매장문화재가 존재하는 것으로 인정된 지역
7. 법 제13조 제1항 각 호에 따른 매장문화재 유존지역

매장문화재 유존지역에서 개발 사업을 계획·시행하고자 하는 자는 매장문화재가 훼손되지 아니하도록 하여야 하고, 공사 중 매장문화재를 발견한 때에는 즉시 해당 공사를 중지하여야 한다. 이하에서는 매장문화재의 조사와 발견 신고, 국가 귀속 등 제반 보호 절차와 관련된 구체적인 내용들을 살펴보고자 한다.

1) 매장문화재 지표조사

건설공사의 시행자가 해당 건설공사 지역에 문화재가 매장·분포되어 있는지를 확인하기 위하여 사전에 실시하는 것으로, 지표에 드러난 매장문화재의 징후 및 지형을 훼손시키지 않은 채 조사하여 해당 지역의 문화재 존재 여부와 그 성격을 확인하는 행위를 '지표조사'라 한다.

지표조사를 실시해야 하는 대상 사업은 사업면적 기준 3만m² 이상의 건설공사와 골재 채취 사업의 경우 15만m² 이상인 경우이다. 단, 사업 면적 기준 미만이면서 지표조사가 필요하다고 인정되는 경우가 있는데, 매장문화재가 출토되었거나 발견 신고된 지역의 건설공사, 법이나 시·도 조례로 정하는 구역의 건설공사, 그리고 그 밖에 매장문화재가 있을 가능성이 큰 지역의 건설공사 등이 해당된다.

한편 절토나 굴착으로 인해 유물이나 유구 등을 포함하고 있는 지층이 이미 훼손된 지역의 건설공사, 공유수면 매립, 하천 또는 해저의 준설, 골재 및 광물의 채취가 이미 이루어진 지역의 건설공사, 복토된 지역으로서 복토 이전의 지형을 훼손하지 않는 범위에서 시행하는 건설공사, 그리고 기존 산림지역에서 시행하는 입목, 죽의 식재, 벌채 또는 솎아베기 등은 지표조사를 실시하지 않아도 되는 지표조사 면제 사업에 해당된다.

지표조사는 건설공사의 시행자가 요청하여 매장문화재 조사기관이 수행하게 된다. 건설공사의 시행자는 지표조사를 마치면 그 결과에 관한 보고서(지표조사 보고서)를 해당 사업 지역을 관할하는 지방자치단체의 장과 문화재청장에게 제출하여야 한다. 지표조사에 필요한 비용은 해당 건설공사의 시행자가 부담한다. 다만, 국가와 지방자치단체는 사업의 규모 및 성격 등을 고려하여 대통령령으로 정하는 건설공사에 대하여 예산의 범위에서 그 비용의 전부 또는 일부를 지원할 수 있다. 지표조사의 방법, 절차 및 지표조사 보고서 등에 관한 세부적인 사항은 문화재청장이 정하여 고시하고 있다.

지표조사 결과 매장문화재 유존지역에서 개발 사업을 하려면 미리 문화재청장과 협의하여야 한다. 문화재청장은 협의 후 매장문화재의 보호를 위하여 필요하다고 인정하면 개발 사업을 하려는 자에게 필요한 조치를 명할 수 있다. 지방자치단체의 장은 매장문화재 유존지역에서 건설공사의 인가·허가 등을 할 경우에는 미리 그 보호 방안을 검토하여야 한다. 이 경우 매장문화재와 그 주변의 경관 보호를 위하여 필요하다고 인정하면 해당 건설공사의 인가·허가 등을 하지 않을 수 있다. 여기서 규정한 개발 사업(시행령 제6조)으로는 다음과 같은 것들이 해당된다.

1. 성토(盛土: 흙 쌓기) 또는 지하 굴착을 수반하는 사업
2. '내수면어업법' 제2조 제1호에 따른 내수면 또는 '연안관리법' 제2조 제1호에 따른 연안에서 골재 채취를 수반하는 사업
3. 수몰을 수반하는 사업
4. 그 밖에 토지의 형질변경을 수반하는 사업

지표조사 보고서를 받은 문화재청장은 문화재 보존 조치가 필요한 경우에는 해당 건설공사의 시행자에게 문화재 보존에 필요한 조치를 명하고, 해당 건설공사의 허가 기관의 장에게도 이를 통보하여야 한다. 통보를 받은 건설공사의 시행자는 문화재 보존에 필요한 조치를 하고, 그 결과를 해당 건설공사 허가 기관의 장과 문화재청장에게 보고하여야 한다. 이때 행해지는 보존 조치의 내용은 다음과 같다.

1. 원형 보존
2. 이전(移轉) 복원
3. 건설공사 시 관련 전문가의 입회조사
4. 매장문화재 발굴조사
5. 매장문화재 발견 시 신고

2) 매장문화재 발굴조사

'발굴조사'란 땅을 파서 유적을 확인하는 것으로 고고학적 자료가 갖

고 있는 모든 정보를 확인하는 학술 행위를 말하는데, 관련 법에서는 조사의 범위와 성격에 따라 다음과 같이 세분하고 있다.

1. 표본조사: 유존지역 면적의 2% 이내에서 매장문화재의 종류 및 분포 등을 표본적으로 실시하는 발굴조사
2. 시굴조사: 유존지역 면적의 10% 이내에서 시험적으로 실시하는 발굴조사
3. 정밀발굴조사: 매장문화재 유존지역 면적 전체에 대하여 실시하는 발굴조사

매장문화재 보호 및 조사에 관한 법률에 의하면 원칙적으로 매장문화재 유존지역은 발굴할 수 없다. 다만, 다음 각 호의 어느 하나에 해당하는 경우로서 문화재청장의 허가를 받은 때에는 발굴할 수 있다. 한편 위에서 말한 표본 발굴조사를 실시할 경우에는 아래의 경우에 해당된다 하더라도 허가를 받지 않고 발굴할 수 있다.

1. 연구 목적으로 발굴하는 경우
2. 유적(遺蹟)의 정비 사업을 목적으로 발굴하는 경우
3. 토목공사, 토지의 형질변경 또는 그 밖에 건설공사를 위하여 대통령령으로 정하는 바에 따라(매장문화재를 훼손할 우려가 커서) 부득이 발굴할 필요가 있는 경우
4. 멸실·훼손 등의 우려가 있는 유적을 긴급하게 발굴할 필요가 있는 경우

매장문화재의 발굴 허가를 받으려는 자는 매장문화재 조사기관으로서 직접 발굴할 기관과 그 대표자, 조사단장 및 책임조사원 등을 적은 발굴허가 신청서와 구비 서류를 해당 사업 지역을 관할하는 지방자치단체의 장과 문화재청장에게 제출하여 발굴 허가를 신청하여야 한다. 문화재청장은 신청서를 검토하여 적정한 경우에는 발굴을 허가하되, 등록이 취소되거나 업무가 정지된 조사기관 및 이와 직접 관련된 대표자, 조사단장 또는 책임조사원이 포함된 경우에는 발굴 허가를 제한할 수 있다.

이러한 절차를 거쳐 발굴된 매장문화재가 역사적·예술적 또는 학술적으로 가치가 큰 경우 문화재위원회의 심의를 거쳐 발굴 허가를 받은 자에게 그 발굴된 매장문화재에 대하여 원형 보존 또는 이전 복원의 조치를 지시할 수 있다. 보존에 필요한 조치를 지시받은 자 및 해당 사업 지역을 관할하는 지방자치단체의 장은 문화재청장에게 발굴된 매장문화재의 보존 방법 등에 관한 의견을 제출할 수 있다.

발굴 허가를 받은 자(허가를 받은 자와 발굴을 직접 행하는 매장문화재 조사기관이 다른 경우에는 발굴을 직접 행하는 기관을 말한다)는 발굴이 끝난 날부터 2년 이내에 그 발굴 결과에 관한 보고서(발굴조사 보고서)를 문화재청장에게 제출하여야 한다. 문화재청장은 발굴된 유적의 성격을 규명하는 데에 장기간 연구가 필요하거나 출토된 유물을 보존 처리하는 등 정당한 사유가 있다고 인정되는 경우에는 2년의 범위에서 발굴조사 보고서의 제출 기한을 연장할 수 있다.

3) 매장문화재 발견 신고

어떠한 사유에서든 매장문화재를 발견한 때에는 그 발견자나 매장문화재 유존지역의 소유자·점유자 또는 관리자는 그 현상을 변경하지 말고 대통령령으로 정하는 바에 따라 그 발견된 사실을 문화재청장에게 신고하여야 한다. 발견 신고 처리 절차는 다음과 같다.

경찰서나 지자체, 또는 문화재청에 발견 신고서가 접수되면 관련 규정에 의거 관계 전문가로 하여금 신고한 유물이 매장문화재인지를 확인하는 절차를 거친다. 만약 문화재라고 판명되면 '유실물법'에 따라 90일간 공고하여 발견 신고된 문화재의 소유자가 있는지 여부를 확인해야 한다. 이후 소유권을 판정하여 해당 문화재를 소유자에게 반환하거나, 소유자가 없을 경우 국가에 귀속하게 된다. 매장문화재를 발견 신고한 사람에게는 해당 문화재의 가치를 평가하여 소정의 보상금 및 포상금을 지급한다.

4) 매장문화재 국가귀속

발견 신고가 되었거나 문화재 조사로 발견 또는 발굴된 문화재에 대하여 적법한 절차에 따라 소유권 판정 절차를 거친 결과 정당한 소유자가 없는 문화재로서 역사적·경관적 또는 학술적 가치가 커서 국가에서 직접 보존할 필요가 있는 문화재는 국가에 귀속한다. 국가에 귀속된 문화재는 적절한 보관·관리, 전시, 활용 및 대여에 관한 규정을 마련하여 국민들로 하여금 문화재를 향유하도록 하고 있다. 한편 국가 귀속 대상이 아닌 문화재는 교육이나 학술 자료 등으로 활용하게 하거나 일정한 장소에 보관하게 할 수 있다.

5) 매장문화재 조사기관

매장문화재 관련 지표조사와 발굴조사를 실시하고자 하는 자는 관련 법에서 요구하는 자격을 갖추어 조사기관 등록을 신청하여야 한다. 현행법에서 인정하는 조사기관으로는 다음과 같은 것들이 있다.

1. 민법 제32조에 따라 설립된 비영리법인으로서 매장문화재 발굴 관련 사업의 목적으로 설립된 법인
2. 국가 또는 지방자치단체가 설립·운영하는 매장문화재 발굴 관련 기관
3. 고등교육법 제25조에 따라 매장문화재 발굴을 위하여 설립된 부설 연구 시설
4. 박물관 및 미술관 진흥법 제3조 제1항에 따른 박물관
5. 문화재보호법 제9조에 따른 한국문화재재단

매장문화재 조사기관으로 등록된 경우라도 다음과 같은 사안에 해당될 경우 그 등록을 취소할 수 있다.

1. 거짓이나 그 밖의 부정한 방법으로 조사기관으로 등록한 경우
2. 고의나 중과실로 유물 또는 유적을 훼손한 경우

3. 고의나 중과실로 지표조사 보고서 또는 발굴조사 보고서를 사실과 다르게
   작성한 경우

4. 지표조사 또는 발굴조사를 거짓이나 그 밖의 부정한 방법으로 행하거나 지
   표조사 보고서 또는 발굴조사 보고서를 부실하게 작성한 것으로 문화재보
   호법 제8조에 따른 문화재위원회에서 인정한 경우

5. 제11조 제2항에 따른 발굴허가 내용이나 허가 관련 지시를 위반한 경우

6. 제15조에 따른 제출기한까지 발굴조사 보고서를 제출하지 아니하거나 제
   출기한을 넘겨서 발굴조사 보고서를 제출한 경우

7. 제24조 제2항에서 정한 등록기준에 미달한 경우

6) 매장문화재 관련 벌칙

문화재보호법에 따른 지정문화재나 가지정문화재의 보호물 또는 보호
구역에서 허가 없이 매장문화재를 발굴한 자는 5년 이상의 유기징역에 처
한다. 위에서 정한 장소 외에서 허가 없이 매장문화재를 발굴한 자, 이미
확인되었거나 발굴 중인 매장문화재 유존지역의 현상을 변경한 자, 매장문
화재 발굴의 정지나 중지 명령을 위반한 자는 10년 이하의 징역이나 1억원
이하의 벌금에 처한다.

위 조항을 위반하여 발굴되었거나 현상이 변경된 문화재를 그 정(情)
을 알고 유상이나 무상으로 양도, 양수, 취득, 운반, 보유 또는 보관한 자는
7년 이하의 징역이나 7,000만원 이하의 벌금에 처한다. 이와 같은 보유 또
는 보관 행위 이전에 타인이 행한 도굴, 현상변경, 양도, 양수, 취득, 운반,
보유 또는 보관 행위를 처벌할 수 없는 경우에도 해당 보유 또는 보관 행위
자가 그 정을 알고 해당 문화재에 대한 보유·보관 행위를 개시한 때에는
같은 항에서 정한 형으로 처벌한다. 또한 그러한 행위를 알선한 자도 같은
항에서 정한 형으로 처벌한다.

매장문화재를 발견한 후 이를 신고하지 아니하고 은닉 또는 처분하거
나 현상을 변경한 자는 3년 이하의 징역 또는 3,000만원 이하의 벌금에 처
한다. 또한 공사 중지 명령을 받고 공사를 중지하지 아니한 자는 2년 이하

의 징역 또는 2,000만원 이하의 벌금에 처한다. 그리고 이상의 경우에 해당하는 문화재는 몰수한다.

4 발굴 전문법인의 현황과 과제

1) 매장문화재 조사 전문법인의 출현과 배경

1990년대 들어 이전과 다른 급속한 경제 발전을 이루었고, 고속도로나 댐의 건설 외 대규모 공단과 아파트 단지의 조성, 철도의 신설 등이 대대적으로 이루어서 토시 이용의 수요가 폭발적으로 증가하면서 대학박물관은 매장문화재 조사 수요를 감당하기에는 중과부적이어서 학계를 중심으로 발굴 전담 기구의 설립 필요성이 논의되기 시작하였다.

당시 지역 내 주요 발굴 문제를 해결하기 위한 유일한 해결책으로 발굴 전담 기구의 설립을 추진하게 된 것이다. 1994년 민법에 의해 설립된 비영리 민간 조사기관인 영남매장문화재연구원을 비롯하여 1995년 한국문화재보호재단에서 매장문화재 조사를 전담하는 매장문화재 발굴조사실을 신설하였다. 이후 지역 학회, 지자체, 순수 민간의 출연에 의한 전문법인이 연이어 출현하게 되었다. 대표적으로 경상북도문화재연구원(1997년), 경남고고학연구소(1997년), 경남문화재연구원(1998년), 충청매장문화재연구원(1999년), 기전문화재연구원(1999년), 호남문화재연구원(1999년) 등이 이 시기에 설립되었다.

발굴 전문법인의 활동이 본격적으로 시작되면서, 매장문화재 조사는 고고학이라는 학문적 범주를 넘어 사회적인 문제로 인식되게 되었다. 조사 기간과 조사 비용의 투명성에 대한 마찰이 그 주된 원인이 되었다. 1999년 7월 문화재보호법이 개정되어 문화재의 사전 조사가 법제화되었다. 3만m² 이상의 사업에 대한 지표조사 의무화 조항이 그것이다. 문화재보호법 내 사전 조사 관련 사항의 신설은 이후 문화재 조사가 폭발적으로 증가하는 결정적인 계기가 되었으며, 이는 한국 매장문화재 조사의 역사에 획기적인 일이라 할 수 있다.

2000년대 전반에는 발굴 전문법인의 설립이 전국적으로 확대되었다. 1999년부터 지표조사 의무화 제도가 법제화된 이후 개발 사업에 따른 구제발굴 수요가 급증하게 되었다. 특히 전국적인 공동주택 건립의 열기가 고조됨으로써 특정 지역의 개발 사업을 넘어 지역마다 매장문화재 조사 전문법인 설립의 필요성이 절실해진 탓이다.

당시 개발 사업의 증가로 인한 계속된 발굴 수요의 증가에도 불구하고, 실제로 발굴조사를 수행할 기관 및 전문인력의 부족 현상이 심화되어 사회적으로 많은 문제를 야기하였다. 이러한 문제를 제도적으로 해결할 필요성이 고조되었고, 2004년부터 문화재청, 학계, 조사기관, 사업시행자 등이 함께 모여 매장문화재 조사와 관련한 여러 문제점에 대하여 논의하는 검토회의, 공청회 등이 활발하게 진행되었다. 이러한 논의를 통해 매장문화재 제도 개선의 일환으로 사단법인 '한국문화재조사연구기관협회'가 출범하게 되었다.

신생 발굴 전문법인의 증가는 관련 조사 수요의 해소에 일정 부분 그 역할을 하였지만, 사전 준비와 운영 경험의 미숙으로 여러 가지 문제점이 드러났다. 특히 매장문화재의 보호보다는 구제발굴과 관련된 민원의 해소에 초점이 맞추어져 있었기 때문에 민원인과의 마찰은 사회적 갈등으로까지 심화하였다. 정부 당국이 이러한 갈등을 해소하고자 발굴조사 대가 기준을 개정하고, 발굴조사 실시 기준을 제정하였으며, 나아가 조사원의 자격 기준을 낮추고 조사기관의 설립 요건을 완화하는 등의 정책을 수립함으로써 이 시기에 가장 많은 수의 전문법인이 설립되는 결과를 가져오게 되었고, 전문법인의 조사 인력 또한 지속적으로 증가하여 2,000명에 육박하게 되었다. 그 결과 전국적인 밀집 분포망을 갖춘 매장문화재 발굴 전문법인이 당장의 수요와 공급의 불일치를 해소하는 추세로 진행되기도 하였으나, 결과적으로 현실은 점차 발굴조사 공급의 과다로 나아가고 있었다.

당시 조사기관의 설립과 등록 요건을 완화하여 문화재 조사 수요의 증가에 대비하고자 하는 목적이 있었으나, 건설 경기의 침체로 인한 조사 물량(수요)의 감소와 조사기관(공급)의 증가에 따른 수요 공급의 불일치는 어느덧 과잉 공급으로 역전된 상태가 되었다. 급기야 조사 물량의 부족은 조사기관 간의 과당 경쟁과 그에 따른 저가 조사 비용의 발생을 초래하게 되고, 필연적으로 부실 조사로 이어지는 악순환이 반복되는 형국이 되고 말았다.[72]

2) 발굴 전문법인의 역할

현재 우리나라 매장문화재 조사의 90% 정도는 발굴 전문법인이 수행하고 있다. 2016년 기준으로 전국의 대학과 국공립 기관의 전문인력 694명과 발굴 전문법인의 전문인력 1,814명이 매장문화재와 관련한 연구 및 업무에 투입되고 있는 것으로 집계되었다. 이러한 수치만 보더라도 한국고고학에서 발굴 전문법인이 차지하고 있는 비중이 얼마나 큰지를 금방 알 수 있다.

발굴 전문법인의 활동은 민원 해소를 위한 매장문화재 조사에만 국한된 것이 아니라 대중고고학적인 관점에서 지역 사회에 되돌려주는 노력도 간과하지 않았다. 지역의 축제나 초·중·고 및 일반인을 대상으로 하는 고고학 체험 및 우리 고장 유적 알리기 등의 홍보 활동은 상당 부분 긍정적인 효과를 내고 있음이 분명하였고, 이러한 지속적인 노력의 결실은 향후 10년 이내 그 성과가 분명히 나타날 것으로 판단된다.

전국적인 발굴 전문법인 출현과 운영은 '○○문화재연구원'이라는 새로운 직업군을 창출하여 고고학 전공 졸업자의 취업 기회가 확대되었다. 아울러 매장문화재의 조사는 그 업무를 수행하는 전문법인에만 이익이 돌아가는 것이 아니라 고용 확대, 일자리 창출, 노령 인력 활용, 지역 경제 활성화 등 다양한 시너지 효과를 창출하였다. 특히 60세 이상의 노령 인력을 연인원 50만 명 이상 고용함으로써 노령 인구의 일자리 창출에 크게 이바지하였다. 세대를 초월한 화합의 공간으로 자리매김한 발굴조사 인력의 인건비와 숙식비, 각종 재료비, 인쇄비 등은 지역 경제 활성화에도 상당한 기여를 하고 있다. 지난 20년간 매장문화재 조사 전문법인은 국가를 대신하여 막중한 역할을 담당해 왔다. 이러한 사실만으로도 공공재인 매장문화재 조사 서비스를 담당한 전문법인의 사회적 기여는 실로 크다 하지 않을 수 없다. 그러나 전문법인의 운영 과정에서 발생한 역기능, 즉 비영리법인인 전문법인이 실제 운영이 영리법인과 유사하게 이루어지는 점과 이에 파생되는 사회적 문제점 등은 향후 해결해야 할 과제임에 틀림없다.

이전까지 대학 혹은 국공립 박물관과 연구소 위주의 발굴단으로는 감당하기 힘든 대형 구제발굴을 위한 전문기관으로 등장한 전문법인은 발굴조사를 통해 고고학적 연구 자료의 제공이라는 학문적 역할과 함께 젊은 고고학도들에게 많은 일자리를 제공하는 사회적 역할을 해 오고 있다.

이러한 한국의 고고학은 2010년대 대형 구제발굴이 급격히 감소함에 따라 새로운 패러다임을 맞이하게 된다. 이와 더불어 경제 발전에 따른 생활 수준의 개선이 국민적으로 문화유산에 대한 관심을 높이는 데 기여하면서, 고고학자의 역할은 단순히 개발에 맞서 유적을 보호하는 것이 아닌, 유적을 보존하면서 어떻게 활용할 것인가라는 새로운 사회적 이슈를 가지게 되었다. 이러한 새로운 패러다임은 고고학이 단순히 학문적 연구를 위한 분야로서가 아니라 사회적으로 어떤 역할을 해야 하는가라는 새로운 질문을 던지기 시작했다.

이러한 변화에 가장 직접적인 영향을 받은 것은 구제발굴의 최전선에서 가장 큰 역할을 해 왔던 발굴 전문법인이었다. 발굴조사의 급감은 각 기관의 존폐 문제를 고민할 정도로 심각해져 가고 있다. 이는 개별 기관만의 문제가 아니라, 한국고고학의 상당수를 차지하고 있는 발굴 전문법인 종사자들의 생계와도 직결된 문제이다. 따라서 자연스럽게 발굴 전문법인의 새로운 역할의 필요성이 제기되기에 이르렀다.

대부분의 발굴 전문법인들은 정관에 '문화재 조사·연구 및 보존·보호와 사회 교육'이라는 설립 목적을 명시하고 있다. 이 같은 설립 목적은 지하에 매장된 문화재를 보호하고 조사·연구한다는 학문적 의지와 문화재 조사 내용을 일반 국민들에게 알려 문화재에 대한 올바른 이해를 함양시킨다는 공익성 부분을 포함하고 있다. 발굴조사 전문법인들이 비영리법인으로 분류된 이유가 여기에 있는 것이다. 비영리법인이라는 설립 취지를 준수하기 위해서는 조사 활동에서 얻어지는 수익의 일정 부분을 다시 고유 목적 사업에 사용해야 하는 것이 의무이다.

그러나 문제는 현재 100여 개에 이르는 발굴 전문법인은 여전히 구제 발굴 위주의 발굴조사를 가장 중요한 역할로 삼고 있다는 점이다. 앞서 언급한 대로 현재 진행되고 있는 매장문화재 발굴조사 가운데 90% 정도를 발굴조사 전문법인들이 수행하고 있다. 이러한 현실은 쉼 없이 지속되는 구제발굴조사와 일정 기간 내에 보고서를 제출해야만 하는 법적 의무를 다하기 위해 거의 모든 인력들이 1년에 8~9개월씩 현장조사 출장을 나갔다가 야간에는 보고서를 작성하는 이중고를 겪게 만들고 있다. 매장문화재 조사가 개인이나 기업의 경제 개발에 있어서는 커다란 장애라고 여겨지는 현실에서 직접 발굴조사를 담당하는 조사원들은 시민들의 오해와 원망의 직접적인 대상자로 내몰리기 일쑤다. 그럼에도 발굴 현장에 투입된 조사원들은 최대한 대중들을 설득하고 이해시켜야 하는 고충을 안고 본연의 매장문화재 조사를 감당할 수밖에 없는 현실에 직면한 채 지금 이 순간도 맡은 바 조사 업무에 최선을 다하고 있다. 그러나 안타깝게도 이 같은 과중한 업무의 반복 행위는 국민의 이해와 관심을 구해야 하는 문화재 종사자로서의 고유 업무를 소홀히 하는 결과를 낳기도 하며, 고고학과 대중의 관계를 개선시키지 못하는 상황을 초래하고 있다.

하지만 발굴 전문법인을 지탱해 오던 구제발굴이 어느 기점에서는 급감할 것이라는 것은 대부분의 전문가들도 인정하고 있으며, 이러한 과정에서 발굴 전문법인의 역할 자체의 변화가 필수적이라는 것도 인식하고 있다. 아직은 이러한 새로운 역할에 대하여 구체적인 방향을 제시하지 못하고 있는 것이 한국고고학의 불가피한 현실이지만, 미래의 발굴 전문법인의 역할을 스스로 개발하고 만들어 가야 하는 시점에 봉착해 있다는 점 또한 부인할 수 없는 상황이다.[73]

5 수중고고학 조사 성과[74]

한국은 삼면이 바다로 둘러싸여 있고, 특히 서해안과 남해안의 경우 조수 간만의 차이가 큰 특징을 갖고 있다. 바다를 배경으로 선사시대 이래 해상을 통한 군사·정치·경제·문화적인 요인으로 교류가 이루어졌다. 고려시대 이후에는 세곡이나 지방의 특산품을 실어 나르던 조운제도가 강화되면서 해상 교통의 비중이 날로 증가하였다. 해상을 통한 국가 간 교류와 연안 항로를 이용한 조운이 활발했던 것만큼이나 예기치 못한 기상 재해 등으로 해상에서 선박이 사고를 당하는 경우도 빈번하였다. 근해 연안은 복잡한 리아스식 해안선으로 인해 선박이 항해하는 데 어려움이 많았다. 또한 다도해 사이의 물살이 매우 빠르고 변화가 심하여 수많은 선박이 조난을 당하거나 침몰되기 일쑤였다. 이러한 여건은 자연스럽게 수중고고학의 발달로 이어졌다.

수중고고학은 "바다와 바다가 아닌 육지의 수계(水界: 하천, 연못 호수, 저수지, 저습지 등의 내수면), 물속에 존재하는 유구·유물·유적·경관(과거의 인간 활동과 그들이 남긴 잔존물 포함)에 대한 적합한 탐사·조사와 과학적 연구를 통하여 역사적 의미와 인류 문화의 다양성과 발전과정에 대한 지식을 더해 주고, 과거의 삶에 대한 새롭고 도전적인 발상을 제공하며, 수중이라는 환경 특성 때문에 육상고고학과 구분되는 학문"이라 할 수 있다.[75]

우리나라의 수중고고학은 1973년 문화재관리국에 의해 이루어진 충무공 해전 유물 조사를 시초로 볼 수 있다. 당시에는 음파탐지기를 이용하여 거북선을 찾는 작업을 추진하였으나 실패하였다. 이후 1989년부터 2001년까지 해군에서 '이충무공 해전유물 발굴조사단'을 발족하여 거제군 칠전도 해안, 진해시 진해만, 경남 남해안 일대, 여수 백도 등 임진왜란 해전 지점을 중심으로 탐사조사를 실시하였다. 조사에는 음향측심기, 자력계, 측면주사음파탐지기, 해저지층탐사기, 금속탐지기, 수중카메라, 항법장치 등 최첨단 장비가 다수가 투입되었으나, 역시 별다른 성과를 거두지는 못하였다. 그럼에도 불구하고 이후 본격화된 한국 수중 발굴조사의 밑거름이 된 것은 분명하다. 한편 연구자에 따라서는 UNESCO '수중문화유산 보호 협약'과 ICOMOS '수중문화유산 보호와 관리에 관한 국제헌장'에 의거, 1975년 경주 안압지에서 출토된 목선과 유물들을 우리나라에서 최초로 발굴된 수중문화유산으로 보기도 한다.

그러나 진정한 우리나라 수중 발굴의 시작은 1976년부터 1984년까지 실시된 신안 해저 유물의 발굴이라고 할 수 있다. 신안 해저 유물 발굴 결과, 중국 원나라의 국제 무역선 1척(선체편 445편)과 송·원대 도자기 등 2만 2,000여 점, 동전 28톤, 자단목 1,017본 등 엄청난 양의 유물이 출토되었다. 특히 경원로(慶元路)란 글자가 새겨진 저울추 및 지치(至治) 3년 연호와 일본 사람·사찰의 이름이 쓰여진 복간 등을 통해 이 배가 1323년 중국의 영파(寧波)항에서 출발하여 일본 큐슈의 하카다[福岡, 후쿠오카]항으로 항해하던 중 신안 앞바다에 침몰한 것임을 알 수 있었다. 이로써 우리는 뜻하지 않게 중세 동아시아의 항해술과 교역로 등에 대한 귀중한 자료를 확보할 수 있게 되었다. 하지만 신안 해저 유물은 이른 바 '보물선 신드롬'을 일으켜 수중 유물 해역을 중심으로 도굴범이 성행하는 등 심각한 사회 문제를 야기하는 부작용을 낳기도 하였다.

신안선 발굴 이후 완도선, 진도 통나무배, 목포 달리도선, 군산 십이동파도선, 신안 안좌도선, 안산 대부도선, 태안선, 태안 마도 1·2·3·4호선, 인천 영흥도선 등 고선박은 물론 엄청난 양의 해저 유물이 잇달아 발굴되었다. 비록 고선박이 발굴되지는 않았지만 제주 신창리, 무안 도리포, 군산 비안도와 야미도, 진도 오류리, 보령 원산도, 태안 원안 등지에서도 다량의 유물이 발견되었다. 이처럼 우리나라 연안에서 수중 조사가 이루어진 지역은 20여 곳이 넘는다.

완도 해저 발굴은 문화재관리국에서 해군을 제대한 잠수 인력과 함께 발굴조사를 실시하였다. 고려시대(13세기 초)의 한국 전통 한선과 3만 6,000여 점의 도자기를 비롯한 선원 생활 용기를 발굴하여 수중고고학의 발전에 촉매제 역할을 하였다. 하지만 서남해안은 갯벌지역으로 시계가 확

그림 8.1 신안선(상)과 그 출토 유물(저자 촬영)

보되지 않아 수중 촬영이 제대로 이루어지지 않았다. 조사지역에 그리드를 설치하기는 하였지만 실측 등 정밀조사가 이루어지지 못하고 유물의 인양에만 집중된 조사였다. 당시까지만 해도 수중 조사는 해군의 도움으로 이루어졌고, 발굴 담당자들은 유물의 정리나 기타 자료를 조사하는 역할에 불과하였다. 그러다 보니 제대로 된 수중고고학적 조사를 실시하기보다는 최대한 빨리 많은 양의 유물을 인양해야 하는 성과에 급급한 경향을 보이기도 하였다.

한편 해안가를 중심으로 밀물과 썰물의 차이에 의하여 드러난 선체 발

그림 8.2 수중 발굴 유물 실측 모습(국립해양문화재연구소 제공)

굴(진도 벽파통나무배, 목포 달리도선)이 실시되었다. 국립해양유물전시관(현 국립해양문화재연구소)이 발굴을 전담하면서, 체계적인 수중 조사의 기반이 조성되었다. 이는 수중 발굴을 발전시키는 촉매제 역할을 하여 신안 해저 유물 발굴 이후 관심에서 벗어나 있던 수중문화유산에 대한 관심을 다시 불러오는 효과를 거두었다.

2000년대 군산 비안도 지역에서 발견 신고된 고려청자는 수중 발굴의 획기적인 변화를 가져왔다. 새만금 간척 사업에 의해 물길이 좁아지면서 강한 조류의 영향으로 갯벌이 제거되면서 노출된 고려청자를 국립해양유물전시관과 해군이 초기 합동 조사를 실시하였다. 이를 계기로 국립해양유물전시관이 독자적인 조사를 능력을 갖출 수 있게 되었다. 그뿐만 아니라 2000년대에 들어 각종 해양 개발 사업이 계획되면서 문화재보호법에 따른 수중 조사 지역의 확대도 이루어지게 되었다. 아울러 수중에 필요한 다양한 첨단 장비의 사용이 활성화되었다.

비안도 조사는 조사방법을 다양하게 적용하였다. 신고 지점에 대한 정확한 위치 파악을 위해 위성위치측정기로 위치를 확인한 후 측면주사음파탐지기, 지층탐사기, 조류계 등의 장비 탐사를 실시하였다. 탐사 결과를 토

그림 8.3 **태안 지역 출토 목간**
(좌: 대섬 출토, 우: 마도 1호선 출토, 국립
해양문화재연구소 제공)

대로 이상 물체의 확인 작업을 실시하여 이상 물체가 발견된 지점에 부표를 설치한 다음, 잠수사가 직접 입수하여 확인하였다. 확인 과정 중 유실우려가 있는 유물은 즉시 수습하였다. 유물 매장처에는 위치 표시를 하고 2×6m의 그리드를 설치한 후 수중카메라와 수중비디오 촬영을 실시한 다음 유물을 인양하였다. 그리드가 설치된 지역 이외의 조사는 위성위치측정기로 일정한 구역을 설정하여 부표를 설치한 다음 정밀 원형 탐사를 실시하는 방식으로 진행하였다.

이후 실시된 군산 십이동파도 발굴에서는 한국 수중고고학에서 발굴의 기본적인 교과서 역할을 할 수 있는 다양한 조사방법이 시도되었고, 보령 원산도와 군산 야미도의 수중 발굴로 이어지면서 수중고고학 발달의 전기를 마련하였다. 2000년대에 들어 다양한 첨단장비를 통한 지표조사와함께 잠수 교육 등 훈련된 전문 발굴인력에 의해 체계적인 해저 발굴이 이루어진 것이다.

신안 해저 유물 발굴 이후 최대의 성과로 손꼽히는 태안 대섬과 마도에서는 고선박과 다량의 도자기 외에 다양한 생활용품이 발굴되었다. 특히 묵서된 고려시대 목간이 최초로 발견되어 도자기의 생산지뿐만 아니라 출항지, 거래관계, 운송책임자, 선박 적재 단위 등을 확인하는 수확을 올렸다.[76] 특히나 태안 대섬에 대한 수중 조사부터는 수중 유구의 실측작업을 해 오고 있다. 나아가 수중에서 촬영한 기록을 육상에서 전달받아 저장하는 방식으로 자료를 축적해 오고 있다.

이상에서 보았듯이 수중 발굴을 통해 출토된 유물의 대부분은 고선박과 도자기류로 지금까지 신안선, 완도선, 진도선, 달리도선, 십이동파도선, 안좌선, 대부도 1·2호선, 태안선, 마도 1·2·3·4호선, 영흥도선 등 모두 14척의 선박이 발굴되었으며, 자기류 등 출수 유물은 십수만 점에 이른다.[77] 특징적인 점은 발굴된 선박이 신안 방축리와 진도 벽파리, 영흥도 해역, 마도 해역에서 발굴된 4호선을 제외하고는 전부 고려시대의 전통 한선으로 밝혀졌다. 또한 도자기는 선박이나 유적의 연대를 알려주는 유물로 거의 완형인 상태로 출수되고 있다. 그런데 수중 발굴이 이루어진 지역은 서해안을 끼고 당시 바닷길로 이용되었던 항로에 위치한다. 서해안은 지리적인 특성 때문에 선박이나 도자기 등의 유물이 잘 보존되어 있는 한국 수중고고학의 보고라고 할 수 있다.

이상의 성과들에도 불구하고 서해안 등 우리나라 근해 연안은 갯벌 퇴적층이 두꺼워 시계가 불량하고, 조수 간만의 차이가 심해 원활한 수중 조사를 실시하는 데 많은 어려움이 존재하는 것이 사실이다. 또한 지금까지 발굴된 대다수의 고선박과 유물이 고려시대에 집중돼 있는 데 반해 삼국시대와 그 이전, 혹은 조선시대의 선박과 유물들이 많이 발견되지 않은 점은 이후 수중고고학이 풀어야 할 과제이기도 하다. 그러나 현재까지 신고된 해양 유물 발견 지점이 250여 곳이나 된다는 점은 상당히 고무적이다. 그중에서도 집중적인 보호가 필요한 곳은 사적으로 지정되어 관리되고 있다. 현재 전남 신안군의 송원대 유물 매장해역(사적 제274호), 충남 보령시의 죽도 앞바다 고려청자 매장해역(사적 제321호), 전남 무안군의 도리포 고려청자 매장해역(사적 제395호)등 세 곳이 이에 해당한다. 따라서 이러한 사적지를 비롯하여 해양 유물 발견 신고가 이루어진 지점을 중심으로 확인

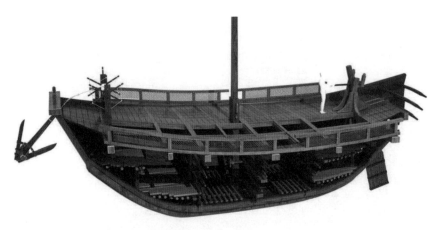

그림 8.4 마도선 복원 모형 사진(국립해양문화재연구소 제공)

조사가 이루어지면 훨씬 더 많은 성과를 얻을 수도 있을 것이다. 그러한 점에서 우리나라의 수중고고학은 세계에서도 가장 경쟁력 있는 학문으로 성장할 가능성이 대단히 크다고 생각된다. 아울러 수중고고학은 인접 학문과의 공동 연구를 통해 역사적인 공백을 메울 수 있는 중요한 수단으로 작용할 수 있으며, 인접국과의 교류를 증진시킴으로써 과거에 활발했던 해양문화 교류를 복원하는 핵심 역할도 수행할 수 있을 것이다.

핵심용어

매장문화재 "토지 또는 수중에 매장되거나 분포되어 있는 유형의 문화재, 건조물 등에 포장(包藏)되어 있는 유형의 문화재, 지표·지중·수중(바다·호수·하천 포함) 등에 생성·퇴적되어 있는 천연동굴·화석, 그 밖에 지질학적인 가치가 큰 것"을 말한다.

고고유산 고고학적인 방법을 통해 발견된 유적과 유물 등의 유산을 가리키는 말로 세계적으로 매장문화재란 용어보다 보편적으로 사용되는 용어이다.

수중문화유산 수중에 존재하거나 혹은 이로부터 이전되어 육상에 존재하는 고고학적 유산

지표조사 지표에 드러난 매장문화재의 징후 및 지형을 훼손시키지 않은 채 조사하여 해당 지역의 문화새 존재 여부와 그 성격을 확인하는 행위

발굴조사 땅을 파서 유적을 확인하는 것으로 고고학적 자료가 갖고 있는 모든 정보를 확인하는 학술 행위

표본조사 유존지역 면적의 2% 범위 이내에서 매장문화재의 종류 및 분포 등을 확인하기 위해 표본적으로 실시하는 발굴조사

시굴조사 유존지역 면적의 10% 범위 이내에서 시험적으로 실시하는 발굴조사

발견 신고 매장문화재를 발견한 때에 발견자나 매장문화재 유존지역의 소유자·점유자 또는 관리자가 현상을 변경하지 않고 그 발견된 사실을 문화재청장에게 신고하는 행위

국가 귀속 발견 신고가 되었거나 문화재 조사로 발견 또는 발굴된 문화재에 대하여 적법한 절차에 따라 소유권 판정 절차를 거친 결과 정당한 소유자가 없는 문화재로서 역사적·경관적 또는 학술적 가치가 커서 소유권을 국가에 귀속하는 행위

수중고고학 바다와 바다가 아닌 물속에 존재하는 유적과 유물에 대한 적합한 탐사·조사와 과학적 연구를 통하여 그것들의 역사적 의미와 인류 문화의 다양성과 발전과정에 대한 지식을 더해 주는 학문

요약정리

◉ 매장문화재 보호 및 조사에 관한 법률에서는 매장문화재를 "토지 또는 수중에 매장되거나 분포되어 있는 유형의 문화재, 건조물 등에 포장(包藏)되어 있는 유형의 문화재, 지표·지중·수중(바다·호수·하천 포함) 등에 생성·퇴적되어 있는 천연동굴·화석, 그 밖에 지질학적인 가치가 큰 것"이라 정의하고 있다.

◉ 1982년 문화재보호법 개정 시에 매장문화재의 정의를 "토지·해저 또는 건조물 등에 포함된 문화재"로 바꾸면서 처음으로 수중문화유산 관련 개념이 법률에 포함되었다.

◉ 매장문화재의 특성으로는 순수공공재란 점과 땅속이나 물속에 있기 때문에 실제로 발굴조사를 실시하기 전에는 그것의 정확한 위치나 범위 및 존재 여부 등을 알 수 없다는 예측 불가능성을 들 수 있다. 또한 빼놓을 수 없는 것이 보존과 개발의 양립성인데, 이러한 특성에서 기인한 매장문화재 보호의 문제점이 파생되고 있다.

◉ 매장문화재 조사의 특성으로는 조사의 전문성 원칙과 역사 복원에의 기여. 외부 환경 변화에의 민감성, 전문 지식의 비대칭성 등을 들 수 있는데, 이러한 특성으로 인해 매장문화재 조사에 대한 객관성과 신뢰성 등이 요구된다.

◉ 우리나라에는 법률에서 수중문화유산을 매장문화재의 범주에 포함시키고 있음에도 불구하고 수중문화유산을 효과적으로 보호하고 관리할 수 있는 규범이 마련되어 있지 않다. 매장문화재와 수중문화유산은 그 특성이나 조사 방법 등이 다르고, 법에 의해 규율되어야 하는 부분에 있어서도 차이가 있기 때문에 현재의 법률로는 수중문화유산을 보호하는 데 한계가 있다.

◉ 매장문화재가 존재하는 것으로 인정되는 지역은 원형이 훼손되지 아니하도록 보호되어야 하며, 법에서 정하는 바에 따르지 아니하고는 매장문화재 유존지역을 조사·발굴하여서는 안 된다.

◉ 건설공사의 시행자가 해당 건설공사 지역에 문화재가 매장·분포되어 있는지를 확인하기 위하여 사전에 지표조사를 실시하여 문화재청장에게 보고한 후 문화재 보존에 필요한 조치를 이행해야 한다. 대표적인 조치의 일환으로 발굴조사가 있는데, 정해진 절차에 따라 문화재청장의 허가를 받아 조사를 실시하고, 2년 이내에 관련 보고서를 제출하여야 한다.

◉ 매장문화재를 발견한 때에는 그 발견자나 매장문화재 유존지역의 소유자·점

유자 또는 관리자는 그 현상을 변경하지 말고 대통령령으로 정하는 바에 따라
그 발견된 사실을 문화재청장에게 신고하여야 한다.

- 발견 신고가 되었거나 문화재 조사로 발견 또는 발굴된 문화재에 대하여 적법
한 절차에 따라 소유권 판정 절차를 거친 결과 정당한 소유자가 없는 문화재로
서 역사적·경관적 또는 학술적 가치가 커서 국가에서 직접 보존할 필요가 있
는 문화재는 국가에 귀속한다.

- 매장문화재 관련 지표조사와 발굴조사를 실시하고자 하는 자는 매장문화재 조
사를 수행하는 데 적합한 전문 인력과 시설, 장비 등을 갖추어 조사기관 등록을
신청하여야 한다.

- 1990년대 들어 급속한 경제 개발 등에 대응하기 위해 발굴조사를 전문으로 하
는 법인이 설립되어 현재 우리나라 발굴조사의 90% 정도를 수행하고 있으며,
발굴조사를 통해 고고학적 연구 사료의 제공이라는 학문적 역할과 함께 젊은
고고학도들에게 많은 일자리를 제공하는 사회적 역할을 해 오고 있다. 단, 발굴
법인의 수가 지속적으로 증가하는 추세로 인해 과당 경쟁과 조사 부실 등의 우
려도 제기되고 있는 현실이다.

- 우리나라 수중고고학은 1973년 충무공 해전 유물 조사를 시작으로 1976년부
터 1984년까지 실시된 신안 해저 유물의 발굴이 대표적이며, 최근까지 30차례
가까운 발굴조사를 실시하여 고선박 14척과 수십만 점의 유물을 출수하는 성
과를 올렸다.

생각해 볼 거리

- ▶ 문화재 분류체계에서 고고유산뿐 아니라 수중문화유산, 그리고 건조물 등에
포장된 문화재와 기타 지질학적 생성물까지를 포함하여 매장문화재로 정의하
고 있는 점에 대해 어떻게 생각하는지 자유롭게 얘기해 보자.

- ▶ 매장문화재와 그 조사의 특성에 대해 깊이 있게 논의해 보자.

- ▶ 우리나라를 포함한 세계적 추세와 연계하여 현행 수중문화유산 제도와 그 한
계에 대해 논의해 보자.

- ▶ 매장문화재 보호 조치의 대다수를 차지하고 있는 발굴조사의 비용을 시행자가
부담하도록 하는 제도의 장단점에 대해 토론해 보자.

▶ 발굴조사에서 출토된 유물의 대부분을 국가에 귀속하는 제도가 타당한지에 대해 토론해 보자.

▶ 발굴 전문법인의 현황에 대해 알아보고, 앞으로 개선해 나가야 할 방향과 보완해야 할 제도적 지원 등에 대해 토론해 보자.

▶ 기타 우리나라 매장문화재 제도와 관련하여 관계 당국에 건의하고 싶은 사항이 있으면 자유롭게 얘기해 보자.

제9장

무형문화유산 전승과 제도 개선

이 장의 목표 ···

지금까지 살펴보았던 유형문화재와는 확연히 다른 성격을 지닌 무형문화유산의 정의와 특성, 보호 원칙과 지정 절차 등을 알아볼 것이다. 나아가 유네스코의 무형문화유산 보호 활동의 최근 흐름과 일본, 중국 등 인접국의 무형문화유산 보호 제도 등에 대해서도 살펴보고자 한다.

　　무형문화유산은 건축물이나 조각, 회화 등의 유형문화재나 유적지에 비해 그 중요성이 잘 드러나지 않기 때문에 이를 법적·제도적으로 보호하고 전승하는 나라가 많지 않다. 그러나 역사적으로 정신문화를 숭상하고 공동체 의식을 중시했던 문화적 전통이 상대적으로 무형문화유산의 전승에 큰 관심을 갖는 동양에서는 우리나라를 비롯하여 일본, 중국 등이 무형문화유산 보호에 많은 노력을 기울이고 있다. 이에 우리와 인접한 나라들의 무형문화유산 보호 제도에 대해서도 비교적 관점에서 그 특징을 살펴볼 것이다.

　　문화재청은 2016년 3월 문화재보호법에서 분리 제정된 '무형문화재 보전 및 진흥에 관한 법률'을 시행함으로써 무형문화유산 관련 법령과 규정을 정비하고, 보호 제도의 미비점을 개선하려는 단초를 마련하였다. 하지만 무형문화유산의 개념이나 보호 원칙 등 기본적인 부분에서부터 구체적인 제도에 이르기까지 보완해야 할 과제들이 산적해 있는 것 또한 사실이다. 이에 이 장의 말미에서는 무형문화유산 보호 과정에서 드러난 문제점을 지적하고 그에 대한 개선 방안을 제시해 보았다.

　　이상과 같이 세계적으로도 점점 그 관심이 증대되고 있는 무형문화유산의 특성과 보호 흐름, 각국의 특징 등을 구체적으로 살펴봄으로써 우리나라 무형문화재 제도에 대한 이해의 폭을 넓히고, 나아가 바람직한 개선 방향에 대해서도 깊이 있게 고민해 보는 계기가 될 수 있을 것으로 기대한다.

1 무형문화유산의 정의와 특징

문화재보호법으로부터 분리하여 2016년 3월 시행된 '무형문화재 보전 및 진흥에 관한 법률'에서는 무형문화재를 "연극, 음악, 무용, 놀이, 의식, 공예 기술 등 무형의 문화적 소산으로서 역사적·예술적 또는 학술적 가치가 큰 것"이라고 정의하였다. 이러한 개념은 기존의 문화재보호법에서 정의했던 개념을 그대로 사용한 것으로 무형문화유산에 관련된 법률을 독자적으로 제정하였음에도 불구하고 개념적으로는 기존의 인식과 큰 차이가 없음을 보여주는 것이다.

위 법률에서는 무형문화유산을 다음과 같은 범주로 세분하고 있다.

① 전통적 공연·예술
② 공예, 미술 등에 관한 전통기술
③ 한의약, 농경, 어로 등에 관한 전통지식
④ 구전 전통 및 표현
⑤ 의식주 등 전통적 생활관습
⑥ 민간신앙 등 사회적 의식
⑦ 전통적 놀이·축제 및 기예·무예

이러한 범주의 무형문화유산은 그 성격에 따라 예능 분야와 공예 분야로 구분할 수 있다. 예능 분야는 음악, 무용, 연극, 놀이와 의식, 무예 등이 해당되고, 공예 분야는 공예 기술, 음식 등이 해당된다.

한편 2003년 유네스코 제32차 정기총회에서 190개 회원국이 참가한 가운데 채택한 무형문화유산 보호 협약 제2조 1항에는 무형문화유산을 "공동체, 집단, 때로는 개인이 자신의 문화유산의 일부로 보는 관습(practices), 표출(representation), 표현(expression), 지식(knowledge), 기술(skills) 및 이와 관련된 전달 도구, 물품, 공예품 및 문화 공간(cultural

그림 9.1 예능 분야의 승무(국가무형문화재 제27호, 출처: 문화재청)

spaces) 모두를 의미한다"고 하였다.

우리나라 문화재보호법상의 정의와 비교하면 유네스코의 정의가 좀 더 포괄적이라 할 수 있으나, "이와 관련된 도구, 물품, 공예품 및 문화 공간"에 대한 언급은 도구나 물품, 공예품 및 문화 공간 그 자체라기보다는 도구나 물품, 공예품 및 문화 공간과 관련된 무형의 문화적 측면이 무형문화유산에 해당한다는 점이라고 명시하지 않아 개념상으로 다소 혼란스런 측면도 있다. 반면, 우리나라의 무형문화유산에 대한 정의는 다분히 문화정책의 구체적 대상이 될 만한 무형의 문화 요소들에 치중한 개념으로, 일상생활의 고유한 관습이나 습속 및 전통지식 등 구체적으로 드러나지 않는 무형적 유산은 고려하지 않았다는 비판도 존재한다.

세대 간에 전승되는 무형문화유산은 공동체성과 더불어 각 집단이 환경에 대응하여 자연 및 역사와 상호 작용하면서 끊임없이 재창조되고 이들이 정체성 및 계속성을 갖도록 함으로써 문화적 다양성과 인류의 창조성에 대한 존중을 증진하는 데 기여한다. 이런 입장에서 '무형문화유산 보호 협약' 제2조 2항에서는 무형문화유산의 내용을 크게 다음의 5가지 범주로 분류하고 있다.[78]

(a) 무형문화유산의 전달 수단으로서의 언어를 포함한 구전 전통 및 표현

(b) 공연예술

(c) 사회적 관습, 의식 및 축제행사

(d) 자연과 우주에 대한 지식 및 관습

(e) 전통 공예기술

무형문화유산의 중요성은 문화적 표현 자체보다는 무형유산을 통해 한 세대에서 다음 세대로 전해지는 풍부한 지식과 기술에 있다. 지식 전수의 사회·경제적 가치는 한 국가 내에서 소수 집단이나 주류 사회집단 모두에게 필요하다. 이러한 무형문화유산의 특징은 다음과 같이 집약할 수 있다.[79]

첫째는 전통성과 현대성의 공존으로 무형문화유산은 과거 전통으로부터 물려받은 것뿐만 아니라 다양한 문화집단이 참여하는 오늘날의 농촌 및 도시 문화의 관습을 나타낸다.

둘째는 포괄성이다. 우리는 다른 사람들이 지닌 것과 비슷한 무형문화 표현물을 공유한다. 이웃 마을에서 유래한 것이든 세상 저편 어느 도시에서 전해진 것이든, 아니면 삶의 터전을 옮겨 다른 지역에 정착한 이들이 현실에 맞춰 변화시킨 것이든 모두가 무형문화유산이다. 무형문화유산은 다음 세대로 전해지는 것이고, 환경에 적응해 거듭 변화한 것이며, 우리가 정체성과 연속성을 인식하도록 하는 데 이바지하는 것이다. 또한 무형문화유산은 현재를 매개로 미래를 연결하는 고리 역할도 한다. 무형문화유산은 어떤 관습이 특정 문화에 고유한 것인지를 문제 삼지 않는다. 무형문화유산은 사회적 결속에 기여하면서 개인이 하나 또는 여러 공동체의 일원이 되고 나아가 전체 사회의 일부라는 인식을 갖도록 정체성과 책임감을 강화시킨다.

셋째는 대표성으로 무형문화유산은 비교론적 관점에서 그 배타성이나 예외적인 가치 때문에 문화적 재화로 인정받은 것이 아니다. 무형문화유산은 기본적으로 공동체 속에서 생겨난 것으로서, 공동체의 다른 사람들이나

다음 세대 혹은 다른 공동체로 전수되는 지식, 전통, 기술 그리고 관습의 보유자에 의해 좌우된다.

마지막으로 공동체 기반을 특징으로 한다는 점이다. 무형문화유산은 유산을 창조하고, 유지하며 전수하는 공동체나 집단 혹은 개인이 인정할 때에만 유산일 수가 있다. 이들이 인정하지 않으면 어느 누구도 특정 표현물이나 관습을 이들의 유산이라고 할 수 없다.

이상과 같은 보편적인 특징 외에도 무형문화유산은 유형의 문화 요소와도 밀접하게 관련되며, 상호 영향을 미치고 복합적이어서 때로는 양자를 구분하기 어렵도록 만들기도 한다. 또한 구전 혹은 일상의 맥락 속에서 전승되므로 전승자의 사멸과 동시에 인멸되는 경향이 있다. 그리고 무형문화는 형체가 없어 '기억 속의 문화'로만 전승되는 것이 많아 자료 수집을 위해서는 구술 채록 방식에 의존하는 경향이 크다는 특징을 간과해서는 안 된다.[80]

한편 무형문화재는 구체적이며 사실적인 유형문화재 또는 고고학적 자료에 비하여 정서적이며 정신적인 가치의 표현물로서 정신문화의 기초로 볼 수 있다. 따라서 유형문화재가 간접적이며 객관성을 지닌 반면 무형문화재는 감성적이며 주관성을 지니고 있는 특성도 있다.[81]

2 인접 국가의 무형문화유산 개념과 제도

건축물이나 조각, 회화 등의 유형문화재나 사적 등 유적지에 비해 무형문화유산은 그 중요성을 인지하고 법적·제도적으로 보호하고 전승하는 나라가 많지 않다. 유독 우리나라를 비롯하여 인접한 일본이나 중국 등이 무형문화유산 보호에 많은 노력을 기울이고 있는 실정이다. 역사적으로 정신문화를 숭상하고 공동체 의식을 중시했던 문화적 전통이 상대적으로 무형문화유산의 전승에 큰 관심을 갖는 이유로 생각된다. 대외적으로는 각국의 무형문화유산 보호의 대의와 원칙이 크게 다를 바 없어 보이지만, 국가별로 뚜렷한 차이들이 있기 때문에 간략히 살펴보고자 한다.

1) 일본

일본의 무형문화유산 보호제도는 다른 문화유산과 마찬가지로 우리나라의 그것과 큰 차이를 보이지 않는다. 1950년 처음 문화재보호법을 제정하면서 무형문화유산 보호제도를 법제화하였다. 법률에서 '무형문화재'를 "연극, 음악, 공예기술 그 밖의 무형의 문화적 소산으로서 역사상 또는 예술상 가치가 높은 것"이라고 정의하였는데, 이는 현재 우리나라에서 사용하고 있는 무형문화재의 개념과 거의 동일하다. 이후 1954년 '중요무형문화재' 지성제도를 도입하는 등 여러 차례의 개정을 거치면서 현재 일본에서는 무형문화유산을 다음과 같이 구분하고 있으며, 비록 문화유산은 아니지만 '문화재 보존기술'을 별도로 설정하고 있다.

> ① 중요무형문화재(예능, 공예기술 / 개인, 총합, 단체 지정)
> ② 기록선택무형문화재(예능, 공예기술)
> ③ 중요무형민속문화재
> ④ 기록선택무형민속문화재
> * 선정보존기술

위에서 본 것처럼 일본의 무형문화유산은 크게 '무형문화재'와 '민속문화재'로 나눌 수 있다. 이 밖에 문화재는 아니지만 문화재 보존기술이 '선정보존기술'로 포함되어 있는 것이 특징적이다. 특별히 문화재의 보존을 위해서 없어서는 안 되는 전통적인 기술 또는 기능으로서 보호 조치를 강구할 필요가 있는 것을 선정한 것이다.

무형문화재는 법적 보호 조치에 따라 '지정'과 '선택'으로 나뉘는데, 지정은 우리나라에서도 사용하고 있는 일반적인 개념의 지정 방식이다. 그러나 다소 생소한 개념으로 '기록 작성 등의 조치를 강구해야 하는 문화재'라는 의미에서의 선택 방식을 도입하고 있다. 특별히 중요한 것을 '중요무형문화재'로 지정하는 것이고, 특별히 필요한 것을 '기록선택무형문화재'로 선택하는 것이다. '중요무형문화재'와 '기록선택무형문화재'는 둘 다 연극이나 음악 등의 예능 분야와 공예 기술 분야를 대상으로 한다.

민속문화재는 지정, 선택, 등록의 보호 방법이 있다. '중요유형민속문화재'와 '중요무형민속문화재'를 지정하고, '기록선택무형민속문화재'를 선택한다. 최근에는 보존과 활용이 특히 필요한 것을 '등록유형민속문화재'로 새로이 추가하였다.[82]

이처럼 일본의 무형문화유산 제도는 우리나라의 그것과 일맥상통하는 부분이 있으나, 구체적인 개념과 지정 방식 등에서는 다소 차이가 있다. 특히 우리나라의 무형문화유산 보호제도와 관련하여 가장 차이가 나는 부분은 무형문화유산 보유자 제도이다. 일본은 '중요무형문화재로 지정된 경우에는 반드시 '보유자'나 '보유단체'를 인정하도록 하였다. 반대로 중요무형문화재 지정 해제 시 '보유자'나 '보유단체'로 인정을 해제할 수 있도록 하였다. 그러나 우리나라처럼 보유자 후보나 전수교육 대상자 등을 선정하여 지원하는 제도 등은 없다.

2) 중국

중국은 일반적인 문화유산과 무형문화유산을 다루는 데 있어서는 제도적으로 우리나라와 약간 차이가 있다. 즉, 유형의 문화유산과 무형문화유산을 관장하는 정부기관과 법규가 분리되어 있다. 일반 문화유산은 국무원 문화부의 관리를 받는 국가문물국(國家文物局)이 문물보호법에 입각해 다루는 반면, 무형문화유산은 2011년 제정한 '비물질문화유산법(非物質文化遺産法)'에 입각하여 문화부 내의 부서인 '비물질문화유산사(非物質文化遺産司)'에서 관련 업무를 수행하고 있다. 우리가 형체가 없다는 뜻의 '무형문화유산'이란 개념을 사용하는 반면, 중국에서는 물질이 아니라는 의미의 '비물질문화유산'이란 용어를 사용하고 있다. 비물질문화유산법 제2조에서는 비물질문화유산을 "각 민족 인민들이 대를 이어 전승한 대중생활과 밀접한 관계를 가지는 각종 전통문화의 표현 형식(민속 활동, 공연 예술, 전통 지식, 기능 및 이와 관련한 기구, 실물, 수공제품 등)과 문화 공간"으로 규정하고 있다. 특히 문화 공간은 정기적으로 전통문화 활동을 개최하거나 전통문화 표현 형식을 집중적으로 나타내는 장소이고, 공간성과 시간성을 함께 보유하고 있는 개념이다. 이러한 정의는 유네스코의 무형문화유산 보호 협약에서 정의한 무형문화유산의 개념과도 유사하다.

이처럼 중국의 무형문화유산은 크게 '표현 형식'과 '문화 공간'의 두 가지로 나눌 수 있으며, 그 형식은 다음의 6가지 내용을 포함하고 있다.[83]

① 구두로 전해지는 전통과 문화를 전달하는 언어
② 전통미술, 서예, 음악, 무용, 희극, 곡예 및 잡기
③ 민속 활동, 예식, 명절
④ 전통예절과 의식, 명절 등 민속
⑤ 전통 수공예 기능
⑥ 상술한 표현 형식과 관계있는 문화 공간

중국은 무형문화유산을 다루는 별도의 법률을 제정하긴 하였으나, 무형문화유산의 개념과 범위는 유네스코의 그것을 그대로 수용하고, 자국의 연구 전통에서 도출한 분류 체계를 하위 분류로 하여 무형문화유산의 전체 체계를 구성하였다. 중국무형문화유산보호센터에서 발간한 '중국 무형문화유산 조사 매뉴얼'에서는 1. 민족언어, 2. 민간문학, 3. 민간미술, 4. 민간음악, 5. 민간무용, 6. 희곡, 7. 곡예, 8. 민간잡기, 9. 민간수공기예, 10. 제조상 거래풍속, 11. 소비풍속, 12. 일생의례, 13. 세시절령, 14. 민간신앙, 15. 민간지식, 16. 유희, 전통체육과 경기를 제시하였고, 국가대표명록에서는 각 무형문화유산들을 1. 민간문학, 2. 민간음악, 3. 민간무용, 4. 전통희극, 5. 곡예, 6. 잡기와 경기, 7. 민간미술, 8. 전통수공기예, 9. 전통의약, 10. 민속으로 분류하였다.[84]

이처럼 무형문화유산에 대한 중국의 시각은 '비물질문화유산'이란 명

칭을 사용하고 있을 뿐, 우리나라와도 개념적으로는 큰 차이가 없다고 보아도 무방하다. 그러나 최근 들어 무형문화유산 관련 독립된 법률을 제정하는 등 무형문화유산의 보호 체계를 강화하는 각종 제도를 보완하는 것은 물론, 국가급 대표 목록으로 지정하는 한편, 개중 가치가 뛰어난 종목들을 유네스코의 인류무형유산으로 등재하는 등 무형문화유산 보호 정책에 심혈을 기울이고 있다.

3) 대만

대만의 무형문화유산 보호에 관한 법령은 문화자산 보존법과 그 시행세칙, 그리고 관련 조례 등이 있다. 문화자산 보존법은 총칙에서 무형문화유산과 관련된 문화자산으로 전통 예술과 민속 및 유관 문물을 규정하고 있다. 전통 예술은 각 족군(族群)과 지방의 전통 기예와 예능에 유전되는 것을 가리키며, 전통 공예 미술과 표현 예술(전통 공연 예술)을 포괄한다. 민속 및 유관 문물은 국민 생활과 관련 있는 전통으로, 특수한 문화적 의의를 지닌 풍속, 신앙, 명절 및 관련 문물을 가리킨다고 규정하고 있다.

문화자산 보존법 시행세칙에서는 무형문화유산의 범위를 세부적으로 규정하고 있다. 전통 예술 중 전통 공예 미술은 편직, 자수, 도자기공예, 요업, 옥공예, 목공예, 옻칠, 흙공예, 와공예, 전점(剪粘), 조소, 채회, 장황, 종이제조, 탁본, 붓과 벼루 제작 및 금속공예를 포괄한다. 그리고 전통 공연 예술은 전통의 희곡, 음악, 가요, 무용, 설창, 잡기 등의 예능을 포괄한다.

민속 및 유관 문물에서 규정하는 풍속은 출생, 성년, 혼인, 상장, 음식, 가옥, 의식, 어렵, 농사, 습관 등 생활 방식을 포괄하며, 신앙은 교파, 제신, 신화, 전설, 신령, 우상, 제전 등 의식 활동을 포괄한다. 기념 경축일은 신정, 정월대보름, 청명, 단오, 중원, 중추, 중앙, 동지 등 절기에 행해지는 경축 활동을 포괄한다. 이 밖에 각류의 재료를 사용하여 만들어 감상할 가치가 있는 예술 작품과 서법·회화·직조자수 등 평면 예술과 도자·조소품 등을 포괄한다. 생활 및 의례 기물은 각류의 재질로 일용기명·신앙 및 의례용품·오락기명·공구 등을 지칭하며, 음식·기구·예기·악기·병기·의식·화폐·문구와 완구·가구·인쇄·배와 수레·공구 등을 포괄한다.

　이상의 전통 예술과 민속 및 유관 문물 가운데 그 가치가 뛰어난 것은 중요 전통 예술과 중요 민속 및 유관 문물로 지정된다. 중요 전통 예술은 옛날 백성들의 생활 형태나 오락 유형을 반영하고 동시에 예술 혹은 예술 사상 중요한 가치가 있는 것과 지방색 혹은 유파 특색이 현저하고 동시에 예술사상 가치가 있으나 전승을 상실할 위기에 처한 것과 전통 기예 혹은 예능 중 그 구조 기법에 특별히 우수한 것을 표현하고 동시에 전국에서 우수한 지위를 갖춘 자를 말한다. 중요 민속 및 유관 문물은 풍속 습관의 역사 전승과 내용에 인민 생활 문화의 전형적인 특색을 나타내는 것과 인민 세시의 중요한 풍속, 신앙, 기념 경축 등 의식에 예능 특색을 나타내며, 민속 예능의 발생과 변천에 그 구성상 지방 특색을 갖추고 동시에 인민 생활에 영향을 미치는 것을 지정한다.

　이 밖에도 일본의 제도와 유사하게 문화자산 보존 및 수복 작업을 실시하는 데 필요불가결한 동시에 반드시 보호해야 할 '문화자산 보존기술'과 보존기술을 가지고 있으면서 정통하고 정확히 체현할 수 있는 '보존자'를 법이 정한 대로 심사 후 보존하고, 보존기술 및 그 보존자에 대해 주관 기관이 그 기초 자료의 조사 및 등록, 중요 사항을 기록하도록 법제화하고 있다.[85]

4) 북한

　북한은 우리가 말하는 무형의 문화적 소산에 대해 그 가치를 당성이나 노동계급성, 그리고 인민성이라는 원칙의 입장에서 복고주의적이나 부르조아주의적이라 비판하고, 사회주의 문화예술 정책에 의거하여 선별 보존하고 있다. 우리가 전통에 대하여 감정적인 친밀감을 지향하는 데 반해 북한은 보존해야 할 것과 버릴 것을 분명히 구분 짓는다. 즉, 복고주의를 경계하며 민족유산을 비판적으로 계승하겠다는 입장을 취하고 있다. 북한은 물질문화의 보존에 주력하고 있기 때문에 무형의 문화적 소산에 대해서는 특히 비판적이다. 이러한 기본 원칙에 어긋나는 전통 예술에 대해서는 가

그림 9.2 북청사자놀음
(국가무형문화재 제15호,
출처: 문화재청)

차 없이 소멸시키는 정책을 펴고 있어서 봉산탈춤, 북청사자놀이 등 몇몇
을 제외하고는 거의 모든 전통 민속들이 사라지거나 변형되어 버렸다.[86]

　　이처럼 북한은 문화재의 범주에 무형문화재를 포함시키지 않았다. 즉
우리나라의 국가 무형문화재와 민속문화재와 같은 문화재를 제외시킨 것
이다. 북한의 무형문화유산은 문화예술의 한 분야로서 사회주의에 맞게 현
대화하는 대상이 되고 있다. 예를 들어 '민족음악'은 우리 고유의 전통음악
뿐만 아니라 전통음악을 기초로 한 창작음악까지 포함하는 말이다. 창극도
민요를 바탕으로 해야 하며, 창극의 새로운 형태로서 '피바다'식 가극이 등
장하고, 조선민족제일주의 정신을 깊이 장려하기 위하여 현대적 미감에 맞
게 경음악으로 발전시켜 보급하고 있다. 민족악기를 현대화하고, 전통악기
를 개량하여 민족악기와 서양악기를 적절히 배합 연주하며 대중음악으로
발전시키고 있다.[87]

　　이처럼 북한의 무형문화유산 정책은 문화재적 가치가 충분한 전통 문
화와 예술이라 할지라도 철저히 사회주의적인 입장에서 현대와 접목시켜
당성이나 인민성을 고취시키는 방향으로만 선별적으로 보호해 오고 있다.

따라서 우리의 소중한 전통음악이나 기예, 민속놀이 같은 것들이 아예 소멸되거나 원래의 모습을 잃어버린 채 변질돼 가고 있다고 할 수 있다.

3 무형문화유산 보호 원칙과 지정 절차

1) 무형문화유산 보호의 기본 원칙과 용어 해설

무형문화재[88]의 보전 및 진흥은 '전형 유지'를 기본 원칙으로 하며, 민족 정체성 함양, 전통문화의 계승 및 발전, 무형문화재의 가치 구현 및 향상과 관련된 사항이 포함되어야 한다. '전형(典型)'이란 해당 무형문화재의 가치를 구성하는 본질적인 특징을 가리키는 말로 유형문화재의 '원형(原型)'에 대비되는 개념이라 할 수 있다.

무형문화재에는 유형문화재에서 주로 사용하는 '지정'과 무형문화재에만 국한된 '인정'이라는 용어가 둘 다 사용된다. 지정이란 무형문화재로 선정한 인정 행위를 뜻하는데, 지정 대상은 무형문화재 자체이며, 사람이 대상은 아니다. 인정이란 의미는 무형문화재가 사람을 통하여 전승되므로, 지정된 무형문화재의 전승을 위하여 보유자를 인정한다는 뜻으로 사용되는 것이다. 이 밖에 무형문화재와 관련하여 상시적으로 사용되는 용어로 다음과 같은 것들이 있다.

> 보유자: 무형문화재의 기능, 예능 등을 전형대로 체득·실현할 수 있는 사람
> 보유단체: 무형문화재의 기능, 예능 등을 전형대로 체득·실현할 수 있는 단체
> 전수교육조교: 보유자 또는 보유단체의 전수교육을 보조하는 사람
> 이수자: 전수교육 이수증을 받은 사람
> 전승자: 보유자부터 이수자까지의 어느 하나에 해당하는 사람 또는 단체
> 명예보유자: 국가무형문화재 보유자 중에서 기예능의 전수교육 또는 전승 활동을 정상적으로 실시하기 어려운 자

그림 9.3 **종묘제례악**(국가무형문화재 제1호, 출처: 문화재청)

전수교육: 보유자 및 보유단체, 전수교육대학이 실시하는 교육

전수장학생: 보유자(보유단체)에게 교육을 받는 자 가운데 문화재청에서 매
　　　월 일정액을 교육비로 지급받는 사람

전승공예품: 무형문화재 중 전통기술 분야의 전승자가 해당 기능을 사용하여
　　　제작한 것

인간문화재: 보유자 및 명예보유자를 통칭하여 말함

2) 국가무형문화재의 지정 기준

무형문화재 중 가치가 뛰어난 것을 '국가무형문화재'로 지정하여 보호
하고 있는데, 각 범주에서 국가무형문화재로 지정되는 것들은 다음과 같다.

가. 연극: 인형극, 가면극

나. 음악: 제례악, 연례악, 대취타, 가곡, 가사 또는 시조의 영창, 산조, 농악, 잡
　　　가, 민요, 무악, 범패

다. 무용: 의식무, 정재무, 탈춤, 민속무

라. 공예기술: 도자, 피모, 금속, 골각, 나전칠, 제지, 목공예, 건축, 지물, 직물,

염색, 옥석, 수·매듭, 복식, 악기, 초고, 죽공예, 무구

마. 그 밖의 의식, 놀이, 무예, 음식 제조 등

바. 가목부터 다목까지에서 규정한 예능의 성립 또는 구성상 중요한 요소를 이루는 기법이나 그 용구 등의 제작, 수리 기술

3) 무형문화재의 지정 절차

무형문화재는 종목에 대한 지정과 해당 종목에 대한 보유자의 인정 절차가 별도로 진행된다. 국가무형문화재로 지정받고자 하는 경우 개인 또는 시·도에서 문화재청에 지정 신청을 하여야 한다. 지정 신청을 받은 문화재청은 문화재위원 등 전문가 2~3인으로 하여금 해당 무형문화재에 대한 지정 조사를 실시토록 한다. 지정 조사 결과를 무형문화재위원회에서 1차 심의하여 지정 가치가 있다고 의결되면 30일간 관보에 그 사실을 고시하여야 한다. 이후 무형문화재위원회에서 최종 심의하여 관보에 고시하면 국가무형문화재의 지정 절차가 완료된다.

국가무형문화재 지정 절차는 〈그림 9.4〉와 같다.

한편 보유자 및 전수교육조교를 인정하는 첫 절차로 매년 1월 31일 공고를 통해 대상 종목을 선정한다. 종목이 선정되면 해당 종목 보유자(보유

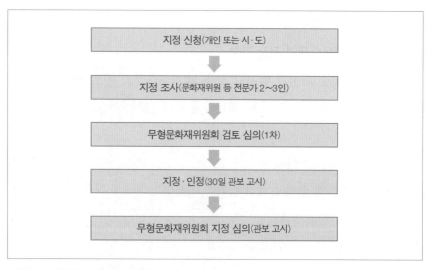

그림 9.4 국가무형문화재 지정 절차도

단체) 또는 무형문화재위원회에서 전문가를 추천하고, 3명 이상의 조사자를 선정하여 보유자 및 전수교육조교에 대한 인정 조사를 실시한다. 인정 조사 결과에 대한 이후의 절차는 무형문화재 지정 절차와 동일하다.

4 유네스코 무형문화유산 보호 활동의 흐름

1) 유네스코의 무형문화유산 보호 활동

무형문화유산의 보호와 관련한 유네스코 활동의 대표적인 사례로는 1989년에 채택된 '전통문화와 민속의 보호에 관한 권고안(Recommendation on the Safeguarding of Traditional Culture and Folklore)'과 '인류 구전 및 무형문화유산 걸작 선언(Masterpieces of the Oral and Intangible Heritage of Humanity)' 프로그램, 그리고 2003년 10월 17일 제32차 유네스코 총회에서 체결한 '무형문화유산 보호 협약(Convention for the Safeguarding of the Intangible Cultural Heritage)' 제정 등을 들 수 있다.

'전통문화와 민속의 보호에 관한 권고안'만으로는 전통문화의 보존에 한계점을 갖는다는 경험에 따라 유네스코는 여러 차례의 전문가 회의를 거쳐 1998년 유네스코 제155차 집행위원회에서 '인류 구전 및 무형문화유산 걸작 선언'에 대한 규약을 채택하였다. 이 규약은 국제적으로 많은 관심과 호응을 불러일으켰다. 2001년에는 총 31개국이 응모하여 19개의 걸작이 선정되었으나, 2005년에는 그보다 약 세 배에 이르는 90여 개국이 후보작을 제출하여 43개가 선정될 정도로 단기간에 무형문화유산에 대한 관심이 고조되었다.

이러한 걸작 선언에 대한 관심은 이후 '무형문화유산 보호 협약'을 마련하는 데 큰 역할을 하였다. 결과적으로 걸작 선언은 무형문화유산의 가시성 제고라는 큰 성과를 이룬 것으로 평가된다. 무형문화유산에 있어 가시성 제고가 중요한 이유는 살아 있는 유산으로 전승될 수 있는 환경을 조성하는

데 기여하기 때문이다. 또한 유산 자체의 가시성뿐만 아니라, 그것을 둘러 싸고 있는 공동체의 책임 의식을 고취하는 데에도 영향력을 미치게 된다.

무형문화유산 걸작 선언은 2003년 유네스코 무형문화유산 보호 협약 이 채택되면서 2008년부터 인류 무형문화유산 대표 목록으로 통합되어 운 영되고 있으며, 협약은 무형문화유산이 가지는 보편적 가치에 주목하여 유 네스코 무형문화유산 대표 목록과 긴급한 보호가 필요한 무형문화유산 긴 급 목록으로 운영되고 있다. 이 두 목록은 협약의 정신에 따라 기존에 유 형문화유산에서 강조되었던 탁월한 보편적 가치(Outstanding Universal Value) 또는 진정성(Authenticity)의 개념보다는 무형문화유산의 보호, 그리 고 보호를 위한 모범 사례를 널리 알리는 데 중점을 두고 있다. 유네스코가 그동안 펴 온 일련의 무형문화유산 보호 정책은 다음과 같은 면에서 의미 가 있다. 무엇보다 유형문화유산 위주의 문화 개념에서 무형문화유산도 유 형문화유산만큼 소중한 인류의 가치 있는 자산이라는 인식을 가져온 점과 그동안 유형문화유산 정책의 영향력과 주도권이 서구 국가 중심으로 이루 어져 왔다면 무형문화유산 정책에는 비서구 국가들의 관심이 집중되고 있 다는 점이다.

2) 무형문화유산 목록 작성

2003년 무형문화유산 보호 협약을 채택한 것은 이전의 유형문화유산 위주의 문화 정책에서 점차 무형문화유산으로 패러다임이 전환되고 있다 는 증거이며, 더불어 아시아, 아프리카 등 그동안 상대적으로 목소리가 작 았던 국가들의 참여가 높아졌다는 데 의의를 찾을 수 있겠다.

특히 이 협약은 무형문화유산 종목뿐만 아니라 보호를 위한 다양한 방 안이 강구되어야 한다고 강조하고 있다. 그리고 이러한 방안들은 개인과 지역 공동체, 그리고 국가의 노력이 총체적인 틀 안에서 유기적으로 고려 되어야 한다고 역설하고 있다. 이 중에서도 공동체의 참여를 적극적으로 장 려하고 보장해야 한다는 내용은 매우 의미 있는 것으로 평가할 수 있겠다.

무형문화유산 목록과 관련하여, 이 협약은 제12조와 13조에서 무형문화유산 보호를 위한 국가 차원의 노력에 대해서 다음과 같이 기술하고 있다. 특히 제12조는 무형문화유산의 보호를 위해서 영토 내에 존재하는 무형문화유산을 확인하고 목록을 작성하여 정기적으로 업데이트해야 함을 명시하고 있다. 그렇다면 무형문화유산은 목록으로 작성하면 보호가 되는가 하는 의문이 생기게 된다. 목록 작성이 무형문화유산 보호의 유일한 방법은 아니다. 다만 무형문화유산의 목록 작성은 유산의 보호를 위해 꼭 필요한 그리고 최소한의 단계라고 할 수 있다. 이런 맥락에서 무형문화유산 보호 협약에서도 무형문화유산을 보호하기 위한 국가적 수준의 방안을 명시하면서 목록 작성을 별도의 조항으로 언급하고 있는 것으로 이해된다.

무형문화유산의 보호와 관련하여 목록 작성을 통해 뻗어 나갈 수 있는 가능성은 다양하다. 우선, 목록 작성을 위해서는 각국의 영토 내에 어떠한 무형문화유산이 존재하고 있는지 조사하는 작업이 진행될 것이다. 또한 조사가 진행되기 전에 무형문화유산을 어떻게 정의할 것인지, 그리고 어떻게 분류하여 정리할 것인지에 대한 논의가 이루어질 것이다. 조사가 진행되면서 그것을 연행하는 공동체(또는 개인)가 누구인지도 파악하게 될 것이다. 무형문화유산의 변화 추이를 알 수 있는 기록 작업이 병행되고, 기록 자료를 관리하기 위한 기관과 체계적인 연구를 위한 연구 기관 및 무형문화유산을 널리 보급하고 선양하기 위한 단체들이 생겨날 것이다. 이러한 활동을 통해서 무형문화유산의 전승 환경은 나아질 것임에 틀림없다. 무형문화유산 목록 작성은 무형문화유산 보호를 위한 가장 기초적인 자료가 될 것이고, 보호 활동을 위한 기본 바탕이 될 수 있을 것이다.[89]

5 무형문화유산 정책 개선 방안

문화재청은 2016년 무형문화재 보전 및 진흥에 관한 법률의 시행을 통해 무형문화유산 관련 법령과 규정을 정비하며 그동안 숱하게 문제가 지적되어 왔던 무형문화유산 제도의 미비점을 개선하려는 단초를 마련하였다. 그럼에도 불구하고 무형문화유산의 개념이나 보호 원칙 등 가장 기본적인 부분에서부터 구체적인 제도에 이르기까지 극복해야 할 과제들이 산적해 있는 실정이다. 이에 무형문화유산의 보호와 전승을 위해 개선해야 할 문제와 방안에 대해 살펴보고자 한다.

1) 무형문화유산의 개념과 보호 원칙 보완

문화재에서 문화유산으로 개념을 확대해야 하는 것처럼 무형문화재 또한 무형문화유산으로 그 개념을 확대해야 한다. 앞서 살펴본 바와 같이 무형문화유산은 유형의 문화유산보다 훨씬 포괄적이며, 또한 과거에 국한되지 않고 현대에도 공존하는 살아 움직이는 유산이라는 특징이 있다. 이에 무형의 정신적 가치를 높이 사는 무형문화유산을 재화적 관점의 문화재로 취급하는 것은 곤란하다. 따라서 무형문화유산의 범주와 대상을 기존의 공예와 예능 분야 등으로 한정하여 특정 종목과 보유자 위주의 정책을 펴기보다는 무형문화유산의 특성에 부합하도록 그 범위를 확장하는 것이 바람직하다.

한편 우리나라의 문화재보호법에서는 일반 문화유산의 보호 원칙으로 '원형 유지'를 내세우고 있고, 무형문화재의 보전 및 진흥은 '전형 유지'를 기본 원칙으로 하고 있다. 여기서 '전형'이라는 개념과 '인류 구전 및 무형문화유산 걸작 선언'의 걸작 선정 대상 기준에서 "살아 있는 문화전통에 관한 독특한 증거물로서의 그 가치"라는 말을 주목할 필요가 있다. '살아 있는 문화전통'이란 건축물이나 유적지처럼 변화 없이 보존되어 있는 대상이 아니라 특정 무형문화재 종목을 수행하는 단체나 기·예능을 보유한 사람에 따라 언제든 변화가 일어날 수 있다는 점을 뜻하는 말이다. 따라서 매번 동일한 퍼포먼스를 펼치더라도 그 어느 것도 결코 완전히 동일할 수 없는 한계와 특징을 인정할 수밖에 없는 것이다. 이러한 의미에서 '살아 있는 문화전통'의 가변성을 인정하는 개념의 재정립이 필요한데, 무형문화유산에서의 '전형'의 개념을 바로 여기서 찾을 수 있겠다.

무형문화재 보호제도는 사람, 즉 유기체를 보유자로 인정하는 특수한 경우이기 때문에 유기체가 가질 수 있는 유동성, 변화성의 한계를 어느 정도까지는 수용해야 한다.[90] 구체적으로 무형문화재는 고정된 박제품이 아니라 가변성을 지니며 생동하는 예술 작품으로 통시적인 순수한 원형이란 정의도 불가하며 존재할 수도 없다. 무형문화재의 원형이란 한 순간의 행위에 불과한 것으로 문화재 지정 당시 보유자의 실기를 원형으로 추정하고 이를 "원형적 새 시점으로 재출발"한 것으로 고정시키는 국가의 공인제도이다. 원형 보존 문제는 유동적인 유기체에 내재하는 무형문화재와 변용을 허락하지 않은 원형이라는 상반된 모순을 포함하고 있다. 보유자들은 '원형 고수주의'에 매달려 우리 예술을 화석화시킬 것이 아니라, 세계적인 예술로 재생산하려는 의지와 각고의 노력이 있어야 한다는 주장도 있다.[91]

이처럼 문화재보호법상 일반적인 원형 유지 원칙을 무형문화재에도 동일하게 적용할 경우 문제가 발생할 수도 있다. 따라서 무형문화유산은 지정 당시의 모습을 원형으로 규정하여 그것을 보존하는 데 집중하기보다는 새로운 시대에 맞게 창조적으로 변화·발전할 수 있는 근거도 마련하여 살아 움직이는 무형문화재만의 특성을 인정하는 제도적 보완이 요구된다.[92]

2) 지정제도의 확대와 다양화

우리나라는 여러 무형의 문화적 소산 중에서 보호할 가치가 있는 것만을 선택, 국가무형문화재로 지정하여 집중적으로 지원하는 중점보호주의를 채택하고 있다. 이러한 기조는 1962년 문화재보호법 제정 당시부터 적용된 제도로 정부가 지정된 문화재에 대하여 집중 지원함으로써 보호의 능률성과 효율성을 제고하기 위한 전형적인 정책의 일종이다. 이 제도는 1960년대 전통문화가 소멸되어 가는 급박한 상황에서 무형적 소산 중 '중요한 것'을 선택하여 지정 보호함으로써 소멸의 위기에서 구제할 수 있었다. 또한 지정 종목의 기·예능인들을 보유자로 인정하여 지원함으로써 명예와 사명감을 가지고 보존과 전승을 하도록 하는 등 무형문화재의 전승

단절을 막기 위한 대책으로 기여한 바가 컸다. 그러나 이러한 중점보호주의는 장점 외에 단점도 드러났다. 우선 지정 대상을 선정하는 척도인 '중요도'의 판단이 중요한데, 현재의 관점으로 과거의 역사를 판단해야 하는 어려움이 있다. 즉, 전통을 현재적 시각에서 바라보고 동시에 이를 '중요도'와 '보존'의 잣대로 삼는다면, 현재의 시점에서 무관심할 수밖에 없는 과거의 '무형의 문화적 소산'들은 결코 전승이 될 수 없을 것이다. 이 밖에 지정에서 제외된 무형문화유산들은 국가로부터 제도적인 보호를 받을 수 없다는 약점이 있다. 이로써 지정된 종목은 과잉 보호를 받는 대신 비지정 종목은 완전히 방치됨으로써 무형문화유산 전체의 자생력을 약화시키는 문제가 초래되고 있다.[93]

비지정 종목 중에서도 그 가치를 인정받지 못하는 것이 많이 있을 것이다. 하지만 지정 종목이 아니어서 소외를 받음으로 인해 앞으로 영원히 사라질 수도 있다. 유사한 무형문화재가 지역별로 혹은 시기별로 다양하게 존재할 수 있는데도 불구하고 특정한 무형문화재만 보전됨으로써 다른 무형문화재는 지원을 받지 못한다. 따라서 이러한 문제점을 해결하기 위해 무형문화재의 지정 방안을 확대할 필요가 있다. 아울러 일본이 문화재 보호에 지정뿐 아니라 선택, 선정 등의 방법을 사용하는 것처럼 우리도 지정 방식 외에 다양한 보호 방법을 채택할 필요가 있다.[94]

3) 보유자 인정 해제 확대와 정년제 도입

현행법 제21조(전승자 등의 인정 해제)에서 문화재청장은 국가무형문화재의 보유자, 보유단체, 명예보유자 또는 전수교육조교가 다음 각 호의 어느 하나에 해당하는 경우 위원회의 심의를 거쳐 인정을 해제할 수 있고, 제1호부터 제4호까지의 규정에 해당하는 경우 그 인정을 해제하여야 한다고 명시하고 있다.

1. 보유자, 명예보유자 또는 전수교육조교가 사망한 경우
2. 전통문화의 공연·전시·심사 등과 관련하여 벌금 이상의 형을 선고받거나

그 밖의 사유로 금고 이상의 형을 선고받고 그 형이 확정된 경우

3. 국외로 이민을 가거나 외국 국적을 취득한 경우

4. 제16조에 따라 국가무형문화재의 지정이 해제된 경우

5. 신체상 또는 정신상의 장애 등으로 인하여 해당 국가무형문화재의 보유자로 적당하지 아니한 경우

6. 제22조에 따른 정기조사 또는 재조사 결과 보유자, 보유단체 및 전수교육조교의 기량이 현저하게 떨어져 해당 국가무형문화재를 전형대로 실현·강습하지 못하는 것이 확인된 경우

7. 제25조 제2항에 따른 전수교육 또는 그 보조 활동을 특별한 사유 없이 1년 동안 실시하지 아니한 경우

8. 제28조 제1항에 따른 공개를 특별한 사유 없이 매년 1회 이상 하지 아니하는 경우

9. 그 밖에 대통령령으로 정하는 사유가 있는 경우

이러한 법률적 장치가 마련되어 있음에도 불구하고 현실은 보유자의 해제가 그리 보편적인 경우는 아니라는 점이다. 실제로 우리나라 정서상 늙고 병든 보유자를 해제한다거나 고령의 보유자가 생존해 있는데도 그 제자를 신규 보유자로 인정하는 것이 도리상 어긋난다는 인식이 팽배해 있다. 이러한 인정주의는 결국 보유자 종신주의 같은 폐단을 낳고 있다. 이는 전수교육의 불가능 내지는 부실화 문제로 연결된다. 또한 전승 체계의 노후화를 초래하여 급기야 전통기예와 예능의 공멸을 가져올 위험성이 높다. 이는 결과적으로 비효율적인데 국가 예산을 투입하는 효율성 저하로 연결될 수 있다. 그럼에도 불구하고 보유자들은 문화운동 수호 운동을 펼쳐 나가며 종신주의를 더욱 견고하게 만들고 있다. 이를 극복하기 위해서는 보유자의 임기제가 요구된다. 또한 보유자 인정의 해제 요건을 강화하여 침체된 전수교육과 전승 체제를 활성화하고, 나아가 무형문화재계에 활력을 불어넣어야 할 것이다.[95]

4) 전수교육의 체계화

무형문화재 전수교육은 보유자 - 전수교육조교 - (이수자) - 전수장학생 - 전수자의 관계로 이루어진다. 기본적으로 이러한 과정을 거쳐야 하기 때문에 전수교육 기간이 길다는 점과 선정 인원의 제한에 따른 문제가 제기되었다.[96] 그러나 그보다 더 큰 문제는 전수교육이 후보자나 조교에 의해 도제식으로 이루어지고 있다는 점이다. 전수교육은 기왕에 보유자나 단체의 자율에 맡기고 일 년에 한번 교육 계획서와 보고서를 제출하는 것으로 갈음하였다. 따라서 각 무형문화재 간 교육 편차는 선생의 입장과 지식에 따라 다르다고 볼 수 있다. 물론 위와 같은 교육 전승 방법도 무형문화재에 따라서는 효과적이겠지만 전승 교육 방안도 다각화하여야 할 것이다. 앞으로 무형문화재 교육도 현대적이고 제도적인 틀 안에서 이루어져야 한다. 교재도 검증을 받아 공신력 있게 만들어야 하는데, 그러기 위해서는 무형문화재 후보, 관련 분야의 전문가인 학자, 그리고 교육과정 전문가들이 합심하여 만들어야 할 것이다. 교재와 더불어 교과 과정도 만들어서 체계적인 교육이 이루어지도록 해야 한다. 여기에 교수 내용을 제대로 전달받았는지를 평가하는 과정까지 더해진다면 현재 전수교육의 미비점이 많이 보완되리라 본다. 또한 기존의 다양한 교육기관을 활용하는 방안도 생각해봐야 한다. 사이버대학, 방송통신대학, 그리고 각 대학의 사회교육원을 통한 전승 교육도 적극 활용하는 것이 좋다. 인터넷을 통한 전승 교육도 개발하여야 할 것이다. 덧붙여 무형문화재 관계자들이 모여서 전승 교육과 활성화 방안에 대한 정기적인 모임을 가질 필요가 있다.[97]

이에 최근에는 한국전통문화대학교 등에 전수교육 제도를 신규 도입하여 보유자 개인의 도제식 교육에서 오는 한계와 부작용을 개선하고자 하였다. 하지만 한국전통문화대학교만으로는 이러한 문제를 완전히 극복하는 데 한계가 있을 수밖에 없다. 따라서 전수교육을 담당할 수 있는 대학을 적극 육성하고 지원하는 방안을 적극적으로 검토해야 할 것이다.

전수교육과 이수증 발급 및 전수교육조교 추천에 관한 문제는 오늘날 무형문화재 기능보유자의 문화 권력화에 있어서 상당한 부분을 차지한다.

따라서 현행 무형문화재 관련법에 보장된 전수교육 이수증 발급에 대한 절차와 심사, 전수교육조교 및 전수장학생 선정에 관한 일련의 과정을 투명화함은 물론 실질적인 국가의 영향력을 강화함이 바람직하다.

무형문화재 '무형문화재 보전 및 진흥에 관한 법률'에 "연극, 음악, 무용, 놀이, 의식,
공예기술 등 무형의 문화적 소산으로서 역사적·예술적 또는 학술적 가치가 큰
것"이라고 정의되어 있다.

무형문화유산 2003년 채택한 유네스코 무형문화유산 보호 협약에 "공동체, 집
단, 때로는 개인이 자신의 문화유산의 일부로 보는 관습(practices), 표출
(representation), 표현(expression), 지식(knowledge), 기술(skills) 및 이와
관련된 전달 도구, 물품, 공예품 및 문화 공간(cultural spaces) 모두를 의미한
다"고 나와 있다.

전형(典型) 해당 무형문화재의 가치를 구성하는 본질적인 특징을 가리키는 말로 유
형문화새의 '원형(原型)'에 내비되는 개넘이라 할 수 있다.

지정 무형문화재로 선정한 인정 행위를 뜻하는데, 지정 대상은 무형문화재 자체이
며, 사람이 대상은 아니다.

인정 무형문화재가 사람을 통하여 전승되므로, 지정된 무형문화재의 전승을 위하
여 보유자를 인정한다는 의미로 사용된다.

국가무형문화재 무형문화재 중 가치가 뛰어난 것을 가리킨다.

- 문화재보호법에서 분리되어 2016년 3월 시행된 '무형문화재 보전 및 진흥에
관한 법률'에서는 무형문화재를 "연극, 음악, 무용, 놀이, 의식, 공예기술 등 무
형의 문화적 소산으로서 역사적·예술적 또는 학술적 가치가 큰 것"이라고 정
의하였다.

- 무형문화유산은 성격에 따라 예능 분야와 공예 분야로 구분할 수 있다. 예능 분
야에는 음악, 무용, 연극, 놀이와 의식, 무예 등이 해당되고, 공예 분야에는 공예
기술, 음식 등이 해당된다.

- 무형문화유산은 전통성과 현대성의 공존, 포괄성, 대표성, 공동체 기반 등을 특
징으로 하고, 유형의 문화 요소와도 밀접하게 관련되며, 상호 영향을 미치기도
한다. 그러나 구체적이고 사실적인 유형문화재에 비하여 정서적이며 정신적인

가치의 표현물로서 정신문화의 기초로 볼 수 있다.

- 건축물이나 조각, 회화 등의 유형문화재나 사적 등 유적지에 비해 무형문화유산은 그 중요성을 인지하고 법적·제도적으로 보호하고 전승하는 나라가 많지 않은데, 우리나라를 비롯하여 인접한 일본이나 중국 등이 무형문화유산 보호에 많은 노력을 기울이고 있어 상호 비교가 가능하다.
- 무형문화재의 보전 및 진흥은 '전형 유지'를 기본 원칙으로 하며, 민족 정체성 함양, 전통문화의 계승 및 발전, 무형문화재의 가치 구현과 향상과 관련된 사항이 포함되어야 한다.
- 무형문화재 중 가치가 뛰어난 것을 '국가무형문화재'로 지정하여 보호하고 있다.
- 무형문화재는 종목에 대한 지정과 해당 종목에 대한 보유자의 인정 절차가 별도로 진행된다.
- 문화재청은 2016년 '무형문화재 보전 및 진흥에 관한 법률'의 시행을 통해 무형문화유산 관련 법령과 규정을 정비하며 제도의 미비점을 개선하려는 단초를 마련하였다. 그러나 무형문화유산의 개념이나 보호 원칙 등 기본적인 부분에서부터 구체적인 제도에 이르기까지 보완해야 할 과제들이 산적해 있다.

생각해 볼 거리

- 무형문화유산의 개념을 살펴보고, 우리나라에서 정의하는 것과 유네스코에서 정의하는 것에 어떤 차이가 있는지에 대해 얘기해 보자.
- 유형의 문화유산과 대비되는 무형문화유산의 특징으로 어떠한 것들이 있는지 알아보고, 유형 유산과 비교하여 그 특성을 정리해 보자.
- 우리나라와 인접한 일본, 중국, 대만 등의 무형문화유산 보호 제도를 알아보고, 각국의 특징과 차이점에 대해 논의해 보자.
- 유형문화재의 원형(原型)에 대비되는 개념으로서의 전형(典型)을 유지한다는 의미가 무엇인지 토론해 보자.
- 우리나라 무형문화재 제도가 종목을 지정하는 것과 개별 종목의 보유자를 인정하는 것으로 이원화되어 있는 것에 대해서 그 지정 절차의 타당성 등을 토론해 보자.
- 무형문화재를 효율적으로 보전하기 위한 전수교육의 문제점과 개선 방안 등에 대해 폭넓게 논의해 보자.

제10장

자연유산 보존 관리와 대안

명승과 천연기념물 등으로 분류돼 있는 자연유산의 개념과 정의를 살펴보고, 세계적으로 그러한 것들이 유산으로서 보호받게 된 과정과 법적·제도적 체계 등을 알아볼 것이다. 또한 그러한 유산들이 자연적 기념물로서만이 아니라 우리 민족의 문화 및 정신 유산으로서 차지하는 의미에 대해서도 깊이 있게 살펴볼 것이다. 그러나 자연유산이 지니고 있는 가치에 비해 법적인 정의조차 제대로 되어 있지 않은 현실적 문제점과 개선 방안에 대해서도 논의해 보고자 한다.

자연유산에 대한 보호 필요성은 서양에서 먼저 문제가 제기되었고, 1972년 유네스코 '세계 문화 및 자연 유산 보호에 관한 협약' 체결을 계기로 본격적인 자연유산 보호의 기틀이 확립되었다. 우리나라는 일본의 영향으로 1933년에 '조선보물고적명승천연기념물보존령'이 제정·공포되면서 명승과 천연기념물 등에 대한 보호 체계가 마련된 이래 현재까지 큰 변화 없이 그 틀을 유지해 오고 있다.

명승이나 천연기념물은 원칙적으로 유형의 문화재와 동일한 보호 원칙을 준용하고 있지만, 유산적 관점에서 볼 때 자연유산은 경관적 가치가 빼어난 것이나 자연적 기념물로만 볼 수 없고, 자연과 문화가 조화를 이루는 민족의 유산으로서 우리 민족의 문화 및 정신 생활의 모태로 평가할 만한 가치를 지니고 있어 각별한 보호가 요구된다.

최근 각종 개발 등으로 인하여 명승 및 천연기념물과 같은 자연유산의 보존·관리 여건이 악화됨에 따라 그 보존에 대한 국민적 관심이 증대하고, 자연유산에 대한 장기적이고 과학적·체계적인 관리가 요구된다. 따라서 자연유산 정책에 대한 국민적 지지를 확보하기 위하여 합리적인 규제 완화와 자연유산의 유형별 특성에 맞는 제도를 도입하거나 개선해야 할 필요성이 대두되고 있다.

이상과 같이 문화유산과는 또 다른 중요한 가치를 지니고 있는 자연유산과 개념과 가치 등을 구체적으로 살펴봄으로써 우리나라 자연유산 제도에 대한 이해를 높이고, 제도적인 개선 방안을 강구할 수 있는 계기가 될 것으로 기대한다.

1 자연유산의 개념

자연유산에 관한 개념 혹은 정의는 주로 유네스코에서 채택한 여러 협약에서 간헐적으로 다루어져 왔다. 1970년 유네스코 제16차 총회에서 의결된 문화재 불법 반출입 및 소유권 양도의 금지와 예방수단에 관한 협약의 정의 중에는 "진귀한 수집품과 동물군, 식물군, 광물군, 해부체의 표본 및 고생물학적으로 중요한 물체"가 포함되어 있는데, 이러한 개념이 바로 자연유산을 대상으로 한 것이다.

이후 본격적으로 자연유산 보호에 관한 협약을 이끌어 낸 것은 1972년 채택된 유네스코 세계 문화 및 자연유산 보호에 관한 협약이다. 이 협약에서는 자연유산(Natural Heritage)을 자연의 형태, 지질학적 생성물과 동식물 서식지, 가치가 있는 지점이나 자연 지역을 포괄하는 것으로 정의하였다. 상세하게는 "물리적 또는 생물학적 생성물이나 생성물의 집합체로 구성된 자연의 기념물로서 관상적 또는 과학적으로 탁월한 보편적 가치를 가진 유산, 지질학적·지형학적 생성물 및 위험에 처한 동물이나 식물의 생식지 및 서식지로서 특히 특정 구역에서 과학적으로 탁월한 보편적 가치가 있거나 보존 가치가 높은 곳, 자연 지역 또는 명확히 한정된 자연 구역으로 과학적·보존적 또는 자연미의 관점에서 탁월한 보편적 가치를 가진 곳"으로 구체화할 수 있다.

한편 직접적인 자연유산의 정의라고 볼 수는 없지만, 세계유산 편에서 살펴본 자연유산 등재 기준을 보면 유네스코에서 바라보는 자연유산이 어떠한지를 엿볼 수 있다. 그 기준은 첫째, 최상의 자연 현상이나 빼어난 자연의 아름다움, 그리고 미학적 중요성을 가진 지역, 둘째, 생명의 기록, 지형 발전상의 지질학적 주요 진행 과정, 지형학이나 자연지리학적 측면의 중요 특징들을 포함해 지구 역사의 주요 단계를 입증하는 대표적 사례, 셋째, 육상, 민물, 해안 및 해양 생태계와 동·식물 군락의 진화나 발전에 있어 생태학적·생물학적 주요 진행 과정을 입증하는 대표적 사례, 넷째, 과학적

그림 10.1 창덕궁 향나무(천연기념물 제194호, 출처: 문화재청)

인 학술 연구나 보존의 관점에서 볼 때 보편적 가치가 탁월하고, 현재 멸종 위기에 처한 종을 포함한 생물학적 다양성의 현장 보존을 위해 가장 중요하고 의미가 큰 자연 서식지 등이다.

　우리나라는 현행 문화재보호법의 법적 정의로 자연유산을 다루고 있지는 않다. 다만, 문화재보호법에서 명시하고 있는 문화재의 정의에는 동·식물, 명승 등 다양한 자연물이 포함되어 있다. 자연과 관련된 유산(명승, 천연기념물)은 문화재보호법에서 기념물로 분류된다. 기념물의 정의 가운데 "경치 좋은 곳으로서 예술적 가치가 크고 경관이 뛰어난 것, 그리고 동물(그 서식지, 번식지, 도래지 포함), 식물(그 자생지 포함), 지형, 지질, 광물, 동굴, 생물학적 생성물 또는 특별한 자연현상으로서 역사적·경관적 또는 학술적 가치가 큰 것"이 바로 자연유산의 범주에 속하는 것들이다. 다시 말하면 자연적으로 형성된 생성물로서 과학적·경관적으로 보존할 만한 가치가 큰 유산이라 할 수 있다.

　명승과 천연기념물에 대해 살펴보면, 문화재보호법상의 명승은 아름다운 경관과 같은 자연적인 것에 초점을 맞춘 기념물이고, 천연기념물은 자연계를 대표할 수 있는 고유한 동물, 식물, 지질, 광물에서부터 원시림이나 자연풍경, 자연보호구역에 이르는 넓은 범위까지를 포함하는 개념이다. 흔히 천연기념물과 명승을 떠올릴 때 문화재라는 인식보다는 자연환경과 관련된 개념으로 인식하기 쉽다. 그러나 천연기념물의 선정 기준을 살펴보면 진귀성, 문화성, 역사성, 자연사 자료로서의 가치가 중시되며, 명승은 자연환경이 지니는 가치와 인문환경이 지니는 가치가 복합적으로 내재된 복합 경관으로서의 특성을 내포하고 있다. 이러한 이유에서 명승과 천연기념물은 단순한 자연물이 아닌 자연유산적 관점에서 접근해야 하는 것이다.

2 보호 제도의 탄생

천연기념물 개념의 발상지라고 할 수 있는 독일의 '연방자연보호법'에서 바라보는 천연기념물은 우리나라와는 사뭇 다르다. '천연기념물(Naturdenkmal, Monuments de la nature)'이라는 용어는 옛 독일 프로이센의 자연과학자이자 탐험가인 알렉산더 폰 훔볼트(Alexander von Humboldt, 1769~1859) 남작이 남미 대륙 탐험길에서 노거수인 자귀나무(Albizzia)를 보고서 자연 생물에 대한 심미적 애정과 경외감을 품고 천연기념물이란 이름을 붙인 데서 시작되었다. 즉, 독일은 민속적·문화적·역사적 의미보다도 자연 보호나 생태계 보존의 측면에 더 큰 가치를 두고, 그 가치를 향토애에 연계시켜서 천연기념물의 개념을 이룩한 것이다.

천연기념물의 보호는 18세기 초 유럽에서 산업혁명 이후 자연환경의 파괴가 급속히 진행되자 자연유산의 보호 운동으로 확대되면서 비롯되었다. 1803년 옛 독일 프로이센은 함부르크 부근의 산림을 매입하여 보존하였고, 프랑스는 1827년 천연기념물에 관한 법령을 제정하였으며, 영국은 1843년 최초로 많은 천연기념물을 지정하고 지질도를 작성함과 동시에

1882년 '고대기념물 보호법'을 제정하여 법제화를 구현하였다. 프로이센의 콘벤츠(H. Conwentz)는 1904년 정부의 위임으로 '위기에 처한 천연기념물과 그 보존을 위한 대책'을 저술하였고, 그의 의견에 영향을 받아 독일, 덴마크, 네덜란드는 1905년에 각각 '천연기념물 보존국'을 설립하여 보존 위원회를 조직하고 천연기념물의 지정과 보존을 하게 된 것이다.[98]

동아시아에서는 일본이 메이지 시대 후반에 토지 개발, 도로 건설, 철도 부설, 공장 건설 등을 대규모로 진행하면서 일본 고유의 자연과 풍경, 유적 등이 파괴되어 가는 것에 대한 우려가 높아지자, 1907년에 식물학자인 도쿄제국대학 미요시 마나부(三好學) 교수가 가치 있는 수목이 사라지는 것을 막기 위한 천연기념물 보존의 필요성 및 보존 정책에 대하여 논문을 발표하였고, 1911년에는 제국의회 유족원에서 '사적 및 천연기념물 보존에 관한 건의안'이 가결되었으며, 1919년에는 사적명승천연기념물 보존법이 제정되었다. 1950년 그때까지 개별 제도에 의해 보존되어 온 다양한 문화적 자산을 새롭게 문화재라는 포괄적인 개념 속에 포함시킨 문화재보호법이 제정되면서 천연기념물을 포함한 문화재 보호 체계가 확립되었고, 이러한 천연기념물 제도가 한국, 북한, 대만 등에 영향을 미쳤다.[99]

우리나라는 일제강점기 조선총독부가 1916년 고적 및 유물 보존규칙을 제정한 이래 1933년에 조선보물고적명승천연기념물 보존령이 제정·공포되었고, 같은 해 12월에 '천연기념물과 명승의 지정과 해제에 관한 시행령'이 실시되었다. 위 보존령 제1조에서는 "패총, 고적, 사지, 요지 및 기타의 유적, 경승지 또는 동물, 식물, 지질광물 및 기타 학술연구의 자료가 될 수 있는 것으로서 보존의 필요가 있다고 인정되는 것은 조선총독이 이를 고적, 명승 또는 천연기념물로 지정할 수 있다"고 규정하였다. 이후 1962년 1월 10일 법률 제961호로 문화재보호법이 제정된 이래 명승이나 천연기념물 등 자연유산과 관련한 보호제도의 큰 변화 없이 현재에 이르고 있다.

서구 유럽에서 다분히 자연 보호적 관점에서 천연기념물을 다루고 있는 반면, 우리는 천연기념물을 자연과학적 가치를 지닐 뿐 아니라, 우리 민족의 풍속, 관습, 신앙 등의 문화 활동과 밀접한 관계를 맺은 자연물로서 문화적 가치가 매우 높다는 사실을 강조해 왔다. 다시 말해 천연기념물은 '천연' 상태로 존재하는 것으로 보기보다 주변 사람들의 삶과 역사 속에서 더 큰 의미를 지니게 된 자연물로 바라본 것이다. 이런 특성을 고려할 때, 천연기념물과 명승으로 지정된 대상은 단순히 생태계로서의 자연환경만을 지칭하는 것이 아닌 자연환경에 인문, 역사, 문화, 학술적 가치들이 중첩된다는 점에서 자연과 인간의 문화가 공존된 가치를 지니고 있다고 볼 수 있다.

3 자연유산의 특성과 가치

자연환경은 보통 인간이 살아가는 터전이자 인간 생활과 영향을 주고받는 배경으로서의 자연을 의미한다. 자연환경에 대한 법적 정의는 육상 영역과 해양 영역이 서로 다른 법률에 따라 규정되고 있다. 육상의 자연환경은 환경부 소관의 자연환경보전법에 정의되어 있는데, "해양을 제외한 지하·지표 및 지상의 모든 생물과 이들을 둘러싸고 있는 비생물적인 것을 포함한 자연의 상태"를 말한다. 여기서 '자연의 상태'에는 생태계 및 자연경관이 포함되는데, '생태계'란 일정한 지역의 생물 공동체와 이를 유지하고 있는 무기적 환경이 결합된 물질계 또는 기능계를 말하고, '자연경관'이란 자연환경적 측면에서 시각적·심미적인 가치를 가지는 지역·지형 및 이에 부속된 자연 요소 또는 사물이 복합적으로 어우러진 자연의 경치를 말한다. 여기에 국토해양부 소관의 해양환경관리법에서 정의하고 있는 해양의 자연환경까지를 포괄하면 우리나라 법에서 다루고 있는 '자연환경'이란 "인위적인 간섭에 의하여 만들어지지 않은 해양, 지하, 지표 및 지상의 모든 생물과 이들을 둘러싸고 있는 비생물적인 것을 포함한 자연의 상태"를 말한다고 정의할 수 있다.[100]

　　문화재보호법상의 보호 대상인 명승(名勝)은 지질학 및 생물학적 생성물들로 이룩된 자연현상이면서 특별히 빼어난 자연미를 지니고 심미적 중

그림 10.2 삼척 죽서루와 오십천
(명승 제28호, 출처: 문화재청)

요성을 갖는 지점이나 지역으로 경관 가치가 뛰어난 자연의 기념물이며, 과학상·보존상·자연의 미관상 현저한 보편적 가치를 갖는 자연 경승지라는 특성이 있다. 또한 그 형성 과정에서 비롯된 고유성, 희귀성, 특수성 등을 특징으로 한다. 법적으로 명승은 경치가 아름다워 관상 가치가 크고, 우리의 전통 문화예술을 비롯한 모든 영역의 예술적 가치가 있는 것을 대상으로 하고 있어, 자연적 경관이 아름다운 곳뿐만 아니라 우리 선조들의 생활과 밀접한 관계를 갖고 있는 곳이 많다. 명승지는 풍요와 안전을 기원하거나 때로는 위대한 문화예술 작품의 소재가 되기도 하여 그 가치는 헤아릴 수 없을 만큼 크다.[101] 다시 말해서 명승은 경관적 가치 외에도 그 시대의 사상과 배경이 내재된 자연유산으로서 우리 민족 고유의 정체성을 확인시켜 주는 문화유산적 가치도 동시에 지니고 있다.

천연기념물은 학술적으로 중요한 가치를 갖고 있을 뿐 아니라 특정 장소(국가 또는 지역)에만 존재하는 고유성과 다른 지역에서는 찾아보기 어려운 희귀성을 갖고 있으며, 지역 문화에서 역사적 인물, 사건, 민속, 신앙 등과 직접 관련되어 있기도 하다. 또한 천연기념물은 심미성과 상징성, 진귀성, 고유성 등 문화적 요소가 뚜렷한 특징이 있다. 예를 들면, 천연기념물로 지정된 식물로서 노거수(老巨樹)는 단순한 나무이기보다는 신목, 성황목, 정자목과 같은 명목들로, 정령숭배, 자연숭배, 조상숭배와 같은 원시종교 또는 민간신앙의 뿌리를 이루고 있다. 천연기념물은 이와 같은 자연숭배사상과 더불어 향토애와 긴밀히 연관되어 있기도 하다. 따라서 천연기념물은 단순히 자연물로만 볼 수 없고 자연과 문화가 조화를 이루는 민족의 유산으로서 가치가 있는 것이다. 천연기념물은 오래전부터 국민 정서상 문화재로 인식되어 왔고, 지역적으로는 향토애의 상징으로서 지역 주민들의 구심점 역할을 해 오고 있다는 점에서 역사적 가치 또한 중요하다. 특히 우리 민족은 자연에 대한 경외심으로부터 자연에 인격을 부여하고 일상생활과 조화를 이루며 자연에 순응하는 자연관을 지니고 있기 때문에 천연기념물은 원생적 문화유산으로서 인식되고 있다.[102]

명승과 천연기념물 등 자연유산은 학술성·민속성·관상성·진귀성 등으로 인해 감탄과 경이의 대상이 되고 있다. 또한 단순히 자연적 기념물에 그치는 것이 아니라 우리 민족의 문화 및 정신 생활의 모태로 평가할 만하다. 따라서 우리 역사를 이해할 수 있는 역사적 실증물이며, 향토의 자랑이기도 하다. 한편 우리나라를 대표하는 자연물과 명소이자 지구의 형성 과정을 밝혀 주는 증거물이라 볼 수 있다. 즉, 인문학적 의미 외에도 자연과학 등 학술 연구를 위한 중요한 자료 역할을 한다고도 볼 수 있다.

천연기념물과 명승은 문화재보호법에 의해 지정되는 문화재로서 국가에서 지정하는 국가지정문화재와 시·도지사가 지정하는 시·도 기념물, 문화재자료가 있다. 지정문화재가 아닌 천연 동굴과 화석은 별도로 매장문화재로 분류되어 보호 관리되고 있다.

4 자연유산 보존 관리

1) 명승·천연기념물의 지정 대상과 기준

문화재청장은 문화재위원회의 심의를 거쳐 기념물 중 중요한 것을 사적, 명승 또는 천연기념물로 지정할 수 있다. 국가가 지정하는 명승과 천연기념물은 인위적·자연적으로 형성된 것으로서 역사적·예술적·학술적·경관적 가치가 크고, 국가적·민족적·세계적 유산으로서의 가치가 있는 것이다.

명승은 예술적·경관적 가치가 크고 자연 풍치가 아름답기로 이름난 곳이나 선조들의 문화와 사상이 깃들어 있는 명소들이 지정 대상이 된다. 천연기념물 지정 대상으로는 고유성·향토성·역사성·문화성·대표성·학술성이 큰 동물, 식물, 지질·광물, 동굴, 천연보호구역, 자연현상 등이 있다. 명승과 천연기념물의 지정 기준 및 절차는 문화재보호법 시행령 제11조 별표 1에 정하고 있다.

명승의 지정 기준은 일제강점기부터 마련되어 있었으나, 1964년 문화재보호법 시행규칙에 명승의 지정 기준이 제정되면서 구체성을 띠기 시작했다. 그러나 1983년에 동굴을 명승 지정 기준에서 제외하는 것 외에 2000년까지는 명승의 지정 기준에 대한 검토가 거의 없었다. 2001년에 이르러서야 자연과 문화적 요소들이 결합된 지역을 명승의 지정 대상으로 명확히 하였고, 세계자연유산에 해당하는 경관 지역을 포함하여 명승의 지정 대상을 확대하였다. 2007년에는 명승의 지정 기준을 전면 개정하였는데, 자연 경관으로서의 명승과 역사문화 경관으로서의 명승을 명확히 구분하고, 사적이나 천연기념물 지정 기준과 유사한 것을 조정하여 과거 사적으로 분류되었던 전설지, 정원을 명승에 포함시키고, 경작지·제방·포구 등을 새로이 명승으로 지정할 수 있도록 하는 종교·교육·문화·생활 등 다양한 유형의 역사문화 명승을 명승의 대상으로 명확히 하기 위한 것으로 파악된다.[103]

현행 문화재보호법에 명시된 명승의 지정 기준에 따르면 산악, 구릉,

그림 10.3 홍도 천연보호구역(천연기념물 제170호, 출처: 문화재청)

고원, 평원, 화산, 하천·해안·하안, 섬 등 경관이 뛰어난 곳과 동물·식물의
서식지로서 경관이 뛰어난 곳, 저명한 경관의 전망 지점, 역사문화경관적
가치가 뛰어난 곳, 저명한 건물 또는 정원 및 경승지, '세계 문화유산 및 자
연유산의 보호에 관한 협약'에 따른 자연유산 중 가치가 있는 곳 등을 명승
으로 지정할 수 있도록 하였다.

한편 천연기념물의 지정 기준은 1962년 문화재보호법이 제정될 당시
에는 마련되어 있지 않다가, 명승과 마찬가지로 1964년 문화재보호법 시
행규칙을 제정하면서 구체화되었다. 여기서는 천연기념물의 지정 기준을
동·식물, 지질·광물, 천연보호구역으로 구분하여 마련하였는데, 이러한
기준은 1999년 자연 현상을 추가로 포함시킬 때까지 그대로 유지되었다.
2001년 문화재보호법 개정 시에는 천연기념물에 문화성을 부여하고, 세계
유산의 기준을 도입하는 등 이전과는 다른 조처가 있었고, 2007년에는 지
질·광물의 지정 기준을 전면 개편하여 현재에 이르고 있다.[104]

현행 문화재보호법상의 천연기념물은 동물, 식물, 지질·광물로 나누어
지정 기준을 정하고 있다. 보호할 만한 천연기념물이 풍부하거나 다양한
생물적·지구과학적, 문화적·역사적·경관적 특성을 가진 대표적인 일정한

구역은 천연보호구역으로 지정한다. 동물과 관련된 것은 보호를 요하는 동물종 자체와 그것들의 서식지, 번식지, 도래지 등이 있다. 식물과 관련된 것으로는 노거수, 희귀식물, 식물자생지, 수림지가 있다. 지질·광물로는 천연동굴, 암석이나 광물, 고생물화석, 화상온천 등 지질지역, 화산분화구, 빗방울 자국 화석 등이 있다.

2) 명승·천연기념물 지정 절차

국가지정문화재인 명승과 천연기념물은 문화재청장의 직권 또는 시·도지사의 자료 제출 보고에 따른 지정 절차에 의하여 이루어진다. 시·도지사가 그 관할 구역에 있는 자연유산을 명승 또는 천연기념물로 지정하고자 하는 경우 직권으로 해당 유산을 조사·검토하여 시·도문화재위원회의 심의를 거쳐 문화재청장에게 보고하거나 해당 시·군·구의 조사 보고 및 관계 자료를 제출받아 해당 검토하고 시·도문화재위원회의 심의를 거쳐 문화재청장에게 보고하는 절차를 거친다.

문화재청장은 직권 조사 또는 시·도지사의 자료제출 보고를 받은 후 해당 자연유산이 명승 또는 천연기념물로 지정할 만한 가치가 있다고 인정되는 때에는 천연기념물분과위원회 위원이나 전문위원 등 관계 전문가 3명 이상으로 하여금 현지 조사 및 조사 보고서를 제출토록 하고, 조사 보고서의 검토를 실시한다. 검토 결과 지정 가치가 있다고 판명되면 관보에 30일 이상 지정 예고하고, 문화재위원회 지정 여부 심의, 관보 지정 고시 및 통지 등의 절차를 거친다.

명승 및 천연기념물의 지정 여부는 30일 이상의 관보 예고가 끝난 날부터 6개월 안에 문화재위원회의 심의를 거쳐 결정되어야 한다. 이 경우 명승 및 천연기념물의 지정 효력은 관보에 지정 고시된 날로부터이다. 또한 문화재청장은 지정한 명승 및 천연기념물이 가치를 상실하거나 기타 특별한 사유가 있는 때에는 문화재위원회의 심의를 거쳐 그 지정을 해제할 수 있다.

3) 명승·천연기념물 보존 조치

(1) 보호구역의 설정

문화재보호법에서는 문화재의 보호를 위하여 필요하면 문화재위원회의 심의를 거쳐 보호구역을 지정할 수 있도록 규정하고 있다. '보호구역'이란 지상에 고정되어 있는 유형물이나 일정한 지역이 문화재로 지정된 경우에 해당 지정문화재의 점유면적을 제외한 지역으로서 그 지정문화재를 보호하기 위하여 지정된 구역을 말한다. 이러한 원칙에 따라 명승이나 천연기념물 역시 그것들을 보호하기 위해 보호구역을 정하고 있다.

명승의 보호구역은 경승지의 보호에 필요하다고 인정되는 구역을 대상으로 한다. 천연기념물은 동물·지질광물·천연보호구역·자연현상은 그 보호에 필요하다고 인정되는 구역으로 하고, 식물은 입목을 중심으로 반경 5m 이상 100m 이내의 구역을 보호구역으로 지정할 수 있도록 되어 있다.

(2) 명승·천연기념물 보호 원칙

명승이나 천연기념물은 원칙적으로 유형의 문화재와 동일한 보호 원칙을 준용하고 있다. 즉, 기본 원칙인 원형 유지를 비롯하여 공개 제한, 허가 사항과 신고 사항 등을 지키도록 법적으로 강제하고 있다. 그 대표적인 경우가 현상변경 허가이다. 문화재보호법에서는 국가지정문화재(보호물·보호구역과 천연기념물 중 죽은 것 포함)의 현상을 변경(천연기념물을 표본하기

그림 10.4 **진도 진돗개** (천연기념물 제53호)

나 박제하는 행위 포함)하는 행위에 대해서는 반드시 허가를 받도록 하였다. 또한 명승이나 천연기념물로 지정되거나 가지정된 구역 또는 그 보호구역에서 동물, 식물, 광물을 포획·채취하거나 이를 그 구역 밖으로 반출하는 행위에 대해서도 허가를 받아야만 한다. 현상변경 대상 행위에 대한 허가 절차는 다른 문화재와 동일하다. 이 밖에 신고 사항으로 동식물의 종(種)이 천연기념물로 지정되는 경우 그 지정일 이전에 표본이나 박제를 소유하고 있을 때는 반드시 신고하도록 조치하고 있다.

(3) 천연기념물(야생동물) 구조·치료

문화재보호법 제38조(천연기념물 동물의 치료 등)에는 특별히 천연기념물 동물이 조난당하면 그 구조를 위한 운반, 약물 투여, 수술, 사육 및 야생 적응훈련 등은 시·도지사가 지정하는 동물치료소에서 하도록 하고 있다. 국가나 지방자치단체는 천연기념물 동물을 치료한 동물치료소에 치료 경비를 지급하는 등 지원 제도를 갖추고 있다. 현재 조난·구조 동물의 치료를 위하여 (사)대한수의사회를 위탁기관으로 지정하여 경비를 지원하고 있는데, 전국적으로 240여 개의 동물치료소를 지원하고 있다.

5 자연유산 제도의 문제점과 개선 방안

1) 자연유산 제도의 문제점

최근 각종 개발 등으로 명승 및 천연기념물과 같은 자연유산의 보존·관리 여건이 악화됨에 따라 그 보존에 대한 국민적 관심이 증대하고, 자연유산에 대한 장기적이고 과학적·체계적인 관리가 요청되고 있다. 따라서 자연유산 정책에 대한 국민적 지지를 확보하기 위하여 합리적인 규제 완화와 자연유산의 유형별 특성에 맞는 제도를 도입하거나 개선해야 할 필요성이 대두되고 있다.

명승과 천연기념물 등 자연유산이 가지는 특성과 문화유산과의 차별성, 그리고 자연물적 성격 외에 민족 고유의 정체성과 역사성 등을 함유하고 있음은 이미 살펴보았다. 따라서 그 보존 가치가 얼마나 중요한지는 재삼 논의할 필요가 없다. 그럼에도 현행 문화재보호법이 문화유산 보호 중심으로 체계가 구성되어 있어 자연유산의 보호에 한계를 드러내고 있다.

근본적으로 우리나라 자연유산의 보존·관리에서 가장 문제가 되는 부분은 현행 문화재보호법이 지닌 한계에서 찾을 수 있다. 현재 우리나라의 명승 및 천연기념물에 대해서는 문화재보호법에서 총괄적으로 다루고 있는데, 우선 자연유산과 관련된 법적 정의가 규정되어 있지 않고, 관련 조항들 역시 다른 유형문화재의 범주에서 동일하게 적용하고 있다는 점이다. 대표적인 문제로 지적되고 있는 몇 가지 사항을 꼽아 보면 다음과 같다.

첫째, 자연 분야와의 연계 조항이 부족하여 자연유산 보호를 위한 체계가 절대적으로 부족하다는 점이다. 자연유산은 자연적 특성을 갖고 있는 유산이기 때문에 자연 분야에 대한 전문적 도움이 필요한 부분이다. 이에 대한 조항이 부족한 실정이라 외부 전문 분야와의 연계가 효과적으로 이루어지지 않고 있다. 일본의 경우 필요하다고 인정될 때는 의견을 개진할 수 있도록 하는 법적 조항을 두어 부서 간 긴밀한 협조 체제를 유지하고 있는 반면, 우리나라 법에서 직접 언급되고 있는 타 분야는 수의과 외에는 찾을 수가 없다.

다음으로 다른 자연 관련 법률과의 연계성이 떨어진다는 점이다. 문화재보호법에서 다른 법률과 관계되는 조항은 자연공원법, 도시공원 및 녹지 등에 관한 법률 등이 있다. 그런데 이외에 자연물이나 자연환경을 보호하는 기타 법적 장치에는 자연환경 보전법, 산림 보호법, 야생생물 보호 및 관리에 관한 법률 등이 있다. 이처럼 명승이나 천연기념물 보호와 관련된 타 법률과의 연계는 반드시 필요한 사안이므로 향후 반드시 개선되어야 할 것이다.

이 밖에도 자연유산 보호에 필요한 조항 내용이 균형적이지 못하다는 점이다. 문화재보호법에는 천연기념물 중 동물의 치료에 대한 조항은 비중이 높은 반면, 동물을 제외한 천연기념물과 명승에 대한 보호 조항은 턱없이 부족하다. 앞서 살펴본 동물 치료에 관한 규정은 문화재보호법 제38조(천연기념물 동물의 치료 등)와 동법 시행규칙 17조(동물치료소의 지정·취소 보고), 제18조(동물치료소의 치료결과 보고), 제19조(동물 치료 경비 지급 등) 등의 조항이 제정되어 있다. 사실 동물 외에도 식물에 대한 치료, 광물 및 자연환경에 대한 보호가 절실한데, 이에 대한 법적 규정이 부실한 실정이다.

또한 지역 문화재 행정과의 연계 조항에 있어서도 보완이 요구된다. 자연유산 관리 대상은 전국적으로 산재하고 있어서 집중 관리에 어려움이 많다. 현행법에서는 타 문화재와 함께 적용되는 지방자치단체의 보호 책무에 관해 규정하고 있지만 이는 자연유산에 적용할 경우 추상적인 조항에 지나지 않을 수 있다. 따라서 지방자치단체가 지역 실정에 맞는 자연유산에 관한 행정을 정착시켜 나갈 수 있는 환경을 만들기 위한 구체적인 책무를 규정하는 조항도 필요하다.

2) 자연유산 제도의 개선 방안

위와 같은 문제점을 개선하기 위해서는 최우선적으로 자연유산 보존·관리를 위한 별도의 법령을 제정할 필요가 있다. 무엇보다도 법적 보호 원칙으로 자연유산의 법률적 정의 마련, 지정 기준의 구체화, 자연유산의 각 유형별 보호 대책 추가, 관리자와 지방자치단체의 책무에 대한 내용을 구체화하는 작업이 선행되어야 할 것이다.

문화재청에서는 2011년 자연유산법 제정을 위한 용역 작업을 실시한 바 있다. 이 연구에서는 명승과 천연기념물을 중심으로 한 우리나라 자연유산 관련 법령과 제도를 일제강점기 이래 최근까지 면밀하게 분석하여 문제점과 대안을 제시하였다. 효율적인 자연유산 보존과 관리를 위한 결론은 일반 문화유산과 차별화되는 자연유산 관련 법률의 제정에 이르렀다. 이러한 기조를 바탕으로 2013년에는 천연기념물 및 명승 보전에 관한 법률 제정 연구도 이루어졌다.[105]

그러나 그로부터 수년이 지난 지금도 천연기념물이나 명승 등 자연유산 보호·보전에 관한 법률은 제정되지 못하고 있다. 자연유산 관련 법률을 독립적으로 제정하기 어렵다면 최소한 문화유산과 차별화되는 자연유산 관련 규정을 독립된 장으로 설치하여 자연유산을 통일적이고 체계적으로 보호하는 장치를 마련할 필요가 있다. 조속한 시일 내에 관련 법령 제정과 보완이 이루어져야 할 것이다.

자연유산 관련 법률 제정의 대안적 성격으로 유형별 전문 분야와의 연계성을 구체화하고, 자연유산과 관련된 각종 타 법률과 연계하여 부족한 부분을 보충할 필요가 있다. 앞서 문제로 지적한 바와 같이 환경이나 산림 보호 등과 관련된 법률이나 국립공원 등에 연계된 법률은 비록 자연유산만을 대상으로 하고 있지는 않지만 자연유산과 전혀 무관한 법률이 아닌 만큼 이용하기에 따라서는 자연유산을 효율적으로 보호하는 데 큰 도움이 될 수 있다. 따라서 이러한 부분들에 대한 실효성 있는 제도적 장치의 보완이 시급하다. 아울러 현행 법률과 제도적 틀 안에서도 자연유산의 훼손이나 멸실 등을 방지하기 위한 처벌 규정의 강화 등 자연유산을 온전히 보존·계승하기 위한 다각적인 검토가 수반되어야 할 것이다.

이상과 같은 법률적·제도적 보완을 위해서는 근본적으로 기존의 문화재 개념을 문화유산과 자연유산을 통합한 '국가유산' 개념으로 확장해야 한다.[106] 필요하다면 우리 민족 고유의 사상이나 정신을 포함한 '정신유산' 까지도 포괄할 수 있는 통합적 관리 체계를 구축하고, 그를 위한 조직이나 기구의 개편도 이루어지길 고대한다.

자연유산 물리적 또는 생물학적 생성물이나 생성물의 집합체로 구성된 자연의 기념
물로서 관상적 또는 과학적으로 탁월한 보편적 가치를 가진 유산, 지질학적·
지형학적 생성물 및 위험에 처한 동물이나 식물의 생식지 및 서식지로서 특히
특정 구역에서 과학적으로 탁월한 보편적 가치가 있거나 보존 가치가 높은 곳,
자연 지역 또는 명확히 한정된 자연 구역으로 과학적·보존적 또는 자연미의
관점에서 탁월한 보편적 가치를 가진 곳을 말한다.

명승(名勝) 지질학 및 생물학적 생성물들로 이룩된 자연현상이면서 특별히 빼어난
자연미를 지니고 심미적 중요성을 갖는 지점이나 지역으로 경관 가치가 뛰어
난 자연의 기념물이며, 과학상·보존상·자연의 미관상 현저한 보편적 가치를
갖는 것이다.

천연기념물 동물(그 서식지, 번식지, 도래지 포함), 식물(그 자생지 포함), 지형, 지
질, 광물, 동굴, 생물학적 생성물 또는 특별한 자연현상으로서 역사적·경관적
또는 학술적 가치가 큰 것이다.

요약정리

- 자연유산에 관한 개념 혹은 정의는 주로 유네스코에서 채택한 여러 협약에서
간헐적으로 다루어져 왔다. 본격적으로 자연유산 보호에 관한 협약을 이끌어
낸 것은 1972년 채택된 유네스코 '세계 문화 및 자연 유산 보호에 관한 협약'이
다. 이 협약에서는 자연유산(Natural Heritage)을 자연의 형태, 지질학적 생성
물과 동식물 서식지, 가치가 있는 지점이나 자연 지역을 포괄하는 것으로 정의
하였다.

- 우리나라는 문화재보호법에서 법적 정의로 자연유산을 다루고 있지는 않지만,
문화재의 정의에는 동·식물, 명승 등 다양한 자연물이 포함되어 있다. 명승이
나 천연기념물 같은 자연과 관련된 유산은 기념물로 분류된다. 기념물의 정의
가운데 "경치 좋은 곳으로서 예술적 가치가 크고 경관이 뛰어난 것, 그리고 동
물(그 서식지, 번식지, 도래지 포함), 식물(그 자생지 포함), 지형, 지질, 광물, 동
굴, 생물학적 생성물 또는 특별한 자연현상으로서 역사적·경관적 또는 학술적

가치가 큰 것"이 바로 자연유산의 범주에 속하는 것들이다.

◉ 천연기념물의 보호는 18세기 초 유럽에서 산업혁명 이후 자연환경의 파괴가 급속히 진행되자 자연유산의 보호 운동으로 확대되면서 비롯되었다. 동아시아에서는 일본이 메이지 시대 후반에 토지 개발, 도로 건설 등을 대규모로 진행하면서 고유의 자연과 풍경 등이 파괴되어 가는 것에 대한 우려가 높아지자 천연기념물 보존의 필요성에 대한 논의가 시작되었고, 1919년에 '사적명승천연기념물 보존법'이 제정되었으며, 1950년에 '문화재보호법'이 제정되면서 천연기념물을 포함한 문화재 보호 체계가 확립되었다.

◉ 우리나라는 1933년에 '조선보물고적명승천연기념물 보존령'이 제정·공포되었고, 1962년에 '문화재보호법'이 제정된 이래 명승이나 천연기념물 등 자연유산과 관련한 보호 제도의 큰 변화 없이 현재에 이르고 있다.

◉ 명승과 천연기념물 등 자연유산은 경관적 가치가 빼어난 것이나 자연적 기념물로만 볼 수 없고 자연과 문화가 조화를 이루는 민족의 유산으로서, 우리 민족의 문화 및 정신 생활의 모태로 평가할 만한 가치를 지니고 있다.

◉ 명승이나 천연기념물은 원칙적으로 유형의 문화재와 동일한 보호 원칙을 준용하고 있다. 즉, 기본 원칙인 원형 유지를 비롯하여 공개 제한, 허가 사항과 신고 사항 등을 지키도록 강제하고 있다.

◉ 최근 각종 개발 등으로 인하여 명승 및 천연기념물과 같은 자연유산의 보존·관리 여건이 악화됨에 따라 그 보존에 대한 국민적 관심이 증대하고, 자연유산에 대한 장기적이고 과학적·체계적인 관리가 요청되고 있다. 따라서 자연유산 정책에 대한 국민적 지지를 확보하기 위하여 합리적인 규제 완화와 자연유산의 유형별 특성에 맞는 제도를 도입하거나 개선해야 할 필요성이 대두된다.

생각해 볼 거리

▶ 문화재 분류체계에서 기념물의 범주로 분류하고 있는 명승과 천연기념물 등 자연유산의 개념과 정의에 대해 논의해 보자.

▶ 세계적으로 자연유산이 유산적 가치로 인정되어 보호받게 된 계기와 과정, 자연유산이 가진 특성 등에 대해 논의해 보자.

▶ 명승과 천연기념물 등 우리나라 자연유산이 다른 나라의 자연유산과 어떤 차

별성이 있는지 살펴보고, 그 가치에 대해 토론해 보자.

▶ 자연유산을 효율적으로 보호하기 위해 어떠한 법적·제도적 장치를 보완할 필요가 있는지 토론해 보자.

▶ 다른 문화유산과 달리 문화재청 외에도 산림청이나 환경부, 국토교통부, 해양수산부 등 다양한 정부 부처와 이해관계를 공유하고 있는 자연유산을 어떻게 통합 관리하는 것이 가장 바람직한 것인지에 대해 자유롭게 얘기해 보자.

제11장

세계유산 등재와 전망

최근 세계 각국의 관심과 경쟁이 급증하고 있는 세계유산에 대해 알아보고자 한다. 우선 세계유산협약에서 정의한 세계유산의 개념과 유형, 분류 등에 대해 알아볼 것이다. 유네스코는 인류를 위해 꼭 지키고 보호해야 할 것들을 모아 유네스코 등재 유산으로 지정했는데, 유산의 형태에 따라서 세계유산, 인류무형유산, 세계기록유산으로 구분된다. 그중 세계유산은 전 세계 인류의 공동 재산으로 등록되어 보존, 복구 등 특별 관리되고 있는 문화유산, 자연유산 및 복합유산을 말한다. 이러한 개념과 분류 체계는 1972년 채택한 '세계 문화 및 자연 유산 보호에 관한 협약'에 근거한 것이므로, 이 협약의 내용과 탄생 배경에 대해서도 알아 둘 필요가 있다.

이어서 세계유산 관련 기구와 각 기구의 역할을 살펴볼 것이다. 세계유산협약은 가입국들로 구성된 총회, 총회에서 선출한 위원국으로 구성된 세계유산위원회, 세계유산위원회 업무 자문기구인 국제기념물유적협의회(ICOMOS), 국제자연보존연맹(IUCN), 국제문화재보존복구연구센터(ICCROM)를 통해 운영되고 있다. 이 밖에도 세계유산 행정 업무를 처리하는 세계유산센터가 있다.

세계유산으로 등재되기 위해서는 유산 자체가 갖는 탁월한 보편적 가치와 국가의 보존 관리 대책을 인정받아야 한다. 유네스코에서 요구하는 세계유산 등재 기준은 10가지 중 한 가지 이상의 조건을 충족하여야 한다. 특히 어떤 유산이 탁월한 보편적 가치를 갖는 것으로 평가받기 위해서는 핵심 요소로서 진정성과 완전성이 충족되어야 한다.

이러한 요건이 갖추어졌다고 판단되면 각국은 유네스코에서 요구하는 절차에 따라 세계유산 등재 신청을 할 수 있고, 유네스코는 자문 기구 등의 평가를 통해 등재 여부를 결정한다. 따라서 세계유산 등재를 신청하고자 하면 세계유산으로서 갖추어야 할 요건과 절차를 제대로 이해하고 준비해야 한다. 세계 각국의 세계유산 등재 경쟁은 점점 치열해지는 반면, 등재 기준과 수량은 더욱 엄격해지고 있다. 이 장의 말미에는 이러한 세계적 추세와 우리나라의 현황을 제시하였다.

이상과 같이 세계유산의 개념과 종류, 세계유산 제도의 탄생 배경, 관련 기구의 역할 등을 살펴봄으로써 세계유산 제도의 이해 수준을 높이고, 결정적으로 세계유산의 등재 요건과 절차, 방법 등을 명확히 파악하여 향후 우리나라 유산의 세계유산 등재 신청 등에 조금이나마 보탬이 될 수 있는 계기가 되었으면 하는 바람이다.

1 세계유산 개념과 제도

1) 세계유산의 개념

유네스코(UNESCO, 국제연합 교육과학문화기구)는 인류를 위해 꼭 지키고 보호해야 할 것들을 모아 유네스코 등재 유산으로 지정했다. 유네스코 등재 유산은 유산의 형태에 따라서 세계유산, 인류무형유산, 세계기록유산으로 구분된다. 세계유산이란 세계적인 가치를 지닌 각국의 부동산 유산 중 '문화유산', '자연유산' 그리고 문화와 자연 특성을 혼합적으로 지닌 '복합유산'으로 지정된 유산을 말한다. 그 밖에도 음악, 춤이나 공연 예술과 같은 형태가 없는 유산을 인류무형유산으로, 그리고 문서, 도면, 필름 등 전 세계의 귀중한 기록들을 세계기록유산으로 등재해 보호하고 있다.

세계유산(World Heritage)은 1972년 유네스코 제17차 총회에서 채택한 세계 문화 및 자연 유산 보호에 관한 협약에 의거 "전 세계 인류의 공동 재산으로 등록되어 보존, 복구 등 특별 관리되고 있는 문화유산, 자연유산 및 복합유산"을 말한다. 이 협약은 자연 재해나 전쟁 등으로 파괴의 위험에 처한 유산의 복구 및 보호 활동 등을 통하여 인류 유산의 파괴를 근본적으로 방지하고, 국제적 협력 및 나라별 유산 보호 활동을 이끌어 내는 것을 목적으로 한다.

인류무형유산(Intangible Heritage)은 "인류의 구전 및 무형 유산 걸작"을 말한다. 2003년 채택한 유네스코 무형문화유산 보호 협약에 따라 문화적 다양성과 창의성이 유지될 수 있도록 대표 목록 또는 긴급 목록에 각국의 무형문화유산을 등재하도록 하고 있다. 이 제도는 문화 다양성의 원천인 무형문화유산의 중요성에 대한 인식을 높이고, 무형문화유산 보호를 위한 국가적·국제적 협력과 지원을 확대하는 것을 목적으로 한다.

세계기록유산(Memory of the World)은 "세계 문화에 영향을 주는 기록물 가운데 미적·사회적·문화적 가치가 높은 자료"를 말한다. 1997년부터 2년마다 세계적 가치가 있는 기록 유산을 선정하고 있다. 세계기록유산의 종류로는 책이나 문서, 편지, 필름 등 여러 종류의 기록들이 포함된다. 기록 유산 보존의 중요성을 널리 알리고 기록 유산 사업 진흥 및 신기술의 응용을 통해 많은 사람들이 기록 유산에 접근할 수 있도록 하는 것을 목적으로 등재한다.

2) '세계 문화 및 자연 유산 보호에 관한 협약' (1972)

세계 문화 및 자연 유산 보호에 관한 협약(Convention Concerning the protection of World Cultural and Natural Heritage)은 1950년대 말 이집트 나일강 상류의 아스완 하이댐 건설로 주변에 산재해 있던 고대 누비아 유적이 물에 잠기게 될 위기에 처하자, 유네스코를 중심으로 전 세계 51개국이 모여 누비아 유적의 보호를 위해 1972년 채택한 것이다. 이 협약은 오늘날 세계유산 제도를 탄생시킨 결정적 밑거름이 되었다.

1959년 이집트 정부는 나일강에 아스완 하이댐을 건설하기로 결정하였다. 이 댐이 건설되면 람세스 2세가 세운 아부심벨 신전과 프톨레마이오스 왕조 때 세운 펠레 신전 등의 누비아 유적지와 이 일대의 유물이 물에 잠기게 되어 고대 이집트 문명의 중요 유적이 사라지게 된다. 이 소식을 접한 전 세계의 학자들과 관련 인사들은 이를 보존하는 방법을 찾게 되었고, 급기야 유네스코가 이를 옮겨 보존하기로 결정하게 되었다. 첫 번째로 시작한 사업은 아부심벨 신전을 해체해 옮기고 다시 조립하는 것이었다. 이로써 아부심벨 사원은 1964~1968년 사이에 수직 이동이 완성되어 수몰의 위기에서 벗어날 수 있었다.

유례가 없던 누비아 유적의 보호 지원 사업이 계기가 되어 전 세계적으로 매우 중요한 역사 유적지를 보호하기 위해서는 국제 사회의 협력과 공동 노력이 필요하다는 생각을 갖게 되었다. 세계적으로 중요한 유산을 구하기 위한 캠페인이 이루어진 결과 유네스코는 국제기념물유적협의회(ICOMOS)의 도움을 받아 세계유산 보호에 관한 협약을 만들기 시작했다. 초안 작성 과정에서 미국과 또 다른 비정부기구인 국제자연보존연맹(IUCN)은 자연유산도 문화유산과 동일한 보존의 틀 속에 포함시키자는 제

그림 11.1 이집트 누비아 유적지의 아부심벨 신전

안을 한다. 이 제안은 1972년 스웨덴 스톡홀름에서 열린 '유엔인간환경회의'에서 논의되었고, 마침내 1972년 유네스코 제17차 총회에서 '세계 문화 및 자연 유산 보호에 관한 협약'(일명 세계유산협약)이 탄생되었다.

세계유산협약은 서문을 포함해 총 9개 장, 38개 조항으로 구성되어 있는데, 각 장의 제목은 다음과 같다.

서문

I. 문화 및 자연 유산의 정의

II. 문화 및 자연 유산의 국내 및 국제적 보호

III. 세계 문화 및 자연 유산 보호를 위한 정부 간 위원회

IV. 세계 문화 및 자연 유산의 보호를 위한 기금

V. 국제 원조를 위한 조건과 방법

VI. 교육 사업

VII. 보고

VIII. 최종 조항

세계유산협약에는 문화유산(Cultural Heritage)과 자연유산(Natural

Heritage)이 무엇이고, 어떤 것들이 포함되는지에 대한 정의가 있으며, 유산 보호를 위해 국가적·국제적 차원으로 어떤 노력을 해야 하는지가 설명되어 있다. 또한 협약을 위한 기구에 대한 설명으로 정부 간 위원회 및 총회 구성에 관한 일반적인 사항과 세계유산기금 설치와 사용 기준을 명시하고 있다. 그리고 일반인들의 세계유산 보존에 관한 인식 증진 교육을 강조하고 있으며, 관련 정보 제공을 권장하는 내용으로 구성되어 있다.

이 협약은 문화 및 자연 유산이 원래 자체적으로 지니고 있는 자연적인 쇠퇴의 원인뿐만 아니라, 가공할 만한 손상 및 파괴를 수반하여 사태를 악화시키는 사회적·경제적 조건의 변화에 의하여 파괴되는 것에 유의해야 하고, 문화 및 자연 유산의 손괴와 멸실은 인류의 유산을 빈곤화시키므로 귀중한 유산을 보호하는 것은 인류를 위하여 특별한 가치를 지닌다는 것을 강조하고 있다. 이로써 탁월한 보편적 가치를 가진 문화유산과 자연유산을 보호하기 위한 첫 기초가 마련된 것이다.

세계유산협약에서는 세계유산을 다음과 같이 분류, 정의하고 있다.

문화유산: 유적이나 장소, 건축물, 성곽, 탑 등 인간에 의해 만들어진, 움직일 수 없는 문화재로서, 이집트의 피라미드나 중국의 만리장성과 같은 세계적 유적지와 우리나라 조선시대를 대표하는 건축물인 종묘와 창덕궁 등이 해당된다.

자연유산: 자연 그대로의 상태가 잘 보존되어 있는 곳과 독특한 지형, 희귀한 동식물이 사는 곳으로, 히말라야 산맥의 에베레스트 산과 찰스 다윈이 진화론을 연구한 갈라파고스 섬, 우리나라의 제주도의 화산섬과 용암동굴 등이 해당된다.

복합유산: 문화유산과 자연유산의 두 가지 요소를 모두 가지고 있는 것으로, 잉카문명의 대표 유적인 페루의 마추픽추 등이 해당된다.

한편 여기에는 '문화경관'이란 개념도 도입되어 있다. 한 민족의 문화적 정체성은 그들이 살아온 환경 속에서 형성된다. 아름다운 유물과 건축물, 장소들은 대부분 그 아름다움을 자연환경과 함께 하는 경우가 많다. 또한 대다수의 멋진 자연 지역은 수세기 동안 인류 활동의 흔적을 담고 있다. 그렇기 때문에 자연과 문화는 따로 분리해서 생각할 수 없는 상호 보완적인 관계로 세계유산협약에서는 자연과 문화의 보존을 통합하고 있다. 이러한 배경에서 1992년부터 세계유산위원회는 문화와 자연이 절묘하게 결합된 곳을 문화경관으로 인정하고 있다. 대표적으로 뉴질랜드의 통가리로 국립공원, 호주의 울루루-카타 추타 국립공원, 필리핀 계단 경작지, 이탈리아의 포르토베네레, 포르투칼 신트라 문화경관 등이 세계유산 목록에 등재되었다.

1972년 채택된 세계유산협약은 20개 회원국이 가입한 1975년 12월에야 효력을 갖게 되었고, 실질적인 협약 운영을 위한 세부적인 사항들을 명시한 '세계유산협약의 이행을 위한 운영지침(Operational Guidelines for the Implementation of the World Heritage Convention)'이 마련됐다. 최근까지 지속적인 개정을 통해 보완된 운영지침은 총 9개 장과 290개의 문단으로 구성되어 있고, 부록에 세계유산 등재 신청서 양식, 잠정목록 신청서 양식, 국제지원금 신청 양식 등의 각종 양식과 참고자료가 포함되어 있다. 협약 자체에는 전 인류의 탁월한 보편적 가치를 담은 유산을 선정한 세계유산 목록을 만들어 국제적으로, 공동으로 보호한다는 대의명분과 목표, 그리고 채택 배경이 담겨 있는 데 반해, 운영지침은 이런 협약의 아이디어가 현실적인 제도로 운영될 수 있게끔 구성되어 있다. 즉, 협약의 실질적인 운영에 필요한 모든 사항이 운영지침 안에 담겨 있다.

세계유산협약의 이행을 위한 운영지침 9개 장의 내용을 살펴보면 다음과 같다. 1장은 서문으로 세계유산협약의 구성, 세계유산협약의 운영 체계와 참여 주체의 역할을 설명하는 내용이다. 2장은 세계유산 목록에 관한 사항을 담았다. 세계유산 목록의 구성, 대표적이고 균형 잡히고 신뢰성 있는 세계유산 목록을 만들기 위한 전략, 잠정목록 등재 절차, 탁월한 보편적 가치에 대한 설명, 세계유산 등재 평가를 위한 10개 등재 기준, 진정성 및 완전성에 관한 사항, 보호 및 관리에 관한 사항들을 아주 상세히 담고 있다. 3

그림 11.2 세계유산 엠블럼

장은 세계유산 목록 등재를 위한 과정을 정리했다. 신청부터 평가, 등재 확정에 이르기까지를 설명하고 있다. 4장에는 등재된 유산들의 보존 현황을 점검하는 과정이 설명되어 있고, 여기에는 세계유산의 삭제에 관한 사항도 포함된다. 5장에서는 대륙별로 돌아가면서 시행하는 세계유산의 정기보고에 관한 사항을 규정한다. 6장에는 협약의 원활한 운영과 발전을 위하여 각 참여 주체가 지원할 수 있는 다양한 방법들을 설명한다. 7장에는 세계유산 기금의 설치와 국제 지원 신청(예산 지원 또는 기술 지원)에 관한 사항들을 규정하며, 8장은 세계유산협약의 공식 엠블럼 사용에 관한 사항들을 담고 있다. 그리고 마지막 9장에는 세계유산에 관한 기록들이 어디에 축적되고 일반인을 위한 자료 제공이 어떻게 이루어지는지가 설명되어 있다.[107]

세계유산으로 등재된 유산은 유네스코로부터 인증서를 교부받고 세계유산협약이 추구하는 보편적 가치를 상징하는 엠블럼을 사용할 수 있게 된다. 세계유산 엠블럼은 벨기에 예술가 미쉘 올리프가 만든 것으로 1978년 채택되었다. 엠블럼의 도안은 가운데 사각형을 감싸고 있는 원 모양으로 이루어져 있다. 사각형은 인간이 만들어 낸 결과물을 상징하며, 바깥의 원은 지구의 모양을 딴 자연을 뜻한다. 사각형과 원은 이어져 있어 인간과 자연이 서로 연결되어 있는 상호 보완적인 존재라는 것을 표시하고 있다. 엠블럼에는 세 개의 언어로 세계유산임을 표기하고 있는데, 둥근 원의 상단 중앙에는 세계유산을 보유한 당사국의 글자로, 왼쪽에는 영어로, 오른쪽에는 불어로 쓰여 있다.

2 국제기구

1) 세계유산협약 기구

세계유산협약은 가입국들로 구성된 총회, 총회에서 선출한 위원국으로 구성된 세계유산위원회, 세계유산위원회 업무를 자문하는 3개 자문기구를 통해 운영되고 있다. 이 밖에도 세계유산 행정 업무를 처리하기 위해 유네스코 내에 설치된 세계유산센터가 있다.

(1) 총회

세계유산협약 총회(General Assembly)는 협약에 가입한 모든 회원국이 모이는 기구이다. 세계유산협약의 최상위 의결권을 가지고 있으며, 2년마다 홀수년도에 파리에 있는 유네스코 본부에서 개최된다. 총회는 협약 운영에 관한 사항을 사안별로 논의하기보다는 세계유산위원회에서 의결된 사항을 승인하는 역할을 한다. 또한 가입국들을 대상으로 세계유산기금 분담액을 결정하고, 세계유산위원회에 들어갈 위원국을 선출하는 것을 주 임무로 하고 있다.

(2) 세계유산위원회

세계유산위원회는 세계유산협약 이행과 관련한 중요한 사항들을 논의하는 정부 간 위원회로 1976년에 설립되었다. 위원회는 협약 가입국 중에서 선출한 21개 위원국으로 구성되어 있다. 위원국은 세계 여러 지역 및 문화의 대표성을 고려하여 선출하며, 임기는 6년이고 2년마다 1/3씩 교체하고 있다. 위원회는 매년 6~7월경 회원국 중의 한 곳에서 개최하는데, 새롭게 등재할 세계유산과 삭제할 유산을 결정하고, 이미 등재된 세계유산들이 잘 관리되고 있는지를 보고받아 확인하여 위험에 처한 유산을 결정하는 역할을 한다. 또한 세계유산기금을 어떻게 사용할지 결정하는 일도 주요 임무 중 하나이다. 위원회의 의결은 과반수 이상의 위원국 출석에, 출석 위원국 2/3 이상의 찬성으로 결정한다.

　세계유산위원회는 위원국의 대표로서 문화 및 자연 유산 관련 분야의 전문가들이 포진되어 있다. 그러나 최근 세계유산 등재가 미치는 국가적 신인도 제고와 경제적 파급 효과가 커지면서 세계유산 등재 결정이 위원국의 정치력에 의해 좌우되는 경향이 드러나고 있다. 그러한 문제를 공감하였는지 2000년대 초반 원래 6년인 위원국의 임기를 4년으로 단축하고 연임을 자제하는 등의 자발적 움직임이 합의를 이루어 내는 성과도 있었지만, 세계유산 등재의 당락에 결정적 영향력을 행사하는 위원국으로 당선되기 위한 경쟁은 오히려 더 치열해지는 양상을 띠고 있다.

(3) 세계유산센터

　세계유산위원회의 운영과 세계유산협약 실행을 위한 사무국으로서 유네스코 세계유산센터(World Heritage Center)가 있다. 세계유산센터는 세계유산 관련 자문기구의 역할을 조율하고 회원국의 결정 사항을 직접적으로 협약 운영에 반영하는 곳이다. 협약 가입국 수가 늘어나고 사업 규모가 커지면서 유네스코 문화센터가 세계유산센터라는 이름으로 1992년에 확장되었다. 행정 체계상으로 세계유산센터는 유네스코 사무총장과 문화사무총장보 아래에 있으며 약 70여 명에 달하는 정규 직원들이 있어 전체 유네스코 내에서 단일 부서로 비중이 매우 크다.

　세계유산센터는 세계유산위원회와 총회가 의결한 사항들을 실제로 이행하는 사무 부서이다. 위원회와 총회에서 정해 놓은 절차대로 정기회의, 비정기회의, 주제별 전문가회의 등이 개최될 수 있도록 준비하고, 세계유산 등재, 보존·관리 등과 관련된 실무를 모두 담당한다. 특정 유산에 대한 당사국과 자문기구 사이의 연결 및 의사소통을 맡고 있기도 하다.

　그러나 세계유산센터는 직접적으로 유산을 관리하는 기관이 아니라 세계유산 목록을 관리하는 곳이다. 여기서는 세계유산 목록에 대한 사항들을 관장할 뿐 개별 유산의 보존 상황을 일상적으로 관리하지는 않는다. 세계유산 '등재'와 '삭제'를 놓고 당사국들이 유산을 더 바람직한 방향으로

보존·관리하도록 유도하는 역할만 하는 것이다.[108]

2) 세계유산 관련 자문기구

(1) 국제기념물유적협의회(ICOMOS)

국제기념물유적협의회(International Council on Monuments and Sites)는 전 세계의 기념물과 유적지 보호를 목표로 설립된 단체로서, 1964년 베니스에서 채택된 '기념물과 유적 보존 및 복원에 관한 국제 헌장'에 명시된 원칙과 유네스코 결의안에 따라 1965년에 창설된 비정부기구이다.

ICOMOS는 건축가, 역사학자, 고고학자, 예술사학자, 지리학자, 인류학자, 엔지니어 및 도시계획 전문가로 구성된 회원 간의 학제 간 교류를 통해 활동하는 네트워크이다. ICOMOS 회원은 주로 건축물, 역사적인 도시, 문화 경관 및 고고학적 유적지와 같은 문화유산의 각 유형에 대한 유산 보존, 표준 및 기법 개선에 기여한다. 2016년 3월 기준 통계에 따르면, 151개국 9,500명의 회원과 300개의 기관 회원, 106개 국가위원회, 28개 국제 과학위원회가 가입되어 있다.[109]

프랑스 파리에 본부를 두고 있으며, 총회, 집행위원회, 자문위원회, 국제위원회, 국제사무국 정보자료센터로 조직되어 있다. ICOMOS는 국가별로 국가위원회를 인증하고 그 국가위원회에 가입한 개인 회원으로 기구를 운영한다. 회원들은 문화재 보존을 위한 다양한 교류의 장을 마련함은 물론, 문화재 보존 원칙과 기술, 정책 등에 정보 수집 및 자료 제공의 기능도 수행하고 있다. 현재 27개 학술분과가 구성되어 있으며, 분과별로 학술회의가 개최되고, 전 회원과 분과가 모이는 총회가 3년마다 개최된다.

유네스코의 세계문화유산 분야 자문기구로서 각국에서 신청한 세계유산 등재 신청서를 심사하고 현지 조사를 실시한 후, 각각의 신청서에 대한 평가보고서를 세계유산위원회에 제출하는 역할을 주로 한다.

우리나라도 분야별 문화재 전문가들로 구성된 국제기념물유적협의회 한국위원회(ICOMOS Korea)를 설립하여 2016년 말 기준 정회원 116명, 준

회원 20명 등의 회원이 가입되어 있으며, 고고학분과, 건축분과, 미술사분과 등 5개 분과 9명으로 집행위원회를 구성하여 활발히 활동하고 있다.

(2) 국제자연보존연맹(IUCN)

국제자연보존연맹(International Union for Conservation of Nature and Natural Resources)은 유네스코 사무총장이 환경에 관한 기구 설립의 필요성을 제기하여 스위스 글랑에 본부를 두고 1948년에 창설되었다. IUCN은 정부와 시민 사회 조직으로 구성된 회원 조합으로, 현재 1,300개 이상의 회원 조직과 1만 6,000명의 전문가가 참여하고 있는 세계에서 가장 크고 다양한 환경 네트워크이다. 주로 공공, 사설 및 비정부 기구들에게 인간 진보, 경제 발전 및 자연 보존이 함께 이루어질 수 있는 지식과 도구를 제공하는 역할을 하고 있다.[110]

ICOMOS가 유네스코 세계문화유산 자문기구라면, IUCN은 자연유산 분야의 자문기구로서, 각국의 세계유산 등재 신청서에 대한 심사와 평가를 진행하고 있다. 국제자연보존연맹 회원들은 전 세계에 걸쳐 자원 및 자연 환경의 보존과 생물 다양성 보존을 위한 다양한 활동을 전개 중인데, 특히 자연계의 생태적 균형과 지속 가능성을 위해 노력하고 있다.

(3) 국제문화재보존복구연구센터(ICCROM)

국제문화재보존복구연구센터(International Center for the Study of the Preservation and Restoration of Cultural Property)는 유형의 문화유산 보존을 촉진하기 위해 설립된 정부 간 기구로서, 관련 전문가와 대중에게 문화유산에 대한 관심과 참여를 유도하는 것을 목표로 하고 있다. 센터는 문화유산 보호에 열정을 가진 전 세계의 전문가들로 구성된 네트워크를 유지하여 문화유산에 대한 교육, 정보, 연구, 협력 및 옹호를 통해 문화유산을 보존하는 활동을 주로 한다.

제2차 세계대전의 여파로 연구와 복원 방법의 개선을 위한 정부 간 센터를 만드는 것이 제안되었다. 이 제안은 1956년 뉴델리에서 개최된 제9차 유네스코 총회에서 채택되었다. 이탈리아 정부와의 합의에 따라 1959년 로마에 '로마 센터' 또는 '국제 보존 센터'로 언급되는 기구가 설립되었고, 1978년 ICCROM이란 약어가 고안되어 그 후로 계속 사용되고 있다.[111]

현재 130여 개 나라가 가입하여 활동하고 있으며, 세계유산 등재 과정에서의 역할보다는 세계유산을 포함한 문화유산의 모니터링과 지원 요청 심사, 관련 인력 양성 등의 사업을 지원하는 데 중점을 두고 있다. 우리나라는 1968년에 가입하였는데, 1995년 ICCROM 전문가들이 방한하여 석굴암 등 문화재 보존 현황을 진단한 적이 있어 그 존재가 잘 알려져 있다.

3 세계유산 등재 요건

세계유산으로 등재되기 위해서는 유산 자체가 갖는 탁월한 보편적 가치와 국가의 보존 관리 대책을 인정받아야 한다. 유네스코에서 요구하는 세계유산 등재 기준은 10가지로, 세계유산 등재 기준 1부터 6까지는 문화유산에 해당되며, 7부터 10까지는 자연유산에 해당된다. 10가지 조건 중 한 가지 이상의 조건을 충족할 경우 세계유산으로 등재될 수 있다. 즉, 문화유산과 자연유산 모두 유산의 가치를 보여줄 수 있는 요소를 포함해야 하며, 해당 유산을 보호할 수 있는 적절한 법적·제도적 관리 체계가 확보되어 있어야 하는 것이다.

1) 탁월한 보편적 가치

(1) 탁월한 보편적 가치(Outstanding Universal Value)

'탁월한 보편적 가치(OUV)'는 세계유산 등재의 절대적 기준임에도 불구하고 세계유산협약에는 이에 대한 정의가 독립적으로 명기돼 있지 않아 그 의미를 명쾌히 이해하기는 쉽지 않지만, 일반적으로 '국경을 초월할 만큼 독보적이며, 현재와 미래 세대의 전 인류에게 공통적으로 중요한 문화·자연적 차원의 가치'로 인식되고 있다.

탁월한 보편적 가치란 말에는 문자 그대로 탁월함과 보편성이란 개념이 함께 들어 있다. 탁월함이란 그 자체로서 절대적인 기준을 가진 것이 아니라 다른 것과 비교할 때 더 뛰어나다는 상대적인 개념이다. 보편적이란 말은 그야말로 세계 어느 지역에나 유사한 시기 비슷한 유형의 유산이 존재한다는 뜻이다. 즉, 그 유산만 유일하게 존재하는 것이 아니라 인류사에서 공통적으로 존재해야 한다는 의미를 지니고 있다. 따라서 탁월한 보편적 가치를 지닌 유산이란 전 세계적으로 널리 존재하는 무수한 유산 가운데 그 가치가 현저히 뛰어난 유산을 가리키는 것이다. 따라서 이를 입증하기 위해서는 반드시 다른 지역에 존재하는 유산과의 비교 연구를 통해 그 가치의 우수성을 인정받아야 한다.

한편 어떠한 유산이 탁월한 보편적 가치를 갖는 것으로 평가받기 위해서는 핵심 요소로서 진정성과 완전성이라는 두 가지 조건이 충족되어야 한다.

(2) 진정성

진정성(Authenticity)은 해당 유산의 문화적 가치가 그 형태와 디자인, 소재와 재료, 용도와 기능, 전통·기법·관리체계, 위치와 환경, 언어와 무형적 요소, 정신과 감성 및 기타 내·외부 요인 등 다양한 속성을 통하여 진실되고 신뢰성 있게 표현되고 있는가를 판단하는 요건이다.

진정성은 문화유산에만 적용되는데, 문화유산이 창조될 당시의 가치가 온전히 보존되어 있어야 한다는 의미라고 할 수 있다. 즉, 유산의 원형이 얼마나 잘 보존되어 있느냐가 중요한 것이 아니고, 비록 원래의 모습에서 변화가 있다 하더라도 그 과정 속에 담겨진 가치를 얼마나 잘 전달하고 있는지를 판단하는 기준이라 할 수 있다.[112]

(3) 완전성

완전성(Integrity)은 해당 유산의 탁월한 보편적 가치 표현에 필요한 요소 일체를 갖추고 있는지, 본연의 중요성을 나타내는 특징 및 과정을 완벽하게 구연할 만큼의 충분한 규모인지, 보존 상태는 양호하며 향후 위협에의 대비는 충분한지 등을 판단하는 기준이다. 즉, 특정 유산을 세계유산으로 등재하기 위해서는 그 유산의 가치를 보여줄 수 있는 모든 요소들이 온전히 갖추어져 있어야 한다는 의미이다.

진정성이 문화유산에만 적용되는 것에 비해 완전성은 자연유산과 문화유산 모두에 해당된다. 2012년 운영지침에 완전성은 "자연유산 및/또는 문화유산과 그 속성의 전체성 및 온전성을 가늠하는 척도"라고 명시하였다. 즉, 진정성이 유산의 가치를 표현하는 속성이라면 완전성은 그 가치를 유지할 수 있는 속성이라고 할 수 있다. 완전성은 애초에는 자연유산에서 발생하여 자연유산에만 적용되던 개념이었다. 자연유산은 기본적으로 하나의 유기체이다. 계속해서 변화하는 속성을 가지며 모든 요소가 빠지지 않고 갖추어져야 하나의 단위로서 존속할 수 있다. 그러나 2005년부터 세계유산 등재 요건이 전폭적으로 강화되면서 유산의 보존 관리에 대한 시스템과 계획이 등재 요건 중 하나로 전면에 대두된 시점에 완전성의 적용이 문화유산에까지 확장되었다. 완전성은 두 가지 차원에서 접근할 수 있다. 유산의 구성이 완전한지를 보는 전체성 차원(wholeness)이 있고, 그 구성 요소가 모두 제대로 잘 보존되어 있는지를 보는 온전성(intactness) 차원이 있다. 이렇게 두 가지 차원으로 접근하면서 완전성은 문화유산에도 적용될 수 있고 적용되어야 한다는 당위성을 얻게 되었다. 한 유산의 극히 일부분은 분명 탁월한 보편적 가치를 보유하고 있고 그 가치의 근거가 진실하다고 인정될 수는 있지만 만약 유산의 전체적인 모습을 보여주기에 극히 파편적인 일부만이 남아 있거나 보존 상태가 좋지 않으면 세계유산으로 등재되는 것이 바람직하지 않을 수 있기 때문이다.[113]

2) 세계유산 등재 기준

세계유산 등재 기준은 문화유산과 자연유산에 각각 다르게 적용되고 있다. 문화유산에 적용되는 기준은 다음과 같다.

(ⅰ) 인간의 창의성으로 빚어진 걸작을 대표하는 것

(ⅱ) 오랜 기간에 걸쳐서 혹은 세계의 특정 문화권 내에서 건축이나 기술, 기념비적인 미술품 제작, 도시계획 혹은 조경 디자인 등의 발전에 관한 인간 가치의 중요한 상호 작용을 잘 보여주는 것

(ⅲ) 현존하거나 이미 사라진 문화의 전통 양식 또는 문명의 독특함이나 특출한 증거가 있는 것

(ⅳ) 인류 역사에서 중요한 단계를 예증하는 건물, 건축이나 기술의 총체, 경관 유형의 뛰어난 사례일 것

(ⅴ) 인간의 전통적인 정주지로서 육지의 사용, 바다의 이용에 있어서 문화를 대변하는 대표적인 사례이거나 또는 돌이킬 수 없는 자연 변화의 충격으로 취약해진 환경에서 인간과 환경 간의 상호 작용을 보여주는 뛰어난 예

(ⅵ) 사건이나 실존하는 전통 문화, 사상, 신념 등의 보편적 중요성이 예술 및 문학작품 등에 직접 또는 가시적으로 연관되어 나타나는 탁월한 사례(이 기준은 인간의 사상이나 신념 등과 같은 무형적 요소들이 포함되는 경우로서 세계유산위원회에서는 다른 기준과 동시에 적용하는 것을 권장한다).

자연유산에 적용하는 기준은 다음과 같다.

(ⅶ) 최상의 자연 현상이나 빼어난 자연의 아름다움, 그리고 미학적 중요성을 가진 지역을 포함할 것

(ⅷ) 생명의 기록, 지형 발전상의 지질학적 주요 진행 과정, 지형학이나 자연지리학적 측면의 중요 특징들을 포함해 지구 역사의 주요 단계를 입증하는 대표적 사례

(ⅸ) 육상, 민물, 해안 및 해양 생태계와 동·식물 군락의 진화나 발전에 있어 생태학적·생물학적 주요 진행 과정을 입증하는 대표적 사례

(ⅹ) 과학적인 학술 연구나 보존의 관점에서 볼 때 보편적 가치가 탁월하고, 현재 멸종 위기에 처한 종을 포함한 생물학적 다양성의 현장 보존을 위해 가장 중요하고 의미가 큰 자연서식지를 포함할 것

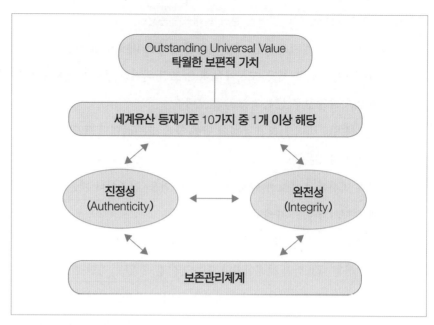

그림 11.3 **세계유산의 등재 요건**

　세계유산은 탁월한 보편적 가치와 진정성, 완전성을 지니고, 위에서 열거한 10개의 등재 기준 중 하나 이상을 충족하며, 그 유산의 보호 및 관리에 필요한 요구 조건을 갖추고 있을 때 비로소 등재될 수 있다. 즉 "세계유산의 보호 및 관리는 탁월한 보편적 가치는 물론이고 등재 당시의 완전성 및 진정성의 수준이 앞으로도 유지 또는 향상되도록 보장해야 한다"는 유네스코 규정에 의해 지금까지 실행해 온 해당 유산의 보호 및 관리 실적과 향후 그 유산을 어떻게 보호·관리할 것인가에 대한 계획이나 약속 등이 세계유산 등재의 중요한 지표가 된다.

4 제도 및 보호 관리

1) 세계유산 등재 절차

(1) 잠정목록 등재

세계유산에 등재하기 위해서는 우선 대상 유산에 대한 조사·연구를 실시하고 보존·관리 계획을 수립하여야 한다. 우리나라의 경우 문화재위원회의 심의를 거쳐 세계유산 등재 추진 대상을 선정하게 되는데, 우선 잠정목록을 선정한 후 그중에서 선택하여 세계유산으로 등재 신청을 하게 된다. 잠정목록(Tentative List)이란 세계유산 등재 신청을 위하여 유네스코에 제출하는 후보 명단이다. 즉, 당장은 세계유산으로 등재 신청하기에 부족하지만 향후 5~10년 내에 세계유산으로 등재 신청할 만한 가치가 있는 유산의 목록이다.

세계유산협약 이행을 위한 운영지침에 따르면, 당사국은 세계적으로 뛰어난 가치가 있다고 생각되는 문화유산 또는 자연유산과 다음 해에 지명할 의도가 있는 유산들을 잠정목록에 포함하도록 의무화하고 있다. 즉 지명된 유산이 당사국의 잠정목록에 포함되어 있지 않으면 세계유산 등재 신청이 불가능하다. 이 지침은 세계유산으로 신청하고자 하는 해당 유산을 1년 전에는 잠정목록에 등재할 것을 원칙으로 하고 있다.

당사국들은 지역 담당자, 지역 정부, 지역 단체 등 다양한 관계자들이 참여한 가운데 잠정목록을 작성해야 한다. 잠정목록은 표준 양식에 따라 작성하는데, 거기에는 유산의 이름, 소재지를 비롯한 개요와 함께 그 유산이 가진 진정성과 완전성을 포함한 탁월한 보편적 가치를 입증하는 요소들이 반드시 들어가야 한다.

우리나라는 문화재청이 세계유산으로서의 가치가 충분하다고 인정되는 유산을 잠정목록으로 선정하는데, 그 절차는 다음과 같다. 시·도지사가 문화재청장에게 잠정목록 대상을 신청하면 문화재청장은 등록 신청에 대

유산 연구 및 보존 관리 계획 수립
잠정목록 등재 신청서 작성
시·도지사가 문화재청에 잠정목록 등재 신청
세계유산 전문가 심사
잠정목록 등재 확정(문화재위원회)
문화재청에서 유네스코 세계유산위원회에 잠정목록 등재 신청서 제출

그림 11.4 세계유산 잠정목록 등재 절차도

한 제반 요건을 검토한 후 잠정목록 대상 문화재를 선정한다. 이때에는 세계유산 전문가 2인 이상의 위원으로 구성한 심사위원단이 신청된 문화재를 직접 조사하고 가치를 평가하게 된다. 이렇게 선정된 잠정목록 대상 문화재에 대해 문화재위원회에서 최종 확정한다. 마지막으로 문화재청이 정해진 양식에 따라 작성된 해당 유산의 잠정목록 등재 신청서를 유네스코 세계유산위원회에 제출하게 되면 잠정목록 등재 절차가 완료된다.

세계유산 잠정목록 등재 절차는 〈그림 11.4〉와 같다.

(2) 세계유산 등재 방법

세계유산으로 등재하는 방법은 보통 한 나라에서만 개별적으로 등재 신청하는 단독 등재의 경우가 가장 많은데, 이 밖에도 공동 등재나 추가 등재 등의 방법도 존재한다.

공동 등재란 국경을 초월하여 공통적으로 존재하는 유산[월경(越境) 유산]에 대해 한 나라만 단독으로 세계유산 등재를 신청하는 것이 아니라 두 나라 이상이 공동으로 세계유산 등재 신청을 하는 경우를 가리킨다. 같은 역사-문화 집단이나 지역적으로 동일한 유형에 속해 있거나, 같은 생물지리권이나 동일한 유형의 생태계에 들어 있는 경우, 그리고 개별 유산이 연결되어 탁월한 보편적 가치를 지니는 경우 등이 공동 등재 요건에 해당된다. 유네스코에서는 이처럼 연관성 있는 유산이 둘 이상의 나라에 걸쳐 있는 경우에 해당국들이 공동으로 등재 신청서를 내도록 권장하고 있다.

예를 들어 중국에서 시작하여 중앙아시아를 거쳐 유럽으로 연결되는 실크로드 루트 상에는 여러 유적들이 존재하는데, 이러한 것들이 대표적인 월경 유산이라 할 수 있다. 2014년 중국은 '실크로드' 유적 33개소를 대상으로 카자흐스탄, 키르기스탄과 함께 세계유산으로 공동 등재하였다. 이는 실크로드라는 동일한 성격으로 묶인 각각의 유적을 보유한 3개국이 공동으로 세계유산 등재를 신청하여 인정받은 경우이다. 전 세계적으로 이렇게 공동 등재된 유산이 34건에 이른다.

문화유산뿐 아니라 인류무형유산도 공동 등재를 하는 경우가 종종 있다. 우리나라는 민족문화의 특성과 정신적 가치를 잘 표현하고 있는 대표적인 놀이이자 의례인 줄다리기의 문화적 다양성과 공유적 가치에 대해 주목하고 다국 간 공동 등재를 추진하였다. 줄다리기는 농사의 풍요를 기원하고 공동체 구성원 간의 화합과 단결을 위하여 동아시아와 동남아시아 도작(稻作, 벼농사) 문화권에서 널리 연행된다. 2012년에 공동 등재 종목 후보 대상으로 줄다리기를 선정하고 동남아시아 각국의 참여를 독려하여 참여를 희망한 캄보디아, 필리핀, 베트남과 수년간의 협력을 통해 2015년 인류무형유산으로 공동 등재하는 성과를 거두었다.

한편 추가 등재란 이미 세계유산으로 등재된 유산에 그와 유사한 성격의 유산을 추가하여 확장 등재하는 경우를 말한다. 확장 등재는 기본적으로 등재된 유산의 변경과 관련된다. 변경 내용에는 경계의 소폭 변경, 경계의 대폭 변경, 세계유산 목록 등재 근거가 된 기준의 변경, 세계유산 명칭의 변경 등이 해당된다. 변경의 종류 및 절차와 관련한 사항은 세계유산협약 이행을 위한 운영지침에 수록되어 있다. 경계의 소폭 변경은 이미 등재된 유산의 탁월한 보편적 가치에 영향을 끼치지 않는 범위에서 주된 경계

한국의 줄다리기   베트남의 줄다리기

필리핀의 줄다리기   캄보디아의 줄다리기

그림 11.5 2015년 인류무형유산으로 공동 등재된 줄다리기(출처: 유네스코 한국위원회 홈페이지)

를 수정하여 변경하는 것이다. 단지 경계선만 일부 수정하는 것이므로 요구하는 정보도 비교적 간단하다. 경계의 대폭 변경은 유산 경계의 상당 부분이 바뀌거나 중요한 구성 요소가 추가되거나 빠지거나 하는 경우이다. 예를 들면 2015년 세계문화유산으로 등재된 공주, 부여, 익산의 백제역사 유적 지구에 당시 등재 과정에서 배제되었던 몇 개 유적을 추가로 등재함과 아울러 서울에 있는 한성기 백제 유적을 포함시켜서 등재 유산을 확장시키려는 계획 등이 그러하다. 다만, 이 경우 가장 중요한 관건은 새로이 확장하고자 하는 유산이 이미 등재된 유산 기준에 부합하는 탁월한 보편적 가치(OUV)를 동일하게 지니고 있는지에 대한 평가이다. 즉, 적어도 추가로 확장 등재하고자 하는 유산은 이미 등재된 세계유산이 충족한 기준은 물론이고 그 이상의 기준을 충족할 경우에만 추가 등재가 가능하다고 보면 된다. 다만, 확장 등재의 경우에도 세계유산 등재 과정은 신규 등재와 마찬가지의 절차를 거치게 된다. 한편 등재 기준의 변경은 현재의 유산 구성이나 경계를 바꾸지 않은 채 새로운 기준을 추가하거나 기준을 변경하는 경우를

그림 11.6 세계문화유산 중국 명청 황릉(좌: 2000년 등재된 청 동릉, 우: 2004년 확장 등재된 심양 3릉, 출처: Baidu)

가리키는데, 이 경우에도 신규 유산 등재와 동일한 절차를 거쳐야 한다. 한편 유산 자체의 가치나 물리적인 경계 변경과는 다르게 명칭만을 변경하는 경우도 있는데, 명칭 변경에 관한 요청은 위원회 개최 3개월 전에 세계유산센터를 통해서 신청하면 위원회 개회 시 심의된다.[114]

(3) 평가와 등재 결정

각국은 잠정목록에 등재되어 있는 유산 가운데 우선 등재하고자 하는 유산을 세계유산으로 등재 신청할 수 있다. 등재 신청서에는 세계유산 등재 기준에 맞추어 해당 기준을 충족함을 입증하는 내용을 기술하되, 해당 유산의 가치를 전달하기 위한 모든 근거 문서와 사진, 지도 등의 고증 자료와 그것을 뒷받침해 줄 만한 참고자료 목록도 포함되어야 한다. 한편 등재 신청하고자 하는 유산과 유사한 국내외 유산은 물론 이미 세계유산으로 등재돼 있는 유산과의 비교가 반드시 들어가야 한다. 그래야만 해당 유산이 다른 유산들과 어떠한 면에서 탁월한 보편적 가치를 가지고 있는지를 제대로 평가받을 수 있을 것이다. 이러한 내용들을 포함한 신청서 작성이 완료되면 유네스코 세계유산위원회의 세계유산센터에 영문판을 제출하고, 세계유산센터에서 그 완결성을 인정하면 세계유산 등재 후보 대상이 된다.

우리나라는 잠정목록 중 세계유산 등재 대상으로 확정된 경우 해당 유산을 보유한 시·도지사가 세계유산 등재 신청 전년도 2월 1일까지 등재 신청서를 작성하여 문화재청장에게 제출하여야 한다. 작성된 등재 신청서는 세계유산 자문단 2인 이상의 위원이 검토하여 신청 대상의 적격 여부를 결정한 후 문화재위원회에서 최종 확정한다. 문화재청장은 신청서를 감수하고 보완하여 그해 9월 30일까지 등재 신청서 초안을 유네스코에 제출한다. 이후 전문가들의 의견 수렴 과정을 거쳐 다음 해 2월 1일까지 세계유산센터에 최종 신청서를 제출한다.

세계유산센터에 신청서가 접수되면 유산의 성격에 따라 세계유산협약에서 지정한 국제기념물유적협의회(ICOMOS)와 국제자연보존연맹(IUCN)의 검토와 평가를 받게 된다. 평가는 제출된 서류를 심사(desk review)하는 절차와 후보 유산을 직접 방문하여 보존 관리와 관련된 사항들을 점검하는 현지 실사(technical evaluation) 과정으로 분리하여 진행된다. 서류 심사는 통상 유네스코 자문기구에 속한 관계 전문가들 다수가 참여하게 되고, 현지 실사는 그중 1인이 전담하는데, 통상 당해 연도 하반기에 실시하는 현지 실사에서는 유산의 구체적인 현황과 관리 실태를 살펴보며 후보 유산이 가진 탁월한 보편적 가치를 확인하는 것은 물론 제출된 서류와 유산의 현황이 일치하는지 여부, 유산에 대한 보존 관리 대책이 적절히 마련되어 있는지 여부 등을 중점적으로 점검한다. 이러한 과정이 종료되면 그해 12월에 신청 유산의 세계유산 등재 권고 사항을 결정하는 1차 패널 회의를 개최하게 된다. 그 과정에서 미진하다고 생각되는 점이 발견되면 추가 자료 제출을 요구할 수 있다. 제출된 자료들의 검토가 끝나면 다음 해 3월 2차 패널 회의를 개최하여 세계유산 등재 권고 사항을 결정한 후 그 의견을 수록한 평가서를 세계유산위원회에 제출한다.

세계문화유산의 심사 절차는 〈그림 11.7〉과 같다.

이상의 모든 평가가 완료된 유산의 세계유산 등재 여부는 매년 6월 말에서 7월 사이에 개최되는 유네스코 세계유산위원회의에서 최종 결정된다. ICOMOS와 IUCN의 권고안은 네 가지 등급이 있다. 먼저 유산이 등재에 적합할 경우 '등재 권고(recommend to inscribe)'를 한다. 두 번째 경우로 유산의 보존·관리 또는 진정성·완전성상 미비한 점이 있어 부분적인 수정이나 보완이 필요할 때는 '등재 보류(referral)'를 권고한다. 등재 보류

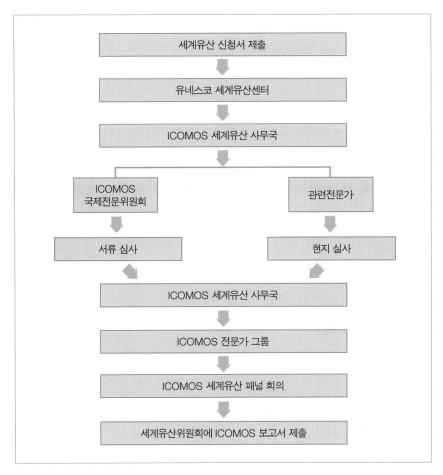

그림 11.7 세계문화유산의 심사 절차도

를 받을 경우 지적된 부분에 대한 수정 사항을 3년 이내에 제출하면 별도의 현장 실사 없이 다시 등재 평가가 이루어질 수 있다. 세 번째 경우는 '등재 반려(deferral)'다. 유산에 내재된 탁월한 보편적 가치가 있다고 판단되어 장기적으로는 등재의 가능성이 있지만 현재 그 가치가 입증되지 못하거나 보존 관리상 심각한 문제점이 있어 총체적인 접근을 다시 해야 한다고 판단될 때 자문 기구는 반려를 권고한다. 이 경우에는 신청서를 재작성하여 다시 처음부터 모든 평가 과정을 거쳐야 한다. 네 번째는 '등재 불가(not to inscribe)' 권고이다. 자문 기구의 등재 불가 권고가 만약 위원회에서 번복되지 않고 그대로 채택되면 당사국은 같은 조건으로, 같은 유산을 다시 신청할 수 없다.[115]

한편 확장 등재의 경우 이미 등재된 유산이기 때문에 권고사항 중 등재가 승인(approval)으로, 등재 불가가 아니라 승인 불가(not approved for extension)로 권고문이 작성된다. 승인, 승인 불가 이외에 관련 정보가 불충분하다고 판단되면 보류(referral) 권고가 나올 수 있다. 따라서 세계유산 등재 신청은 신규냐 변경이냐를 막론하고 신청서 작성에서부터 현지 실사, 추가 자료의 제출에 이르기까지 전 과정에서 빈틈없이 치밀하게 준비해야만 하는 신중한 작업임을 명심해야 한다. 특히 확장 등재의 경우에는 이미 등재된 유산에 대해 서술된 내용을 모두 포괄하면서 새로운 정보를 전달해야 하고, 이전에 세워진 보존 관리 체계에 대한 사항을 조율하면서 등재 신청서를 작성해야 하기 때문에 조심스럽게 접근할 부분이 더 많다고도 볼 수 있다.[116]

2) 세계유산 등재 구역

세계유산으로 등재할 경우 모든 유산은 일정 구역을 설정하도록 되어 있는데, 성격에 따라 유산구역(Property Zone)과 완충구역(Buffer Zone)으로 구분된다. 유산구역이란 해당 유산이 위치한 문화재 지정 구역과 그것을 둘러싼 보호구역을 포함한 구역을 가리킨다. 즉, 그 유산이 자리하고 있는 핵심구역이라고 볼 수 있다. 완충구역이란 문화재보호법상 역사문화환경 보존지역에 해당하며, 유산구역에 대한 보호막을 강화하고자 이용 및 개발에 대한 규제가 보충적으로 가해지는 유산의 주변지대를 말한다. 따라서 세계유산 등재를 신청하고자 할 경우 유산의 핵심구역뿐 아니라 주변의 완충구역 설정에도 주의를 기울여야만 하는데, 궁극적으로 완충구역은 세계유산을 얼마나 잘 보존·관리할 것인지에 대한 의지와 노력의 정도를 반영한다고 볼 수 있기 때문이다.

3) 세계유산의 보호

문화재보호법에 의하면 문화재청장은 세계 문화 및 자연 유산 보호에 관한 협약, 무형문화유산의 보호를 위한 협약 또는 유네스코의 프로그램에 따라 국내의 우수한 문화재를 유네스코에 세계유산, 인류무형문화유산 또

그림 11.8 부여 세계유산구역 표시(붉은색이 유산구역, 노란색이 완충구역, 백제세계유산센터 제공)

는 세계기록유산으로 등재 신청할 수 있다. 이 경우 등재 신청 대상을 선정하는 절차 등에 관하여는 유네스코의 규정을 참작하여 문화재청장이 정한다.

문화재청장은 유네스코 세계유산, 인류무형문화유산 또는 세계기록유산으로 등재된 문화재의 보존과 국외 선양을 위하여 적극 노력하여야 한다. 국가와 지방자치단체는 세계유산에 대하여는 등재된 날부터 국가지정문화재에 준하여 유지·관리 및 지원하여야 하며, 문화재청장은 대통령령으로 정하는 바에 따라 세계유산과 그 역사문화환경에 영향을 미칠 우려가 있는 행위를 하는 자에 대하여 세계유산과 그 역사문화환경의 보호에 필요한 조치를 명할 수 있다.

4) 세계유산 보존 관리

세계유산협약은 각국이 자국 내에 있는 유산 보존을 위해 효과적이고 적극적인 조치를 취하도록 하고 있다. 협약국들은 유네스코에 정기적으로 세계유산의 현황을 보고해야 하고, 반대로 유네스코 측에서는 보호 관리가 제대로 되지 않는 유산들을 대상으로 지속적인 모니터링을 실시해야 한다.

협약 가입국들은 자국 내 세계유산 보존 상태와 협약 이행을 위해 취한 보호 활동에 관하여 정기적으로 세계유산위원회에 보고할 의무가 있다. 정기 보고는 당사국들이 직접 제출하며, 6년을 주기로 대륙별로 나누어 준비하고 있다. 정기 보고를 통해 세계유산위원회는 유산들의 상태를 평가하고 문제가 있을 경우 어떤 조치를 취할 것인지 결정한다. 그 조치 가운데 하나가 해당 유산을 위험에 처한 세계유산 목록에 포함시키는 것이다. 위험에 처한 세계유산의 경우 매년 그 보존 현황을 세계유산위원회에 보고해야 한다.

한편 유네스코 사무국과 여타 기관 및 자문 기구가 위험에 처해 있는 세계유산의 보존 상태에 관해 세계유산위원회 측에 보고하는 모니터링 절차도 있다. 이는 위험에 처한 세계유산들의 보호 실태를 조사하는 것으로 협약국들이 행하는 정기 보고와 별개로 위급한 상황이나 특별히 필요하다고 인정할 때 실시한다. 세계유산위원회와 그 자문 기구들이 협력해 대응 모니터링을 하고 있는데, 모니터링을 받는 당사국들은 세계유산센터를 통해 세계유산위원회에 유산의 현황을 구체적으로 보고해야 한다.

5 세계유산 등재 추세와 현황

1) 세계유산 등재 경향

세계유산위원회는 1978년 12건의 세계유산을 등재시킨 것을 시작으로 매년 평균 약 28건 정도의 유산을 세계유산 목록에 등재시키고 있다. 등재 시작 다음해인 1979년 유럽 및 북미 지역의 문화유산 25건이 등재되었고, 그해 총 등재 건수도 45건이나 된다. 이는 초기 10년간 등재 건수 평균과 비교해 볼 때 많은 수를 차지한다.

1980년대 들어 1987년과 1989년도를 제외하고 한 해 유산 등재 건수가 20건대 후반으로 매년 거의 비슷한 등재 건수를 보인다. 1990년대 초반에는 세계유산이 특정 지역과 특정 문화유산에 편중되는 현상이 나타났다. 그러나 1990년대 후반부터 특정 국가에 유산 등재가 편중되는 경향이 조금씩 사라지기 시작했으나, 문화권(지역)별로 보면 1990년대까지도 유럽 및 북미 지역의 유산 등재 편중 현상은 여전히 지속되었다. 이러한 편중 현상을 막기 위해 세계유산위원회는 1994년 '글로벌 전략'을 채택하였고, 1996년 아프리카 지역과 아랍 지역 일부에서 유산의 등재 건수 증가가 있긴 했으나 전체적인 유산의 등재 경향에 대한 불균형 해소에는 큰 영향을 끼치지 못했다.

　　2000년대 초반에는 지역적으로 유럽 및 북미 지역이, 유산 종류로는 문화유산에 대한 편중 현상이 특히 두드러졌는데, 2000년에 무려 61건이 세계유산에 등재되었다. 이에 2002년 제26차 세계유산위원회에서 한 해에 신청하는 유산 건수를 전체 30건으로 제한하였고, 이로 인해 등재 건수도 줄어들었는데, 특히 그해의 세계유산 등재 건수는 9건으로 예년에 비해 크게 줄어든 양상을 보였다.

　　세계유산위원회는 이러한 시행착오를 겪은 뒤, 2003년 전체 신청 건수를 40건으로 상향 조정했고, 다음 해인 2004년에는 문화유산으로 집중되는 문제를 해결하기 위해 한 국가에서 2건을 신청할 경우 반드시 한 건은 자연유산이나 복합유산을 포함해야 하는 조건을 제시하기도 하였다. 또한 위원회는 문화유산, 자연유산, 복합유산별로 심사 기준을 달리하던 것을 세계유산 기준으로 통합하였는데, 신청 국가에서 유산의 유형을 결정하여 신청하는 것이 아니고 등재 신청 유산에 대하여 실질 검사를 한 후에 기준의 적합도에 따라 유산 유형을 결정하도록 유도하고 있다. 더불어 종전의 문화유산 개념이 유형의 물질적 사물에 치중하던 것을 지양하고 무형의 비물질적, 정신적 측면을 강조하거나 통합하려는 경향도 주목된다. 세계유산위원회의 이 같은 노력은 2000년대 중반 이후 세계유산의 지역별, 유산 종류별 편중 현상을 완화시키기 시작했다. 새로운 유산을 발굴하고 기존 유산 보존 업무를 충실히 수행하기 위해 세계유산위원회는 각 당사국들이 신청하는 유산의 수량을 매년 2건으로 제한하고 있으며, 위원회가 매년 검토하는 전체 유산의 수량 역시 45건으로 제한하고 있다.[117]

한편 최근에는 세계유산 등재 신청기준을 더 강화하여 2018년부터는 각 당사국들에서 문화유산과 자연유산 또는 복합유산을 막론하고 단 한 건의 유산만을 등재 신청하도록 하여, 전체 등재 건수를 35건으로 제한하는 방침을 발표하였다. 이로써 각국의 세계유산 등재 경쟁은 한층 치열해질 수밖에 없는 상황에 직면하였다.

2) 세계유산 등재 현황

2018년 6월 현재 세계유산으로는 총 167개국의 1,073건이 등재되어 있다. 그중 문화유산이 832건이고, 자연유산은 206건, 복합유산은 35건이다.[118] 유네스코가 세계유산을 등재하여 관리하는 목적은 유산의 보존과 보호에 있다. 그래서 유네스코는 그 보호 상태가 좋지 않거나 파괴·훼손의 정도가 심한 유산에 대해서는 별도로 '위험에 처한 세계유산'으로 지정하고 있다. 위험에 처한 유산은 대부분 인간의 부주의나 무분별한 개발 정책, 또는 전쟁 등의 예기치 못한 사정으로 보존 위기에 처한 경우이다. 때문에 유네스코는 이러한 세계유산의 보존과 보호를 위해 세계유산 목록에 등재된 유산 중 파괴 위험에 처한 문화 및 자연유산을 특별히 관리해 오고 있다. 현재 탈레반에 의해 폭파된 아프가니스탄의 바미안 불교문화 유적, 지진으로 큰 피해를 입은 이란의 밤 지역, 세르비아의 코소보 중세 유적지 등 54건의 유산이 위험에 처한 세계유산으로 지정돼 있다.

위험에 처한 유산임에도 불구하고 보존을 위한 노력을 하지 않는 등 개선의 여지가 없다고 판단되면 세계유산 목록에서 제외할 수 있다. 실제로 유네스코 세계유산 목록에서 삭제된 제1호 퇴출 유산으로 독일의 드레스덴 엘베계곡이 있다. 이 계곡은 구동독의 유서 깊은 도시 드레스덴 중심부를 20km에 걸쳐 가로지르는 엘베강 일대의 유적이다. 엘베강을 끼고 순수 녹지대와 계곡, 그리고 르네상스 시대의 옛 도시 유적이 잘 남아 있는 도심권이 두루 포함되어 있어 2004년 7월 유네스코 세계문화유산에 등재되었다. 그러나 지난 2006년 엘베강 양쪽에 떨어진 도시를 연결시키는 약 800m 길이의 다리 건설이 계획되면서 엘베강 유역의 자연지대가 파손될

그림 11.9 위험에 처한 세계유산인 바미안 계곡의 문화경관과 고고유적

가능성이 커지자 유네스코는 2006년 7월에 자연경관 훼손과 엘베강 오염을 우려하며 엘베계곡을 '위험에 처한 세계유산'으로 분류하였다. 이후 4년간 엘베계곡 보존에 관한 논의가 지속되었음에도 불구하고 다리 건설이 강행되는 바람에 결국 세계유산 목록에서 퇴출되는 첫 사례로 남게 되었다.

3) 우리나라의 세계유산 현황[119]

한편 우리나라는 현재 문화유산과 자연유산을 합쳐 총 13건의 세계유산을 보유하고 있다. 세계문화유산으로는 1995년 국내에서 처음으로 등재된 불국사·석굴암 및 종묘, 해인사 장경판전을 비롯하여 1997년에 창덕궁과 수원 화성이 등재되었다. 이후 2000년에 경주역사유적지구와 고창·화순·강화의 고인돌유적이, 2009년에 조선왕릉 40기가 등재되었다. 2010년에는 안동의 하회마을과 경주의 양동마을이 한국의 역사마을이란 명목으로 등재되었고, 2014년 남한산성, 2015년 공주·부여·익산 백제역사 유적지구가 등재되었다. 2018년 6월에는 통도사, 부석사, 법주사, 대흥사, 봉정사, 마곡사, 선암사 등 7개 사찰이 한국의 산사란 명칭으로 등재되었다.

한편 2007년에는 제주 화산섬과 용암동굴이 세계자연유산으로 등재

그림 11.10 2015년 세계문화유산으로 등재된 백제역사유적지구 공주 송산리고분군(저자 촬영)

되기도 하였다. 세계유산으로 지정된 지역은 한라산, 성산 일출봉, 그리고 벵뒤굴, 만장굴, 김녕굴, 용천동굴, 그리고 당처물동굴 등으로 이루어진 거문오름 용암동굴계 등 세 곳으로, 30만 년에서 5만년 전에 화산 분출로 생성된 지질과 경관이 세계인으로부터 그 가치를 인정받은 것이다.

이 밖에도 강진도요지, 서남해안 갯벌, 염전, 대곡천 암각화군, 설악산 천연보호구역, 남해안 일대 공룡 화석지, 중부 내륙 산성군, 외암마을, 낙안읍성, 우포늪, 한국의 서원, 한양도성, 김해·함안 가야고분군, 고령 지산동 대가야고분군, 화순 운주사 등이 세계유산 잠정목록에 올라 있다.[120]

한편 전 세계적으로 인류무형유산으로 등재된 유산은 119개국의 342 건이다. 그중 우리나라에서 등재한 유산은 19건이나 되는데, 그 현황은 〈표 11.1〉과 같다.

세계기록유산(Memory of the World)은 유네스코가 고문서 등 전 세계의 귀중한 기록물을 보존하고 활용하기 위하여 1997년부터 2년마다 세계적 가치가 있는 기록 유산을 선정한 것으로, 서적이나 문서, 편지 등 여러 종류의 동산 유산이 포함된다. 현재 107개국 1대륙 4국제기구의 348건이 세계기록유산으로 등재돼 있고, 그중 우리나라의 유산은 16건이다.

표 11.1 우리나라 인류무형유산 등재 현황

등재 목록	등재 일	등재 목록	등재 일
종묘제례 및 종묘제례악	2001. 05. 18	매사냥	2010. 11. 16
판소리	2003. 11. 07	택견	2011. 11. 29
강릉단오제	2005. 11. 25	줄타기	
강강술래		한사모시짜기	
남사당놀이		아리랑	2013. 12. 05
영산재	2009. 09. 30	김장문화	
제주 칠머리당 영등굿		농악	2014. 11. 27
처용무		줄다리기	2015. 12. 02
가곡		제주해녀문화	2016. 11. 30
대목장	2010. 11. 16		

표 11.2 우리나라 세계기록유산 등재 현황

등재 목록	등재 일	등재 목록	등재 일
조선왕조실록	1997. 10. 01	5.18 민주화운동 기록물	2011. 05. 25
훈민정음		난중일기	2013. 06. 18
직지심체요절	2001. 09. 24	새마을운동 기록물	
승정원일기		KBS 특별생방송 '이산가족을 찾습니다' 기록물	2015. 10. 09
해인사 대장경판 및 제경판	2007. 06. 14	한국의 유교책판	
조선왕조 의궤		조선왕실 어보와 어책	
동의보감	2009. 07. 31	국채보상운동 기록물	2017. 10. 31
일성록	2011. 05. 25	조선통신사 기록물	

1997년에 등재된 훈민정음 해례본과 조선왕조실록을 비롯하여, 2001년에 직지심체요절과 승정원일기가 등재되었다. 2007년에는 조선왕조의궤와 해인사 대장경판 및 제경판이, 2009년에는 동의보감이 등재되었다. 2011년 일성록과 5.18 민주화운동 기록물, 2013년 난중일기와 새마을운동 기록물, 그리고 2015년 한국의 유교책판과 KBS 특별생방송 '이산가족을 찾습니다' 기록물이 세계기록유산으로 등재된 상태이다.

세계유산 등재의 장단점

세계유산으로 등재된다는 것은 그 유산이 가지고 있는 가치를 세계인이 공통으로 인정한다는 뜻으로, 그만큼 가치가 있는 유산을 보유하고 있다는 국가의 품격과 국민들의 자부심이 높아질 수밖에 없다. 그뿐만 아니라 세계유산으로 지정된 유산은 해당 국가를 넘어 전 인류 차원에서 보존되며 지속적으로 보호받을 수 있게 된다. 실제로 각국은 세계유산 등재 준비 단계에서부터 대상 유산에 대한 보호 조치를 강구해야 하고, 세계유산으로 지정된 다음에는 유산 보유국은 물론 유네스코 차원에서도 다양한 보호 방안들을 지원받을 수 있게 된다. 따라서 해당 유산을 보다 효율적이고 체계적으로 보존·관리하는 효과를 불러올 수 있다.

또한 세계유산으로 지정되면 우리 국민들만 유산의 가치를 향유하는 것이 아니라 해당 유산의 우수성과 아름다움이 세계 각국에 알려짐에 따라 외국 관광객의 방문이 늘어나게 된다. 실제로 우리나라의 경우를 보면 '제주 화산섬과 용암동굴'이 유네스코 세계자연유산으로 등재된 이후 방문객이 급격히 증가하였고, 관광 수입이 증가하여 지역 경제가 활성화된 것은 물론 지역 주민의 고용 기회와 가계 수입이 증대된 것으로 나타났다. 세계유산으로 등재된 이후 관광객이 급증하는 현상은 2010년 세계유산으로 등재된 안동 하회마을과 경주 양동마을에서도 여실히 입증되었고, 2015년 등재된 공주·부여·익산의 백제역사유적지구에서도 세계유산의 등재 효과를 실감하고 있다.

한편 세계유산으로 등재된다고 하면 보통 해당 유산에 대한 규제가 훨씬 심해지고 엄격해질 것이라고 생각하기 쉽다. 그러나 실제로는 세계유산으로 등재된다 하더라도 새로운 규제가 추가적으로 가해지는 것은 아니다. 세계유산의 경우 유산구역과 완충구역이 설정되어 유산을 보호하고 있지만, 우리나라의 경우 세계유산으로 등재된 유산은 대부분 국가지정문화재이기 때문에 기존의 문화재보호법에서 적용하는 보호 조치를 거의 그대로 유지하고 있다. 다만, 유네스코에서는 유산이 제대로 관리되고 있는지를 지속적으로 감시하고 모니터링할 뿐이다.

세계유산으로 등재되면 이러한 장점들이 많기 때문에 세계 각국은 경쟁적으로 자국의 유산을 세계유산으로 등재하려는 움직임이 거세다. 우리나라 역시 예외가 아니어서 세계적으로 자랑할 만한 가치가 있다고 생각되는 유산을 보유한 지방자치단체는 앞다투어 이들 유산을 세계유산으로 등재하려 하고 있다. 그래서인지 현재 우리나라에서는 한국의 전통 산사 등 15건이나 되는 유산이 세계유산 잠정목록에 등재돼 있다. 한편 아직 잠정목록에 올라 있지는 않지만 서울의 한성백제유적이나 암사동 선사유적지 같은 유산들도 세계유산 잠정목록 등재 신청을 준비하고 있는 것으로 알려져 있어 향후 세계유산 후보로 등재

될 유산은 훨씬 더 많아질 것으로 생각된다.

앞서 살펴본 것처럼 세계유산으로 등재하기 위한 첫 걸음은 대상 유산에 대한 철저한 조사·연구와 보존·관리 계획의 수립에 있다. 이러한 관점에서 본다면 세계유산 등재 준비는 그 목적을 달성하기에 앞서 반드시 해당 유산에 대한 연구와 보존이 선행되어야 하기 때문에 유산 보호의 측면에서 일면 다행스럽고 바람직한 부분이 훨씬 크다고 할 수 있다.

그러나 최근의 과열된 세계유산 등재 경쟁 양상을 보면 과연 그 목적이 순수한 유산의 가치 알리기와 보호 관리에 있는 것인지를 되돌아보게 한다. 혹시 세계유산에 등재되면 그로 인해 파생될 관광 수입의 증가나 지역 경제 활성화 등 부수적인 효과를 먼저 생각하고 있는 것은 아닌지 심각하게 묻지 않을 수 없다. 심지어는 세계유산 등재에 성공한 것이 마치 해당 지자체장의 엄청난 업적으로까지 치부되는 듯한 인상마저 들게 한다. 다시 말하면 우리가 어떤 유산을 세계유산으로 등재한다는 것은 그 유산이 가지고 있는 탁월한 보편적 가치를 세계인과 함께 나누며 온 인류가 공동으로 보호해 나가겠다는 것이 주된 목적이 되어야 함에도 불구하고, 최근 드러난 모습에서는 세계유산 등재라는 목적 달성 이후의 효과에 더 큰 기대를 걸고 있는 것은 아닌지 의심스럽다는 것이다.

그러다 보니 곳곳에서 어떻게 해서든지 빠른 시일 내에 해당 유산을 세계유산으로 등재해야 한다는 조급증과 강박증이 드러나고 있다. 무엇보다 중요한 것은 유산 자체가 가지고 있는 가치를 차분히 발굴하여 지역 주민과 더불어 그 가치를 공유할 만한 충분한 시간을 가지고 등재 신청 준비를 하고, 모든 준비가 완료된 상태에서 세계인들에게 선을 보이는 것일 텐데 현실은 그렇게 여유 있는 준비를 허락하지 않고 있기에 예기치 않은 문제들이 노출되고 있다. 우리 나름대로는 충분한 가치를 가지고 있다고 생각했던 유산이 유네스코 전문가들에게는 다른 유산들에 비해 탁월함이 인정되지 않는 경우는 물론, 보존·관리 계획을 둘러싼 해당 지역 주민들의 반발에 부딪혀 스스로 등재 신청을 철회할 수밖에 없는 경우도 발생하였다. 이러한 문제는 결국 시간에 쫓겨 세계유산 등재 준비를 치밀하게 하지 못했음을 보여주는 것이다. 어쩌면 과정보다는 성과에 초점을 맞춘 데서 비롯된 예견된 결과로도 볼 수 있다.

과연 우리 유산을 세계유산으로 등재하는 것만이 정답이고 최선인가? 한 나라의 유산이 세계유산으로 등재된다는 것은 여러모로 큰 기쁨이고 영광이 아닐 수 없다. 그러나 모든 유산은 국적이나 지역, 종류를 떠나 그 자체로 더없이 소중한 가치가 있다는 사실을 잊어서는 안 된다. 그렇기 때문에 세계 각국이 저마다의 보호 관리 제도를 두고 자신들의 유산을 보존해 나가고 있는 것이다. 우리나라도 문화재보호법을 통해 역사적·예술적·학술적 또는 경관적 가치가 큰 문화유산과 자연유산을 보존하고 있다. 이러한 유산들이 비록 세계유산은 아니더라도 우리 스스로가 그 가치를 인정하고 존중하기 때문인 것이다. 따라서 조급하고 무리하게 세계유산으로 등재하기보다는 유산 자체의 소중함을 느끼고 온 국민들과 함께 그 가치를 공유하는 일이 더 중요할 것이란 생각이 든다.

핵심용어

세계유산(World Heritage) 전 세계 인류의 공동 재산으로 등록되어 보존, 복구 등 특별 관리되고 있는 문화유산, 자연유산 및 복합유산.

문화유산(Cultural Heritage) 유적이나 장소, 건축물, 성곽, 탑 등 인간에 의해 만들어진, 움직일 수 없는 문화재.

자연유산(Natural Heritage) 자연 그대로의 상태가 잘 보존되어 있는 곳과 독특한 지형, 희귀한 동식물이 사는 곳.

복합유산(Mixed Heritage) 문화유산과 자연유산의 두 가지 요소를 모두 가지고 있는 것.

인류무형유산(Intangible Heritage) 인류의 구전 및 무형 유산 걸작.

세계기록유산(Memory of the World) 세계 문화에 영향을 주는 기록물 가운데 미적·사회적·문화적 가치가 높은 자료.

탁월한 보편적 가치(Outstanding Universal Value) 국경을 초월할 만큼 독보적이며, 현재와 미래 세대의 전 인류에게 공통적으로 중요한 문화·자연적 차원의 가치.

진정성(Authenticity) 해당 유산의 문화적 가치가 그 형태와 디자인, 소재와 재료, 용도와 기능, 전통·기법·관리체계, 위치와 환경, 언어와 무형적 요소, 정신과 감성 및 기타 내·외부 요인 등 다양한 속성을 통하여 진실되고 신뢰성 있게 표현되고 있는가를 판단하는 요건.

완전성(Integrity) 해당 유산의 탁월한 보편적 가치 표현에 필요한 요소 일체를 갖추고 있는지, 본연의 중요성을 나타내는 특징 및 과정을 완벽하게 구현할 만큼의 충분한 규모인지, 보존 상태는 양호하며 향후 위협에의 대비는 충분한지 등을 판단하는 기준.

잠정목록(Tentative List) 세계유산 등재 신청을 위하여 유네스코에 제출하는 후보 명단.

유산구역(Property Zone) 해당 유산이 위치한 문화재 지정 구역과 그것을 둘러싼 보호구역을 포함한 구역.

완충구역(Buffer Zone) 유산구역에 대한 보호막을 강화하고자 이용 및 개발에 대한 규제가 보충적으로 가해지는 유산의 주변지대.

요약정리

- 유네스코(UNESCO, 국제연합 교육과학문화기구)는 인류를 위해 꼭 지키고 보호해야 할 것들을 모아 유네스코 등재 유산으로 지정했다. 유네스코 등재 유산은 유산의 형태에 따라서 세계유산, 인류무형유산, 세계기록유산으로 구분된다.

- 세계유산(World Heritage)은 세계 문화 및 자연 유산 보호에 관한 협약에 의거 "전 세계 인류의 공동 재산으로 등록되어 보존, 복구 등 특별 관리되고 있는 문화유산, 자연유산 및 복합유산"을 말한다.

- 세계 문화 및 자연 유산 보호에 관한 협약(Convention Concerning the protection of World Cultural and Natural Heritage)은 1950년대 말 이집트 나일강 상류의 아스완 하이댐 건설로 주변에 산재해 있던 고대 누비아 유적이 물에 잠기게 될 위기에 처하자, 유네스코를 중심으로 전 세계 51개국이 모여 누비아 유적의 보호를 위해 1972년 유네스코 제17차 총회에서 채택한 것이다. 이 협약은 오늘날 세계유산 제도를 탄생시킨 밑거름이 되었다.

- 세계유산협약은 가입국들로 구성된 총회, 총회에서 선출한 위원국으로 구성된 세계유산위원회, 세계유산위원회 업무 자문기구인 국제기념물유적협의회(ICOMOS), 국제자연보존연맹(IUCN), 국제문화재보존복구연구센터(ICCROM)를 통해 운영되고 있다. 이 밖에도 세계유산 행정 업무를 처리하기 위해 유네스코 내에 설치된 세계유산센터가 있다.

- 세계유산으로 등재되기 위해서는 유산 자체가 갖는 탁월한 보편적 가치와 국가의 보존 관리 대책을 인정받아야 한다. 유네스코에서 요구하는 세계유산 등재 기준은 10가지로, 세계유산 등재 기준 1부터 6까지는 문화유산에 해당되며, 7부터 10까지는 자연유산에 해당된다. 10가지 조건 중 한 가지 이상의 조건을 충족할 경우 세계유산으로 등재될 수 있다.

- '탁월한 보편적 가치(OUV)'는 세계유산 등재의 절대적 기준임에도 불구하고 세계유산협약에 독립적으로 정의되어 있지 않지만, 일반적으로 '국경을 초월할 만큼 독보적이며, 현재와 미래 세대의 전 인류에게 공통적으로 중요한 문화·자연적 차원의 가치'로 인식되고 있다. 어떠한 유산이 탁월한 보편적 가치를 갖는 것으로 평가받기 위해서는 핵심 요소로서 진정성과 완전성이 충족되어야 한다.

- 세계유산협약 이행을 위한 운영지침에 따르면, 당사국은 세계적으로 뛰어난

가치가 있다고 생각되는 유산과 다음 해에 지명할 의도가 있는 유산들을 잠정 목록에 포함하도록 의무화하고 있다.

- 세계유산으로 등재하는 방법은 한 나라에서만 개별적으로 등재 신청하는 단독 등재와 국경을 초월하여 공통적으로 존재하는 유산에 대해 두 나라 이상이 공동으로 세계유산 등재 신청을 하는 공동 등재, 그리고 이미 세계유산으로 등재된 유산에 그와 유사한 성격의 유산을 추가하여 확장 등재하는 방법이 있다.

- 각국은 잠정목록에 등재되어 있는 유산 가운데 우선 등재하고자 하는 유산을 세계유산으로 등재 신청할 수 있다. 세계유산센터에 신청서가 접수되면 유산의 성격에 따라 국제기념물유적협의회(ICOMOS)와 국제자연보존연맹(IUCN)의 검토와 평가를 받게 된다. 이후 신청 유산의 세계유산 등재 권고 사항을 결정하는 2차의 패널 회의를 거쳐 평가서를 세계유산위원회에 제출한다. 최종 등재 여부는 매년 6월 말에서 7월 사이에 개최되는 유네스코 세계유산위원회에서 결정된다.

- ICOMOS와 IUCN의 권고안은 등재 권고, 등재 보류, 등재 반려, 등재 불가의 네 가지 등급이 있다.

- 세계유산으로 등재 구역은 유산구역(Property Zone)과 완충구역(Buffer Zone)으로 구분되는데, 세계유산 등재를 신청하고자 할 경우 유산의 핵심구역뿐 아니라 주변의 완충구역 설정에도 주의를 기울여야만 한다.

- 세계유산협약국들은 유네스코에 정기적으로 세계유산의 현황을 보고해야 하고, 유네스코 측에서는 보호 관리가 제대로 되지 않는 유산들을 대상으로 지속적인 모니터링을 실시해야 한다.

생각해 볼 거리

▶ 유네스코에서 정의한 세계유산의 개념과 정의, 유형, 분류 방식 등에 대해 폭넓게 얘기해 보자.

▶ 세계유산 제도의 탄생 배경과 과정을 알아보고, 이 제도의 필요성과 장단점 등에 대해 자유롭게 얘기해 보자.

▶ 세계유산 관련 기구의 성격과 역할을 살펴보고, 우리나라 기구 및 전문가들의 기여도와 영향력이 어느 정도인지 생각해 보자.

▶ 유네스코에서 제시한 세계유산 등재 기준과 핵심 요건인 탁월한 보편적 가치(OUV), 진정성과 완전성 등이 무엇을 의미하는 것인지, 그리고 가장 중요하다고 생각되는 요건이 무엇인지 토론해 보자.

▶ 세계유산 등재 방법을 살펴보고, 우리나라 유산 가운데 등재 가능성이 있다고 생각되는 것이 있는지 자유롭게 제시해 보자.

▶ 우리나라 잠정목록 가운데 우선적으로 세계유산 등재 신청을 할 가치가 있다고 생각되는 유적이 있다면 그 이유와 중요성에 대해 토론해 보자.

▶ 점점 과열되고 있는 세계유산 등재 경쟁을 보면서 느낀 점과 세계유산 등재의 장단점에 대해 토론해 보자.

▶ 세계유산 제도의 문제점과 개선 방안 등에 대해 폭넓게 얘기해 보자.

제12장

국외문화재 환수 체계와 성과

우리 선조들이 직접 만들어 냈거나 우리 역사·문화와 관련된 문화재이지만 현재 우리나라가 아닌 다른 나라에 있는 국외문화재에 대한 개념과 그것들을 되찾아 오기 위한 체계 및 관련 국제기구와 협약의 내용 등을 구체적으로 살펴볼 것이다. 또한 현재 국외에 소재하고 있는 우리 문화재의 현황을 알아보고, 지금까지 국외문화재를 돌려받기 위해 노력한 정부와 민간의 결실들을 핵심 사례 위주로 소개하고 바람직한 대책과 활용방안 등에 대해서도 논의해 보고자 한다.

우리나라가 국외소재문화재에 남다른 관심을 갖고 있는 이유는 바로 일제강점기를 겪으면서 무수한 문화재가 불법적으로 약탈되고 반출되었기 때문이다. 우리나라뿐 아니라 전 세계적으로 볼 때 강대국에 의한 약소국 문화재의 무자비한 약탈과 반출 문제는 인류 문명의 발달사에서 다시는 일어나지 말아야 할 비극적 문제라는 인식을 공유하고 있다. 그래서 오래전부터 불법 반출 문화재의 반환이나 재발 방지를 위한 국제적

노력이 있어 왔다. 이에 관련 국제기구의 활동과 협약의 내용에 대한 이해가 필요할 것으로 생각된다.

문화재청에서는 국외문화재의 보호·환수 및 활용 등을 위하여 국외소재문화재재단을 설립하고 국외문화재의 현황 및 반출 경위 등에 대한 조사·연구, 환수·활용과 관련한 전략·정책 연구 등을 진행해 오고 있다. 이에 지금까지 파악된 국외문화재의 현황을 비롯한 그동안의 성과, 특히 지금까지 이루어진 대표적인 문화재 환수 사례 등을 통해 국외문화재의 실상을 이해하는 데 도움을 주고자 한다.

이상과 같이 우리 민족사의 아픈 과거와 뗄 수 없는 국외문화재의 개념과 현황, 국외문화재의 보호 및 환수를 위한 다각적 노력에 대해 알아보고 관련 사례의 결실 등을 구체적으로 살펴봄으로써 우리나라 국외문화재 제도의 문제점과 향후 나아가야 할 바람직한 방향에 대해서 함께 고민하고 해법을 찾아낼 수 있는 계기가 될 것으로 기대한다.

1 국외문화재의 개념

'국외소재문화재'란 문화재보호법 제2조에서 "외국에 소재하는 문화재(국외 전시 등 국제적 문화교류를 목적으로 반출된 문화재는 제외)로서 대한민국과 역사적·문화적으로 직접적 관련이 있는 것"이라고 규정하고 있다(개정 2017.3.21, 시행일 2017.9.22). 이러한 개념은 법률 개정 이전의 "국외로 반출되어 현재 대한민국의 영토 밖에 소재하는 문화재"란 개념보다 우리나라와의 역사적·문화적 연관성을 직접 명기한 점에서 그 성격을 더 명확히 한 것이라 할 수 있다. 여하튼 국외소재문화재는 우리 선조들이 직접 만들어냈거나 우리 역사·문화와 관련된 문화재이지만 현재 우리나라가 아닌 다른 나라에 있는 문화재를 가리키는 말이다.

비록 우리나라에 소재하는 문화재는 아니라 할지라도 문화재보호법에서는 "국가는 국외소재문화재의 보호·환수 및 활용 등을 위하여 노력하여야 하며, 이에 필요한 조직과 예산을 확보하여야 한다"고 하여 국외문화재의 보호를 역설하고 있다. 문화재청장은 국외소재문화재의 현황, 보존·관리 실태, 반출 경위 등에 관하여 조사·연구를 실시할 수 있는 법적 권한이 있다. 실제로 국외소재문화재 조사·연구의 효율적 수행을 위하여 박물관, 한국국제교류재단, 국사편찬위원회 및 각 대학 등 관련 기관에 필요한 자료의 제출과 정보제공 등을 요청할 수 있으며, 요청을 받은 관련 기관은 이에 협조하여야 한다. 아울러 문화재청장은 국외소재문화재 보호 및 환수를 위하여 필요하면 관련 기관 또는 단체를 지원·육성할 수도 있다.

문화재청장은 국외소재문화재 환수 및 활용에 관한 정책의 효율적 수행을 위하여 관련 전문가로 구성된 자문위원회를 운영하고 있다. 자문위원들은 주로 국외소재문화재의 환수 및 활용에 관한 기본계획의 수립 및 중요 정책, 기타 현안 사항에 대한 방향 설정과 조언 역할을 수행한다.

문화재청은 국외소재문화재의 현황 및 반출 경위 등에 대한 조사·연구, 국외소재문화재 환수·활용과 관련한 각종 전략·정책 연구 등 국외소재문화재와 관련한 제반 사업을 종합적·체계적으로 수행하기 위해 2012년 7월 국외소재문화재재단(이하 국외문화재재단) 법인을 설립하였다. 국외문화재재단은 다음과 같은 사업을 시행한다.

1. 국외소재문화재의 현황, 반출 경위 등에 대한 조사·연구
2. 국외소재문화재 환수 및 보호·활용에 관한 연구
3. 국외소재문화재의 취득 및 보전·관리
4. 국외소재문화재의 환수 및 활용 관련 단체에 대한 지원·교류 및 국제연대 강화
5. 국외소재문화재 환수 및 활용 관련 홍보·교육·출판 및 보급
6. 외국박물관 한국실 운영 지원
7. 한국담당 학예사의 파견 및 교육 훈련
8. 국외소재문화재의 보존처리 및 홍보 지원
9. 국외문화재재단의 설립목적을 달성하기 위한 수익사업
10. 그 밖에 국외문화재재단의 설립 목적을 달성하는 데 필요한 사업

이 재단에서 추진하는 사업 중 국외소재문화재의 현황, 반출 경위 등에 대한 조사·연구와 그것들의 환수 및 보호·활용에 관한 연구는 국외문화재 보호의 가장 기초가 되는 사업이라 할 수 있다. 특히나 불법 유출되어 해외에 흩어져 있는 우리 문화재를 우리 품으로 되찾아 오는 환수 사업은 온 국민들이 응원하는 핵심 사업이다. 그러나 이러한 사업 외에 외국 박물관의 한국실 운영을 지원한다거나 한국 담당 학예사의 파견 및 교육 훈련을 실시하는 등의 사업은 일반 국민들에게는 그다지 익숙하지 않은 일이라 생각된다. 특히 국외소재문화재의 보존처리 및 홍보 지원 사업은 더욱 그러하다. 이러한 사업의 목적은 비록 우리나라에 소재하지는 않지만, 근본적으로 우리 문화재이기 때문에 소중한 문화재가 올바로 보존·계승될 수 있도록 우리 힘으로 지원을 하겠다는 취지이다.

그림 12.1 국외문화재재단 발간 (2014) 책자 표지

국외문화재재단에서는 해마다 국외소재문화재의 실태를 조사하여 보고서를 간행하고 있으며, 환수 관련 민간단체에 예산을 지원하고 관련 워크숍 등을 진행하고 있다. '국외소재 한국문화재 보존·복원 및 활용사업 지원' 공모 및 실태 조사 결과를 연계하여 국외 기관 소장 우리 문화재의 보존 처리 지원 사업을 실시 중이다.

이 밖에도 2014년 북미 지역에 이어 2015년 유럽 지역을 대상으로 한국문화재 활용 포럼을 개최하였는데, 6개국 12개처 유럽 박물관·미술관 및 대학기관 관계자들이 참여하여 현지에 있는 우리 문화재의 활용 방안 관련 발표 및 국내외 전문가 간 논의를 실시한 바 있다. 이러한 활동은 비록 국외소재문화재를 환수하지는 못하더라도 현지에서 어떻게 활용하면 우리 문화재의 우수성을 세계에 널리 알리고 홍보할 수 있는지에 대한 고민의 결과에서 비롯된 것이며, 결과적으로 환수가 불가능한 현실에서의 효과적인 대안의 하나로 평가할 수 있다.

2 환수 관련 국제협약

우리나라가 국외소재문화재에 남다른 관심을 갖고 있는 이유는 바로 불법적으로 반출된 우리 문화재를 돌려받을 수 있는 방법이 있는지, 만약 있다면 어떤 방법인지와 우리가 할 수 있는 방안은 무엇인지 등에 대한 의문과 궁금증에서 비롯된 것이라 해도 과언이 아니다. 전 세계적으로 볼 때도 강대국에 의한 약소국 문화재의 무자비한 약탈과 반출 문제는 인류 문명의 발달사에서 다시는 일어나지 말아야 할 비극적 문제임을 인식하고 있는 분위기이다. 그래서 우리가 생각했던 것보다 훨씬 오래전부터 불법 반출 문화재의 반환이나 재발 방지에 노력을 기울인 국제기구나 협약이 많이 존재해 왔다. 여기서는 그중에서도 불법 반출 문화재 반환의 전기가 된 핵심 협약 몇 가지를 살펴보고자 한다.

1) 무력 충돌 시 문화재 보호 협약(1954년 헤이그 협약)

1948년 네덜란드 정부가 유네스코에 제안하여 1954년 헤이그에서 열린 정부 간 회의에서 채택한 헤이그 협약은 '무력 충돌 시 문화재 보호 협약'으로 알려져 있다. 협약 서문을 보면 최근의 무력 충돌 과정에서 문화재들이 심각하게 훼손되었으며, 전쟁 수단의 발전으로 인해 그 파괴의 위험이 증가하고 있음을 인정하고, 각 민족이 세계문화에 기여하는 만큼, 문화재가 어떤 민족에게 속하든 그 훼손은 전 인류의 문화유산 훼손을 의미한다는 것을 인식하고, 문화유산의 보존은 전 세계의 모든 민족들에게 중요성을 가지며, 이 유산이 국제적 보호를 받는 것이 중요함을 밝히고 있다. 이에 1899년과 1907년의 헤이그 협약들과 1935년 4월 15일의 워싱턴조약에서 확립된 '무력 충돌 과정에서의 문화재 보호에 관한 원칙'에 의하여 문화재 보호를 위한 모든 필요한 조치들을 취하기로 결의한 것이다.

헤이그 협약은 본 협약과 시행규칙, 1차 의정서로 구성되었는데, 본 협약에서 핵심 의제로 천명한 원칙은 제4조(문화재의 존중)에 잘 드러나 있는

데, 그 내용은 다음과 같다. 첫째, 체약국들은 자국 영토 및 타국 영토 내에 위치하는 문화재를 존중하며, 이를 위하여 무력 충돌 시 그 문화재와 인접 시설들 및 그 보호 장비들을 파괴 또는 훼손에 노출시킬 우려가 있는 목적으로 사용하는 것을 삼가며, 그 문화재에 대하여 여하한 적대 행위도 삼갈 것을 약속한다. 둘째, 본조 제1항의 의무는 군사적 필요성에 의하여 긴급히 요구되는 경우를 제외하고는 면제될 수 없다. 셋째, 체약국들은 문화재에 대한 절도, 약탈 또는 절취, 파손을 금지 또는 방지하거나, 필요하다면 중지시켜야 한다. 체약국들은 타 체약국의 영토상에 있는 동산 문화재의 징발을 삼간다. 넷째, 체약국들은 문화재에 대하여 복구를 목적으로 하는 어떠한 행위도 삼간다. 다섯째, 여하한 체약국도 타 체약국이 제3조에 언급된 보호 조치를 적용하지 않았다는 것을 이유로 그 체약국에 대하여 본 조에 의하여 부과된 의무를 회피할 수 없다.

이 협약에서 가장 중시한 점은 무력 충돌 시 어떠한 경우에도 문화재와 인접 시설을 파괴하거나 훼손해서는 안 된다는 것이다. 이와 함께 채택한 제1차 의정서는 특별히 그 과정에서 발생할지도 모르는 문화재의 불법 반출에 대한 금지 원칙이 핵심이다.[121]

제1항: 무력 충돌 과정에서 자신이 점령한 영토로부터 문화재가 반출되지 않도록 할 것을 약속한다.

제2항: 피점령지에서 직접 또는 간접으로 반출된 문화재가 자신의 영토로 반입된 경우, 압류할 것을 약속한다. 이 압류는 문화재가 반입되는 즉시 또는 그것이 불가능할 경우에는 그 점령지 당국의 요청에 의하여 자동적으로 이루어져야 한다.

제3항: 자신의 영토상에 있는 문화재가 제1항에 규정된 원칙에 반하여 반출된 것인 경우, 적대 행위가 종료되는 시기에 이를 이전에 점령되었던 영토의 권한 있는 당국에 반환할 것을 약속한다.

제4항: 자신이 점령한 영토로부터 문화재가 반출되는 것을 방지할 의무가 있는 체약국은 전 항에 따라 반환되어야 할 여하한 문화재의 선의의 소유자

에게 손해배상을 지불하여야 한다.

제5항: 무력 충돌의 위험으로부터 보호하기 위하여 한 체약국이 자신의 영토
로부터 반출하여 타 체약국의 영토에 기탁한 문화재는 적대 행위가 종료
되는 시기에 그 타국에 의하여 반출된 영토의 권한 있는 당국에 반환되어
야 한다.

1954년 채택된 헤이그 협약과 제1차 의정서는 무력 충돌 시 발생할 우
려가 있는 문화재의 훼손, 특히 불법 반출의 금지를 가장 중요한 의제로 삼
았다. 그러나 '조약 불소급의 원칙(Non-retroactivity of treaties)'에 따라 이
협약과 관련된 실질적 효력은 제1차 의정서가 발효된 시점인 1956년 이후
반출된 문화재에 한해 적용할 수밖에 없는 한계가 있다. 현재 문제가 되고
있는 문화재 약탈국과 피약탈국 간의 갈등과 반목은 대부분 헤이그 협약이
채택되기 이전에 발생한 것들이기 때문에 헤이그 협약이 지니는 상징성에
비해 실효성은 크지 않은 것으로 평가할 수도 있다. 그럼에도 불구하고 헤
이그 협약 당사국들은 1999년에 이르러 무력 충돌 시에 문화재의 보호를
개선하고 특별히 지정된 문화재를 위한 강화된 보호 체계를 확립할 필요성
을 인식하며, 1954년 협약의 규정을 보완한 제2차 의정서를 합의하여 발표
한 바 있다.

2) 문화재의 불법 반출·입 및 소유권의 양도 금지와 예방 수단에 관한 협약(1970년 유네스코 협약)

'문화재의 불법 반출·입 및 소유권의 양도 금지와 예방 수단에 관한
협약'은 문화재의 국가 간 교류가 인류 문명에 관한 지식을 증진하고 모든
국민의 문화생활을 풍요롭게 하며, 국가 간의 상호 존중과 이해를 고취시
키는 점을 고려하여 모든 국가는 자국의 영역 내에 존재하는 문화재를 도
난, 도굴 및 불법적인 반출의 위험으로부터 보호할 책임이 있으며, 이러한
위험을 피하기 위하여서는 모든 국가가 자국의 고유 문화유산과 다른 모든
국가의 문화유산을 존중할 의무가 있음을 역설하였다. 유네스코는 1964년

에 이러한 취지의 권고를 채택하였음을 고려하여, 1970년 파리에서 열린 제16차 총회에서 본 협약을 채택하였다.

이 협약의 핵심은 협약 당사국이 문화재를 반입, 반출 또는 소유권을 양도하는 것은 불법이라는 점을 강조한 데 있다. 그런데 유네스코 협약에서 문화재를 바라본 관점이 기존에 보았던 문화재의 개념과는 약간의 차이가 있는데, 이 협약에서는 문화재를 다음과 같이 정의하고 있다.

(가) 관계 국가 국민의 각 개인 또는 집단에 의하여 창조된 문화재, 또한 관계국 영역 내에 거주하는 외국인 또는 무국적인에 의하여 그 국가의 영역 내에서 창조된 관계국에 중요한 문화재

(나) 국가 영역 내에서 발견된 문화재

(다) 출처국 주무관청의 동의하에 고고학, 인종학 또는 자연과학 사절단에 의하여 획득된 문화재

(라) 자유로이 합의된 교환의 대상이 되어 온 문화재

(마) 출처국 주무관청 동의하에 선물로서 증여받거나 합법적으로 구입한 문화재

각국은 문화유산의 보호, 특히 중요 문화재의 불법적인 반입과 반출 및 소유권 양도의 방지를 확고히 하기 위한 기능을 효율적으로 수행할 수 있는 국가 기관을 설립할 것을 약속하였다. 또한 문화재의 반출이 인가되었음을 반출 국가가 명기한 증명서를 도입할 것과 그 국가 영역 내의 박물관 및 그 유사 기관이 타 당사국으로부터 불법적으로 반출된 문화재의 취득을 방지하도록 국내 입법에 따라 필요한 조치를 취할 것, 그리고 출처 당사국의 요청에 따라 본 협약이 양 관계 당사국에서 발효된 후 반입된 상기 문화재의 회수 및 반환에 관한 적절한 조치를 취할 것 등을 결의하였다. 단, 요청국은 선의의 매수인이나 그 문화재의 정당한 권리자에게 공정한 보상을 지급하여야 한다고 명시하였다.

한편 본 협약 이행과 관련하여 분쟁 중에 있는 최소 2개 당사국의 요청

에 따라, 유네스코는 그들 간의 해결이 가능하도록 주선을 할 수 있다는 조항을 넣어 유네스코의 역할도 부각시켰다. 유네스코 협약은 1972년 4월 발효된 이래 현재까지 120개국 당사국이 가입한 세계 최대 규모의 협약이다. 그러나 협약 발효일 이후 도난·반출된 문화재에 한해 적용되고, 소급하여 적용되지는 않기 때문에 조약 비준 이전에 불법 반출된 문화재에 대해서는 적용되지 않는다는 한계와 불법성 판단 기준은 각 체약국의 국내법에 따른다는 단점도 존재한다.

3) 문화재의 도난 및 불법 반출에 관한 유니드로와 협약(1995년)

1995년 이탈리아 정부의 초청으로 로마에서 열린 외교회의에서 사법통일국제연구소(UNIDROIT)가 주관하여 '문화재의 도난 및 불법 반출에 관한 UNIDROIT 협약'을 채택하였다. 이 협약은 유네스코 협약의 모호한 규정을 구체화하고, 특히 도난당하거나 불법 반출된 문화재의 반환에 초점을 맞추어 도난 또는 불법 반출된 문화재의 소유자나 국가가 직접 문화재의 반환을 청구할 수 있는 사법적 권한을 부여한 것이 핵심이다. 여기서는 '선의 취득'을 인정하지 않고 의무적으로 반환해야 하되, 선의 취득자에 대해서는 공정하고 합리적인 보상금을 지급하도록 하였다.

이 협약에서는 도난 문화재와 불법 반출 문화재를 각기 다른 규정으로 취급하고 있는 점이 특징적이다. 도난 문화재는 아무도 자신이 소유한 권리 이상을 남에게 양도할 수 없다고 규정하고, 도굴 문화재도 도난 문화재의 범주에 포함시켰다. 문화재의 원상회복을 요구하는 자는 사유인 경우, 점유자의 신상과 문화재의 위치를 알게 된 날로부터 3년 내에 소송을 제기해야 하며, 절도된 때로부터는 50년 내에 소송이 이루어져야 한다. 그러나 공공기관 소유의 것은 반환 청구 시효가 적용되지 않는다. 또한 원소유자에게 원상을 회복시킬 때에는 점유자가 정당한 보상을 받을 권리가 있다. 반면 불법 반출 문화재는 법원 또는 기타 권한 있는 당국에 대한 반환 요구 대상으로, 이는 의무적 반환 대상에 대한 규정이며, 이 역시 선의 취득자에 대한 보상 규정을 담고 있다.

특히 이 협약 제3장 3~4조에는 '원상회복(Restitution)'이란 용어가 등장한다. 이 말은 '원래대로 되돌린다'는 뜻으로 '특정 금지의 위반(the violation of a particular prohibition)'을 전제로 한 것이다. 즉, 도난이나 적대 행위, 점령 기간 동안 일어난 특정 절도에 적용되는 개념이라 할 수 있다. 이 개념은 전시 약탈 문화재에 초점을 맞추어 발전했으며, 오늘날에는 도난 문화재에 대해 구제책으로 널리 사용되고 있다. 그러나 그 점유가 국가 책임을 야기하고 있는 문화재를 전제로 하고 있기 때문에, 다수의 문화재 침탈국들은 '원상회복'이란 용어 사용을 제한하려 하고 있다.

그러한 이유에서인지 유네스코 협약에는 120개국 이상이 가입하고 있는 데 반해, 유니드로와 협약에는 30여 개국만이 가입하고 있다. 또한 유네스코 협약에서의 주체는 국가의 정부인 반면, 유니드로와 협약은 국가뿐 아니라 기관이나 개인 등에도 모두 적용되고, 자기 집행력도 가지고 있기 때문에 국내 법규와의 충돌 등으로 많은 국가들이 협약 가입에 주저하고 있는 한계가 있다.

우리나라는 1990년 설치된 유니드로와 정부 간 전문위원회에 회원국으로 참가하고 있으나, 아직 협약에는 가입하지 않고 있다. 유니드로와 협약에 따르면 문화재 반환·환수 또는 원상회복을 위한 청구 기간이 3년인 데 비하여 한국의 민법상 청구 기간은 2년이며, 기산점에 있어서도 유니드로와 협약은 청구자가 그 물건의 소재지 및 점유자를 안 때를 기준으로 하나, 우리나라의 민법상 도난 또는 유실당한 때를 기준으로 하는 데에서 오는 법의 충돌 등을 감안하여 유니드로와 협약에 대한 비준과 가입을 미루고 있다. 그러나 유니드로와 협약의 규정은 국제적인 문화재 이동에만 적용되는 것이므로 우리나라 민법과 그 내용이 다르더라도 앞으로 조사 연구를 통해서 합리적으로 유니드로와 협약의 도난 또는 불법 반출된 문화재의 반환·환수 또는 원상회복 등의 청구 절차와 규범을 따르는 것이 필요하다.[122]

3 국제적 환수 체계

국외소재문화재와 관련하여 가장 먼저 떠오르는 단어는 역시 '반환(Return)' 이란 말이다. 반환은 식민 지배 시의 문화재 취득 행위에 대한 원상회복 논쟁의 완충점으로 등장한 개념으로 유네스코 산하에 설치된 ICPRCP(문화재 반환 촉진 정부 간 위원회)가 문화재의 도난 및 불법 반출에 관한 UNIDROIT 협약에 등장했던 '원상회복(Restitution)'이란 말과 구별하여 사용하기 시작하였다. 다시 말하면, 유니드로와 협약의 제3장 5~7조의 불법 반출 문화재를 반환의 대상으로 다루고 있는 것이다.

불법 반출 문화재를 반환하는 방법 또는 체계로는 유엔이나 유네스코와 같은 국제기구의 역할을 비롯하여 해당국 정부 간에 이루어지는 회의, 그리고 관련 민간단체나 전문가들이 모여서 도출해 낸 비정부간회의 등 여러 가지가 있다. 각 기구와 회의를 통해 이루어진 주요한 성과와 활동으로는 다음과 같은 것들이 있다.[123]

1) 국제기구

(1) UN

1973년 자이레에 의해 제안된 '유엔 총회 결의 3187'에서는 식민 지배 당시 반출된 문화재의 반환을 요구하는 결의문을 채택하였다. 이러한 제안이 채택될 수 있었던 것은 제2차 세계대전 이후 신생 독립 국가가 증가함에 따라 다수결 원칙을 내세웠기 때문이었다. 또한 유엔은 2007년 선포한 '원주민의 권리에 관한 선언'에서 국제 인권적 측면에서 약탈된 원주민의 문화재에 대한 반환 규정을 제정하였다.

(2) UNESCO

유네스코에서는 1978년 사무총장 명의로 문화재 반환을 각국에 촉구하는 청원서('A Plea for the Return of an Irreplaceable Cultural Heritage to Those Who Created It')를 제출하였다. 이 청원서로 인해 같은 해 설립된 ICPRCP(문화재 반환을 촉진하기 위한 정부 간 위원회)에서는 '반환 또는 원상회복을 위한 표준 요구(The Standard Request for Return or Restitution)'를 채택하였다.

(3) ICPRCP(Intergovernmental Committee for Promoting Return if Cultural Property)

문화재 반환을 촉진하기 위한 정부 간 위원회인 ICPRCP는 유네스코 총회에서 지리적 균등성, 국가 간 순환, 문화재 반환의 기여 가능성 등을 고려하여 선출한 22개 위원국으로 구성되었다. 위원국의 임기는 선출한 당해 정기회부터 다음 총회까지 유지하는데, 통상 4년으로 매 총회마다 11개국씩 교대로 선출하는 방식을 취하고 있다. 위원회는 양자 협상 시, 협상 촉진을 위한 방안 및 수단을 모색하거나 중개하는 역할을 임무로 한다.

2) 정부간 회의

(1) 워싱턴 컨퍼런스(1998, 워싱턴)

워싱턴 컨퍼런스는 나치 약탈에 의한 유태인 문화재 해결을 논의하기 위해 1998년 워싱턴에서 30개국이 모인 것이다. 컨퍼런스의 후속 조치를 위해 2000년 리투아니아에서 '빌니어스 포럼'을 개최하였다.

(2) 이집트 회의(2010, 카이로)

2010년 이집트 카이로에서 열린 문화재 밀거래 방지 및 반환을 위한 국제 협력 회의로 한국, 이집트, 리비아, 이탈리아, 그리스 등 22개국이 참가하였다.

(3) 페루 회의(2011, 리마)

2011년 페루의 리마에서 열린 문화재 보호 및 반환을 위한 2차 국제 협력 회의로 아시아, 유럽 등 문화재 담당 장관들이 중심적으로 참여하였다.

3) 비정부간 회의

(1) 서울 컨퍼런스(2011, 서울)

2011년 서울에서는 민간기관, 지자체, 전문가 간 국내외 네크워크 형성과 국제 사회와의 지속적 소통의 장을 마련하기 위한 목적으로 컨퍼런스를 개최하였다. 컨퍼런스는 문화재청, 외교통상부, 유네스코 한국위원회가 공동으로 주최하여 불법 반출 문화재 환수를 위한 다각도의 국제적 협력을 이끌어 낸 중대한 성과를 거두었다.

4 국외소재문화재 현황

2018년 4월 기준 국외에 있는 우리 문화재는 20개 국가의 17만 2,316점인 것으로 파악되고 있으며, 도쿄국립박물관 등 일본에 가장 많은 7만 4,742점(43.38%)이 있고, 메트로폴리탄박물관 등 미국에 4만 6,488점(26.98%)이 존재하는 것으로 조사되고 있다. 그 외 독일, 중국, 영국, 러시아 등의 여러 나라에 흩어져 있는 것으로 알려져 있다. 현재까지 파악된 국외소재문화재의 현황은 〈표 12.1〉과 같다.[124]

국외에 소장·보관돼 있는 우리 문화재 가운데 지금까지 반환이나 기증, 대여, 구입 등의 방식으로 환수된 문화재는 대략 1만 점 정도인데, 국가별 환수 수량과 환수 문화재의 보관 현황은 〈표 12.2〉와 같다.[125]

표 12.1 국외소재문화재 현황(2018년 4월 1일 기준, 국외소재문화재재단 통계)

(단위: 점)

국가	수량	국가	수량	국가	수량	국가	수량
일본	74,742	러시아	5,633	오스트리아	1,511	스위스	119
미국	46,488	프랑스	3,600	덴마크	1,278	벨기에	56
독일	10,876	캐나다	3,289	카자흐스탄	1,024	스웨덴	51
중국	10,696	대만	2,881	헝가리	341	호주	41
영국	7,638	네덜란드	1,737	바티칸	298	이탈리아	17
합계				172,316			

표 12.2 국외소재문화재 환수 현황

(단위:점)

대상국	수량	공공(정부기관, 지자체 등)					민간(개인, 사립박물관 등)			
		계	협상	구입	기증	수시공조	계	협상	구입	기증
일본	6,568	6,002	2,978	16	3,008		566		318	248
미국	1,283	1,098	8	165	912	13	185		1	184
스페인	892	892			892					
독일	696	673	16		657		23	21	2	
프랑스	303	302	297	2	3		1		1	
뉴질랜드	186	186		184	2					
이탈리아	59	59		59						
캐나다	20	20			20					
호주	1	1			1					
노르웨이	1	1			1					
스위스	3						3		3	
영국	10	1		1			9		9	
합계	10,022	9,235	3,299	427	5,496	13	787	21	334	432

　　이상의 현황을 보면, 역시 일본으로 가장 많은 문화재가 유출되었고, 그중 1/10도 채 되지 않는 6,568점의 문화재를 되돌려 받은 것으로 파악되었다. 우리 문화재가 국외로 유출된 경로를 정확히 알 수는 없지만 임진왜

란, 일제강점기, 한국전쟁 등 전쟁이나 나라의 혼란기에 약탈당한 것으로 드러난 경우가 대부분이다. 이하에서는 불법 반출된 문화재를 환수한 사례 가운데 대표적인 것 몇 가지를 소개하고자 한다. 지금까지의 사례를 보면 정부가 협상에 의한 반환, 교류와 대여 형식의 반환, 정부와 민간의 협력을 통한 환수, 민간단체의 노력에 의한 환수 등 다양한 방식으로 환수가 이루어졌음을 알 수 있다.

5 우리 문화재 환수 성과[126]

1) 정부간 협상에 의한 반환 성과: 한일협정 환수 문화재 1,432점

국외에 반출된 우리 문화재 환수 사례 가운데 가장 규모가 컸던 것은 1965년 체결한 한일협정에 의한 반환이다. 이 협정은 1951년부터 추진된 한일회담의 결과물 가운데 하나였다. 한일회담은 35년에 걸친 일본의 강제 지배로 인해 우리 국민이 겪어야 했던 고통과 손해에 대한 보상을 청구하자는 취지로 시작되었다. 그러나 우리가 진정으로 바랐던 일본의 침략 사실 인정과 진심어린 사죄 대신 일본 측에서 무상으로 3억 달러, 차관으로 5억 달러를 지급하는 금전적 보상으로 일단락되었다. 굴욕적인 협정에 대한 국민들의 격렬한 반대에도 불구하고 정부는 1965년 6월 22일 한일기본조약, 즉 한일협정을 체결하였다.

한일협정은 7개 조로 구성된 '대한민국과 일본국 간의 기본관계에 관한 조약'과 부속 협정 4개 및 25개의 문서로 구성되어 있다. 4개 부속 협정은 '일본국에 거주하는 대한민국 국민의 법적 지위와 대우에 관한 협정', '어업에 관한 협정', '재산 및 청구권에 관한 문제의 해결 과정과 경제 협력에 관한 협정', '문화재 및 문화 협력에 관한 협정'이었다.

1951년 한일회담이 추진된 이래 우리 정부가 일본 측에 문화재 반환과 관련된 문제를 처음으로 공식 거론한 것은 1958년 4월 12일 제4차 한일회담 때이다. 우리 정부는 1905년 일본이 조선에 통감부를 설치한 후부터 1945년까지 불법적인 수단에 의해 일본으로 반출된 우리 문화재 중 명목이 뚜렷하고 소재가 확실한 것을 선정하여 반환할 것을 요구하였다. 구체적으로 '지정문화재', '소위 조선총독부에 의해 반출된 것', '소위 통감·총독 등에 의해 반출된 것', '경상남북도 소재 분묘 기타 유적에서 출토된 것', '고려시대 분묘 기타 유적에서 출토된 것' 등 다섯 항목으로 구분하여 반환 문화재 목록을 건넸다.

1965년 우리 정부의 기록을 보면, 한국은 일본에 반출 보관된 한국의 문화재를 다음과 같이 그 경우를 분류하여 반환해 줄 것을 청구한 바 있다.

(1) 조선총독부에 의하여 반출된 것 중 고고 유품으로서 학술조사의 명목을 붙인 것이 뚜렷한 구 조선총독부박물관 소관품 중 삼국시대의 귀중한 유물과 평남 대동군 일대에서 출토된 낙랑군시대의 유물 등으로 되어 있는 이들 문화재는 귀중한 학술자료가 되는 것이다. 이것은 당연히 한국정부에 반환되어야 한다.

(2) 통감 및 총독 등 개인에 의하여 반출된 것 가운데 통감 또는 총독이라는 특권을 배경으로 수집된 미술품·전적 등으로서 지금 동경박물관과 일본 궁내청 내에 있는 것이 조사에 의해 밝혀지고 있다. 특히, 이등박문이 명치천황에 진상한 국보급 고려자기 103점은 거의가 구한말의 혼란기를 틈타 수집된 미술품으로서 귀중한 가치를 지니고 있는 것이다. 이 밖에 데라우치(寺內) 총독이 또한 개인적으로 소장한 막대한 양의 미술품과 전적이 있는데 지금도 그 일부가 남아 있다.

(3) 총독부나 일본인 개인이 가져간 것 중에서 현재 일본 국유로 귀속된 것 중에는

　　(가) 경상남북도 소재 삼국시대 분묘와 유적에서 출토된 귀중한 문화재

　　(나) 고려시대 분묘, 기타 유적에서 출토된 중요문화재

　　등을 손꼽을 수 있다.

(4) 일본 정부에서 자기나라 문화재로 지정된 한국문화재 81점은 전부 우리

나라 국보급에 속하는 중요문화재로서 당연히 반환되어야 한다.

　　그러나 일본은 자신들이 소유하고 있는 한국 문화재는 모두 정당한 수
단에 의한 입수물 또는 개인 소유물이므로 '반환'할 의무가 없다고 하면서,
일부 문화재만 '기증'하겠다는 입장을 취하였다. 반환이라는 단어 속에는
"약탈과 불법 반출이라는 범죄 행위를 인정하고 이를 사과한다"는 의미가
들어 있기 때문이었다. 반환과 기증이라는 명칭을 놓고 한일 양국 간의 신
경전이 있었지만, 결국 '인도'라는 모호한 용어로 절충되고 말았다.

　　사실 일본에 유출된 문화재 중 상당수는 일제강점기 총독부를 비롯한
권력 기관이 강탈해 간 것, 오구라 컬렉션과 같이 도굴당하거나 도난당한
것들이 태반이다. 이들 대부분은 유네스코가 1970년 채택한 '문화재의 불
법적인 반출입 및 소유권 양도의 금지와 예방 수단에 관한 협약'이나 "모
든 문화재는 합법적, 도덕적, 윤리적으로 소장하고 수집하고 구입해야 하
며 강령에 어긋나거나 다른 방법으로 문화재를 보유하는 것 자체가 위반"
이라고 규정한 국제박물관협의회(ICOM)의 윤리 강령에 어긋나는 방법으
로 반출된 것들이다.

　　한일회담이 한창이던 1958년 4월, 제4차 회담 도중 부속 협정 가운데
하나인 어업에 관한 협정에서 협상을 유리하게 끌어가기 위해 일본 정부는
비밀리에 문화재 106점을 반환하였다. 그리고 1965년 6월 22일 한일협정
이 타결되고 약 1년 뒤인 1966년 5월 28일, 고고미술품 438점, 전적류 852
점, 기타 체신 관련 품목 36점 등 1,326점이 반환된다. 결국 일본의 침략 사
죄와 손해 배상을 이끌어 내기 위한 지난한 회담 끝에 불법적으로 반출되
었던 우리 문화재 1,432점이 고국의 품에 돌아온 것이다. 그러나 이때 반환
된 문화재는 당초 우리 정부가 일본 정부에 청구한 문화재의 3분의 1도 되
지 않는 수준이었다.

　　결과적으로 우리에게는 두고두고 아쉬움이 남는 안타까운 협정이 되
고 말았다. '경제협력자금'이라는 모호한 명목의 배상금을 받는 대신 한국
정부는 일본의 식민 지배와 관련해 더 이상의 배상을 요구하지 않는 조건

그림 12.2 일본 궁내청 조선왕조도서 환수 고유제(출처: 문화재청)

의 협정이기 때문이다. 일본 측의 역사적 책임을 묻지 않기로 한 한일협정은 일제강점기 35년 동안 쌓인 한일 관계의 질곡을 해소하는 데 방해가 될 뿐만 아니라 오늘날 일본에 있는 우리 문화재의 반환 운동에도 큰 악영향을 끼치고 있다. 일본은 문화재 반환 문제가 제기될 때마다 한일협정으로 약탈 문화재 반환 문제가 종결된 것이라는 입장을 고수하며 우리의 문화재 반환 요구를 무색하게 만들고 있다. 결국 문화재 및 문화 협력에 관한 협정은 되레 문화재 반환의 걸림돌로 작용하고 있다.

근래 들어 정부 간의 협상보다 민간단체, 학술단체, 지방자치단체 등이 문화재 환수 운동에 적극 나서서 결실을 맺는 경우가 많아지고 있다. 해외의 개인이나 단체가 아무런 조건 없이 기증을 하거나, 경매를 통해 구입하여 유물을 되찾는 경우도 있다. 불법 반출된 유물이라는 사실이 아무리 명백하더라도, 문화재를 환수하는 방법에는 일정한 공식이나 해답이 없다.

그렇다 하더라도 문화재 반환에서 가장 큰 힘이 되는 것은 역시 정부의 지원과 정부 간 협상이라고 할 수 있다. 도쿄대학이 소장했던 오대산사고본의 환수나 궁내청이 소장했던 조선왕실의궤 등의 환수도 민간이 나서서 여론을 주도하고 이를 정부가 지원하여 성과를 낸 좋은 사례이다. 정부가 전폭적으로 지원하고 민간단체와 학계 등이 꾸준히 관심을 갖고 협력한다면 국외소재문화재 환수의 큰 성과를 낼 수 있으리라 기대한다.

한일강제병합 100년이 되는 해인 2010년, '도서에 관한 대한민국 정부와 일본국 정부 간의 협정'이 체결되었다. 조선총독부를 경유해 불법 반출한 후 일본 정부가 소장하고 있는 조선왕실의궤 등 귀중 도서와 문화재를 인도한다는 협의에서 비롯된 협정이었다. 2006년부터 시작된 '조선왕실의궤환수위원회'의 환수 활동을 시작으로, 2009년에는 외교통상부와 문화재청 등 관계 부처가 긴밀히 협력하여 도서 반환 문제를 적극 검토하였으며, 국회도 두 차례에 걸쳐 조선왕실의궤 반환을 촉구하는 결의안을 채택하는 등 민관 각계에서 노력한 결과였다.

마침내 2011년 11월, 일본 궁내청에서 보관하고 있던 조선왕실의궤 81종 167책을 비롯하여 이토 히로부미 반출 규장각 도서 66종 938책 등 총 150종 1,205책이 반환되었다. 1965년 한일협정으로 총 1,432점의 문화재가 반환된 이래, 한국과 일본 두 나라 정부 사이에 이루어진 성과이자 대규모의 반환이란 점에 큰 의의를 둘 수 있다.

2) 교류와 대여 형식의 환수 성과: 외규장각 의궤 297책 영구 대여

1866년, 조선의 집권자 흥선대원군은 천주교를 탄압해 8,000여 명에 달하는 천주교도를 처형하는데, 이때 조선에서 활동하고 있던 프랑스 신부 아홉 명도 순교하게 된다. 구사일생으로 살아남은 리델 신부가 조선을 탈출하여 중국 톈진에 주둔해 있던 프랑스의 극동함대에 이 사실을 알리자, 프랑스는 로즈 제독이 이끄는 해군을 강화도로 진격시킨다.

프랑스군은 강화도를 침공하여 강화성을 점령하는 등 기세를 올리지만 얼마 지나지 않아 조선군의 반격을 받고 퇴각하게 된다. 그러나 강화도를 떠나기 전 관아에 불을 지르고 값진 물건들을 닥치는 대로 약탈하는 만행을 저지른다. 강화도에는 귀중한 자료를 안전하게 보관하기 위해 왕실 서고인 외규장각(外奎章閣)이 설치돼 있었는데, 이때 외규장각과 그 안에 보관되어 있던 5,000여 점의 도서와 사료들이 불타 버리는 비운을 맞게 된다. 프랑스군은 무기와 보물, 은괴 등을 약탈하여 중국으로 가지고 가는데,

그중에는 340책에 달하는 서책이 포함되어 있었다.

이와 같은 사실조차 잊혀져 갈 무렵인 1975년, 프랑스국립도서관 사서로 일하던 박병선(1928~2011) 박사가 도서관 별관 창고에서 외규장각 의궤(儀軌) 297책을 찾아냈다. 서울대학교 역사교육과를 졸업한 박 박사가 1955년 8월 프랑스로 유학을 떠날 당시, 그녀의 스승인 이병도 교수는 병인양요 때 프랑스군이 약탈해 간 문화재를 찾아보길 바란다고 부탁한 바 있었다. 1967년부터 프랑스국립도서관 직원으로 일하게 된 뒤에도 박 박사는 그 책들을 찾아보라던 은사의 당부를 잊지 않고 있었다. 8년의 세월이 지난 뒤, 박 박사는 별관에서 일하는 직원과 이런저런 얘기를 나누다가 "파손 도서 서고에 한자로 쓰인 커다란 책들이 산더미처럼 있다"는 이야기를 듣고 직접 서고를 뒤진 끝에 의궤를 발견하게 되었다. 프랑스군이 약탈해 갔다는 340책 중 박 박사가 찾아낸 의궤는 297권이었고, 나머지 의궤의 행방은 알 수 없었다. 그중 한 권일 것으로 추정되는 『기사진표리진찬의궤(己巳進表裏進饌儀軌)』가 영국도서관에 있는데, 프랑스에 있는 한 치즈가게에서 10파운드에 구입했다는 영수증이 붙어 있었다고 한다.

의궤는 왕이 보는 어람용(御覽用) 의궤와 여러 곳에 보관해 두기 위해 만든 분상용(分上用) 의궤 두 종류가 있는데, 병인양요 때 프랑스군이 약탈해 간 외규장각 의궤는 대부분 어람용 의궤로서 그 가치가 남다르다. 박병선 박사에 의해 프랑스국립도서관이 소장하고 있는 외규장각 도서에 대한 소식이 국내에 전해지자 규장각을 관리하던 서울대학교 도서관 측은 1991년 외무부에 공문을 보내 프랑스국립도서관에 소장되어 있는 외규장각 의궤 297책의 반환을 요청해 달라 하였다. 하지만 프랑스의 대응은 지극히 미온적이었다. 약탈한 문화재이지만 외규장각 의궤를 소장하고 있는 그들 입장에선 그것밖에 달리 방법이 없었을 것이다. 문화재의 불법 반출을 금지한 유네스코의 '문화재의 불법 반출입 및 소유권 양도의 금지와 예방 수단에 관한 협약'도 협약이 맺어진 1970년 이전에 반출된 것에 대해선 아무런 효력이 없었다.

프랑스국립도서관에 우리가 불법적으로 빼앗긴 국보급 문화재 수백

점이 보관돼 있다는 사실을 알고 있음에도 불구하고 현행법이나 국제협약으로는 그것을 되찾아 올 아무런 방법이 없어 안타까운 시간만 보내고 있던 무렵, 1993년 프랑수아 미테랑 프랑스 대통령의 한국 방문이 반환 협상의 극적인 계기가 되었다. 프랑스는 한국의 고속철도 사업권을 따내기 위해 대통령까지 발 벗고 나선 상황이었다. 양국의 우호 관계를 확인하고 싶었던 미테랑 대통령은 개인적으로는 외규장각 의궤를 한국에 돌려주는 것을 바람직하게 여기고 있다는 입장을 밝힌다. 우리 정부는 이러한 미테랑 대통령의 뜻을 알고 그가 한국을 방문할 때 의궤를 가지고 와 주길 요청하였다. 이에 미테랑 대통령은 1993년 9월 14일, 순조의 생모인 수빈의 묘소를 옮기는 과정을 기록한 『수빈휘경원원소도감의궤(綏嬪徽慶園園所都監儀軌)』상·하권을 가지고 입국하였다.

서울에서 김영삼 대통령과 만난 미테랑 대통령은 외규장각 의궤를 반환할 의사를 밝히며, 상징적인 의미로 다음 날 저녁 청와대에서 열릴 국빈만찬 때 『수빈휘경원원소도감의궤』를 직접 전달하기로 했다. 그런데 의궤를 관리할 책임을 지고 한국에 온 프랑스국립도서관의 동양서지 담당자인 모니크 코엔과 행정국장 자클린 상송이 미테랑 대통령의 명령을 거부하고 나섰다. 급기야 미테랑 대통령이 직권으로 『수빈휘경원원소도감의궤』중 상권을 김영삼 대통령에게 넘겨주었다. 그리고는 "과거 프랑스군이 의궤를 전쟁 때 가져온 것처럼, 나도 의궤를 거의 빼앗아서 가져왔다"고 말했다고 한다. 이 일을 두고 프랑스 국내에서는 "대통령이 범법 행위를 저질렀다"고 비난하는 여론까지 등장했었다고 한다.

실제로 프랑스 문화재법은 "프랑스가 소장하고 있는 어떠한 문화재도 임의로 타국에 양도할 수 없다"고 규정하고 있다. 대통령이라도 문화재에 대해 자의적으로 결정할 권리는 없다는 것이다. 결국 미테랑 대통령은 외규장각 의궤의 완전한 반환이 어려운 상황이라며 "훌륭한 문화유산을 서로 맞교환함으로써 양측 모두에게 이익이 되는 방법을 찾아보자"고 하였다. 프랑스가 고속철도 사업권을 따내는 대가로 외규장각 의궤 반환을 약속한 것으로 받아들였던 우리 국민도 당황하지 않을 수 없었다. 결국 두 나라 정상은 외규장각 의궤 반환 문제에 대해 '교류와 대여'라는 틀 속에서 외규장각 의궤에 상응하는 무언가를 주고받는다는 원칙을 도출, 합의하였다.

유네스코의 문화재 협약이 1970년 이전에 벌어진 일에는 효력이 없다는 사실과 자국의 문화재 관련법을 내세워 약탈 문화재의 반환이라는 선례를 남기지 않으려는 프랑스 당국의 비협조로 외규장각 의궤의 반환은 마땅한 해결점을 찾을 수가 없었다. 그러던 중 2010년 11월 서울에서 G20 정상회의가 열리게 되었다. 마침 다음 G20 정상회의의 의장국은 프랑스였다. 관례에 따라 현 의장국과 차기 의장국은 긴밀한 협력 관계를 유지해야만 하였다. 우리 정부는 G20 정상회의를 계기로 한국과 프랑스 두 나라 정상회담에서 외규장각 의궤 문제에 대한 합의를 이끌어 낼 각오를 다지고 있었고, 니콜라 사르코지 프랑스 대통령도 이 문제의 해법을 심각하게 고민하고 있었다.

2010년 11월 12일, 마침내 사르코지 대통령은 '5년 단위로 갱신되는 대여' 형식으로 외규장각 의궤 전부를 한국 측에 일괄 양도한다고 발표하였다. 그동안 반환 협상의 대전제가 되어 왔던 '교류와 대여'라는 원칙을 내던진 획기적인 결단이었다. 우리 정부도 해외에 유출된 수많은 문화재 환수를 추진하는 데 있어 대여하는 형식이 좋지 않은 선례를 남길 우려가 있다는 점을 알고 있었지만, 실리와 명분이라는 기로에서 일단 외규장각 의궤를 우리 땅에 가져다 놓는 것이 먼저라는 판단을 내리게 되었다.

이로써 프랑스 함대가 강화도에서 약탈한 지 145년, 박병선 박사가 프랑스국립도서관에서 찾아낸 지 36년, 프랑스 정부와 우리 정부가 반환 협상을 시작한지 20년 만에 우리의 외규장각 의궤는 2011년 4월 14일부터 5월 27일까지 네 차례에 걸쳐 한국으로 돌아오는 감격을 맛볼 수 있었다.

3) 민관 협력의 환수 성과: 북관대첩비의 북한 인계

1905년, 러시아를 상대로 전쟁을 선포하고 북진하던 일본군은 함경북도 길주군 임명서원 근처에서 북관대첩비를 발견한다. 북관대첩비의 이름은 '유명조선국함경도임진의병대첩비'이며, 비석에는 임진왜란 당시 정문

그림 12.3 함경북도 김책시에 세워진 북관대첩비(2006년, 출처: 문화재청)

부를 중심으로 지금의 함경도 지역인 관북에서 일어난 의병들의 공적이 기록되어 있다. 일본군 2사단 17여단장 이케다 마사스케(池田正介) 소장은 이비가 역사적으로 중요한 비석이라 직감하고 본국으로 귀국하는 사단장 미요시 나리유키(三好成行) 중장에게 전리품으로 바친다. 미요시 중장에 의해 일본으로 빼돌려진 북관대첩비는 일본 군국주의의 상징이나 다름없는 도쿄의 야스쿠니 신사에 전시되게 된다.

야스쿠니 신사 뒤뜰에 북관대첩비가 버젓이 전시되어 있다는 것이 처음 알려진 것은 1909년 조소앙이라는 일본 유학생에 의해서였다. 이후 한참의 세월이 흐른 1978년, 재일 한국인 학자 최서면이 『대한흥학보』에 실린 조소앙의 글을 보고 이를 다시 언론에 알리면서 북관대첩비에 대한 관심이 되살아났다.

북관대첩비의 존재가 확인된 직후 정문부의 후손인 해주 정씨 문중이 한일친선협회를 통해 야스쿠니 신사에 북관대첩비의 반환을 요청했다. 1979년에 우리 정부가 일본 정부에 공식 요청하였고, 1991년 한국호국정신선양회, 1993년 한일의원연맹합동총회의와 북관대첩비환수촉진위원회, 1999년 한일문화재교류위원회가 끊임없이 반환 요청을 하였다. 그러나 일본 정부는 "북관대첩비의 원소재지가 북한인 데다 신사가 보유한 물건에 정부가 관여하는 것은 곤란하다"는 이유로 반려했고, 야스쿠니 신사는 "남북 통일이 되면 돌려주겠다"고도 했다.

우리 정부를 비롯한 각계각층의 끈질긴 반환 요청에도 불구하고 일본 정부와 야스쿠니 신사는 요지부동이었다. 그러나 일본 내에도 북한대첩비가 반환되어야 한다고 생각하는 사람들이 있었다. 대표적으로 일본 승려 가키누마 센신(柿沼洗心)은 한일불교복지협회의 일본 측 대표로 북관대첩비 반환운동을 활발히 펼치고 있었는데, 북관대첩비 탁본을 우리 측 대표인 초산 스님에게 건네기도 하였다.

그러던 2005년 3월 28일, 드디어 남북한의 불교계 대표가 중국 베이징에서 만나 공동으로 북관대첩비 반환을 요청하고, 반환을 받은 뒤에는 함경도 길주 땅에 보내기로 뜻을 모았다. 뒤이어 6월 20일 열린 한일 정상회담에서는 노무현 대통령과 고이즈미 준이치로(小泉純一郎) 일본 총리가 북관대첩비 반환에 대해 합의했고, 10월 12일에는 대한민국 정부와 일본 정부 간 북관대첩비 인도 문서 서명이 이루어졌다. 그리고 10월 20일, 마침내 북관대첩비는 고국으로 돌아올 수 있었다. 1905년 일본으로 빼돌려진 지 정확히 100년 만에 이루어진 결실이었다.

북관대첩비를 돌려받은 우리 정부는 망가진 비석을 보존 처리하여 국립중앙박물관과 경복궁 경내에 전시하였다가 2006년 3월 1일 북한으로 인도하였다. 3월 26일에는 북관대첩비가 본래 서 있었던 함경도 옛 길주 땅인 김책시 임명도에 세워지게 되었다. 조선중앙통신은 북관대첩비 반환을 두고 "북남 인민들이 힘을 합쳐 일제가 약탈해 간 북관대첩비를 넘겨받아 … 원 상태로 세우기 위한 사업을 적극 벌였다"고 알리기도 하였다.

북관대첩비는 남북한의 합의 등 각고의 노력 끝에 원래의 자리로 돌아갔다. 한 일본 유학생의 울분 섞인 보고로 그 존재가 처음 알려진 이래 일개 문중이 나서서 일본의 야스쿠니 신사를 상대로 반환 요청을 시작하였다. 한국 정부의 지원도 한몫을 했고, 일본 내 여러 단체와의 협력도 빛을 발했다. 게다가 결정적으로 북한 종교계와 힘을 합쳐 북관대첩비를 북한으로 인도하도록 합의를 이끌어 낸 부분은 이번 반환 건의 결정판이라 할 수 있다. 북관대첩비는 우리 손으로 돌려받아 원래 모습으로 수리하여 북한 땅에 당당하게 세워질 수 있도록 최선의 노력을 기울인 것이기에 그 어떤 반환 사례보다 감격스럽다. 비록 복제품이긴 하지만 우리도 국립고궁박물관과 독립기념관, 그리고 정문부 장군의 묘에서 북관대첩비를 만나 볼 수 있으니 그 또한 다행이다. 북관대첩비는 민관 협력으로 이루어 낸 모범적인 국외문화재 환수 사례로 길이 기억될 것임에 틀림없다.

4) 민간단체의 노력에 의한 환수 성과: 조선왕조실록 오대산사고본

1910년 한일강제병합을 성사시킨 일제는 조선의 정통성을 훼손하고 민족혼을 말살하는 갖은 악행을 일삼았는데, 그중의 하나가 바로 사고에 정중히 보관돼 있던 '조선왕조실록'을 꺼내 여러 기관에 분산시키거나 일본으로 빼돌린 것이었다. 정족산사고와 태백산사고의 실록은 규장각에 보관돼 있던 도서와 함께 조선총독부로 옮겨졌다가 경성제국대학 도서관으로 이관된다. 적상산사고의 실록은 창덕궁 장서각으로 옮기고, 오대산사고본은 일본의 도쿄대학으로 반출시킨다.

1909년 조사에 따르면 오대산 월정사사고에는 철종까지의 실록 761책, 의궤 380책, 기타 서책 2,469책 등 모두 3,610책이 보관되어 있었다고 한다. 그러나 1914년에 총독부 관원과 평창군 주임이 주도하여 월정사사고와 선원보각에 있던 사책(史冊) 150짐을 주문진항을 통해 도쿄대학으로 실어 보내는 만행을 저지른다. 도쿄대학으로 불법 반출된 오대산사고본 실록은 안타깝게도 1923년 관동대지진 때 일어난 화재로 대부분 불타 버렸고, 당시 대출 중이었던 극히 일부의 책만이 화재를 피할 수 있었던 것으로 알려졌다. 이렇게 살아남은 실록 74책 가운데 27책은 1932년 경성제국대학으로 옮겨졌다. 하지만 '성종실록' 9책, '중종실록' 30책, '선조실록' 8책 등 47책은 여전히 도쿄대학에 남아 있었다.

2004년에 이러한 사실을 알게 된 문화재 환수 운동가 혜문 스님은 2006년 '조선왕조실록환수위원회'를 만들어 즉각 반환 운동을 시작하였다. 조선왕조실록의 반환을 요구하는 도보 행진을 시작으로 일본 총리에게

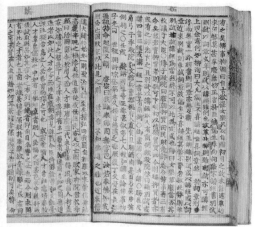

그림 12.4 오대산 사고본 선조실록(출처: 문화재청)

반환 요청서를 보내고, 도쿄대학과도 직접 협상을 벌였다. 여러 차례의 협상에도 별 반응이 없던 도쿄대학을 상대로 법적 소송을 전개하겠다는 압박을 가하자 마침내 도쿄대학은 오대산사고본 조선왕조실록 47책을 서울대학교에 '기증'하기로 결정하였다. 우리 측의 요구대로 조선왕조실록을 반환하는 것은 이 실록이 불법적으로 반출되었다는 사실을 스스로 인정하는 것에 다름 아닌 것이 되기 때문에 도쿄대학은 결국 반환이 아닌 기증이란 방식을 선택한 것이다. 2006년에 돌아온 47책은 기존에 서울대학교가 소장하고 있던 27책과 함께 서울대학교 규장각 한국학연구원에 임시 보관되었고, 이듬해인 2007년 국보로 지정되면서 기존에 국보로 지정되어 있던 151호에 추가 편입되었다.

2012년 7월 문화재청은 서울대학교 규장각이 관리해 왔던 국보 제151-3호 '조선왕조실록 오대산사고본' 74책에 대한 관리 단체를 국립고궁박물관으로 결정, 관보에 고시하였다. 문화재청이 서울대학교와의 협의를 거쳐 오대산사고본에 대한 관리 단체를 새롭게 지정하게 된 것은 서울대학교에는 정족산사고본(국보 제151-1호) 1질이 있으므로, 조선시대 사고(史庫) 제도의 운영 취지에 따라 분산 보관하기 위한 것과 상설전시 등을 통해 대국민 서비스를 강화하고, 특히 왕실문화 전문 박물관인 국립고궁박물관의 설립 목적에 충실하기 위한 것이라고 밝혔다.

비록 우리가 기대했던 반환의 형식은 아니었지만 조선왕조실록을 돌려받을 수 있었던 데에는 '조선왕조실록환수위원회'와 같은 민간 차원의 역할이 절대적이었다. 열정적인 민간단체의 관심과 적극적인 문제 제기가 불법적으로 반출된 문화재의 반환을 이끌어 내는 데 큰 힘이 된 것이다. 이러한 민간단체의 활동과 노력은 일본 궁내청 소장 조선왕실의궤 반환 사례에서도 본 것처럼 중앙 정부와의 긴밀한 협력을 통해 국외소재문화재의 환수에 크게 기여할 수 있을 것으로 기대된다.

국외 문화재, 환수만이 정답인가?

1) 중국의 해외 유출 문화재 보호와 환수 현황

유네스코의 통계에 따르면, 현재 47개 국가 200여 박물관에서 보관 중인 중국의 문화재는 167만 건에 달하며, 민간에서 소장 중인 문화재는 이의 10배에 이를 것으로 추산된다. 그러나 해외 소장 문화재와 해외 유출 문화재는 엄격히 다른 개념으로, 해외 유출 문화재의 정확한 현황을 파악하는 것이 중요하다.

중국은 2005년 4월 11일, 문화부에서 주관하는 민간 조직인 '중화문화발전기금회(中華文化發展基金會)'를 중심으로 문화재 전문가, 사회 저명인사들이 주축이 되어 해외 유출 문화재 보호 계획을 수립, 발표하였다. 여기서 '해외 유출 문화재'란 1840년 아편전쟁 후 1949년 신중국 성립까지의 100여 년간 전쟁, 도굴, 도착 등 비도덕적이고 불법적인 경로를 통해 해외로 유출된 문화재로서, 크게

그림 12.5 중국 베이징의 원명원 유적

전쟁 중 영국과 프랑스 등에 약탈된 문화재와 기타 조각, 벽화, 건축 부재 등 문화재로 구분할 수 있다. 해외 유출 문화재의 보호 계획 수립의 배경으로는 신중국 성립(1949) 이후 해외 유물의 반환을 포함한 문화재의 보호가 중국 정부와 민간을 불문한 중요한 사안으로 인식한 데 있었다.

신중국 성립 초기, 중국은 주은래(周恩來) 총리의 주도로 48만 위안의 홍콩 달러를 들여 삼희당법첩(三希堂法帖) 중의 『중추첩

(中秋帖)』, 『백원첩(伯遠帖)』 및 『오우도(五牛圖)』 등의 진귀한 유물들을 구입한 바 있다. 현재 중국에서 추진 중인 해외 문화재 환수 사업은 크게 정부기관 주도의 사업과 민간 주도 사업, 혹은 개인의 경매 참여 등으로 나누어 볼 수 있다.

우선, 정부기관 주도 사업의 경우로 2005년 10월, 국가문물국 문물정보자문센터 주관으로 재정부에서 설립한 '국가중점진귀문물전문경비(國家重點珍貴文物專門經費)'를 이용하여 해외로 유출되었던 용문석굴(龍門石窟)의 불상 7점을 회수한 바 있다.

두 번째, 민간기관 주도의 사업은 2002년 10월 18일, 중화문화발전기금회와 문화재 전문가, 사회 저명인사 등이 공동으로 성립한 '중화해외유출문화재구원전문기금(中華海外流出文化財救援專門基金)'이 주축이 된다. 이 기금은 해외 유출 문화재의 조사와 연구, 사회 역량의 동원 및 기증, 구입 등 해외 유출 문화재의 구제를 목적으로 운영하고 있다. 2006년 5월 일본에서 열린 유물 구입 전시에 전문가를 대거 파견하여 대대적인 유물 반입 작업에 착수한 예가 대표적이다. 이것은 '중화해외유출문화재구원전문기금회'가 원명원(圓明園)의 동제 짐승 머리를 성공적으로 구입한 것에 이어서 실시한 중대 사업으로, 해외에서 전개되는 중국의 해외 유출 문화재 구입 사업에 중국의 전문가가 연합하여 참여한 최초의 사업이라 할 수 있다.

세 번째, 개인의 경매 참여는 현실적으로 현황을 제대로 파악하기 곤란한 상황이나, 국내 언론에 보도된 바와 같이 최근 중국의 개인이 2009년 프랑스 파리에서 열린 크리스티 경매에 참가하여 원명원의 분수에 조각되어 있던 십이지신상 2점을 낙찰받았으나 대금을 지불하지 않아 국제 문제가 된 사례 등이 알려져 있다.

이처럼 최근 10년 동안은 경매 시장이 해외 유출 중국 문화재 반입의 중요 루트가 되고 있다. 2002년 재정부와 국가문물국이 공동으로 '국가중점진귀문물징집경비(國家重點珍貴文物徵集經費)'를 투입하여 '연산명(硏山銘)' 등 중요 문화재를 구입하였다. 또한 같은 해 북경 수도도서관과 상해박물관이 각각 800만 위안과 990만 위안을 들여 '공자제자상(孔子弟子像)'과 '전경당장역대명인서찰(錢境塘藏歷代名人書札)'을 구입하였다. 특히 2002년 개정된 문물보호법에서 "민간이 구입과 경매 등의 방식을 통해 취득한 문화재를 적법한 절차에 따라 유통시킬 수 있음을 허가"한 이래 민간의 보물 수장이 활기를 띠게 되면서, 유력 기업가와 개인들의 해외 경매 참가 등으로 해외 유출 문화재의 중국내 반입이 급격히 증가하였다. 그러나 이 과정에서 가짜 유물의 구입 등과 같은 부작용도 발생하였다. 이에 정부 주도하의 전문 민간 조직을 운영함으로써 해외 유물 문화재의 중국내 반입에 대한 체계적이고 효율적인 운영을 꾀하고자 한 것이다.

해외 유출 문화재 민간 반환의 성격은 역사적 사실에 기초하고, 정의와 공리를 견지하며, 대중의 의견을 충분히 반영하는 것을 기본으로 하여 유관 문화재의 수장 기구에 대해 반환을 추진하는 비정부적, 민간 행위이다. 이러한 행위는 국제 공약의 기본 원칙, 특히 '문물 원지(原址) 보호'의 원칙에 근거하고 있다. 해외 유출 문화재의 민간 구제 방식은 크게 기증, 구입, 반환 등 3가지로 나눌 수 있으며, 문화재의 성질과 가치에 따라 각기 다른 방식으로 국내 복귀를 실현하고 있다. 해외 유출 문화재 보호 계획은 해외 문화재에 대한 민간 반환을 추진한 중국 최초의 계획이라 할 수 있다.

2) 국외문화재의 활용 방안

우리 선조들이 물려준 소중한 문화유산을 억울하게, 그것도 불법적으로 빼앗겼다면 당연히 되돌려 받아야 하는 것이 마땅하다. 우리는 19세기 말 개항을 전후한 시기부터 1910년 한일강제병합 후 광복을 맞기까지 100년 가까운 시간 동안 우리 의지와 무관하게 수많은 문화재들이 국외로 빼돌려지는 것을 목도했다. 작은 물건일망정 내 것을 누가 빼앗아 간다면 순순히 내어 줄 사람이 없겠지만 우리는 그것을 막아 낼 힘이 없던 터라 속절없이 바라만 볼 수밖에 없었다.

앞서 살펴본 것처럼 세월이 한참 흐른 뒤에야 국가 간의 협의나 민간의 노력 덕에 비록 소량이지만 귀중한 문화재들을 되찾아 오는 감격을 맛볼 수 있었다. 그러나 해외 곳곳에 수집·보관돼 있는 우리 문화재가 공식적으로 집계된 것만도 15만 점이 넘는다는 것을 감안하면 지금까지 우리 품으로 돌아온 문화재는 그야말로 빙산의 일각에 불과한 수준이다. 할 수만 있다면 해외에 흩어져 있는 우리 문화재들을 전부 되찾아 와서 온 국민이 함께 보며 그 가치를 누리고픈 마음이 간절하다.

그러나 문제는 법적으로 우리가 그런 문화재들을 되찾아 올 방법이 거의 없다는 사실이다. 현행 국제법이나 협약 등 어떤 규정에도 특정 시점, 특히 우리가 힘없이 문화재를 빼앗겼을 당시까지 소급 적용한 조항은 없다. 도난당했거나 불법 반출된 문화재를 되돌려 주도록 채택한 협약 대부분이 제2차 세계대전 이후에 발효된 것이기 때문이다.

안타깝지만 우리는 이런 현실을 직시하고 인정할 수밖에 없다. 그렇다면 누군가 스스로 문화재를 돌려주기만 기다리고 있어야 하는가? 자발적으로 반환하기를 거부한다면 달리 우리가 할 수 있는 일이 없는 것인가? 반환받을 수만 있다면 적극적인 협의를 통해 환수해 오는 것이 제일 좋은 방법이다. 그러나 안타깝게도 현실적으로는 그런 바람직한 경우가 우리 뜻처럼 자주 생기지는 않을 것이다. 우리의 노력에도 불구하고 불법적으로 반출된 문화재임을 입증하는 것에서부터 자발적 반환 협의를 이끌어 내는 데까지 들여야 할 수고와 노력이 만만치 않기 때문이다.

그러한 측면을 고려할 때, 해외에 유출된 문화재의 보호와 활용을 위해서 해당국의 문화재를 국내로 환수하는 것도 중요하지만 우리나라의 문화를 세계에 알리는 교두보로서 해당국의 박물관에 반영구 또는 영구 대여하는 것도 국외문화재를 효율적으로 이용하는 방법 중 하나라고 할 수 있다. 중국의 예에서 본 것처럼 막강한 자금력을 바탕으로 해외 경매에 적극 참여함으로써 자국의 문화재를 사들이는 방법도 있지만 경매를 통해 유물을 되찾아 오는 길은 요원할 수밖에 없다. 또한 일부 개인들이 주요 경매에서 막무가내로 낙찰을 받은 후 무책임하게 대금 지불을 거부하는 등의 문제는 정부에서도 손을 쓸 수 없는 문제로 지적되기도 한다. 그렇다고 반출된 문화재를 자발적으로 돌려줄 때까지 기다릴 수도 없는 상황이다.

2007년도 국립중앙박물관 '새소식'(2007.3.6)의 외국박물관 내 한국실 / 전시코너 설치 현황을 보면, 총 17개국 53개처에 한국실 또는 전시코너가 설치되어 있고, 한국실이 독립적으로 설치된 곳은 14개국 38개처, 전시코너가 설치된 곳은 8개국 15개처가 있다. 21세기는 문화산업 정보화 시대라고 하지만 외국인들이 한국의 문화유산을 실물로 접할 기회는 많지 않고, 중국이나 일본에 비해 상대적으로 한국의 문화유산을 세계에 알릴 기회와 공간이 많지 않았던 것이 사실이다. 이에 해외에 유출된 한국문화재를 환수하는 것도 중요하지만 한국의 문화와 한국의 유산을 세계에 알리고 그들과 문화교류를 통해서 문화적 다양성과 독창성을 함께 공유함으로써 지구촌 시대에 한국인들이 세계인들과 함께 살아가는 대표적인 매체로 한국의 문화, 한국의 유산, 나아가서 한국인의 아이디어와 한국산 물품, 정보, 경험을 선택할 것을 권고한다. 문화와 문화유산 분야에서 함께 나눔과 공유의 방식은 세계 도처에서 한국인이 세계의 파트너들과 함께 공생·공존·공영하는 풍요롭고 행복한 삶의 방식을 이끌어 가는 견인차 역할을 수행할 수 있을 것이기 때문이다.[127]

이상에서 본 바와 같이 실질적으로 국외에 흩어져 있는 우리 문화재들을 환수해 오기는 거의 불가능하다. 물론 앞 절에서 살펴본 대로 정부와 민간이 힘을 합쳐 노력해서 반환이나 기증을 받은 사례도 없지는 않다. 그렇다고 우리가 국외소재문화재를 환수하는 방안만을 고집한다면 과연 얼마나 성과를 올릴 수 있을지는 단언하기 곤란하다. 그렇기 때문에 원칙적으로 국외소재문화재의 환수를 적극적으로 추진하되, 그 대안으로서 국외소재문화재의 활용 방안을 마련하는 것 또한 환수 못지않게 중요하다는 점을 지적하고 싶다. 최선이 불가능하다면 차선의 방법을 찾는 지혜가 필요하단 뜻이다.

15만 점이 넘는 우리 문화재가 전 세계에 흩어져 있다는 사실은 달리 말하면 전 세계인에게 우리 문화재를 알릴 수 있는 좋은 소재가 될 수도 있다는 점을 깊이 인식할 필요가 있다. 경우에 따라서는 국외 전시를 통해 우리 문화재의 우수성을 알리기도 하는데, 군이 그러한 방법이 아니더라도 외국의 유수한 박물관 같은 곳에 보관돼 있는 우리 문화재를 전시하고 홍보할 수 있는 방안을 강구하는 것이 어찌 보면 현 시점에 우리가 할 수 있는 제일 좋은 방법이 될 수도 있을 것이다. 따라서 외국 기관들이 보관하고 있는 유물이 우리 문화재란 사실을 주지시키고, 필요하다면 우리의 자금과 기술을 동원해서라도 보존 처리를 해 줄 필요도 있다. 더 좋은 방안은 그런 유물들을 최적의 조건에서 전시하여 당사국 국민들은 물론 그 나라를 방문하는 외국인들도 볼 수 있도록 하는 것이라 생각한다. 이러한 방안이야말로 우리 문화재를 우리 품으로 되찾아 오는 것만은 못해도 우리 정부가 할 수 있는 현실적인 최선의 방법이 될 것이다.

국외소재문화재 외국에 소재하는 문화재(국외 전시 등 국제적 문화교류를 목적으로 반출된 문화재는 제외)로서 대한민국과 역사적·문화적으로 직접적 관련이 있는 것.

원상회복(Restitution) 도난이나 적대 행위, 점령 기간 동안 일어난 특정 절도 문화재를 원래대로 되돌린다는 뜻.

반환(Return) 식민 지배 시의 문화재 취득 행위에 대한 '원상회복' 논쟁의 완충점으로 등장한 개념으로 불법적으로 반출된 문화재를 되돌려 주는 것.

환수 도난 또는 약탈되었거나 불법적으로 반출된 문화재를 원래 소유주가 도로 거두어들이는 것.

요약정리

◉ 국외소재문화재란 우리 선조들이 직접 만들어 냈거나 우리 역사·문화와 관련된 문화재이지만 현재 우리나라가 아닌 다른 나라에 있는 문화재를 가리키는 말이다.

◉ 국가는 국외소재문화재의 보호·환수 및 활용 등을 위하여 노력해야 하는데, 국외소재문화재의 현황, 보존·관리 실태, 반출 경위 등에 관한 조사·연구는 물론이고, 국외소재문화재 보호 및 환수를 위하여 관련 기관 또는 단체를 지원·육성할 수 있다.

◉ 그 일환으로 문화재청은 국외소재문화재의 현황 및 반출 경위 등에 대한 조사·연구, 국외소재문화재 환수·활용과 관련한 각종 전략·정책 연구 등 국외소재문화재와 관련한 제반 사업을 종합적·체계적으로 수행하기 위해 2012년 7월 국외소재문화재재단을 설립하였다.

◉ 불법 반출 문화재를 반환하는 방법 또는 체계로는 유엔이나 유네스코와 같은 국제기구의 역할을 비롯하여 해당국 정부 간에 이루어지는 회의, 그리고 관련 민간단체나 전문가들이 모여서 도출해 낸 비정부간회의 등 여러 가지가 있다.

◉ 오래전부터 불법 반출 문화재의 반환이나 재발 방지에 노력을 기울인 국제기구나 협약이 많이 존재해 왔다. 관련 국제기구로는 UN, UNESCO, ICPRCP(문

- 화재 반환을 촉진하기 위한 정부간위원회) 등이 있으며, 기타 정부간·비정부 간 회의도 활발히 개최하고 있다.

- 국외문화재 환수 관련 국제 협약은 1954년 채택된 '무력 충돌 시 문화재 보호 협약'(헤이그 협약)과 1970년 채택된 '문화재의 불법 반출·입 및 소유권의 양도 금지와 예방 수단에 관한 협약', 그리고 1995년의 '문화재의 도난 및 불법 반출에 관한 유니드로와(UNIDROIT) 협약' 등이 대표적이다.

- 2018년 4월 기준 국외에 소재한 우리 문화재는 20개 국가에 17만 2,316점이 있는 것으로 파악되고 있으며, 도쿄국립박물관 등 일본에 가장 많은 7만 4,742점(43.38%)의 소재가 파악되고 있고, 메트로폴리탄박물관 등 미국에 4만 6,488점(26.98%)의 우리 문화재가 존재하는 것으로 조사되고 있다. 그 외 독일, 중국, 영국, 러시아 등의 여러 나라에 흩어져 있는 것으로 알려져 있다.

- 국외에 반출된 우리 문화재 환수 사례 가운데 가장 규모가 컸던 것은 1965년 체결한 한일협정에 의한 반환으로, 일제강점기 이래 불법적으로 일본에 반출되었던 우리 문화재 1,432점이 반환되었다. 이후 한일강제병합 100년이 되는 해인 2010년, '도서에 관한 대한민국 정부와 일본국 정부 간의 협정'이 체결되어 조선총독부를 경유해 불법 반출한 후 일본 궁내청에서 소장하고 있던 조선왕실의궤 81종 167책을 비롯하여 이토 히로부미 반출 규장각 도서 66종 938책 등 총 150종 1,205책이 추가로 반환되었다.

- 1866년 병인양요 때 프랑스군이 외규장각을 불사르고 약탈해간 서책 340책 가운데, 1975년 프랑스국립도서관 사서로 일하던 故 박병선 박사가 도서관 별관 창고에서 외규장각 의궤 297책을 찾아낸 후 기나긴 반환 협상 끝에 5년 단위로 갱신되는 영구 대여 형식으로 2011년에 외규장각 의궤를 되찾아 왔다.

- 이처럼 국가 간의 협의나 민간의 노력 덕에 소량이지만 귀중한 국외문화재들을 되찾아 올 수 있었다. 하지만 현행 국제법으로는 우리가 빼앗긴 문화재들을 되찾아 올 방법이 없다는 점 또한 직시해야 한다. 따라서 해외에 유출된 문화재의 보호와 활용을 위해 해당국의 문화재를 국내로 환수하는 것도 중요하지만, 그 대안으로서 국외에 소재하고 있는 수많은 문화재의 다양한 활용 방안을 마련하는 것 또한 중요하다는 점을 생각해 보아야 한다.

생각해 볼 거리

▶ 문화재 분류체계에서 국외소재문화재로 정의하는 것에 대해 개념의 타당성과 의미에 대해 논의해 보자.

▶ 인류 문명사에서 끊이지 않았던 문화재 약탈에 대한 역사를 알아보고, 그 심각성과 대응 방안, 국제적 협력 체제 등에 대해 논의해 보자.

▶ 우리나라 국외문화재의 현황에 대해 살펴보고, 그 원인과 문제점, 우선적으로 해결해야 할 과제 등에 대해 논의해 보자.

▶ 국외소재문화재재단의 기능과 역할, 사업 성과 등에 대해 알아보고, 앞으로 어떠한 방향으로 사업을 추진하는 것이 효과적일지에 대해 논의해 보자.

▶ 국외문화재의 환수 등과 관련된 사례를 통해 바람직한 환수 대책 또는 현실적 대안 등에 토론해 보자.

▶ 국외문화재의 궁극적인 활용 방안에 대해 폭넓게 얘기해 보자.

제3부

이제는 활용이 대세다

제13장

문화유산의 활용과 방법

이 장의 목표 ....

현대는 문화유산 활용의 시대라 할 만큼 우리 문화유산의 보존과 활용에 대한 국민적·사회적 관심과 욕구가 증대되고 있다. 또한 문화유산 활용의 관점이 당해 문화재가 가지고 있는 재화 또는 자산적 '가치' 중심에서 문화유산에 포함되어 있는 '의미' 중심으로 변화되면서 활용의 대상은 물론 그 가치에 대한 인식 또한 확대되고 있다.

이 장에서는 우선 문화유산 활용의 개념과 연원에 대해 살펴볼 것이다. 한편 문화유산의 활용은 보존을 전제로 한 가치의 확대 또는 재창출 과정이라 할 수 있기 때문에 가치의 재인식에서 융합에 이르기까지의 과정과 구조 등에 대해서도 구체적으로 살펴보고자 한다.

문화유산 활용에 대한 권리는 보존의 당위성과 더불어 법적으로도 가장 우선적으로 보장되어 있지만, 여전히 선언적 의미에서 크게 벗어나지 못하고 있다. 문화유산의 활용에 대해서는 깊이 있는 연구나 검토가 이루어지지 못하고 있고, 일반인들에게도 여전히 문화재는 일상적인 생활에서 동떨어진 객체로 인식되고 있는 게 사실이다. 이에 원형 유지라는 전제하에 문화유산의 활용에 대한 원칙과 적절한 가이드라인을 제시할 필요성에 대해서도 알아볼 것이다.

이어서 현재 문화재청과 유관 단체들을 중심으로 진행되고 있는 문화재의 유형별 활용 방안과 활용 분야, 그리고 구체적인 활용 프로그램 사례들을 소개하고자 한다.

이상과 같이 현재 문화유산 분야의 화두이자 대세라고 할 수 있는 문화유산의 활용에 대한 개념과 가치, 활용 원칙과 운영 사례 등을 면밀히 살펴봄으로써 우리나라 문화유산 활용 제도의 한계와 문제점을 인식하고, 앞으로 더 나은 활용 방안을 개발하여 문화유산에 대한 국민적 향유 기회를 제공하는 데 기여할 수 있을 것으로 기대한다.

1 활용의 개념

현대는 문화유산 활용의 시대라 할 만큼 우리 문화유산의 보존과 활용에 대한 국민적·사회적 관심이 증대되었다. 사실 그동안은 급속한 산업화의 개발 압력 아래 문화유산을 올바로 보존한다는 것 자체가 역부족으로 느껴졌으나, 경제적 발전과 문화적 욕구를 기반으로 문화유산에 대한 인식이 달라지기 시작하였다. 과거 '개발과 보존'이라는 대립 속에서 사라져 간 문화유산이 무수히 많았지만, 어느덧 문화유산의 보존은 피해 갈 수 없는 숙명으로 받아들여지게 된 것이다. 오히려 요즘은 보존을 넘어선 문화유산의 활용과 향유가 국민 대다수의 시대적 요구와 사명으로 진화하기에 이르렀다. 이제 '보존'은 목표가 아닌 당위가 되었으며, '활용'은 우리 시대의 필수 과제가 되었다.

최근 일선 학교에서는 '내고장 문화재 알기'와 '현장 체험' 등과 같은 방법으로 문화유산을 교육하고 있으며, 상당수 기업에서도 '한 문화재 한 지킴이' 운동과 같은 프로그램으로 문화유산의 보호와 관리에 앞장서고 있다. 개인과 가정, 단체를 막론하고 문화유산을 찾아다니며 답사하거나 전시관 등을 관람하는 활동은 생활의 일부로 자리매김하였고, 그러한 프로그램을 지원하기 위한 문화유산 해설 등 봉사 활동도 활성화되고 있다. 이처럼 문화유산은 대다수 국민들에게 더 이상 '개발의 걸림돌'이 아니라 '고이 가꾸고 한껏 누려야 할 가치'로 통하게 된 것이다. 나아가 문화의 향유에 대한 욕구와 요구는 하루가 다르게 증대하고 있기에, 문화유산의 활용에 대한 원칙과 적절한 가이드라인을 제시할 필요성이 절실해졌다.

문화유산 활용의 연원이나 역사는 서양의 고대 미술품의 전시에서 그 뿌리를 찾을 수 있다. 고대 미술품은 르네상스 시대에 왕실 혹은 귀족의 전시물로 재사용되거나 건축물의 장식 부재로서 사용되기도 했다. 마틴 루터의 종교개혁을 통해 중세의 교회는 새로운 용도에 맞게끔 내부 구조를 변경해야 했으며, 이러한 변용을 통해 종교 건축의 생명력을 보장받기도 했다. 이러한 건축문화재의 활용에 대한 구체적인 방법론은 오랫동안 전통적으로 사용했던 용도 변경 속에서 찾을 수밖에 없었고, 주로 보존을 위한 수리 방법이 문제되었다.

역사적 건조물의 보호와 활용의 문제는 1904년 마드리드 선언에 처음 나타난다. 여기에서는 기념물들이 '죽은 기념물'과 '살아 있는 기념물'로 분류되어 죽은 기념물은 동결보존(凍結保存)을 하고, 살아 있는 기념물은 현황에 맞게끔 개조하는 동태보존(動態保存)을 해야 한다는 내용이 포함됨으로써 활용 방법에 대한 검토가 엿보이기 시작한다. 보존과 활용의 문제는 역사적 건물의 철거가 사회 문제로 부각되면서 본격적으로 나타났다. 그리고 시민단체들이 보존 운동을 전개하여 많은 역사적 건축물이 실제로 보존되면서 활용의 문제가 본격적으로 표면화되었다. 역사적 건축물을 사용할 경우에 수리를 통해 보존할 수 있었지만, 수리를 통해 경제적으로 재생이 불가능할 경우에는 용도를 바꾸면서까지 새로운 상업적·관광적 기능을 부가하기도 했다.[128]

우리나라에서는 1962년 문화재보호법을 제정할 당시부터 활용의 목적을 분명히 밝히고 있지만 사실상 선언적 의미에서 크게 벗어나지 못하였다. 또한 아직까지도 문화유산의 활용에 대해서는 깊이 있는 연구나 검토가 이루어지지 못하고 있고, 일반인들에게도 여전히 문화재는 일상적인 생활에서 동떨어진 객체로 인식되고 있는 게 사실이다. 즉 문화유산의 보존적 측면에서는 '원형 유지'의 원칙을 내세우면서 나름대로의 성과를 거두어 왔지만, 다양해진 보존 대상에 대한 적정 활용 범위와 방법 등은 구체화되지 못함으로써 전체적인 문화재 보호 정책의 외연을 확대해 나가는 데는 부족한 감이 없지 않다. 그러나 최근에는 문화유산 활용의 관점이 당해 문화재가 가지고 있는 재화 또는 자산적 '가치' 중심에서 문화유산에 포함되어 있는 '의미' 중심으로 변화되면서 활용의 대상은 물론 그 가치에 대한 인식 또한 확대되고 있다. 문화유산의 가치를 재발견하여 공유하고 확산시키는 문화 창조의 과정을 통해 모든 문화유산은 진정한 민족 문화의 상징으로 재탄생하여 국가 경쟁력 강화에 이바지하게 될 것이다.[129]

'활용'이란 의미는 사전적으로는 "충분히 잘 이용함" 또는 "본래 그것이 지닌 능력이나 기능을 잘 살려 사용하는 행위"라고 정의되어 있다. 따라서 문화유산에 있어서도 그 활용이란 문화유산을 단순히 이용하는 것이 아니라 "그것이 지닌 가치나 기능 또는 능력을 잘 살려 지속 가능하게 이용하는 행위"를 의미한다. 다시 말하면 문화유산이 지닌 역사적·예술적·학술적·경관적 가치나 기능 또는 능력을 살려 효율적으로 사용하는 행위라 할 수 있다. 문화유산의 활용은 보존·관리를 소홀히 하거나 활용하는 것만을 위한 개념이 아니라 오히려 발굴·복원·보존·관리·활용의 순환 구조를 재인식하고, 그 가운데 활용 가능한 대상과 상태에 따라 다양한 부가가치를 창출하는 데 목적이 있다. 즉 문화유산의 활용이란 민족 문화의 재발견인 동시에 새로운 문화가치의 창조 과정이다. 따라서 현 단계에서는 문화유산을 원형대로 보존하고 체계적으로 관리하는 한편, 국민들이 문화유산을 알고 찾고 향유하는 동시에 다양한 사회경제적 가치를 창출해 나갈 수 있도록 적극적인 활용 정책을 마련하는 노력이 필요하다.[130]

2 활용 과정과 구조

문화유산의 활용은 보존을 전제로 한 가치의 확대 과정이라 할 수 있다. 이 점에서 활용의 기본 원리는 바로 가치의 확대 또는 재창출 과정이 된다. 가치의 확대 과정은 크게 5가지 유형으로 구분된다. 즉 가치의 재인식, 가치의 전환, 가치의 재창조, 가치의 극대화, 가치의 융합 등이다.

가치의 재인식은 기존 문화유산에 대한 새로운 해석을 통해서 인식을 확장하는 것이다. 현재 알려진 문화유산의 가치를 새로운 의미 체계로 재해석하는 것을 말한다. 따라서 문화유산은 시대를 넘어선 초유기체로서의 성격을 지닐 수밖에 없다. 가치의 전환이란 문화유산을 새롭게 해석하고 가치를 부여하면 얼마든지 새로운 문화유산으로 거듭날 수 있음을 의미한다. 따라서 다양한 문화자원을 새로운 가치로 전환시켜 활용하는 노력이 필요하다. 가치의 재창조는 널리 알려지지 않은 자원들에 대하여 문화자원으로서 새로운 가치를 발굴하려는 노력과 함께 새롭게 가치를 창출하는 작업이다. 가치의 극대화란 통합적 인식 체계로 문화유산의 가치를 바라보는 관점이다. 현재까지의 문화유산은 특수한 분야에 국한하여 해석되고 이해되는 측면이 강했다. 하지만, 하나의 문화유산 가치를 다양한 학문 영역으로 해석할 경우에 그 가치는 극대화될 수 있다. 가치의 융합이란 문화유산의 가치를 다른 가치 체계와 결합시켜 이해하는 것이다. 이러한 융합 과정은 문화유산 가치의 극대화를 넘어 새로운 문화의 창조 과정으로 연결된다.

문화유산 활용의 첫 단계는 활용에 앞서 그 대상의 유형별 특성을 파악하고, 각각의 보존과 관리 상태에 따라 다원적인 전략을 수립하는 것이다. 즉 문화유산의 보존을 전제로 하되, 보존에 머물지 않고 그 가치와 기능 또는 능력을 다방면에서 활용할 수 있는 방법을 찾아내야 한다. 문화유산의 활용은 크게 생산 단계(조사·발굴·연구), 보존 관리 단계(복원·보존·관리), 활용 단계(활용·분석)의 순환 구조를 갖는다.

문화유산의 활용은 생산 단계와 보존 단계를 거쳐 본격화되지만, 박물관 전시와 같은 보존 관리 단계에서 또는 발굴 현장 체험과 같은 생산 단계에서도 가능하다. 따라서 문화유산의 활용은 순환 구조의 전 단계에서 발생할 수 있으므로 전 과정에서 다양한 방법론을 찾아볼 필요가 있다. 그러나 현 단계에서 문화유산의 활용은 생산 단계에서는 많은 노력과 예산이 투입되지만 보존 관리 단계를 거쳐 활용 단계에 이르면 그 규모가 작아지는 구조를 갖는다. 이러한 순환 구조는 활용의 구조가 매우 비효율적이라는 점을 시사한다. 이는 또한 보존 위주의 문화재 정책이 가져다준 결과로 평가된다. 따라서 문화유산의 활용이 원활하게 이루어지려면 생산 단계에서 미리 활용 방안이 모색되어야 하고, 보존 관리 단계를 거쳐 활용 단계에는 그 활용의 범위와 영역이 더욱 확대되어 새로운 창조 가치로 발전하는 순환 구조로 변화시켜야 한다.[131]

3 활용의 원칙

문화유산 활용에 대한 권리는 보존의 당위성과 더불어 법적으로도 가장 우선적으로 보장되어 있다. 문화재보호법 제1조(목적)에는 "이 법은 문화재를 보존하여 민족문화를 계승하고, 이를 활용할 수 있도록 함으로써 국민의 문화적 향상을 도모함과 아울러 인류문화의 발전에 기여함을 목적으로 한다"라고 명시되어 있다. 다만, 이러한 활용은 제3조(문화재보호의 기본원칙)에 "문화재의 보존·관리 및 활용은 원형 유지를 기본원칙으로 한다"라고 전제하고 있어, '원형 유지'라는 절대 절명의 과제를 낳았다. 다시 말하면 아무리 좋은 취지의 활용이라 할지라도 원형 유지가 보장되지 않는다면 활용하지 말아야 한다는 것과 일맥상통한다. 한편 문화재보호법 제48조(국가지정문화재의 공개 등) 제1항에서는 "국가지정문화재는 제2항에 따라 해당 문화재의 공개를 제한하는 경우 외에는 특별한 사유가 없으면 이를 공개하여야 한다"라고 공개의 의무를 강조하고 있다. 다만 이 경우 역시 "국가지정문화재의 보존과 훼손 방지를 위하여 필요하면 해당 문화재의 전부나 일부에 대하여 공개를 제한할 수 있다"라고 하여 무작정 공개에는 제한을 두고 있음을 알 수 있다.

이상에서 보듯이 모든 문화재는 원형이 훼손되지 않고 보존되는 한에서는 원칙적으로 그것을 활용하도록 보장하여야 하며, 필요에 따라 누구에게나 개방하여야 하는 대상이다. 그럼에도 불구하고 현실적으로 모든 문화유산을 전적으로 활용하고 개방하지 못하는 사유는 바로 '원형 유지'라는 지난한 과제 때문이다. 이와 관련하여 이미 선진국에서는 오래전부터 문화유산 활용의 원칙과 목적, 그리고 범위와 정도 등에 관한 논의가 이루어져 왔다. 대표적으로 오늘날 여러 국가에서 문화유산 보존의 원칙으로 준용하다시피 하고 있는 베니스 헌장(1964)에서는 "기념물의 보존은 사회적으로 유용한 목적으로 활용되는 것이 바람직하다"라고 하여 활용의 목적을 공적인 것에 국한하고 있다. 나아가 1981년 제정된 플로랑스 헌장에서는 "문화유산의 진정성 회복이 공익적 활용보다 우선되어야 하고, 진정성은 어떠한 경우에도 협상이 이루어져서는 안 된다"라고 하여 문화유산의 활용보다는 그 자체가 지니는 진정성을 강조하고 있다. 이와 비슷한 입장에서 1999년 호주에서 제정된 버라 헌장(1999)의 보존 원칙 제3조를 보면 "가능한 최소한으로 필요한 만큼만 변형하는 신중한 접근이 요구된다"라고 하여 활용보다는 보존의 중요성에 방점을 찍고 있다. 물론 이와는 반대로 문화유산을 지속적 개발의 필수 계획 요소로 간주하며 보존보다는 활용과 개선을 강조한 헌장이나 선언들도 다수 존재한다. 이에 우리나라도 조속히 문화유산 전체의 보존에 관한 헌장이나 원칙을 수립하여 일관된 입장을 견지하도록 제도화할 필요성이 있다.[132]

4 문화재별 활용 방안과 분야

1) 문화재별 활용 방안

문화재를 제대로 활용하기 위해서는 문화재가 담고 있는 참 가치를 살려내고 그 가치와 의미를 잘 드러내는 방법이 필요하다. 문화재별 활용 방안으로는 다음과 같은 것들이 있다.[133]

(1) 문화재 스스로 말하게 하라

문화재가 지닌 가치를 가장 잘 드러내는 방법은 바로 문화재 스스로 말하게 하는 것이다. 문화재는 내재적 가치와 외재적 가치를 함유하고 있다. 내재적 가치를 드러내는 방법은 통합적 인식을 전제로 한 문화적 의미를 살리는 것이다. 문화재는 보통 어느 특정한 분야에 한정하여 그 가치와 의미를 설명하는 방식이 대부분이다. 이러한 방식은 문화재의 가치를 올바로 표현하고 전달하는 데 한계를 띨 수밖에 없다. 따라서 개별 문화재가 지닌 내재적 가치를 제대로 개발하기 위해서는 그 문화재를 둘러싼 역사, 고고학, 민속, 건축, 예술 등을 통합적으로 연구함으로써 가치를 고양시키는 노력이 필요하다. 이는 향후 문화재의 발굴, 보존, 관리, 활용에 다양한 분야의 전문가가 함께 참여하여 그 가치를 종합적으로 고찰할 수 있는 새로운 방법론은 만들어 나가야 한다는 것을 의미한다.

외재적 가치를 드러내는 방법은 내재적 가치를 기반으로 이를 효과적으로 알리고 홍보하는 일이 대표적이라 할 수 있다. 예를 들면, 문화재를 소개하는 패널과 안내하는 홍보 책자를 구비하고, 주변 지역을 정비하여 문화재를 찾는 사람들로 하여금 문화재의 가치를 충분하고 편안하게 느낄 수 있도록 새로운 문화재의 보존, 관리, 활용 환경을 조성하는 노력이 필요하다.

(2) 문화재와 문화재를 결합하여 말하게 하라

하나의 문화재가 가지고 있는 가치를 높이기 위해서는 해당 문화재와 다른 문화재와의 결합 과정을 통해 각각의 가치를 확장시켜 활용하는 방안이 효과적이다. 예를 들면 한 지역의 관아 건물, 서원, 사당, 장터 등을 하나의 권역으로 묶어 테마 관광의 코스로 개발하는 방식이 대표적인 사례가 될 수 있다. 통상 문화재는 단독으로 존재하기보다는 주변의 자연·인문 환경과 결합하여 존재하는 경우가 대부분이기 때문에 어떠한 문화재든지 단독적으로 그 가치를 부각시키기보다는 주변에 분포한 다양한 문화재들과 결합하여 가치를 공유할 필요가 있는 것이다.

(3) 문화재와 사람을 결합하여 말하게 하라

문화재는 궁극적으로 당대 사회를 살아가는 사람들에 의해 만들어진 결과물이다. 그러나 안타깝게도 오늘날 문화재를 바라보는 인식 속에는 그것을 만들었거나 사용했던 사람들은 빠져 있고, 그 결과물인 문화재만 남은 것이 대부분이다. 이러한 문제점을 극복하기 위해서는 되도록 그 문화적 공간에 살았던 사람을 결합시켜 문화재를 활용하는 방안을 적극적으로 검토할 필요가 있다. 예를 들면 궁궐을 관람하는 사람들에게 그 궁궐에서 벌어졌던 드라마틱한 사건들을 재구성하여 보여주는 프로그램 등이 대표적이라 할 수 있다. 이런 체험을 할 때에야 비로소 국민들은 당시 왕이 살던 궁궐이 어떠한 곳이고, 그곳에서 임금을 둘러싼 얼마나 많은 역사적 사건이 발생했는지 일부나마 짐작을 할 수 있을 것으로 생각된다.

(4) 문화재와 장르를 결합하여 말하게 하라

문화재를 다양하고 생생하게 활용하기 위해서는 문학, 연극, 공연, 예술 등 여러 장르와 결합하여 보여주는 작업이 필요하다. 위에서 언급한 사람과의 결합을 소재로 하되 그것을 표현하는 방식은 여러 방법이 있을 것이다. 예를 들어 영조와 사도세자의 갈등이나 명성황후의 시해 사건 등을 다룬 영화나 뮤지컬 등을 생각해 보면 특정 문화재를 무대로 한 역사적 사건이 여러 사람들에게 커다란 감동을 주었음을 알 수 있다. 따라서 주변의 다양한 문화재를 활용한 영화, 연극, 공연, 드라마, 뮤지컬, 음악회 등 다양한 장르와 결합하여 활용할 때 그 가치가 더욱 빛을 발할 수 있을 것으로 기대된다.

(5) 문화재와 매체를 결합하여 말하게 하라

최근의 문화 향유 트렌드에 비추어 보면 인터넷이나 SNS 등을 비롯한 다양한 소통 매체와 미디어 등을 결합하여 문화재를 활용하는 방법이 대단히 효과적이라 생각된다. 이러한 방법을 디지털 문화콘텐츠 전략이라고 할 수 있는데, 특히나 우리나라와 같이 IT 기술이 발달된 환경에서는 그러한 기술을 접목한 활용 방안의 개발에 주목할 필요가 있다. 이러한 방법은 시공을 초월해 우리 문화재의 가치와 의미를 알리고 나눌 수 있는 장점을 지니고 있을 뿐만 아니라 해외에 우리나라의 문화재를 소개하는 데에도 크게 이바지할 수 있을 것이다.

(6) 문화재의 교류를 통해서 말하게 하라

문화재는 한 나라의 고유한 민족문화를 대표하는 상징물이나 다름없다. 따라서 문화재를 교류한다는 것은 단순한 문화 소개의 수준을 넘어 국가적 이미지와 브랜드 가치를 높이는 데 큰 역할을 한다는 의미도 있다. 예를 들면 한류 문화의 확산에 발맞추어 문화재를 연결시켜 활용하는 방안을 모색할 필요가 있다. 한류 공연의 한 축으로 우리 전통 문화 공연을 펼친다든지 관련 국가와의 문화재 교환 전시회를 개최한다든지 하는 방안들도 적극적으로 검토할 만하다. 해외의 젊은이들로 하여금 현대 한국 문화의 뿌리에 우리 전통 문화의 우수성이 내재되어 있음을 인식시켜 주는 다양한 방법을 개발할 수 있다면 그만큼 효과적인 홍보 전략이 없을 것이다.

2) 문화유산 활용 분야

문화유산은 그 자체가 갖고 있는 예술적·미적 가치와 함께 역사의 교훈을 배우고 전통 문화의 멋과 향취를 느낄 수 있다는 점에서 교육 및 관광 자원으로서의 가치도 크다. 또한 최근에는 문화유산이 다양한 문화 상품, 영상 자료, 문화콘텐츠로 개발되는 등 산업자원으로 활용되는 사례도 크게 늘고 있다. 이에 문화유산이 실제로 어떠한 분야에서 활용되고 있는지 그 방법과 사례들을 살펴보고자 한다.[134]

(1) 문화유산 교육

문화유산 교육은 문화유산에 대한 이해를 바탕으로 문화유산의 가치를 인식시키고, 문화유산을 가꾸어 보호해 나가도록 하며, 궁극적으로는 문화유산을 향유해 나가도록 하는 것을 의미한다. 다시 말하면 청소년과 시민들에게 학교 교육과 사회 교육 등을 통하여 문화유산의 가치와 소중함을 올바르게 알리고, 이해시키며, 역사·문화적 정체성을 형성시켜 나감으로써 소양을 갖춘 문화 시민으로 양성해 나가기 위한 교육 형태라고 볼 수 있다.

문화유산을 역사 교육 자료로 활용하는 것은 예전부터 가장 기본적인 활용 분야의 하나로 인식되어 왔다. 그러나 교육 분야에서의 문화유산 활용은 학교 수업의 보조적인 형태로 운영되거나 수학여행의 단골 코스로 이용하는 제한적인 범위의 체험이나 답사에 그치는 경우가 대부분이었다. 그러나 최근에는 문화유산이 애향심을 고취시키거나 올바른 역사관 정립을 위한 중요한 수단으로 인식되면서 문화유산의 교육 트렌드 자체가 변화하고 있으며, 나아가서는 지역 사회와 국가의 지속 가능한 발전을 위한 미래 세대의 교육 방식으로 활용할 필요성이 높아지고 있다. 따라서 문화유산 교육은 단순히 학교 교육의 한 방편으로서가 아니라 문화를 창조하고 역사를 이끌어 가는 자원으로서 더욱 합리적이고 적극적인 교육으로 이행되어야 할 것이다.

문화유산의 교육 방법으로는 학교 교육이 가장 대표적이나 그 밖에 전국적으로 활발히 활동하고 있는 각종 시민단체의 다양한 교육 프로그램들이 있으며, 가장 일찍부터 운영되어 온 국공립 박물관의 사회교육 프로그램도 꾸준히 그 분야와 대상을 확대해 가고 있다.

(2) 문화유산 관광

관광은 즐거움을 추구하는 문화 행위이자 고도의 서비스를 통하여 관광객을 만족시키는 활동이다. 따라서 흥미로운 관광 상품의 개발, 관광 서비스의 질적 향상, 매력적인 이미지의 창출과 홍보 등이 중요하다. 관광 산업은 전 세계적으로 가장 유망한 전략 산업으로 각광받고 있으며, 앞으로 그 성장세가 더욱 가속화될 것으로 전망된다.

관광 산업 중에서도 문화유산을 매개로 한 분야는 여전히 가장 대표적인 분야로 인식되고 있으며, 방문객에게 의미 있고 즐거운 경험을 제공해 줄 뿐만 아니라 문화유산의 보존에도 기여할 수 있으며, 실질적으로는 해당 지역 사회에도 적지 않은 경제적 혜택을 주고 있다. 즉 관광 산업과 문화유산은 서로 독립적이고 상충적이기보다는 상호 보완적인 밀접한 관계 속에서 발전해 왔다고 볼 수 있다. 최근에는 단순한 문화유산이나 자연유산의 관광보다는 다양한 문화를 체험하며 학습하고 싶어 하는 관광객의 수요가 증가하고 있어서 문화유산은 관광 산업의 발전뿐 아니라 타 문화에 대한 이해 증진과 친밀한 교류의 기회를 제공하는 수단으로 인식되기도 한다. 이러한 요인은 앞으로도 문화유산을 매개로 한 관광 산업이 더욱 활기를 띨 것으로 기대되는 이유로 작용하고 있다.

문화유산을 관광 자원으로 활용할 수 있는 요소는 자연적인 요소와 문화적인 요소로 나눌 수 있다. 자연적인 요소로는 마을 경관, 수자원, 수목, 기후, 환경 등을 들 수 있다. 문화적인 요소는 다시 유형적인 요소와 무형적인 요소로 구분할 수 있다. 유형 요소로는 건축과 도시를 비롯하여 조경, 역사적인 장소, 특산물, 각종 유형문화재, 매장문화재, 공예품, 민속제품, 서책 등 다양한 것들이 있다. 무형 요소에는 역사, 전설, 무형문화재, 음악, 연극, 축제, 민속놀이, 전통음식, 방언, 민간요법 등을 포함시킬 수 있다. 이러한 요소들을 효율적인 관광 자원으로 개발하는 것이 바로 문화유산의 성공적인 관광 산업화를 이룩하는 길이라 할 수 있다.

(3) 문화 기술(CT)

문화유산 활용에서 최근 새롭게 부각되고 있는 영역이 문화 기술(Culture Technology)이다. 문화 기술은 디지털 기술을 활용하여 문화를 콘텐츠화하는 기술의 총체를 말한다. 현재 유·무형의 문화유산을 대상으로 한 문화 기술은 유물의 실물 복제, 가시화된 원형 복원, 문화유산 재현 및 체험 전시, 원천 기술을 이용한 문화유산 상품 개발 등 여러 분야에 걸쳐 다양하게 활용되고 있다.

그중에서도 유형문화재는 실물과 동일한 형상으로 정밀 복제하거나 축소 또는 확대를 통한 1차 상품화가 가능하다. 그리고 원형을 복원한 이후에는 그것을 현대적 감각에 맞게 재창조한 2차 상품으로 개발하는 노력이 요구된다. 예를 들어 전통 문양을 활용한 상품이나 디자인의 개발은 한국적인 개성을 살린 상품 개발에 매우 유리한 분야 중 하나이다.

이 밖에도 문화유산과 첨단 문화 기술과의 만남은 점점 더 활발해지고 있는데, 문화유산의 보존부터 교육적 활용, 문화 상품 개발은 물론 각종 문화유산의 3차원 복원 작업이 시도되고 있다. 예를 들면 최근에 문화재청과 KAIST 문화기술대학원이 공동으로 베트남의 후에 왕성을 디지털로 복원하는 사업 같은 것이 대표적이다. 태화전과 오문 등 현존하는 건물들은 정밀 3D 실측 기술을 이용하여 디지털 복원과 도면 작업을 하고, 남아 있지 않은 건물들은 문헌 자료들을 활용하여 원래의 모습을 디지털로 구현해 내는 것이다. 국내에서도 무령왕릉 출토 유물의 문양을 집대성한 e북이나 옛 서울의 모습을 복원한 '디지털 한양'과 '디지털 동궐' 등의 사례는 문화유산과 디지털 기술을 접목하여 새로운 부가가치를 창출하는 콘텐츠로 중시되는 추세여서 앞으로가 훨씬 기대되는 분야로 평가되고 있다.

(4) 문화 산업

문화 산업(Cultural Industry)이란 문화를 상품으로 생산, 판매 또는 서비스하는 현대의 산업 형태를 말한다. 21세기 들어 문화 기술과 함께 IT로 대표되는 디지털 정보 처리 기술의 응용 발전은 문화유산 활용을 통한 문화 산업의 성장에 크게 기여하고 있다. 최근에는 문화유산을 활용한 디지털 콘텐츠가 출판, 영화, 애니메이션, 게임 등의 분야로 확대되고 있는데, 이와 관련된 다양한 문화 산업의 영역에 대해 살펴보자.

문화유산을 대상으로 한 가장 친근하고 영향력 있는 영역은 역사를 소재로 한 영화나 드라마와 같은 영상 콘텐츠화라고 할 수 있다. 이 밖에 인터넷 매체를 통해 고객에게 전달하는 웹 콘텐츠화도 활기를 더해 가고 있다. 문화유산의 웹 콘텐츠화는 유·무형의 정보를 데이터베이스로 구축하여 서비스하는 형태와 문화유산 정보를 활용한 문화관광 정보서비스 형태, 그리고 문화유산을 멀티미디어 형태로 재가공하여 산업화하는 형태 등이 있다. 한편 디지털 시대의 문화유산 활용은 언제 어디서든 필요한 정보를 제공받을 수 있는 유비쿼터스 환경을 지향한다. 전국의 문화유산에 GPS 정보를 제공하는 위치 기반 서비스 개발이나 문화유산에 부착된 태그정보를 인식하는 모바일 RFID 방식의 도입 등이 요구된다. 국립중앙박물관과 창덕궁 등에서는 전시 유물과 중요 건축물에 대한 음성정보 및 멀티미디어 서비스를 제공하고 있어 문화유산의 유비쿼터스 콘텐츠화의 대표 사례로 인식되고 있지만, 이와 같은 서비스의 전국적인 확대가 필요한 상황이다.

5 문화재별 프로그램 체계

문화재 활용 사업의 범주는 활용 유형, 서비스 목표, 향유 형태에 따라 분류할 수 있다. 활용 유형에 따른 분류는 유교문화재형, 전통마을형, 유적지형, 자연명승형, 근대문화재형, 무형문화재형, 역사인물지형, 공공시설형으로 나뉜다. 서비스 목표에 따른 분류는 오락형(엔터테인먼트-오락, 몰입), 교육형(에듀테인먼트-교육, 정보), 감성형(이모테인먼트-답사, 감성)으로 나뉜다. 향유 형태에 따른 분류는 관광형, 답사형, 참여형, 체류형으로 나뉜다.[135]

그중 문화재청의 대표적인 활용 사업인 '생생문화재사업'과 '향교·서원 사업'을 중심으로 세부 사업과 핵심 콘텐츠의 특성을 고려하여 문화재 활용 사업을 유형별로 분류하면, 공연형, 체험형, 관람형, 교육형, 복합형 등 총 6개의 유형으로 나눌 수 있다.[136]

문화재 활용 사업의 대표적인 사례로는 생생문화재 사업, 고고학 체험교실, '우리 동네 유적' 사회교육 프로그램 등을 들 수 있는데, 이들에 대한 개략적인 사업 내용과 현황은 다음과 같다.[137]

1) 생생문화재 사업

생생문화재 사업은 '문화재 문턱은 낮게', '프로그램 품격은 높게', '국민 행복은 크게'라는 전략을 통해 닫히고 잠자고 있는 문화재의 가치와 의미를 발견하고, 문화콘텐츠로 새롭게 창조하여 국민과 함께하는 살아 있는 역사 교육장 및 프로그램형 문화재 관광 상품으로 활용할 목적으로 시작하여, 2008년부터 지금까지 운영되고 있는 사업이다.

오늘날 세계 각국은 문화재를 수익성이 높은 건전한 투자 상품으로 평가하여 보존 중심에서 문화재 가치를 확산하는 활용 정책으로 관리 체계를 변화해 나가고 있다. 문화재 보호 정책은 문화재가 갖고 있는 현실적 가치라는 측면을 강조하고 문화재의 잠재적 가치에 대한 평가나 활용은 간과하는 경향이 우세하였다. 국민들의 여가 문화 확산과 삶의 질 향상으로 생

그림 13.1 파주 생생문화재 방촌 선비 체험학교(문화살림 제공)

활 문화가 바뀌면서 문화재를 향유하려는 수요가 늘어나고 있지만 이를 수용하기에는 역부족인 게 현실이다. 이에 관람 중심에서 오감(五感) 자극 체험 중심으로 국민들의 문화재 향유 방식을 전환하고, 나아가 문화재가 지역 발전의 장애물이라는 고정 관념과 편견 등 지역 사회의 피해 의식을 전환하기 위한 정책이 요구되었다. 아울러 시민단체 등의 참여 기반을 확대하고, 생산적 협력 관계 견본 개발이 중요한 정책영역으로 부각되었다.

이에 문화재의 고유한 가치와 의미를 새롭게 발견하여 재창조하고, 수요자 중심의 특성화로 지속 가능한 문화재 향유권을 신장하고자 하였다. 또한 문화재의 융·복합적 활용을 통한 사회·문화·경제적 부가가치 창출을 도모하고자 생생문화재 사업을 기획하였다.

이 사업은 매년 매력적이고 창의적인 사업을 발굴하기 위해 지방자치단체 공모 방식으로 추진하여 지역별 특화된 문화재 활용 프로그램의 상설화로 지속적인 향유가 가능한 고품격 문화관광 상품화로 육성하고자 하였다. 교육 정책의 '창의적 체험 활동'과 연계하여 상호 보완적 관계를 형성하도록 하였고. 사업 유형을 단계적으로 시범육성형–집중육성형–지속발전형으로 구분하여 차등 지원하였다. 국민과 소통하고 문화재 활용·운영의 내실화를 위한 활용 기법 보급과 전문가 조언 등을 통해 활용 품질의 질적 향상 유도 및 관계자 역량 강화에 중점을 두었다.

생생문화재 사업을 통해 문화재를 국가 정체성 확립 및 브랜드 제고를 위한 전략적인 콘텐츠로 활용할 수 있는 가능성을 제시하고 국가적 관심을 유도하여 창의적인 문화콘텐츠 생성 및 활용 프로그램의 고유성 창출로 문화재 활용의 사회적 기반을 형성할 수 있었다. 관(官) 주도의 단순한 문화재 관람에서 국민참여형 교육·여행·체험·관광 프로그램을 연계하여 참관객의 수준에 맞는 맞춤형 프로그램을 운용함으로써 문화재에 대한 이해 증진의 효과도 이끌어 냈다. 즉 이전의 전문가 중심 향유 문화재를 국민의 자주적·대중적 향유 문화재로 전환하여 문화재의 인문·사회적 서비스 역할을 증대시킨 것이며, 문화재에 대한 적대감 해소와 문화재 애호정신 함양 등 문화재 보호의 자산을 확충한 계기도 되었다.

최근까지의 성과만 보더라도 프로그램 진행 횟수 및 참여 인원이 매년 20~30%씩 증가하는 추세를 보이고 있는데, 2014년 집계에 따르면 총 2,097회(사업당 30회)를 실시하여 23만여 명(사업당 3,400여 명)이 참여한 것으로 나타났다. 그뿐만 아니라 생생문화재 사업이 진행되는 지역에 미치는 경제적 효과나 일자리 창출로 인한 고용 파급 효과도 기대 이상인 것으로 평가되었다.

2) 고고학 체험교실

고고학 체험교실은 문화유산 발굴·복원 현장을 활용한 창의 체험교실 운영으로 청소년들에게 문화유산의 가치와 보존의 필요성을 널리 알리고 문화적 자긍심을 고취함과 함께 문화재 발굴·복원 현장의 물리적·외형적 가치 보존에서 나아가 교육적 활용을 통해 문화유산의 가치를 재창출하고자 하는 목적에서 추진되었다.

동 사업의 교육 대상은 초·중·고 및 동등 교육 기관(지역아동센터, 장애인학교 등)의 학생이고, 이들을 대상으로 토기 제작 및 굽기, 선사시대 주거지 설치 및 체험, 모의 발굴 체험, 유구 그려 보기, 유물 접합 체험, 유구 실측 체험 등 고고학 체험 교육을 실시하고 있다.

고고학 체험교실과 같은 발굴 현장 체험 사업은 전국적으로 다수의 발굴 전문법인들이 해당 지역 학생들을 대상으로 다양한 프로그램을 개발하여 흥미롭게 진행함으로써 좋은 평가를 받고 있다. 초중고 학생들에게 가상의 발굴 공간을 만들어 놓고 직접 땅을 파면서 매장되어 있는 유물을 수습하게 하는 체험은 그야말로 고고유적에서만이 가능한 특화된 프로그램이라 할 수 있다. 이러한 발굴 현장 체험 사업은 일반인의 참여도는 물론 만족도도 꽤 높아 향후 사업의 확대가 불가피할 것으로 생각된다.

3) '우리 동네 유적' 사회교육 프로그램

'우리 동네 유적' 사회교육 프로그램은 매장문화재의 가치 및 중요성에 대한 대국민 홍보와 공감대 형성을 위하여 매장문화재 관련 활용 프로그램을 개발·운영하고자 하는 데서 비롯되었다. 지역 주민을 대상으로 하는 다양한 체험 및 참여형 매장문화재 활용 프로그램과 매장문화재 해설사 및 각종 활용 프로그램 자원 봉사자 양성 등을 사업의 주된 내용으로 하고 있다.

그림 13.2 '우리 동네 유적' 사회교육 프로그램(한강문화재연구원 제공)

대표적인 프로그램으로 (재)한강문화재연구원이 주관하는 문화재 활용사업 '우리 동네 유적 – 문화재 보존과 기록' 등을 들 수 있다.

이상과 같은 사업 외에도 다양한 문화유산 스토리텔링 활성화 사업이 진행되고 있다. 특히 문화재의 재발견 사업으로 '자전거로 떠나는 문화재 여행'이나 '이야기가 있는 문화유산 여행길' 같은 것들은 취미 생활과 문화유산 답사를 연계한 프로그램으로서 많은 사람들의 호응을 받고 있어서 앞으로 이러한 생활 밀착형 문화유산 활용 프로그램의 개발에 눈을 돌릴 필요가 있을 것으로 생각한다.

핵심용어

활용 문화유산이 지닌 역사적·예술적·학술적·경관적 가치나 기능 또는 능력을 살려 효율적으로 사용하는 행위.

동태보존(動態保存) 살아 있는 기념물을 현황에 맞게끔 개조하여 보존하는 것.

문화 기술(Culture Technology) 디지털 기술을 활용하여 문화를 콘텐츠화하는 기술의 총체.

문화 산업(Cultural Industry) 문화를 상품으로 생산, 판매 또는 서비스하는 현대의 산업 형태.

생생문화재 사업 '문화재 문턱은 낮게', '프로그램 품격은 높게', '국민 행복은 크게'라는 전략을 통해, 닫히고 잠자고 있는 문화재의 가치와 의미를 발견하고, 문화 콘텐츠로 새롭게 창조하여 국민과 함께하는 살아 있는 역사 교육장 및 프로그램형 문화재 관광 상품으로 활용할 목적으로 시작한 문화유산 활용 사업.

요약정리

◉ 현대는 문화유산 활용의 시대라 할 만큼 우리 문화유산의 보존과 활용에 대한 국민적·사회적 관심과 욕구가 증대되고 있다. 따라서 문화유산의 활용에 대한 원칙과 적절한 가이드라인을 제시할 필요성이 절실해졌다.

◉ 문화유산의 활용이란 문화유산이 지닌 역사적·예술적·학술적·경관적 가치나 기능 또는 능력을 살려 효율적으로 사용하는 행위라 할 수 있다. 따라서 발굴·복원·보존·관리·활용의 순환 구조를 재인식하고, 그 가운데 활용 가능한 대상과 상태에 따라 다양한 부가가치를 창출하는 데 목적이 있다. 즉 문화유산의 활용이란 민족 문화의 재발견인 동시에 새로운 문화가치의 창조 과정이라 할 수 있다.

◉ 문화유산의 활용은 보존을 전제로 한 가치의 확대 과정이라 할 수 있으며, 그 과정은 가치의 재인식, 가치의 전환, 가치의 재창조, 가치의 극대화, 가치의 융합 등의 5개 유형으로 구분된다.

◉ 문화유산의 활용은 생산 단계(조사·발굴·연구), 보존 관리 단계(복원·보존·관리), 활용 단계(활용·분석)의 순환 구조를 갖는다. 따라서 문화유산의 활용

이 원활하게 이루어지려면 생산 단계에서 미리 활용 방안이 모색되어야 하고, 보존 관리 단계를 거쳐 활용 단계에는 그 활용의 범위와 영역이 더욱 확대되어 새로운 창조 가치로 발전하는 순환 구조로 변화시켜야 한다.

- 문화유산 활용에 대한 권리는 보존의 당위성과 더불어 법적으로도 가장 우선적으로 보장되어 있기 때문에, 모든 문화재는 원형이 훼손되지 않고 보존되는 한에서 활용하도록 보장하여야 하며, 필요에 따라 누구에게나 개방하여야 한다.

- 문화재를 제대로 활용하기 위해서는 문화재가 담고 있는 참 가치를 살려내고 그 가치와 의미를 잘 드러내는 방법이 필요하다.

- 문화유산은 그 자체가 갖고 있는 예술적·미적 가치와 함께 역사의 교훈을 배우고 전통 문화의 멋과 향취를 느낄 수 있다는 점에서 교육 및 관광 자원으로서의 가치도 크다.

- 문화재 활용 사업의 범주는 활용 유형, 서비스 목표, 향유 형태에 따라 분류할 수 있다. 활용 유형에 따라서 유교문화재형, 전통마을형, 유적지형, 자연명승형, 근대문화재형, 무형문화재형, 역사인물지형, 공공시설형으로 나뉜다. 서비스 목표에 따른 분류는 오락형(엔터테인먼트-오락, 몰입), 교육형(에듀테인먼트-교육, 정보), 감성형(이모테인먼트-답사, 감성)으로 나뉜다. 향유 형태에 따른 분류는 관광형, 답사형, 참여형, 체류형으로 나뉜다.

- 문화재 활용 사업의 대표적인 사례로는 생생문화재 사업, 고고학 체험교실, '우리 동네 유적' 사회교육 프로그램 등을 들 수 있다.

생각해 볼 거리

▶ 문화유산의 활용에 대한 개념과 의미, 가치 등에 대해 자유롭게 얘기해 보자.

▶ 모든 문화재는 원형이 훼손되지 않고 보존되는 한에서 활용하도록 보장하여야 하며, 필요에 따라 누구에게나 개방하여야 한다는 원칙의 타당성에 대해 토론해 보자.

▶ 베니스 헌장과 플로랑스 헌장, 버라 헌장 등 국제 헌장을 분석한 후 문화유산의 보존과 활용 중 어디에 방점을 찍는 것이 바람직한 것인지에 대해 토론해 보자.

▶ 문화유산이 지니고 있는 본연의 예술적·역사적 가치를 담고 교육 및 관광 자원으로서의 가치를 조화롭게 드러내는 가장 효과적인 방법이 무엇인지에 대해

논의해 보자.

▶ 문화유산의 활용 분야로 더 필요하거나 확대되어야 할 분야가 있다면 어떤 분야인지 논의해 보자.

▶ 문화재의 유형별 활용 프로그램 중 가장 유익하고 바람직한 프로그램이 있다면 각자의 경험을 토대로 얘기해 보자.

▶ 우리나라 문화유산의 활용과 관련된 문제점과 개선 방안에 대해 폭넓게 얘기해 보자.

제14장

고고학과 대중의 만남

이 장의 목표 ....

고고학은 과거 인류가 남긴 물질문화, 즉 유적과 유물을 통해 과거의 생활상과 문화상을 연구하고 재구성하는 학문이다. 그리고 유적과 유물을 조사하는 기본적인 방법이 바로 발굴이다. 그래서 이 장의 본격적인 논의에 앞서 우선 우리나라 발굴조사의 현황과 추세에 대해 살펴볼 것이다.

사실 한국에서의 고고학 발굴은 전문가들의 영역으로만 인식되어 왔다. 하지만 대중 매체의 발달과 홍보 효과 등으로 인해 일반인들에게도 점차 발굴에 대한 인식이 보편화되고 있고, 최근에는 문화유산의 보존과 활용에 관한 공공의 관심이 높아지면서 고고학의 대중화 요구가 급격히 증가하고 있다. 이에 고고학의 발굴 성과를 대중과 공유하고 소통하는 대중고고학의 개념과 역할에 대해 알아볼 예정이다.

그동안 우리나라 대중고고학은 박물관대학이나 시민강좌 등의 사회교육 위주였으나, 최근 들어 발굴 현장 설명회 개최와 발굴 체험장 개설 같은 다양한 활동이 이루어지고 있다. 또한 발굴 현장 자체를 개방하거나 발굴된 장소에 현장 박물관을 건립하여 대중들의 적극적인 참여와 공공 인식을 유도하는 것도 가장 효과적인 고고학 활용 콘텐츠가 될 수 있을 것이다. 한편 급변하는 사회 속에서 공공고고학이라는 새로운 패러다임을 맞고 있는 우리나라 고고학자의 자세가 얼마나 중요한지도 되새겨 볼 필요가 있다.

이처럼 이 장에서는 우리나라 발굴조사의 현황과 특성을 분석하고, 한국고고학의 돌파구로서의 대중고고학의 개념과 역할을 알아보고자 하며, 현재 우리나라 대중고고학의 현실과 문제점 등을 살펴보면서 한국고고학이 추구해야 할 과제와 나아가야 할 방향에 대해 논의하는 장을 마련해 보고자 한다.

1 고고학의 대중화 필요성

1) 고고학 조사 현황

최근 우리나라에서 실시된 고고학 조사 중 지표조사와 발굴조사의 건수 및 추이를 살펴보면 〈표 14.1〉, 〈그림 14.1〉과 같다.[138]

발굴조사의 경우 연간 건수가 지속적으로 증가하여 2017년 기준 2,397건(시굴조사 건수 포함)에 달하고 있다. 반면 지표조사의 경우는 2015년도까

표 14.1 최근 5년간 지표조사·발굴조사 현황

(단위: 건, 억원)

구분		2013년	2014년	2015년	2016년	2017년	합계
지표조사	건수	1,313	1,349	1,390	1,196	1,103	6,351
	비용	70	63	68	82	67	350
발굴조사	건수	1,676	1,851	2,001	2,266	2,397	9,381
	비용	2,049	2,302	2,526	2,509	2,403	11,789
합계	건수	2,989	3,200	3,391	3,462	3,500	16,542
	비용	2,119	2,365	2,594	2,591	2,470	12,139

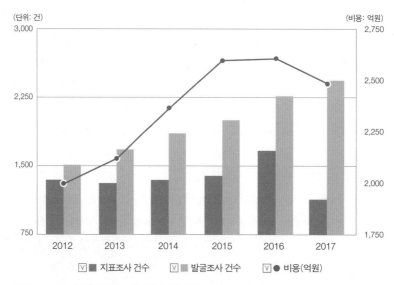

그림 14.1 최근 6년간 지표조사·발굴조사 추이

표 14.2 발굴조사 성격별 건수 현황

(단위: 건)

구분	2007	2008	2009	2010	2011	2012	2013	2014	합계	비율
학술발굴(순수)	37	30	41	32	85	93	111	114	543	4.4%
학술발굴(정비)	74	99	90	116	106	116	122	120	843	6.9%
구제발굴	1,148	1,250	1,574	1,479	1,301	1,301	1,443	1,617	10,869	88.7%
합계	1,259	1,379	1,705	1,627	1,248	1,510	1,676	1,851	12,255	100%

지 1,300건을 넘는 수준을 유지하다가 2016년 1,196건과 2017년 1,103건으로 약간 줄어든 양상을 보이고 있다. 발굴조사 건수에 대비한 비용 역시 꾸준히 증가세를 보이다가 2016년을 기점으로 감소한 것을 볼 수 있다.

한편 발굴조사의 실시 배경과 관련한 성격 분류는 〈표 14.2〉에서 보듯이 2007년부터 2014년까지 정비 목적의 발굴을 포함한 학술발굴조사가 전체발굴조사의 11%에 지나지 않고, 나머지 89%는 개발 사업에 따른 구제발굴조사가 차지하고 있다. 따라서 우리나라의 고고학 발굴은 개발에 따른 구제적 성격의 발굴 중심으로 이루어지고 있다고 할 수 있다. 더욱이 구제발굴의 경우에는 발굴 전문법인에 의해 이루어지도록 제도화되어 있다.[139]

문화재청 통계에 따르면 2017년 말 기준 발굴조사 기관은 발굴 전문법인이 106개, 대학 기관이 43개, 국공립 기관이 28개로 총 177개 기관에 이른다. 비율상으로 보면 전문법인이 약 60%의 비율을 차지하고 있다. 그렇지만 현행 제도상 실질적으로 우리나라 발굴조사를 주도하는 기관은 발굴 전문법인이다. 전문 조사 인력의 경우도 2017년도 기준으로 발굴 전문법인이 1,861명으로 전체 조사 인력 2,614명의 71.2%를 점하고 있다.[140]

2) 고고학 여건의 변화

고고학은 과거 인류가 남긴 물질문화, 즉 유적과 유물을 통해 과거의 생활상과 문화상을 연구하고 재구성하는 학문이다. 고고학에서 이들 유적과 유물을 조사하는 기본적인 방법이 바로 발굴조사로, 과거를 복원하는 데 필요한 결정적 자료를 획득하기 위한 빼놓을 수 없는 고고학 연구 절차이다. 그러나 그동안 고고학자의 전유물로 여겨져 왔던 고고학 발굴에 대한 인식이 근래 대중들에게도 점점 보편화되고 있고, 특히 최근에는 문화유산의 보존과 활용에 관한 공공의 관심이 높아지면서 고고학에 대한 대중적 시각도 변해 가고 있다.

그뿐만 아니라 고고학계 내부에서도 많은 변화가 감지되고 있다. 과거 발굴조사를 추진하는 과정에서 발굴 기관의 특수성이 인정되던 우월적 지위는 상실되었으며, 경쟁 입찰과 공개 입찰 과정에서 조사 기간이 줄어들고 발굴 비용이 감소하는 어쩔 수 없는 상황에 직면해 있다. 조사권역의 전국화로 인해 지역 문화의 연구 단체라는 지위는 점차 약화되고, 발굴을 위해서라면 어디라도 달려가는 소위 '발굴업자'로 전락되어 가는 애석한 현실을 맞고 있다.

그러나 고고학 발굴을 둘러싸고 사회적으로 다소 불편한 시각이 있음에도 불구하고 대중의 문화유산에 대한 시각이 점차 공공성과 활용으로 바뀌어 감에 따라 고고학의 공공화와 대중화가 필요한 시점에 이르렀다. 이제부터라도 고고학은 학문적 연구 활동의 성과물을 토대로 좀 더 친숙하고 가깝게 대중에게로 다가갈 필요가 있다. 고고학 발굴의 성과가 고고학 종사자들만의 것이 아니라 대중과 함께 배우고 느끼고 깨달아 가는 소통과 체험의 장이라는 인식이 바로 현대의 고고학자들이 추구하여야 할 방향이라 생각된다. 이러한 방향 전환은 대중만을 위하는 것이 아니라 궁극적으로는 새로운 고고학적 기반을 구축하는 필수적인 생존의 길임을 확실히 인식할 필요가 있다.[141]

2 대중고고학의 등장

1) 대중고고학의 개념

현대의 고고학은 과거와는 다른 새로운 존재 가치를 창출해야 하는 국면을 맞고 있다. 고고학이라는 학문이 지속 가능한 사회를 유지하기 위한 역할을 수행하기 위해서는 지금까지와는 다른 새로운 의미를 찾아야 한다. 그래서 고고학과 지역 사회를 둘러싼 논의에 있어서 최근 '대중고고학(大衆考古學, Public Archaeology)'이라는 새로운 영역이 부각되며, 대중고고학의 역할과 필요성이 거론되는 것이다.

'Public Archaeology'라는 용어는 1972년에 발간된 찰스 맥김지(Charles Mcgimsey)의 *Public Archaeology*라는 책에서 처음 등장했다. 이 책에서 강조하는 핵심은 "사유화된 고고학 따위는 없다"이다. 이런 의미에서 'public'은 'private(사적인 혹은 사유화된)'의 반대적 의미이다. 이후 카르만과 마쯔다는 public의 의미를 보다 구체적으로 'institutional or administrative'와 'people' 두 개의 의미로 나누었다. 두 정의는 대략 '제도적'과 '대중' 정도로 해석할 수 있다.

이로부터 21세기 Public Archaeology의 큰 흐름은 대중고고학으로서의 역할로 요약된다. 대중고고학에서 '대중'의 중요성은 이미 그 등장기인 1970년대부터 강조되었다. 맥김지는 1970년대를 "지구의 경관이 급격히 변화하는 시기"라고 정의하고, 대중의 관심(걱정)은 복원된 (고고학) 정보의 완전성과 이에 대한 대중의 지속적인 접근 가능성이라고 했다. 이러한 대중과 고고학에 대한 논의는 1930년대 이후 대부분의 고고학 연구 조사가 '공공의 자산(public property)'을 다루고 있으므로, 연구를 통해 얻는 정보를 일반인들과 공유해야 한다는 인식에 기반을 둔다. 결국 고고학자가 다루는 유적을 통해 얻는 모든 연구 결과는 모두 일반인들에게 공개, 공유되고 활용되어야 한다는 원칙이다.[142]

이런 맥락에서 대중고고학은 '대중을 위한 고고학' 내지는 '대중과 함께하는 고고학'으로 정의할 수 있다. 대중고고학은 고고학 자체의 지속 가능성을 위해 고고학자들만의 고고학이 아닌 일반 대중들과 호흡하기 위한 고고학으로의 변모를 위해 고고학의 가치와 역할을 새롭게 돌아보고자 하는 노력에서 탄생하였다고 볼 수 있다. 대중고고학에서는 고고학 자료와 연구 성과를 활용함에 있어서 공공의 가치를 우선하고 대중으로 눈을 돌리는 인식의 전환이 필요하다. 고고학은 땅속에 묻힌 과거 인류의 흔적들을 발굴이라는 과정을 통해 찾아내는 학문이다. 그 흔적은 유물과 유적이라는 양태로 나타나기 때문에 유물과 유적이야말로 고고학만이 가지고 있는 특수한 자산이라고 할 수 있다. 따라서 유물과 유적이 일반 대중에 얼마나 더 가까이 다가가고, 얼마나 더 관심을 갖게 하는가가 오늘날 고고학의 지속 가능성을 위해 중요한 과제이며, 일반 대중과의 소통을 위한 고고학자들의 노력이 대중고고학이라는 이름으로 불릴 수 있는 것이다.[143]

2) 대중고고학의 역할

오늘날 고고학이 직면한 여러 이슈 가운데 하나가 바로 고고학과 대중 사이의 상호 작용과 관련된 것이다. 고고학의 연구비는 개인의 지원금이나 공공자금에서 나오는데, 수행해야 하는 작업에 비해 결코 충분할 수가 없다. 고고학 자료는 공유지와 사유지 둘 다에서 발견되며 그래서 소유주와 정부의 협조가 조사를 수행하는 데 반드시 필요하다. 사람들이 고고학에 대한 지식을 넓히고 관심을 갖는 일은 고고학이 지향하는 목표 가운데한 가지이다. 그렇게 되기 위해서는 사람들에게 고고학자들이 무엇을 하며, 왜 고고학이 흥미롭고 또 연구할 만한 가치가 있는지를 말해 주는 노력이 필요하다. 고고학에 대한 대중의 지지를 얻기 위한 노력이야말로 현대를 살아가는 고고학자들에게 요구되는 가장 중요한 책무이다.[144]

고고학자의 책무는 기본적으로 연구 결과를 다른 학자들이 이용할 수 있도록 하고, 또 그 연구 조사에 간접적으로나마 조사 비용을 댄 광범위한 대중들도 그것을 향유하고 이해할 수 있도록 발견 성과들을 출간하고 보급하는 일이다. 대중이 고고학의 학문적 가치를 재미 있게 수용하고 향유하도록 하는 대중고고학의 활용은 장차 고고학이라는 학문이 현대 사회에서 생존하고 발전해 나갈 수 있는 최선의 방법이 될 수 있을 것이다.

대중고고학의 역할은 지역 사회에서 고고학의 순기능적 역할이 돋보이도록 문화유산 관련 정보를 대중과 함께 소통하고, 발굴 유적의 보존과 활용 문제 등을 공유하려는 노력으로부터 시작된다. 또한 대중이 고고학과 문화유산에 쉽게 접근하고 함께할 수 있도록 다양한 이론적인 틀과 방법론을 개발하여야 한다. 대중고고학이 추구하는 목적은 문화유산의 보존과 활용을 원활히 하려는 데 있다.

지역 사회는 대중고고학적 활동을 통해 고고학을 이해하는 폭이 넓어지게 되고, 이로써 문화유산의 보존과 활용에 유익한 결과를 가져오게 될 것이다. 앞으로 대중고고학을 활용한 다양한 활동이 더욱 활발하게 이루어짐으로써, 고고학의 새로운 활동 영역을 창출하는 발전이 기대되는 이유도 여기에 있다.

특히, 고고학 발굴과 연계한 대중고고학은 발굴 유적의 보존과 개발의 갈등을 해소하거나, 발굴 유적의 가치를 지역 사회와 공유함으로써 지역 사회의 고고학에 대한 인식을 변화시키는 역할을 해야 한다. 발굴을 담당하는 고고학자는 지역 사회의 대중과 고고학 사이에서 매개자가 되어야 한다. 발굴 자료의 활용을 통한 문화관광 자원의 창출, 고고학 조사·연구 결과에 의한 지역 문화 정체성의 확립 등의 문제에 대해서도 그 역할을 충실히 수행하여야 한다.[145]

결론적으로 대중고고학의 역할은 고고학에 대한 대중의 인식 전환을 통해 발굴 유적을 포함한 문화유산의 보존이 왜 필요한가에 대한 공공의 인식을 유도하여야 하며, 문화유산의 활용 가치를 재창조함으로써 삶의 질이 향상될 수 있다는 공감대를 이끌어 내는 데 있다. 문화유산의 바람직한 보존과 활용을 고고학자와 지역 주민이 함께 이루어 냄으로써 문화유산이 훌륭한 미래 자산으로 거듭날 것이라 기대한다.

3 우리나라 대중고고고학 현주소

1) 대중고고학의 활동

우리나라 대중고고학 활동의 시초는 국립박물관과 대학박물관에서 운

그림 14.2 풍납토성 발굴조사 현장 설명회(국립문화재연구소 제공)

영해 온 박물관대학이나 시민강좌 등의 사회교육에서 찾아볼 수 있다. 여기서는 고고학만이 아니라 역사학, 미술사, 민속학 등 여러 분야의 교육에 중점을 두었으며, 유적 답사 프로그램 등도 함께 운영하였다. 돌이켜 보면 당시의 사회교육 강좌는 일반 대중보다는 특정 계층의 사람들을 대상으로 이루어졌다는 한계가 있지만, 결과적으로는 오늘날 추구하고자 하는 대중고고학의 기반이 되었다고 평가할 수 있다.

근래에는 문화재청의 생생문화재 사업과 같은 지역 문화 활용사업, 고고학 체험교실, 각 박물관들의 사회교육 프로그램, 발굴 전문기관의 발굴현장 설명회와 발굴 체험장 개설 및 매장문화재 홍보 활동의 운영 등 이전보다 훨씬 다양한 대중고고학적 활동이 이루어지고 있다. 중장년층을 대상으로 한 문화유산 교육 프로그램은 여전히 각 기관에서 가장 보편적으로 운영하는 대표 활동으로 유지되고 있으며, 청소년층을 대상으로 한 가상 발굴 체험, 국립박물관의 어린이 박물관 또는 어린이 체험 학습관의 운영 등은 앞으로도 꾸준히 고고학의 대중화에 기여할 수 있을 것으로 생각된다.

그러나 무엇보다 주목되는 활동은 최근 들어 정부 당국과 발굴 전문법인이 역점적으로 추진하고 있는 발굴 현장의 공개 프로그램이다. 정부에서는 정책적으로 발굴 현장 설명회 등을 개최토록 하여 고고학 전공자뿐 아니라 관심 있는 지역 주민이라면 누구라도 발굴 현장 공개회에 참여하여 설명을 들을 수 있도록 하고 있다. 그동안 발굴 지도위원회의나 학술 자문회의, 전문가 검토회의 등 전문가 위주의 공개에 국한되었던 폐쇄적인 발굴 현장이 일반인들에게도 공개됨으로써 고고학의 대중화에 큰 기여를 하고 있다.

발굴 현장의 공개는 특정일에 공식적인 설명회를 개최하는 것 외에 상시적으로도 이루어져야 하는 것이 원칙이다. 즉 누구나 발굴 현장을 방문하여 자유롭게 발굴 상황을 관람할 수 있는 여건이 확보되어야 한다. 그러나 현실적으로 정부기관에서 추진하고 있는 발굴 현장 외에는 이러한 여건이 조성되어 있다고 볼 수 없다. 국립경주문화재연구소에서 연차적으로 발굴조사 중인 경주 쪽샘지구 유적은 일반인들이 발굴 현장에 와서 자유롭게 관람할 수 있도록 보호 시설을 갖추기도 하였으나, 이러한 발굴 현장은 전국적으로 볼 때 극히 일부에 지나지 않는다. 비록 정부의 제도적인 방침과 조사 기관들의 자발적 노력으로 발굴 현장의 공개가 어느 정도 활성화되고 나름의 성과를 거두고 있긴 하지만, 아직 제도적으로 정착되었다고 볼 수는 없다.

현재 전국적으로 실시되는 발굴조사의 절대 다수가 건설 공사 시행에 앞서 이루어지는 구제발굴이기 때문에, 대부분의 발굴 현장은 시간에 쫓기어 촌각을 다투며 발굴을 끝내는 상황을 연출하고 있다. 현재와 같이 충분한 조사 기간과 예산이 확보되지 않은 상태에서 발굴 현장을 상시적으로 공개한다는 것은 현실적으로 불가능하다. 이러한 제약이 극복되지 않는 한 발굴 현장의 상시 공개가 일반화되기는 곤란하다. 따라서 이와 같은 문제를 해결할 만한 제도적 개선이 이루어져야만 발굴 현장의 공개를 활용한 대중고고학 활동이 안정적으로 유지되고 대중들로부터도 호응을 이끌어 낼 수 있을 것이다.

2) 대중고고학의 과제

국공립 박물관의 박물관대학이나 시민강좌 같은 사회교육 사업을 한국 대중고고학의 시작으로 본다면 우리나라의 대중고고학 역시 짧지 않은 역사를 가지고 있다고 할 수 있다. 그러나 위에서 지적한 것처럼 한국고고학이 직면한 구제발굴의 현실을 감안하면 대중을 대상으로 한 고고학은 여전히 갈 길이 멀어 보인다. 한국고고학이 당면한 과제인 '보존과 활용'을 위해서는, 고고학자 개개인이 공공의 재산인 고고학 유적을 다루는 전문가임을 인식하고, 연구의 결과뿐 아니라 과정 역시 대중들과 공유해야 한다는 인식의 변화가 필요하다. 발굴조사 과정에서 발견되는 유적이나 유물, 혹은 발굴조사 과정 역시 공공의 자산이므로 이에 대한 적극적인 공개와 대중을 대상으로 한 설명이 반드시 이루어져야 한다.

고고학과 문화유산의 인식 전환을 위해서는 무엇보다도 고고학을 적극적으로 대중에게 홍보하고 소통하는 것이 중요하다. 발굴 자료의 정보 공개와 소통을 목적으로 현지 설명회와 대중 매체, 인터넷을 통한 정보 공유를 강화해야 한다. 발굴 현장이 더 이상 특정 개발 사업자와 조사기관 간의 사적 계약 행위로만 진행되는 폐쇄적인 사업 현장이 아니라 국민 모두가 알아야 할 중요한 문화유산 복원과 교육의 현장임을 깨닫게 해 줄 필요가 있다. 발굴 현장의 공개는 전문가를 대상으로 한 학술적인 설명회와 더불어 기자나 일반인들을 대상으로 한 친절한 교육의 장으로서의 설명회를 실시하여야 한다. 덧붙여 현장 설명회와 연관된 고고학 강좌와 심포지엄 같은 것들을 개최하여 고고학자들의 연구 결과를 소개하고 심화된 학습의 기회를 제공하면 훨씬 효과가 클 것이다. 이런 활동을 통해서 발굴 유적의 보존 타당성에 대한 인식이 바뀔 것이며, 고고학자와 지역 주민 및 개발 사업자 사이에 문화유산의 보존 및 활용 방안에 관한 상호 협력 방안을 모색하는 새로운 변화가 나타나게 될 것이다.

이러한 방법보다 훨씬 더 효과적인 것이 바로 발굴 현장 자체를 개방하는 것이다. 지하에 매장되어 있는 유적을 발굴하는 현장은 무엇보다 훌륭한 활용 콘텐츠가 될 수 있다. 일반인들에게는 발굴 현장에서 이루어지는 일련의 조사 활동과 기록 행위 등이 생소하고 신기할 수밖에 없으므로 그 자체로 호기심을 불러일으키기에 충분하다. 따라서 발굴할 대상지의 측량 작업에서부터 조사구역의 분할과 구획, 제토에 이르는 발굴 작업 과정의 처음부터 끝까지가 전부 활용 가치가 있는 것이다. 특히 매장된 유물을 노출하고 출토해 내는 작업은 발굴조사에서 가장 흥미진진한 순간이기 때문에 보는 이들로 하여금 탄성을 자아내게 할 만한 효과적인 프로그램이 될 수 있다. 따라서 모든 발굴 현장에서 발굴조사의 전 과정을 상시적으로 일반에 공개할 필요가 있다. 원하는 사람이라면 누구나 원하는 시간에 발굴 현장을 찾아가 견학할 수 있는 기회를 제공하는 것이야말로 고고유적을 제대로 활용하는 첫걸음이 될 것이다.[146]

나아가 현실적인 제약이 많지만 고고학 체험 교육 활동에 지역 사회 주민의 적극적인 참여를 유도할 필요가 있다. 발굴조사에 직접 참여해 봄으로써 발굴이란 행위가 학술적으로 얼마나 중요한지, 그리고 생각지도 못한 유물들이 생생하게 발굴되는 과정이 얼마나 신기하고 흥미로운지 느끼게 해 주어야 한다. 또한 발굴조사가 밖에서 보고 생각하는 것처럼 그렇게 짧은 시간에 마칠 수 없는 지난한 과정의 일임을 알림으로써 발굴에 대한 부정적인 인식을 종식시킬 필요도 있다. 발굴 현장이나 유적지를 활용한 체험 교육은 현대를 살아가는 오늘날, 발굴이라는 고고학적 행위가 왜 필요한지, 그리고 발굴된 유적의 보존이 어떤 의미가 있는지에 대한 살아 있는 교육과 홍보의 장으로 기능할 수 있을 것이다. 특히나 발굴된 유적은 그 성격에 맞도록 유적 공원을 조성하여 지역의 문화관광 자원으로 이용할 수 있기 때문에 대중고고학을 활성화하는 데도 빼놓을 수 없는 핵심 역할을 할 수 있다.

이처럼 유적 공원을 조성하는 것도 좋지만, 해외의 경우 발굴이 끝난 현장을 그대로 보존한 후 교육적 체험 시설 및 관광 코스 등으로 활용하여 유적의 보존과 관리 방법의 새로운 패러다임을 제시하는 등 큰 성과를 거두고 있다. 그러나 국내에선 일부 유적에서만 시행하고 있을 뿐 아직 미흡한 실정이다. 발굴지 활용 프로그램은 역사적·학술적으로 의미가 있는 발굴 현장을 직접 체험할 수 있는 것으로서 발굴 터를 역사 교육의 산 체험장

으로 적극 활용하는 방안이다.[147]

　발굴된 유적을 그 자체로 현장에서 볼 수 있다는 것은 일반인에게는 별다른 설명이 필요 없을 정도로 대단한 교육적 효과를 불러올 수 있다. 고고유적은 당시의 토목 기술이나 건축학적 요소 등을 생생하게 보여줄 뿐만 아니라 그 속에 담겨 있는 정신적·문화적 배경까지도 유추할 수 있는 귀중한 자산이기 때문에 그 상태로 훌륭한 야외 박물관이 될 수 있는 것이다.

　지금까지 진행되어 온 발굴의 목적이 대체로 개발에 앞서 유적의 존재 여부를 확인하거나 유적의 보존 관리를 목적으로 했기 때문에, 발굴은 발굴대로, 보존은 보존대로, 활용은 활용대로 각기 동떨어진 절차로 이루어져 왔다. 대체로 발굴이 끝나면 그 유적은 그대로 복토하여 보존하거나 상황에 따라 이전 복원하여 보여주는 것이 고작이었다. 발굴된 유적을 있는 그대로 보여주는 것은 상상하기도 어려웠다. 그러나 이제는 중요 유구가 집중적으로 발견된 지점에 대해서는 보호각을 씌우는 방법 등을 이용하여 그대로 노출 전시한 현장 박물관으로 활용하는 방안도 적극적으로 고려해야 한다.

　물론 장기간 노출 상태를 유지해야 하기 때문에 온습도 조절 등 관리상의 어려움이 있지만, 제대로 관리하고 홍보만 잘 한다면 훌륭한 국민 교육의 장이 될 수 있을 뿐만 아니라 관광 상품으로의 활용도 충분히 가능할 것이다. 교육적 효과로 치자면 아마도 발굴된 상태의 유적을 현장에서 그대로 보여주는 것 만한 것이 없다고 판단된다. 한편 발굴된 유적이 역사적·학술적으로 큰 가치가 있고 특히 보존 상태가 훌륭한 경우에는 현장에 박물관을 세우는 경우가 있는데, 대중고고학을 실현하기 위한 가장 좋은 방법 중 하나가 바로 발굴된 장소에 현장 전시관 또는 박물관을 건립하는 것이다.

　최근 서울시 신청사 건립 부지를 비롯한 4대문 안 재건축 현장에서 중요한 조선시대 유적들이 양호한 상태로 다량 발굴되었다. 서울이라는 대도시의 도심 한복판에서 발생한 일이니만큼 아무리 중요한 유적이 발굴되었다 할지라도 현지에 보존하기는 어려운 현실이었다. 그때 대안으로 제시된

그림 14.3 서울시 신청사 군기시터 유적 전시실(저자 촬영)

것이 바로 개발 사업을 계획대로 진행하되, 발굴된 유구는 원위치에 두고 전시하는 방안이었다. 이로써 시간적·경제적 손실이 발생하는 것은 불가피하지만 3D 스캔 등의 방법을 동원하여 철저히 기록한 후 유구를 이전하고, 공사를 완료한 다음 원래 위치에 복원함으로써 유적 보존과 건축 공사의 병행이 가능하게 되었다.

특히 서울시 신청사에는 지하에 조선시대 군기시터 관련 유적을 고스란히 보존하고 현장에 출토 유물 등을 전시하는 갤러리를 조성함으로써 일반 시민들이 즐겨 찾는 서울시의 명소로 거듭나게 되었다. 이처럼 양호한

그림 14.4 고령 대가야 왕릉 전시관(저자 촬영)

발굴 유적은 필요한 노력을 기울여 전시 자료화함으로써 훌륭한 문화·관광 자원이 될 수도 있다는 생각을 가져야 한다.[148]

　물론 지역 문화를 종합적으로 알리고 교육·전시하는 기능은 전국적으로 건립되어 있는 국공립 박물관에서 감당할 수 있겠지만, 일반인들로 하여금 유적이 위치한 현장에서 그 유적에 대한 역사와 발굴 과정 등을 이해할 수 있도록 기회를 제공하는 것도 대단히 중요한 공적 책무 중 하나이다. 중요 유적의 경우에는 발굴 현장 또는 유적지에 이러한 기념관이나 유물 전시관이 갖추어져 있어야만 그 유적을 찾는 수많은 관람객들이 그것을 통해 무언가 느끼고 돌아갈 수 있을 것이다. 즉, 현장에서 유적의 발견 경위 및 발굴 과정, 사후 보존 처리에 얽힌 생생한 자료들을 접하게 해 줌으로써 살아 숨 쉬는 역사와 문화의 숨결을 느낄 수 있는 진정한 교육과 학습의 공간으로 활용함이 바람직하다.

　우리나라에 유적 박물관이 본격적으로 건립되기 시작한 것은 2000년대 들어서면서부터였다. 고고학 유적과 박물관이 결합된 새로운 형태의 박물관인 유적 박물관은 박물관과 고고학의 영역 확장은 물론 현대 사회에서 요구하는 박물관과 고고학의 기능 확장에도 매우 효율적으로 활용될 수 있는 곳이다. 교육과 체험 전시가 강화되어 가는 최근의 박물관 트렌드에서도 매우 유용한 역할을 할 수 있는 것이 바로 유적 박물관이라고 할 수 있다. 고고학이 학문 분야로서 계속 유지되기 위해서는 그 성과물들이 대중들과 가깝게 호흡할 수 있어야 하며 그 역할을 가장 잘 수행할 수 있는 장소가 고고학 유적 현장에 세워지는 유적 박물관이 되어야 한다. 즉, 대중고고학 운동의 시발점이자 종착점으로서의 유적 박물관이 활성화되기 위해서는 대중고고학과 접목된 다양한 대중 체험 교육 프로그램들이 도입되어야 한다. 고고학은 편년 작업과 형식 분류의 틀을 뛰어넘어야 하는 시점에 도달해 있고, 박물관도 새로운 변화를 모색해야 할 상황에서 대중고고학과 유적 박물관에 대한 보다 심도 있는 논의와 실천이 필요한 시점이라고 하겠다.[149]

나아가 고고유적이 생생한 교육 현장과 문화 공간으로서의 기능을 수행하기 위한 방안이 필요하다. 유적의 정비·복원과 현장 전시관 건립 등은 물론 그곳에서 즐길 수 있는 흥미로운 정보와 교육적 요소들이 결합된 다양한 프로그램을 개발해야 한다. 또한 지역 공동체 및 주민들의 향토애를 자극하고 자긍심을 높일 수 있는 역사 문화 공간으로서의 역할도 함께 해 주어야 할 것이다.

특히나 최근 붐이 일고 있는 다양한 지역 축제와 고고유적의 활용을 연계하는 방안도 필요하다. 이 과정에서는 지역 주민의 참여가 필수적인데, 전문가들을 동원한 역사적·학술적 의미 부여의 장을 마련함으로써 지역 문화의 우수성을 알리는 작업도 도움이 될 수 있다. 무엇보다 기간 중 펼쳐지는 축제나 특별 행사 등이 일회성 행사로 그치지 않고 지속적으로 유지될 수 있도록 다양한 참여 프로그램과 체험 프로그램의 개발이 요구된다. 이러한 방안은 수익 창출을 통해 지역 경제의 활성화에도 기여할 수 있기 때문에 고고학의 대중화는 물론 문화유산 활용의 전반적인 방향 설정에 시사하는 의미도 클 것으로 생각된다.

4 공공고고학의 길목에서 지녀야 할 고고학자의 자세

"There is no such thing 'private archaeology'." 번역하자면 "사적인 고고학 같은 것은 없다" 정도가 될 것이다. 1970년대 대중고고학이 등장할 무렵 미국의 찰스 맥김지가 발굴조사를 수행하는 조사단의 자격과 조사의 질적 문제, 발굴조사된 유물의 보관을 포함한 유적의 보존과 활용이라는 문제에 접근하기 위한 원칙으로 제시한 짧고도 울림 있는 말이다.

'private archaeology'라는 말은 대중고고학을 뜻하는 'public archaeology'에 대응하는 의미로 사용한 것으로 생각된다. 1970년대 미국에서 대중고고학이 등장한 배경에는 전후 복구 사업과 뉴딜정책에 의한 연방 주도의 개발 사업으로 급격하게 증가하는 고고학 유적에 대한 제도적인 보호 대책을 수립하고자 한 것이 주요하게 작용되었다. 이러한 관점에서 1970년대 이후에 공공의 자산인 고고유산의 적절한 보존을 위한 조사자(고고학자)의 자격 문제, 조사의 질적 문제를 해결하기 위한 윤리 규정 등의 문제가 제기되었고, 조사원의 자격 기준, 보고서의 평가, 출토 유물의 수장 문제 및 유적의 복원과 관련된 진정성 문제 등에 대한 논의가 이루어졌다.[150]

공공고고학으로서의 Public Archaeology가 21세기 들어 더욱 중요해지는 것은 고고학이 새로운 패러다임을 맞고 있기 때문이다. 앞서 언급한 바와 같이 1999년 3만m^2 이상의 개발 사업에 대한 지표조사 의무화 법안의 시행과 함께 본격적으로 시작된 한국 구제 고고학의 당면 과제는 폭발적으로 증가하는 발굴조사의 적절하고 효율적인 관리였다. 그러나 이러한 구제발굴의 시대가 멀지 않은 미래에 끝날 것이라는 생각에 '보존과 활용'이라는 새로운 패러다임이 등장했다. 여기에서 '보존과 활용'의 균형을 잡는 가장 필수적인 도구가 법률과 제도일 것이다. 더불어 제도적인 부분에서의 공공고고학이 앞으로 더욱 중요성을 가지게 될 이유 중 하나는 문화유산과 관련된 다양한 공적 기관의 증가 때문이다. 대표적으로 박물관이 꾸준히 증가하고 있으며, 특히 발굴조사 후에 만들어진 유적 박물관과 전시관, 유적 공원 등도 꾸준히 증가할 것으로 추정된다. 결국 장기적인 관점에서 고고학 유적의 관리는 공적 자금을 기반으로 한 공적 기관에 의한 관리가 증가하게 될 것이며, 이를 뒷받침하기 위한 공공고고학이 더 중요해질 것임에 틀림없다. 21세기 변화하는 사회 속에서 한국의 고고학이 새로운 역할을 찾아야 한다는 것은 이미 대부분의 고고학자들이 동의하고 있다. Public Archaeology는 그 이름을 '대중고고학'으로 하든 '공공고고학'으로 하든 한국고고학이 새로운 역할을 찾는 데 중요한 역할을 할 수 있을 것이라 생각된다.[151]

고고학이 현재와 미래에 대해 가지는 중요성은 이루 헤아릴 수가 없다. 과거를 알고 이해하는 것은 미래에 대한 어떤 이해에도 필수불가결하다. 고고학은 현실 적합성을 갖고 있다. 고고학에서 제기하는 질문들과 발견해 내는 답들은 오늘날의 문제들에 대한 해결책을 줄 수 있다. 고고학자는 주변의 모든 것에 대해 의무와 책임을 갖고 있다. 그들은 도굴, 무분별한 개발, 고고학적 자원의 자의적 파괴로써 우리 자신의 과거를 복원하고 이해할 수 있는 능력을 말살시킬 가능성까지 지니고 있다. 그러한 파괴는 재난과 같다. 그 이유는 인간 역사의 너무나 많은 부분이 문헌 기록이 등장하기 이전에 일어났기에 고고학 연구만으로 그럭저럭 복구할 수 있는 것조차 그러지 못하게 되기 때문이다. 사실 현재 보호·보존되고 있는 유적의 수십 배, 수백 배가 넘는 유적이 파괴되고 있다. 고고학적 기록은 늘어나는 인구와 지구 경제의 확대로부터 공격받아 많은 지역에서 급속하게 사라지고 있다. 우리가 미래에도 고고학을 연구하려면 그리할 대상이 아무것도 남지 않게 되기 전에 땅속에 남은 우리 과거에 관한 기본 정보를 기록하고 보호하는 일이 가장 중요하다. 그와 더불어 고고학 유산의 중요성을 더 많이 알아 다른 사람들에게 더 많이 말해 주는 일도 중요하다. 즉 과거를 보호하는 데 대한 대중의 관심과 인식이 필요하다. 과거는 어느 누구의 소유도 아니며 우리 모두에게 속한다는 점을 인식하는 것이 가장 중요하다. 중요 유적과 유물은 결코 개인의 재산이 되어서는 안 된다. 고고학 자료는 귀중한 문화 자산이므로 우리 모두가 그 중요성을 이해하고 또 그것들을 보살피고 간직하도록 노력함이 필수불가결하다. 그런 의미에서 공공 교육은 고고학자에게 중요한 역할이며, 그 목적은 관심과 지원 둘 다를 증진시키는 데 있다. 과거가 지닌 중요성을 이해하고 인식하는 사람들이 많아지면 많아질수록 그만큼 고고학이 하고 있는 일은 나아질 것이다.[152]

과거를 간직하고 있는 유산을 보호하여 미래에 물려주는 것이 현대를 살아가는 우리 모두의 책무라 할 수 있다. 그중에도 발굴이라는 행위를 통해 과거의 유산을 연구하는 고고학자들은 누구보다도 중요한 역할을 담당하고 있다. 고고학의 핵심 방법인 발굴은 과거로부터 오랜 기간 퇴적된 흙을 제거하여 그 속에 남겨진 유적과 유물을 드러내는 방식으로 조사를 하는 작업이기 때문에, 발굴을 통해 과거를 밝혀내는 연구를 진행하기 위해서는 과거 인류가 남긴 흔적을 제거하는 것이 불가피하다. 이러한 이유로 "발굴은 또 다른 파괴이다"라는 말이 자주 거론되곤 한다. 그래서 가급적 당대의 발굴을 최소화하고 미래에 더 나은 발굴 방법과 기술이 개발될 때까지 유적을 보존하는 것이 최선이란 지적이 나오는 것이다.

과거의 역사를 연구하는 방법으로 문헌 기록을 이용하는 데에는 얼마든 그 자료를 반복적으로 이용할 수가 있다. 그러나 한 번 발굴한 유적은 다시는 원래의 모습으로 되돌릴 수가 없다. 발굴이 끝나면 유적은 사라지고 출토된 유물과 관련 기록만이 남는다. 그래서 발굴자의 기록이 더없이 중요할 수밖에 없다. 발굴 과정에서 생산된 도면과 사진, 그리고 현장에서 기록한 메모가 사료와 같은 원초적인 자료 역할을 하게 된다. 유구와 유물의 발견 위치, 층위, 중복 관계 등을 비롯한 기록은 발굴자뿐만 아니라 다른 고고학자들에게도 관련 유적을 해석할 수 있는 유일한 자료가 되기 때문에, 발굴 상황을 사실대로 정확하게 기록해서 전달하는 일이야말로 현장 고고학자들에게 요구되는 가장 중요한 임무라고 할 수 있다.

발굴에 관한 모든 정보를 기술한 발굴조사 보고서는 유적을 파괴하는 대신 얻어낸 최종 결과물이다. 고고학의 궁극적인 목적은 발굴된 사실을 통해 과거의 생활상을 재구성하고 당시 문화를 복원하는 데 있기 때문에 발굴조사 보고서에는 발굴 유적에 대한 고찰과 해석이 담기게 마련이다. 그러나 일반적으로 발굴 보고서는 그 형식이나 내용 자체가 어려워 연구자들에게만 공유될 뿐 일반인들이 이용하기는 거의 불가능하다. 따라서 고고학자들은 발굴된 사실과 연구를 통해 밝혀낸 내용들을 어떠한 방식으로든 대중에게 알리고 교육할 필요가 있다. 잡지나 신문 같은 출판물이나 TV, 인터넷 같은 매체 등을 이용하여 대중들이 발굴 정보에 보다 쉽게 접근할 수 있는 길을 열어 주어야 한다. 그러한 방법을 통해 고고학자들의 활동이 널리 알려질 수 있고, 대중들은 과거에 대한 지식을 습득할 수가 있다. 과거의 유적과 유물은 고고학자들의 전유물이 아니기 때문에 고고학자들이 알아낸 내용을 일반 대중과 공유하는 것이 고고학자들의 기본적인 책무임을 잊어서는 안 될 것이다.

고고학자의 책무와 사명감이 이러할진대 그들 앞에 놓인 발굴이라는 작업에 임하는 자세와 태도가 얼마나 중요한지를 진지하게 되새겨 볼 필요가 있다. 거대한 개발 압력에 직면하여 시간에 쫓기며 발굴조사를 수행할 수밖에 없는 한국고고학의 현실은 고고학자들이 자유롭게 그 책무를 감당하도록 놓아 주질 않는다. 그러나 녹록치 않은 현실을 탓하고만 있기엔 그들에게 주어진 임무가 너무 막중하다. 과거는 우리 모두의 소유이며 후손들에게 길이 물려주어야 할 소중한 자산이다. 이에 미래를 위해 과거 유산을 온전히 보존하는 것이 무엇보다도 중요하며, 만약 보존할 수 없다면 제대로 조사·연구하여 모든 이들이 알 수 있도록 자료를 공개해야 한다. 그것이 바로 고고학자의 책무이다. 고고학자만으로 버겁다고 생각될 때에는 가능한 지원과 도움을 이끌어 내야 한다. 필요하다면 법을 바꾸고 제도를 개선해서라도 고고학자의 책무를 다할 수 있는 방법을 찾아야 한다. 주어진 여건에서 최선을 다한다면 무더위와 강추위에도 아랑곳하지 않고 불철주야 현장을 누비는 고고학자들의 노고를 알아줄 사람들이 늘어날 것이고, 그런 후에야 고고학자들을 향한 사회적 불신과 비난에서 조금이나마 벗어날 수 있으리란 생각이 든다.

고고학은 수백만 년 전 인류가 남긴 원시적인 자취부터 직전 세대들이 물려준 유산까지 장구한 시간대를 연구하는 학문이자 우리 스스로를 연구하는 학문이다. 특히 선조들이 자연환경에 어떻게 적응하며 오늘에 이르렀는지, 변화된 환경을 어떻게 극복하며 기술의 진보를 이루어 냈는지, 수많은 경쟁자들의 도전을 물리치며 어떻게 버텨 왔는지를 알아낼 수 있는 매력적인 학문이다. 고고학자를 중심으로 대중과 함께 과거 유산을 보존하여 미래에 계승하고, 과거에 대한 지식을 공유하여 인류사의 발전에 기여해 나갈 때에 비로소 고고학의 존재 이유를 다시금 확인하고, 고고학자로서의 보람을 찾을 수 있을 것이다. 그렇게 된다면 과거로부터 미래로 이어지는 고고학자들의 시간 탐구는 영원히 계속될 수 있을 것이다.

고고학 과거 인류가 남긴 물질문화, 즉 유적과 유물을 통해 과거의 생활상과 문화상을 연구하고 재구성하는 학문이다.

발굴조사 고고학에서 유적과 유물을 조사하는 기본적인 방법으로, 과거를 복원하는 데 필요한 결정적 자료를 획득하기 위한 빼놓을 수 없는 고고학 연구 절차이다.

대중고고학(大衆考古學, Public Archaeology) '대중을 위한 고고학' 내지는 '대중과 함께하는 고고학'으로 정의할 수 있으며, 발굴 현장 설명회 등을 개최하여 고고학 전공자뿐 아니라 관심 있는 지역 주민 등 일반인이 누구라도 발굴 현장 공개회에 참여하여 설명을 들을 수 있도록 하는 것 등이 대표적이다.

구제발굴 건설 공사 시행에 앞서 이루어지는 발굴조사로, 대부분의 경우 발굴조사가 끝나면 조사 내용에 대한 기록을 남긴 후 공사를 시행함으로써 발굴이 완료된 유적은 남지 않게 된다.

공공고고학 '사적인 고고학'에 대응하는 개념으로 공공의 자산인 고고유산의 적절한 보존을 위해 발굴조사를 수행하는 조사단의 자격과 조사의 질적 문제, 발굴조사된 유물의 보관을 포함한 유적의 보존과 활용 문제 등 고고학의 공적인 성격을 강조한 의미이다.

요약정리

◉ 최근 우리나라의 고고학 발굴은 개발에 따른 구제적 성격의 발굴 중심으로 이루어지고 있다고 할 수 있다. 더욱이 구제발굴의 경우에는 발굴 전문법인에 의해 이루어지도록 제도화되어 있다. 비율상으로 보면 전문법인이 조사 기관의 약 60%를 차지하고 있고, 전문 조사 인력의 경우도 2017년도 기준으로 발굴 전문법인이 1,861명으로 전체 조사 인력 2,614명의 71.2%를 점하고 있다.

◉ 고고학은 과거 인류가 남긴 물질문화, 즉 유적과 유물을 통해 과거의 생활상과 문화상을 연구하고 재구성하는 학문이다. 고고학에서 이들 유적과 유물을 조사하는 기본적인 방법이 바로 발굴조사로, 과거를 복원하는 데 필요한 결정적 자료를 획득하기 위한 빼놓을 수 없는 고고학 연구 절차이다.

◉ 그동안 고고학자의 전유물로 여겨져 왔던 고고학 발굴에 대한 인식이 근래 대

중들에게도 점점 보편화되고 있고, 특히 최근에는 문화유산의 보존과 활용에 대한 공공의 관심이 높아지면서 고고학의 공공화와 대중화가 필요한 시점에 이르렀다. 고고학 발굴의 성과가 더 이상 고고학 종사자들만의 것이 아니라 대중과 함께 배우고 느끼고 깨달아 가는 소통과 체험의 장이라는 인식이 바로 현대의 고고학자들이 추구하여야 할 방향이다.

- 고고학과 지역 사회를 둘러싼 논의에 있어서 최근 '대중고고학'이라는 새로운 영역이 부각되고 있다. 대중고고학의 역할은 고고학에 대한 대중의 인식 전환을 통해 발굴 유적을 포함한 문화유산의 보존이 왜 필요한가에 대한 공공의 인식을 유도하여야 하며, 문화유산의 활용 가치를 재창조함으로써 삶의 질이 향상될 수 있다는 공감대를 이끌어 내는 데 있다.

- 우리나라 대중고고학 활동의 시초는 국립박물관과 대학박물관에서 운영해 온 박물관대학이나 시민강좌 등의 사회교육에서 찾아볼 수 있다. 근래에는 문화재청의 생생문화재 사업과 같은 지역 문화 활용사업, 고고학 체험교실, 각 박물관들의 사회교육 프로그램, 발굴 전문기관의 발굴 현장 설명회와 발굴 체험장 개설 및 매장문화재 홍보 활동의 운영 등 이전보다 훨씬 다양한 대중고고학적 활동이 이루어지고 있다.

- 고고학과 문화유산의 인식 전환을 위해서는 무엇보다도 고고학을 적극적으로 대중에게 홍보하고 소통하는 것이 중요하다. 발굴 자료의 정보 공개와 소통을 목적으로 한 현장 설명회도 필요하지만, 발굴 현장 자체를 상시적으로 개방하는 것이 훨씬 효과적이다. 지하에 매장되어 있는 유적을 발굴하는 현장은 무엇보다 훌륭한 활용 콘텐츠가 될 수 있기 때문이다.

- 대중고고학을 실현하기 위해서는 고고학 체험 교육 활동에 지역 사회 주민의 적극적인 참여를 유도하여야 하고, 발굴이 끝난 현장을 그대로 보존한 후 교육적 체험 시설 및 관광 코스 등으로 활용할 필요가 있다. 그중에서 가장 좋은 방법 중 하나가 바로 발굴된 장소에 현장 전시관 또는 박물관을 건립하는 것이다.

- 공공고고학으로서의 대중고고학이 더욱 중요해지는 것은 21세기 변화하는 사회 속에서 한국고고학이 새로운 패러다임을 맞고 있기 때문이다. 과거를 간직한 유산을 보호하여 미래에 물려주는 것은 현대를 살아가는 우리 모두의 책무이다. 그중에서도 발굴이라는 행위를 통해 과거의 유산을 연구하는 고고학자들은 누구보다도 중요한 역할을 담당하고 있다. 따라서 발굴이라는 작업에 임하는 자세와 태도가 얼마나 중요한지를 진지하게 되새겨 볼 필요가 있다.

생각해 볼 거리

▶ 우리나라 발굴조사의 현황과 특징을 살펴보고, 어떠한 문제점이 있는지 제도
적 측면과 현실적 측면에서 토론해 보자.

▶ 대중고고학의 개념에 대해 알아보고, 그 출현 배경과 한국고고학에의 도입 필
요성 등에 대해 논의해 보자.

▶ 대중고고학에서 가장 중요한 요소가 무엇이라고 생각하며, 실제 고고학 발굴
현장에서 적용할 수 있는 방법에는 어떤 것들이 있는지 얘기해 보자.

▶ 가장 효과적인 대중고고학 방법으로 거론되는 발굴 현장의 상시 개방과 현장
박물관 건립 등의 장단점에 대해 토론해 보자.

▶ '발굴은 또 다른 파괴이다'라는 말이 무엇을 의미하는지에 대해 자유롭게 얘기
해 보자.

▶ 공공고고학에서 요구되는 고고학자의 책무는 무엇이며, 고고학자가 견지해야
할 자세와 태도 중 가장 중요한 것이 무엇이라고 생각하는지 얘기해 보자.

주

1 강현, 2012, 「문화재 보존관련 용어의 검토」, 『문화유산 보존원칙 제정을 위한 연구 (2) 국내 보존 용어의 합리적 정리체계 마련 연구』, 문화재청, 55쪽.

2 장호수, 2011, 『새로 고쳐 쓴 문화재학 ―이론과 방법―』, 백산자료원, 8쪽.

3 최종호, 2005, 「무형문화유산의 보존과 활용을 위한 연구」, 『文化財學』 2호, 35-36쪽.

4 장호수, 2011, 주 2의 앞 글, 9쪽.

5 문화재청, 2014, 『선진국 문화재 보존·관리 규범현황 및 내용에 관한 연구』, 24-27쪽.

6 李曉東, 2003, 『文物保護法槪論』, 學苑出版社.

7 국립문화재연구소, 2010, 『국외 무형문화유산 보호제도 연구 ―일본·중국·중화민국』, 178쪽.

8 장호수, 2011, 주 2의 앞 글, 98-104쪽.

9 나명하, 2010, 「우리나라 天然記念物 保存 管理에 關한 硏究」, 상명대학교대학원 박사학위논문, 48-51쪽.

10 2017년 3월 21일 개정된 문화재보호법 제26조에서 기존의 '중요민속문화재'를 '국가민속문화재'로 변경하였다.

11 문화재청, 2018, 『통계로 보는 문화유산 2017』, 15-16쪽. 이하 지정 주체별 문화재 현황도 위 자료를 바탕으로 하였다.

12 문화재청 홈페이지(www.cha.go.kr)/문화유산 정보/문화재 검색.

13 김지선, 2008, 「조선총독부 문화재정책의 변화와 특성」, 고려대학교대학원 석사학위논문, 9쪽.

14 김지선, 2008, 주 13의 앞 글, 11-13쪽.

15 關野 貞, 1942, 『朝鮮の建築と藝術』(第2刷), 關野博士記念事業會, 岩波書店, 3쪽.

16 김지선, 2008, 주 13의 앞 글, 18-27쪽.

17 오세탁, 1996, 「일제(日帝)의 문화재정책(文化財政策) ―그 제도적(制度的) 측면(側面)을 중심(中心)으로―」, 『文化財』 29, 12-13쪽.

18 朝鮮總督府, 1916, 『大正 5年度 古蹟調査報告』, 2-3쪽.

19 김지선, 2008, 주 13의 앞 글, 29-36쪽.

20 황수영 편, 2014, 『일제기 문화재 피해 자료』, 국외소재문화재재단, 40-41쪽.

21 오세탁, 1996, 주 17의 앞 글, 17쪽.

22 황수영 편, 2014, 주 20의 앞 책, 29쪽.

23 김지선, 2008, 주 13의 앞 글, 47-49쪽.

24 황수영 편, 2014, 주 20의 앞 책, 151쪽.

25 정문교, 2000, 『문화재행정과 정책』, 지식산업사, 59-62쪽.

26 김창규, 2004, 『문화재보호법개론』, 동방문화사, 62-63쪽.

27 문화재청, 2014, 『선진국 문화재 보존·관리 규범현황 및 내용에 관한 연구』, 36-37쪽.

28 문화재청, 2018, 『통계로 보는 문화유산 2017』, 148-150쪽.

29 박용기, 2011, 『문화재보호법과 현상변경(上)』, 한국칼라, 125-128쪽.

30 한국전통문화학교 전통문화연수원, 2011, 『문화재 행정실무 입문』, 73-74쪽.

31 문화재청, 2017, 『2017년도 주요업무계획』, 21쪽.

32 문화재청, 2018, 『통계로 보는 문화유산 2017』, 5쪽.

33 정문교, 2000, 주 25의 앞 책, 39-40쪽.

34 이 장에서 서술한 문화재 행정 변천에 관한 내용은 문화재청에서 발간한 아래 자료들을 참고하였다. 문화재청, 2011, 『문화재청 50년사 —1961~2011』; 2012, 『문화재 보존·관리·활용 5개년 기본계획 —2012~2016』; 2017, 『문화재 보존·관리·활용 기본계획 —2017~2021』.

35 문화재청, 2018, 『통계로 보는 문화유산 2017』, 18쪽.

36 신희권, 2016, 『한양도성 서울을 흐르다』, 136-137쪽.

37 서울시에서는 문화재의 경관을 보존하기 위한 조치로서 역사문화환경 보존지역 내의 건축물에 대해서는 일정 고도를 제한하고 있는데, 특별히 문화재(보호구역)의 외곽 경계 지면으로부터 7.5m 되는 높이에서 바라본 각도[앙각]를 27도로 제한하여 그 안쪽에 해당하는 고도의 건축물에 대해서만 건축 허가를 하고 있다.

38 박용기, 2011, 『문화재보호법과 현상변경(上)』, 한국칼라, 210-214쪽.

39 박용기, 2011, 주 38의 앞 책, 202-209쪽.

40 문화재청, 2016, 『문화재 현상변경 업무 편람』, 186-188쪽.

41 문화재청, 2016, 주 40의 앞 책, 165-166쪽.

42 강현, 2012, 「건축문화재 보존관련 용어의 검토」, 『문화유산 보존원칙 제정을 위한 연구 (2) 국내 보존용어의 합리적 정치체계 마련 연구』, 문화재청, 57-58쪽.

43 강현, 2011, 「보존원칙과 한국의 건축문화재 보존」, 『문화유산 보존원칙 제정을 위한 연구 (1) 기반조성 연구』, 문화재청, 44쪽.

44 신희권, 2011, 「고고유적 보존원칙의 현황과 과제」, 『문화유산 보존원칙 제정을 위한 연구 (1) 기반조성 연구』, 문화재청, 56쪽.

45 강현, 2011, 주 43의 앞 글, 44쪽.

46 문철훈, 2012, 「유형문화재의 '원형유지'에 관한 연구」, 『문화재관리학』 9, 한국전통문화대학교, 87-88쪽.

47 강현, 2011, 주 43의 앞 글, 45쪽.

48 문철훈, 2012, 주 46의 앞 글, 89쪽.

49 이수정, 2012, 「문화적 보존에 있어서의 진정성 —한국적 개념 정의와 적용 방안—」, 『문화유산 보존원칙 제정을 위한 연구 (2) 국내 보존용어의 합리적 정치체계 마련 연구』, 문화재청, 37-39쪽.

50 강현, 2011, 주 43의 앞 글, 46쪽.

51 시·도에서 보수 신청한 건수와 실제 반영한 보수 건수는 상당한 차이를 보이고 있는데, 문화재 보수 반영 건수는 2013년 1,235건, 2014년 1,081건, 2015년 1,345건, 2016년 1,379건, 2017년 1,371 건이다(문화재청, 2018, 『통계로 보는 문화유산 2017』, 26쪽). 이하 문화재 수리에 관한 제반 현황 또한 이 책을 참고하였다.

52 문화재 수리업자 등록 요건은 문화재수리 등에 관한 법률 시행령 제12조 별표 7에 명시되어 있다.

53 김성도, 2013, 「문화재수리 등에 관한 법령 개정 현황으로부터 본 문화재수리 정책」, 『한국건축역사학회 2013년 추계학술발표대회 논문집』, 217-218쪽.

54 김창규, 2008, 『문화재보호법개론』, 동방문화사, 211쪽.

55 문화재의 법적 성격은 '보존공물'에 해당한다. 문화재는 그 자체를 직접 공공용이나 공용에 제공하는 것이 아니라, 그 소유자가 누구인가에 관계없이 문화재가 간직하고 있는 역사적·학술적·예술적 가치를 보존함으로써 문화 발전에 이바지하는 문화적 소산이기 때문이다(김창규, 2008, 주 54의 앞 책, 57-58쪽). 또한 문화재 지정의 법적 성격은 '공용 제한'에 해당한다. 문화재 지정은 공공 필요, 특히 문화재의 보존 가치를 확보하기 위하여 소유자의 재산권에 가해지는 공법상의 제한이기 때문이다(김창규, 2008, 주 54의 앞 책, 56쪽).

56 이상해, 2000, 「근대문화유산의 개념, 범위, 보존방안」, 『정책세미나: 근대문화유산의 보존과 활용』, 문화재청, 11쪽.

57 김창규, 2005, 「등록문화재제도의 활성화와 법제개선」, 『문화재학』 통권 제2호, 한국전통문화대학교, 12-14쪽.

58 문화재청, 2018, 『통계로 보는 문화유산 2017』, 16쪽.

59 신창희, 2015, 「근현대문화유산의 활용방안 연구 ―서울 소재 등록문화재·미래유산을 중심으로―」, 한국외국어대학교대학원 석사학위논문, 31쪽.

60 권영재, 2016, 「장소기억기반 공간재생에 관한 연구 ―서울시 미래유산을 중심으로―」, 홍익대학교대학원 박사학위논문, 17-18쪽.

61 서울시 미래유산 홈페이지(http://futureheritage.seoul.go.kr).

62 권영재, 2016, 주 60의 앞 글, 14쪽.

63 권영재, 2016, 주 60의 앞 글, 18쪽.

64 서울시 문화정책과, 2016, 『2016년 서울 미래유산 발굴·활용방안 수립 용역』.

65 서울연구원, 2014, 『서울 미래유산 발굴 및 스토리텔링 방안』, 35-36쪽.

66 장호수, 2011, 주 2의 앞 책, 147쪽.

67 박지혜, 2005, 「수중문화유산 보호방안 연구」, 『文化財學』 통권 제2호, 한국전통문화대학교, 425-427쪽.

68 최민정, 2016, 『매장문화재 보호 정책의 어제와 오늘』, 진인진, 12-29쪽.

69 김용한, 2006, 「수중문화유산의 보호, 그 현황과 과제」, 『해양문화학』 2, 한국해양문화학회, 28쪽.

70 박지혜, 2005, 주 67의 앞 글, 438-440쪽.

71 박성욱, 2001, 「우리나라 수중문화유산 보호 정책 방향에 관한 연구」, 『文化財』 제34호, 국립문화재연구소, 213-214쪽.

72 하진호, 2015, 「매장문화재조사 전문법인의 출현과 발전」, 『매장문화재조사 정책 및 제도의 발전방향』, (사)한국매장문화재협회, 55-72쪽.

73 이화종, 2016, 「Public Archaeology ―대중고고학, 공공고고학」, 『한국고고학의 새로운 흐름 Public Archaeology ―현황과 제안』, 제40회 한국고고학전국대회 자유패널 발표, 164-165쪽.

74 이 장에서 다룰 우리나라 수중 발굴 성과에 대해서는 주로 다음의 글을 참조하였다. 문환석, 2016, 「한국의 수중문화재 발굴조사 성과」, 『대한민국 수중발굴 40년 특별전』, 국립해양문화재연구소, 190-201쪽.

75 김도현, 2013, 「한국 수중고고학 연구」, 부경대학교대학원 박사학위논문, 12쪽.

76 임경희, 2008, 「태안 청자운반선 출토 고려 목간」, 『고려청자 보물선』, 국립해양유물전시관, 177쪽.

77 신희권, 2014, 「韓國 水中考古學의 最新 成果와 高麗船의 復原」, 『水下考古·寧波論壇』에 최신 발굴 현황(국립해양문화재연구소, 2016, 『대한민국 수중발굴 40년 특별전』)을 추가하여 작성한 것이다.

78 함한희 엮음, 2012, 『무형문화유산의 이해 ―전승·보전 그리고 인벤토리』, 전북대학교 20세기민중생활사연구소, 345-346쪽.

79 문화재청·아태무형센터, 2010, 『무형문화유산의 이해』, 14-15쪽.

80 함한희 엮음, 2012, 주 78의 앞 책, 346쪽.

81 정문교, 2000, 주 25의 앞 책, 187쪽.

82 국립문화재연구소, 2010, 『국외 무형문화유산 보호제도 연구 ―일본·중국·중화민국』, 17-19쪽.

83 국립문화재연구소, 2010, 주 82의 앞 책, 51-53쪽.

84 김용구, 2012, 「무형문화유산 인벤토리 작성의 쟁점과 과제」, 『무형문화유산의 이해 ―전승·보전 그리고 인벤토리』, 전북대학교 20세기민중생활사연구소, 84쪽.

85 국립문화재연구소, 2010, 주 82의 앞 책, 185-187쪽.

86 이장렬, 2005, 『韓國 無形文化財政策 硏究 ―重要無形文化財를 中心으로』, 고려대학교대학원 박사학위논문, 158-161쪽.

87 장호수, 2011, 주 2의 앞 책, 117-119쪽.

88 이 절에서는 앞서 일반적 개념에서 살펴본 무형문화유산의 개념과 동일한 용어로 '무형문화재'를 사용하고자 한다. 이는 현행 '무형문화재 보전 및 진흥에 관한 법률'에서 무형문화재란 용어를 사용하고 있기 때문으로, 법적·제도적 절차를 설명하는 데 있어서는 무형문화재란 용어를 사용하는 것이 더 효과적이라 생각한다.

89 유네스코의 무형문화유산 보호 관련 활동 내용은 다음의 글을 요약, 발췌하였다. 임돈희, 2012, 「무형문화유산이란 무엇인가?」, 『무형문화유산의 이해―전승·보전 그리고 인벤토리』, 전북대학교 20세기민중생활사연구소, 19-23쪽.

90 양미경, 2005, 「세계무형유산협약 채택과 무형문화재 보호제도의 개선」, 『文化財學』 통권 제2호, 408-409쪽.

91 이장렬, 2005, 주 86의 앞 글, 205-210쪽.

92 홍일표, 2010, 「무형문화유산 보호 협약과 한국의 무형문화재 제도 비교연구」, 『문화재관리학』 7, 72쪽.

93 이장렬, 2005, 주 86의 앞 글, 142, 163-164쪽.

94 홍일표, 2010, 주 92의 앞 글, 74-75쪽.

95 이장렬, 2005, 주 86의 앞 글, 184-185쪽.

96 홍일표, 2010, 주 92의 앞 글, 77쪽.

97 임돈희·로저 L. 자넬리, 2005, 「무형문화재의 전승실태와 개선방안」, 『比較民俗學』 제28집, 비교민속학회, 445-446쪽.

98 문화재청, 2003, 『천연기념물 백서』, 10-11쪽.

99 나명하, 2010, 주 9의 앞 글, 1-2쪽.

100 문화재청, 2011, 『자연유산법 제정연구』, 22-23쪽.

101 문화재청, 2003, 주 98의 앞 책, 16-17쪽.

102 문화재청, 2003, 주 98의 앞 책, 14-15쪽.

103 이진희, 2010, 「동북아시아 명승 보존관리 비교연구」, 상명대학교 박사학위논문, 37쪽.

104 문화재청, 2011, 주 100의 앞 책, 58-59쪽.

105 문화재청·한국법제연구원, 2013, 『「천연기념물 및 명승 보전에 관한 법률」 제정 연구』.

106 유산은 인류유산 또는 국가유산이라는 보다 넓은 뜻으로 사용되며, 자연유산, 문화유산, 기록유산 등을 포함한다. 한 예로 영국 국가유산기념기금(The National Heritage Memorial Fund)은 1981년 발간한 보고서에서 학술적·예술적 가치로서의 국가유산을 다음과 같이 정의하고 있다. "국가유산은 매우 넓고 풍부하며, 예술표현의 발전 과정을 대표하는 것들이고, 또한 세계 역사에서 국가가 어떤 역할을 했는지에 대해 보여주는 것이기도 하다. 국가유산은 자연의 풍광, 명승, 동·식물들과 같이 무분별한 훼손으로 사라질 수 있는 것들도 포함한다. 누구나 향유할 수 있도록 보존되어야 하고, 교육 및 유산적 가치를 위해 대를 이어 물려주어야 하며, 찾아오는 사람들이 쉽게 다가갈 수 있도록 하여야 한다(문화재청, 2003, 주 98의 앞 책, 7-8쪽).

107 조효상, 2013, 「세계유산협약의 기초개념 연구 ―탁월한 보편적 가치, 진정성, 완전성에 관하

여—」, 한남대학교대학원 석사학위논문, 19-21쪽.

108 조효상, 2013, 주 107의 앞 글, 14-15쪽.

109 http://www.icomos.org

110 http://www.iucn.org

111 http://www.iccrom.org

112 진정성이라는 개념의 도입 과정에는 미국이 큰 영향을 미쳤다. 미국은 세계유산협약에 가장 먼저 가입했고, 1977년 제1차 세계유산위원회에서는 위원국으로도 참가하였다. 협약에서 사용되는 '진정성(authenticity)'이라는 개념은 '미국 역사지역 국가목록(American National Register of Historic Places)'의 유산 등재 심의에서 평가 항목으로 사용하는 'integrity'에서 비롯되었다. 이때의 integrity는 "유산이 그 의미를 전달할 수 있는 능력"이라고 정의되었다. 즉, 하나의 유산에 부여된 가치가 진짜로 그 유산에 의해 전달되는지 아닌지를 판단하는 항목이다. 이 항목은 세계유산 목록에 완전히 위조되거나 재창출된 유산을 올리는 것을 막고자 하는 의도를 담았다. 이러한 의미를 고려하여 애초에 미국에서 사용한 integrity를 한국어로 번역한다면 유산의 '정직성' 내지는 '가치 전달력'이라고 할 수 있다. 다만 미국에서 'integrity'라는 단어에 부여했던 의미를 세계유산협약에 가져올 때는 'authenticity(진정성)'이라는 단어로 대체하여 가져왔고, 현재 미국 역사지역 국가목록에서 사용되는 'integrity'는 세계유산협약에서의 진정성(authenticity)과 거의 동일한 의미를 가지고 있다(조효상, 2013, 주 107의 앞 글, 69쪽).

113 조효상, 2013, 주 107의 앞 글, 77-80쪽.

114 조유진, 2015, 「세계유산 확장 등재에 대한 연구」, 『鄕土서울』 91호, 서울역사편찬원, 233-235쪽.

115 조효상, 2013, 주 107의 앞 글, 24쪽.

116 조유진, 2015, 주 114의 앞 글, 233-235쪽.

117 백제세계유산센터, 2016, 『2015년 7월 백제역사유적지구, 전 인류의 유산이 되다』, 16-17쪽.

118 http://whc.unesco.org

119 문화재청, 2018, 『통계로 보는 문화유산 2017』, 118-120쪽.

120 세계유산 잠정목록 가운데 '한국의 전통산사' 7개소가 유네스코 세계유산 등재 심사 절차가 완료되어 2018년 6월말 바레인 마나마에서 개최된 제42차 세계유산위원회의 의결에 따라 등재가 확정되었다.

121 문화재청·충청북도문화재연구원, 2010, 『1954년 헤이그협약 특별보호문화재 및 2차 의정서 강화된 보호 문화재 연구』.

122 최종호, 2007, 「문화재 원산국 반환·환수에 관한 연구」, 『문화재학』 통권 제4호, 21-22쪽.

123 문화재청, 2011, 『문화재 행정실무 입문』, 418-419쪽 참조.

124 국외소재문화재재단 홈페이지(http://www.overseaschf.or.kr).

125 문화재청, 2018, 『통계로 보는 문화유산 2017』, 117쪽.

126 이 절에 소개하는 환수 사례는 주로 다음의 책에 수록된 내용을 발췌한 것이다.
국외소재문화재재단, 2013, 『우리 품에 돌아온 문화재』.

127 최종호, 2007, 주 122의 앞 글, 45-46쪽.

128 문화재청, 2009, 『문화재 활용 가이드북』, 9쪽.

129 신희권, 2012, 「문화유산의 활용」, 『문화유산 보존원칙 제정을 위한 연구 (2) 국내보존용어의 합리적 정치체계 마련 연구』, 문화재청, 76쪽.

130 문화재청, 2009, 주 128의 앞 책, 16쪽.

131 문화재청, 2009, 주 128의 앞 책, 25-27쪽.

132   신희권, 2013, 「풍납토성의 관광자원 활용방안」, 『동북아시아 속의 풍납토성』, 학연문화사, 200-201쪽.

133   문화재청, 2009, 주 128의 앞 책, 28-30쪽.

134   문화재청, 2009, 주 128의 앞 책, 34-80쪽 참조.

135   문화재청, 2010, 『문화재 유형별 활용 길라잡이』, 8-13쪽.

136   문화재청, 2015, 『문화재활용사업 대가기준 개발 연구』.

137   강평원, 2016, 「조사기관의 문화재 활용사업 현황과 과제」, 『한국고고학의 기원론과 계통론』, 제40회 한국고고학전국대회 자유패널 「한국고고학의 새로운 흐름 Public Archaeology—현황과 제안」 발표, 한국고고학회, 80-81쪽.

138   문화재청, 2018, 『통계로 보는 문화유산 2017』, 74쪽. 문화재청 홈페이지(http://www.cha.go.kr) 행정정보-통계정보-문화재 발굴조사 현황.

139   박승규, 2015, 「고고학 발굴과 지역사회 —대중고고학의 활성화를 기대하며—」, 『고고학과 현대사회』, 제39회 한국고고학전국대회 자료집, 한국고고학회, 75-95쪽.

140   문화재청, 2018, 주 138의 앞 책, 73-76쪽.

141   박승규, 2015, 주 139의 앞 글, 83쪽.

142   이화종, 2016, 「Public Archaeology —대중고고학, 공공고고학」, 『한국고고학의 기원론과 계통론』, 제40회 한국고고학전국대회 자유패널 「한국고고학의 새로운 흐름 Public Archaeology —현황과 제안」 발표, 한국고고학회, 168쪽.

143   이한용, 2016, 「대중고고학과 유적박물관」, 『한국고고학의 기원론과 계통론』, 제40회 한국고고학전국대회 자유패널 「한국고고학의 새로운 흐름 Public Archaeology —현황과 제안」 발표, 한국고고학회, 162쪽.

144   T. 더글라스 프라이스 지음·이희준 옮김, 2013, 『고고학의 방법과 실제』, 사회평론, 553쪽.

145   박승규, 2015, 주 139의 앞 글, 84-85쪽.

146   신희권, 2014, 「고고유적 활용 방안 연구」, 『야외고고학』 19, 291-292쪽.

147   문화재청, 2010, 주 135의 앞 책, 86-105쪽.

148   신희권, 2014, 주 146의 앞 글, 292-294쪽.

149   이한용, 2016, 주 143의 앞 글, 163쪽.

150   이화종, 2016, 주 142의 앞 글, 168-170쪽.

151   이화종, 2016, 주 142의 앞 글, 170-172쪽.

152   T. 더글라스 프라이스 지음·이희준 옮김, 2013, 주 144의 앞 책, 554-576쪽.

찾아보기